Uni-Taschenbücher 398

Eine Arbeitsgemeinschaft der Verlage

Wilhelm Fink Verlag München
Gustav Fischer Verlag Jena und Stuttgart
Francke Verlag Tübingen und Basel
Paul Haupt Verlag Bern · Stuttgart · Wien
Hüthig Verlagsgemeinschaft
Decker & Müller GmbH Heidelberg
Leske Verlag + Budrich GmbH Opladen
J. C. B. Mohr (Paul Siebeck) Tübingen
Quelle & Meyer Heidelberg · Wiesbaden
Ernst Reinhardt Verlag München und Basel
Schäffer-Poeschel Verlag · Stuttgart
Ferdinand Schöningh Verlag Paderborn · München · Wien · Zürich
Eugen Ulmer Verlag Stuttgart
Vandenhoeck & Ruprecht in Göttingen und Zürich

Friedrich-Wilhelm Henning
Wirtschafts- und Sozialgeschichte

Band 1
Das vorindustrielle Deutschland 800 bis 1800   UTB 398
(1. Aufl. 1974, 5. Aufl. 1994)

Band 2
Die Industrialisierung in Deutschland 1800 bis 1914   UTB 145
(1. Aufl. 1973, 8. Aufl. 1993)

Band 3
Das industrialisierte Deutschland 1914 bis 1992   UTB 337
(1. Aufl. 1974, 8. Aufl. 1993)

Ergänzend dazu vom selben Autor:

**Landwirtschaft und ländliche Gesellschaft
in Deutschland**

Band 1   800 bis 1750   (1. Aufl. 1979, 2. Aufl. 1985)   UTB 894
Band 2   1750 bis 1986 (1. Aufl. 1978, 2. Aufl. 1988)   UTB 774

Friedrich-Wilhelm Henning

Das vorindustrielle Deutschland 800 bis 1800

5., durchgesehene und ergänzte Auflage 1994

Ferdinand Schöningh
Paderborn München Wien Zürich

Prof. Dr. rer. pol., Dr. jur. Friedrich-Wilhelm HENNING, geb. 1931, hat Geschichte, Landwirtschaft, Rechtswissenschaften und Wirtschaftswissenschaften an der Universität Göttingen studiert. Nach einer mehrjährigen Tätigkeit als Hochschullehrer in Göttingen ist er seit 1971 Direktor des Seminars für Wirtschafts- und Sozialgeschichte der Universität zu Köln und des Rheinisch-Westfälischen Wirtschaftsarchivs in Köln.

Die Deutsche Bibliothek – CIP-Einheitsaufnahme

Henning, Friedrich-Wilhelm:
Wirtschafts- und Sozialgeschichte / Friedrich-Wilhelm Henning. –
Paderborn; München; Wien; Zürich: Schöningh.
    (UTB für Wissenschaft: Uni-Taschenbücher; ...)
Bd. 1. Henning, Friedrich-Wilhelm: Das vorindustrielle
Deutschland 800 bis 1800. – 5., durchges. und erg. Aufl. – 1994

Henning, Friedrich-Wilhelm:
Das vorindustrielle Deutschland 800 bis 1800 /
Friedrich-Wilhelm Henning. – 5., durchges. und erg. Aufl. –
Paderborn; München; Wien; Zürich: Schöningh, 1994
    (Wirtschafts- und Sozialgeschichte / Friedrich-Wilhelm Henning; Bd. 1)
    (UTB für Wissenschaft: Uni-Taschenbücher; 398)
    ISBN 3–8252–0398–0 (UTB)
    ISBN 3–506–99162–0 (Schöningh)
NE: UTB für Wissenschaft / Uni-Taschenbücher

Gedruckt auf umweltfreundlichem, chlorfrei gebleichtem Papier
(mit 50% Altpapieranteil)

5., durchgesehene und ergänzte Auflage 1994

© 1974 Ferdinand Schöningh, Paderborn
(Verlag Ferdinand Schöningh GmbH, Jühenplatz 1, D-33098 Paderborn)
ISBN 3-506-99162-0

Printed in Germany
Herstellung: Ferdinand Schöningh, Paderborn
Einbandgestaltung: Alfred Krugmann, Freiberg am Neckar

UTB-Bestellnummer: ISBN 3-8252-0398-0

INHALTSVERZEICHNIS

Aus dem Vorwort zur ersten Auflage

Am Ende des 18. Jahrhunderts, d. h. an der Schwelle zu der Zeit, die durch die Industrialisierung und den daraus erwachsenden Problemen gekennzeichnet war, hatten die Wirtschaft und die Gesellschaft in Mitteleuropa einen Entwicklungsstand erreicht, der weit über dem des frühen Mittelalters lag. Im wesentlichen waren bis dahin die Grundlagen für die Industrialisierung geschaffen worden. Aufgabe dieses Buches soll es sein, die Wandlungen und Entwicklungen vom frühen Mittelalter bis zum Ende des 18. Jahrhunderts darzustellen und die wichtigsten hierbei wirkenden Kräfte aufzuzeigen. Dabei wird die politische Geschichte nur insoweit berücksichtigt werden, als von dieser Seite entscheidende Impulse auf die Gestaltung der Wirtschaft und Gesellschaft ausgingen. „Deutschland" wird daher als ein geographischer und nicht als ein staatsrechtlicher Begriff verwendet, zumal da das Problem der Staatswerdung und der räumlichen Ausdehnung dieses „Staates" (weitausgreifende Lehensverbindungen im Mittelalter) sehr kontrovers diskutiert wird.

Die Entwicklung des mitteleuropäischen Gebietes hat sich im Mittelalter und in der Neuzeit nicht unabhängig von benachbarten Ländern und von weiter entfernt liegenden Regionen vollzogen. Wechselseitige Beeinflussungen oder durch ein ähnliches Schicksal bestimmte parallele Entwicklungen erlauben an vielen Stellen einen Vergleich zwischen einzelnen Teilen Europas.

Die zeitliche Begrenzung mit den Jahren 800 und 1800 ist vage, nicht auf ein Jahr fixiert. Mit der Einbeziehung der Sachsen in das Karolingerreich war nicht nur eine politische Entscheidung gefallen. Seit dieser Zeit nahmen auch die schriftlichen Quellen für fast alle Teile Deutschlands erheblich zu. Die Entstehung der feudalistisch strukturierten Gesellschaft, die bis zu den Reformen an der Wende zum 19. Jahrhundert die ländlichen Lebensverhältnisse entscheidend prägte, ist – wenn auch mit vielen Vorbehalten – ebenfalls in diese Zeit einzuordnen. Bei der Darstellung von Wirtschaft und Gesellschaft in den östlichen Teilen des Karolingerreiches wird an einigen

Stellen weit in die vorhergehenden Jahrhunderte zurückgegriffen, um zu zeigen, daß man auch hier erheblich mehr an Kontinuität finden kann, als häufig angenommen wird.

Mit dem 18. Jahrhundert ging die vorindustrielle Zeit für Deutschland zu Ende. Das Ancien régime wurde bald danach durch die bürgerlich-liberalen Bestrebungen auch in Deutschland mehr und mehr bedrängt. Die wirtschaftliche Entwicklung zum Industrieland fügte der überkommenen Gesellschaftsstruktur neue, bald das Bild entscheidend prägende Bestandteile hinzu. Die Industrialisierung (1800 bis 1914) und das industrialisierte Deutschland (1914 bis 1972) sind als Band 2 und 3 dieser Wirtschafts- und Sozialgeschichte bereits erschienen (Bd. 145 und 337 der UTB-Reihe). Alle drei Bände sind so konzipiert, daß sie unabhängig voneinander gelesen werden können, wenn auch ein sachlicher, durch den Zeitablauf bedingter Zusammenhang notwendigerweise gegeben ist und die jeweils folgenden Bände erst mit Hilfe der vorhergehenden sich voll erschließen lassen.

Das Literaturverzeichnis enthält aus der umfangreichen Fachliteratur eine Auswahl zur vertiefenden Beschäftigung mit einzelnen Fragen und Erscheinungen. Notwendigerweise ist diese Auswahl subjektiv und spiegelt die vom Verfasser auch in diesem Buch vorgenommene Akzentsetzung wider.

Am Schluß dieses Vorwortes möchte ich dem Verlag Ferdinand Schöningh für das Interesse danken, das dort dem Gegenstand und der Art der Darstellung entgegengebracht wurde. Meine Frau hat die zahlreichen Abbildungen in allen drei Bänden angefertigt. Die ansprechende Form und damit auch die Aussagekraft der Abbildungen haben aufgrund der mir dadurch gegebenen Variationsmöglichkeiten beim Entwurf der graphischen Darstellungen erheblich gewonnen.

Vorwort zur fünften Auflage

Seit der ersten Auflage dieses Taschenbuches sind zwei Jahrzehnte vergangen. In dieser Zeit ist die wirtschafts- und sozialgeschichtliche Literatur durch zahlreiche Forschungen erheblich bereichert worden. Dadurch wurden Änderungen, insbesondere Ergänzungen des Textes erforderlich. Dementsprechend wurde auch das Literaturverzeichnis neu verfaßt.

Bei dieser Überarbeitung wurde zugleich darauf geachtet, daß auch die sozialgeschichtlichen Probleme stärker als bisher berücksichtigt wurden. Um den Umfang des Buches nicht übermäßig auszudehnen, konnte dies aber nur in begrenztem Maße geschehen. Im übrigen sind die wirtschaftlichen und die sozialen Verhältnisse so sehr miteinander verwoben, daß ein erheblicher Teil der auf den ersten Blick der Wirtschaftsgeschichte zugeordneten Angaben und Aussagen auch für die Sozialgeschichte von zentraler Bedeutung ist (Zahl der Arbeitsplätze, Einkommensentwicklung, Wandel in der Wirtschaftsstruktur usw.).

Die in Besprechungen mehrfach geäußerten Wünsche nach einem wissenschaftlichen Apparat (Anmerkungen) konnten aus Platzgründen nicht erfüllt werden. Der 1991 erschienene Bd. 1 meines „Handbuches der Wirtschafts- und Sozialgeschichte Deutschlands" enthält die entsprechenden Nachweise.

Einführung und Überblick

Die Periodisierung

In Abweichung von der in geschichtlichen Darstellungen allgemein üblichen und vor allem an der politischen Geschichte ausgerichteten Gliederung wird für die Wirtschafts- und Sozialgeschichte der vorindustriellen Zeit folgende Periodisierung und damit Gliederung dieses Taschenbuches vorgenommen:

1. Die *Entstehung der feudalen Gesellschaft* war etwa in der Mitte des 12. Jahrhunderts abgeschlossen. Danach wurden die Grundzüge dieses Systems erst im ausgehenden 18. und im beginnenden 19. Jahrhundert geändert (Bauernbefreiung, liberale Reformen). Das Feudalsystem umfaßte zwar nicht den gesamten ländlichen Bereich und erhielt seit dem 12. Jahrhundert in den Städten eine ständig wachsende Ergänzung, es bestimmte aber in der *bis etwa 1150* erreichten Form über Jahrhunderte die ländliche Gesellschaft und die landwirtschaftliche Produktion. Zahlreiche lokale und regionale Unterschiede und die qualitativen Modifikationen im Laufe von fast tausend Jahren lassen folgende *Grundstrukturen* und Abhängigkeiten erkennen:

- Die Ausbildung der *Lehenspyramide mit* zahlreichen mehr oder weniger ausgeprägten *persönlichen Abhängigkeiten* schuf soziale Strukturen mit sehr differenzierten Rechtsstellungen und mit für den einzelnen sehr unterschiedlichen wirtschaftlichen Möglichkeiten.
- Das *Grundelement* der feudalen Herrschaft *war die Grundherrschaft.* Durch Flurzwang und Einfügung der Viehhaltung des einzelnen Bauern in die Nutzungsordnung der nicht individuell zugeordneten Flächen wurden die Variabilität und damit die Entwicklung der landwirtschaftlichen Produktion erheblich vermindert.
- Die *mit dem Feudalismus* entstehende, teilweise nur weiterentwickelte, meistens *erzwungene Überschußwirtschaft* war eine wichtige Voraussetzung

- für die *wirtschaftliche Absicherung* der zahlreichen Gruppen *der Feudalherren* (Adel, Landesherren, kirchliche Grundherren sehr unterschiedlicher Art),
- für eine *Arbeitsteilung* und damit für die Entwicklung eines selbständigen Gewerbes, ferner
- für die Entstehung eines *Marktes für Agrarprodukte und* mit der Arbeitsteilung auch eines Marktes für *gewerbliche Produkte.*

2. Die *Städtegründungsperiode* von der Mitte des 12. bis in die zweite Hälfte des 14. Jahrhunderts war gekennzeichnet durch

- eine *Zunahme der Städtezahl,*
- eine *Zunahme der städtischen Bevölkerung* und damit
- eine *starke Arbeitsteilung* durch Herausbildung eines umfangreichen selbständigen Gewerbes außerhalb des Feudalsystems.

Das Schwergewicht der bäuerlichen Überschußwirtschaft verlagerte sich langsam von der Versorgung der feudalherrlichen Haus- und Hofhaltungen auf die Bedienung der städtischen Märkte.

Die *sozialen Verhältnisse* in den Städten waren gekennzeichnet

- durch eine *differenzierte Sozialstruktur* (nach Berufen, nach Einkommen und nach Vermögen), ferner
- (aufgrund der innerhalb weniger Jahrzehnte – jedenfalls seitens der größeren Städte – erlangten Unabhängigkeit von feudalherrlichen Gewalten) durch die Herausbildung einer neuen, *im Vergleich zum Feudalsystem freieren Gesellschaft.*

Man kann daher diese *Städtegründungsperiode* folgendermaßen *bewerten*:

- Mit den Städten und der städtischen Gesellschaft war eigentlich die *Grundlage für die Überwindung des Feudalsystems* an der Wende zum 19. Jahrhundert geschaffen, da die Entwicklung vom städtischen zum Staatsbürger kein so großer Sprung mehr war wie die Entwicklung vom überwiegend auf die Selbstversorgung ausgerichteten und in das Feudalsystem eingeordneten Bauern zum städtischen Bürger.
- *Die Konzentration der* – gemessen an der gesamten Bevölkerung – noch auf einem niedrigen quantitativen Niveau befindlichen

gewerblichen (handwerklichen) *Produktion* in den Städten *hatte* für eben diese Gewerbe *fördernde Effekte.* F. Philippi bezeichnete diese fast sprunghafte Entwicklung als die „erste Industrialisierung", und zwar wegen der Arbeitsteilung.

– Die *Verbindung von gewerblicher Produktion und Markt* für landwirtschaftliche und gewerbliche Produkte machte die Städte zu den wichtigsten Ansatzpunkten des Nah- und des Fernhandels. Dies hatte wiederum zusätzlich anregende Wirkungen auf die gewerbliche Entwicklung.

Die *wachsende Bevölkerungszahl* fand aber nicht nur Aufnahme in den Städten, sondern *auch* in den sich ausdehnenden *ländlichen Siedlungen:*
– In *Altdeutschland* (westlich von Elbe und Saale) kam es zum sog. *Landesausbau,* d. h. zur Errichtung neuer Siedlungen auf bisher noch nicht genutztem Boden.
– *Zugleich* setzte eine intensive *Ostwanderung* ein, die zur Besiedlung der „ostelbischen" Gebiete zwischen der Elbe und der Memel führte („Ostkolonisation").

3. Die *erste Blütezeit der städtischen Wirtschaft* und der städtischen Unabhängigkeit ist zeitlich von 1350 bis 1470 einzuordnen. In die *gleiche Zeit* fiel eine schwere *Agrarkrise,* d. h. eine langfristige Verminderung der Einkommen in der Landwirtschaft.

Am Anfang dieser Periode standen zunächst hohe Bevölkerungsverluste durch einige Pestwellen.

Im ländlichen Bereich kam es
– aufgrund der gesunkenen Nachfrage nach Nahrungsmitteln zu rückläufigen Agrarpreisen und damit zu einer Agrarkrise mit der Folge einer *Verschärfung der grundherrlichen Abhängigkeit* in den ostelbischen Gebieten (Entstehung der *zweiten Leibeigenschaft* nach marxistischer Ansicht) und
– in weiten Teilen vor allem Süd- und Westdeutschlands zur *Ausbildung eines ländlichen,* für den überörtlichen Bedarf arbeitenden *Gewerbes (Verlagssystem),* als zusätzliche Einkommensquelle der ländlichen Bevölkerung (teilweise bereits seit dem 13. Jahrhundert).

Im städtischen Bereich brauchte man einen geringeren Teil des Einkommens für Nahrungsmittel auszugeben und konnte daher mit

den frei gewordenen Mitteln den individuellen Warenkorb bereichern, d. h. zusätzliche handwerkliche Produkte oder eingeführte
(Luxus-)Güter erwerben.

Diese Blütezeit der *städtischen Wirtschaft*
- führte zur *weitergehenden Differenzierung* der beruflichen und
  der sozialen Struktur in den Städten:
- zugleich entstanden damit *soziale Differenzen* innerhalb der
  Städte (mit Kämpfen um die Machtpositionen),
- nachdem – mindestens von den meisten größeren Städten –
  gegenüber den bisherigen Stadtherren eine faktische oder sogar
  eine formelle *Unabhängigkeit* erlangt worden war (insbesondere
  durch die Reichsstädte).
- *Wirtschaftliche Grundlage* der größeren Städte war die *gewerbliche Produktion und der Fernhandel* (letzterer meistens mit hohen
  Gewinnchancen, aber auch mit großen Risiken).
- Die Organisation des Handels und der zwischenstädtischen
  Beziehungen durch *Zusammenschlüsse* (Handelsgesellschaften,
  Bündnisse usw.) paßte sich dem zunehmenden Bedarf an Han-
  delsleistungen an.

4. Die *Preisrevolution* und die *Anfänge der Weltwirtschaft* sind in die
Zeit vom ausgehenden 15. bis zum beginnenden 17. Jahrhundert
einzuordnen:
- Die Entdeckung der *Seewege nach Amerika* (Kolumbus 1492) *und
  nach Ostasien* (Vasco da Gama 1497/98 nach Indien) brachte eine
  erhebliche Erweiterung des Warenaustausches. Da die Warenbe-
  schaffung in Übersee *zum überwiegenden Teil koloniale Züge*
  trug, ergeben sich allerdings Zweifel, ob man hier schon von
  einer Weltwirtschaft sprechen kann.
- Zugleich erfolgte eine *Verlagerung des Schwerpunktes* im überregionalen Handel *von Oberitalien* (dem Vermittler des Orienthan-
  dels) *und von Oberdeutschland nach den Niederlanden* (Antwerpen und Amsterdam).
- Die *Anfänge einer kameralistischen Wirtschaftspolitik* in den
  Territorialstaaten (Einsetzung juristisch geschulter Verwaltungs-
  beamter, Organisation der Staatseinnahmen, Beeinflussung der
  Handelsströme) legte den Keim für den Niedergang der Bedeutung der meisten größeren Städte.

– Die zunehmende Bevölkerungszahl und die steigende Nachfrage nach Nahrungsmitteln erhöhten die *Einkommensmöglichkeiten der Landwirtschaft* (Wandlungen im Produktionsbereich, Erhöhung der bäuerlichen Lasten usw.). Die bereits zuvor begonnene Entwicklung *zur Gutsherrschaft* in den ostelbischen Gebieten verstärkte sich durch den Ausbau der Gutswirtschaft.

– Im Verhältnis zur vorhergehenden Zeit *stark zunehmende Preise* für Waren fast aller Wirtschaftszweige waren Ausdruck der *Preisrevolution.*

5. Die *Blütezeit des Kameralismus,* d. h. einer auf die Verbesserung der wirtschaftlichen *Absicherung der landesherrlichen Kassen* ausgerichteten Wirtschaftspolitik, wurde zunächst gekennzeichnet durch die Notwendigkeit, die wirtschaftlichen und sozialen *Folgen des Dreißigjährigen Krieges* zu überwinden:

– Die *Bevölkerungszahl war* um etwa ein Drittel *zurückgegangen.*

– Während des Krieges waren *Mangelerscheinungen* in fast allen Teilen Deutschlands und *für fast sämtliche Waren* aufgetreten, da die Produktion durch die kriegerischen Handlungen gestört worden war.

– *Produktionsmittel* (Kapital) und Wohnstätten waren in einem über die Bevölkerungsverluste hinausgehenden Maße *vernichtet,* so daß die materielle Situation der Bevölkerung auch nach dem Kriege zunächst schlechter war als zuvor.

– Die *Beeinträchtigung der wirtschaftlichen Beziehungen zum Ausland,* insbesondere die Unterbrechung des Exports von Waren des sekundären Sektors hatte auch das Warenangebot aus dem Ausland (Zahlungsbilanzproblem) verringert.

Der wirtschaftliche Wiederaufbau *nach 1648* fiel zusammen mit einer längeren Periode *territorialstaatlicher Aktivitäten,* die auf eine wirtschaftliche (und damit auch machtmäßige) Stärkung der einzelnen Länder – im Gegensatz zu den selbständigen Reichsstädten – abzielte:

– Die schon seit dem 15. Jahrhundert vorhandenen Bestrebungen der Territorialherren, die Einnahmen aus den eigenen Ländern zu erhöhen, führten zu einer *Wirtschaftspolitik,* die als Kameralismus, teilweise auch als Merkantilismus bekannt geworden ist. Im Zusammenhang mit der Überwindung der durch den Dreißigjährigen Krieg entstandenen Schäden kam es zur Förderung der Landwirtschaft (Bauernsiedlungen, Urbarmachung von Ödland usw.) und des Gewerbes (Ansiedlung von ausländischen Produzenten, Förderung und Verbesserung einheimischer Rohstoffquellen und der Verarbeitung dieser Rohstoffe). Der Export von Rohstoffen und der Import von Fertigwaren wurden behindert.

– Die allgemeine Förderung der *Landwirtschaft* durch die kameralistische Wirtschaftspolitik führte, in der zweiten Hälfte des 18. Jahrhunderts durch steigende Agrarpreise (Bevölkerungszunahme) unterstützt, zu weiteren *Intensivierungen*. Die in ihren ersten Ansätzen in die Zeit um 1700 einzuordnenden Anfänge der Agrarreform beseitigten die durch die feudalistische Agrarverfassung bestehenden Schranken der Produktionsausdehnung.

– Die Entwicklung des *gewerblichen Sektors* zeigte sich im Ausbau des *Manufakturwesens*. Daneben wuchs auch die auf den überregionalen Absatz ausgerichtete dezentral, vor allem auf dem Lande bestehende und verlagsmäßig organisierte Produktion. Insgesamt wurde mit dieser unabhängig vom Handwerk sich ausdehnenden Massenproduktion eine wichtige Voraussetzung für die im 19. Jahrhundert erfolgende Industrialisierung geschaffen.

– Der *Handel* verstärkte sich vor allem unter Einschaltung Englands und der Niederlande *nach Übersee*. Die exportorientierten Gewerbe konnten ihren *Absatz* ausdehnen; eine wichtige Voraussetzung *für eine wachsende Volkswirtschaft*.

Diese Periodisierung, der auch die Gliederung dieses Buches entspricht, enthält zwar keine willkürlich gezogenen Trennungsstriche. Die im folgenden skizzierten Grundzüge der Entwicklung in Wirtschaft und Gesellschaft werden das zeigen. Jedoch sind diese Abschnitte unter folgenden zwei Gesichtspunkten entstanden:

– Ausgewogenheit, die es vermeidet, durch anscheinende Schwerpunkte bestimmten Zeiten einen nicht oder kaum vorhandenen Vorrang einzuräumen.

– Innerhalb eines Abschnittes sollte es möglich sein, eine Trennung nach Sachbereichen vorzunehmen, ohne daß der Gesamtblick durch eine zu große Ausdehnung des einzelnen Abschnittes verlorengeht.

Die Grundzüge der Entwicklung

Einige Entwicklungslinien sollen zunächst einen kurzen Überblick geben und zeigen, daß auch die vorindustrielle Zeit keineswegs eine statische, eine von Wandlungen nicht berührte Epoche gewesen ist.

1. Die *Bevölkerungszahl* hat sich in der Zeit von 600 bis 1800 auf dem Gebiet der heutigen Bundesrepublik etwa verzehnfacht, vgl. Abbildung 1.

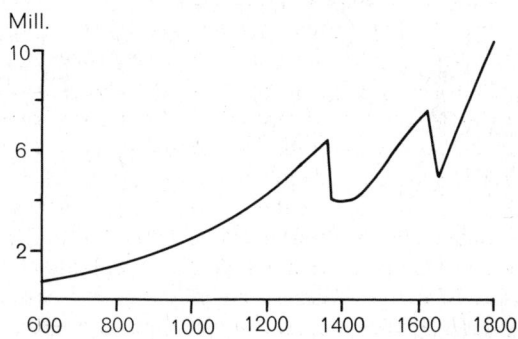

Abb. 1: Bevölkerungszahl Westdeutschlands von 600 bis 1800 in Millionen.

Die *Bevölkerungsentwicklung* verlief *in fast allen europäischen Gebieten parallel.* Die Einwirkungen durch Seuchen, vor allem durch die Pest, griffen über Ländergrenzen und Regionen hinaus. Langanhaltende Kriegsperioden differenzierten das europäische Bild. Insgesamt läßt sich *für Mitteleuropa* feststellen:

– Die *Einschnitte nach 1350 durch die Pest* und in der *Mitte des 17. Jahrhunderts durch den Dreißigjährigen Krieg* beendeten jeweils eine Periode des Bevölkerungswachstums. Die Gliederung dieses Buches hält sich in etwa an diese Einschnitte.

– Die *Bevölkerungsdichte stieg* von etwa 4 bis 5 Menschen je qkm um 800 auf 42 um 1800. Bei etwa 2,4 ha Land je Einwohner (unter Berücksichtigung allein der landwirtschaftlichen Nutzfläche etwa 1,5 ha) war Ende des 18. Jahrhunderts eine Situation erreicht, die zu einer Nahrungsenge führte (malthusianische Situa-

tion oder Falle). Die Erhöhung der inländischen landwirtschaftlichen Produktion, Nahrungsmitteleinfuhren und die Industrialisierung waren die Antworten auf diese Herausforderung.

- In *Ostdeutschland* nahm die *Bevölkerungsdichte ebenfalls* stark
  zu. Sie erreichte aber aufgrund der insgesamt sich nicht so stark
  entwickelnden gewerblichen Wirtschaft (mit den entsprechenden
  Einkommensmöglichkeiten) nur ein geringeres Niveau als in
  Westdeutschland.

- Diese *Bevölkerungsentwicklung* wurde in erster Linie *beeinflußt*
  - durch das *Verhältnis von Geburtenrate zur Sterberate* (in den
    spätmittelalterlichen Pestjahren und im Dreißigjährigen Krieg
    überwog die Sterblichkeit, so daß es zu einer Reduzierung der
    Gesamtbevölkerung kam) und
  - durch *Wanderungsbewegungen* (Auswanderungen aus Deutsch-
    land und Einwanderungen nach Deutschland).

Die *Auswanderungen* haben folgende Formen gehabt:

- Bis ins 18. Jahrhundert überwog die *Abwanderung in Siedlungs-
  gebiete*, die mit den deutschen Ländern in einem geographischen
  oder politischen Zusammenhang standen (spätmittelalterliche
  Ostkolonisation; kameralistische Peuplierungspolitik).
- In der zweiten Hälfte des 18. Jahrhunderts begann die *Auswan-
  derung in entfernter liegende Gebiete* in nennenswertem Umfange
  (Osteuropa, Nordamerika).

2. Die Ausbildung des sekundären und des tertiären *Wirtschafts-
sektors* war eine Folge der zunehmenden Arbeitsteilung, verbunden
mit der Entwicklung der städtischen Wirtschaft. Gemessen an der Zu-
gehörigkeit der Beschäftigten zu den drei Sektoren kann man die aus
Tabelle 1 ersichtliche Größenordnung der Entwicklung annehmen.

Tabelle 1: Entwicklung der Wirtschaftssektoren von 800 bis 1800 in
            v.H. aller Beschäftigten

Sektoren	800	1800
Landwirtschaft	95	62
Gewerbe, Bergbau	2	21
Dienstleistungen	3	17

Abbildung 2 macht deutlich, in welchem Maße die Arbeitsteilung und damit verbunden die Verbesserung der Produktivität in der Landwirtschaft und die Ausbildung des Städtewesens seit dem 12. Jahrhundert die gesamte wirtschaftliche Entwicklung beeinflußt haben. Der sekundäre und der tertiäre Sektor hatten auch zusammen um 1800 zwar noch nicht die Beschäftigtenzahl des primären Sektors aufzuweisen. Sie waren aber in ihrer Bedeutung seit dem 12. Jahrhundert so stark angewachsen, daß bereits am Ende des 18. Jahrhunderts eine breite Basis für Entwicklungen der industriellen Wirtschaft (Massenproduktion, intensives Exportgewerbe, Absatzorganisation im Ausland usw.) vorhanden war.

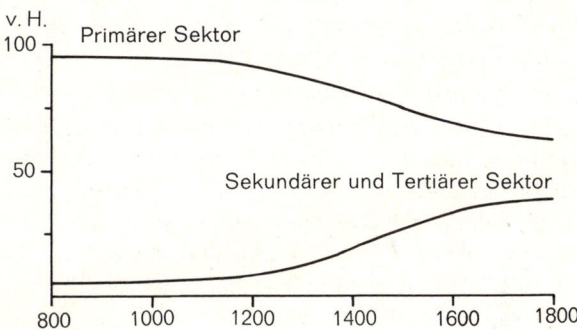

Abb. 2: Anteil der in den einzelnen Wirtschaftssektoren Beschäftigten an der Gesamtzahl

Die *Wandlungen* standen mit folgendem im Zusammenhang:

– *Produktivitätssteigerungen in der Landwirtschaft* führten dazu, daß über die Befriedigung des Grundbedarfes (vor allem an Nahrungsmitteln) hinaus, Arbeitskapazitäten für die Erzeugung anderer Güter und damit für die Ausweitung des sekundären und des tertiären Sektors frei wurden. Teilweise war die Produktivitätssteigerung in der Landwirtschaft auch durch die Arbeitsteilung (gleich Entmischung der Tätigkeiten) hervorgerufen worden, d. h.

durch eine Konzentrierung auf die Landwirtschaft bei gleichzeitiger Ausgliederung der gewerblichen Produktion.
- Der *sekundäre Sektor*, d. h. insbesondere das Gewerbe, aber auch
  der Bergbau, wurden am stärksten durch die Arbeitsteilung in
  ihrer Entwicklung gefördert. Das bis zum 12. Jahrhundert auf den
  örtlichen und dann auch auf den regionalen Absatz ausgerichtete
  Handwerk wurde seit dem ausgehenden 14. Jahrhundert zunehmend durch das mehr auf den überregionalen Absatz ausgerichtete Verlagswesen ergänzt. Im 17. und 18. Jahrhundert
  kamen dann zahlreiche Manufakturen hinzu. Der Bergbau hat im
  späten Mittelalter seine erste große Aufschwungphase gehabt.
  Die fünf der Gliederung dieses Taschenbuches zugrunde gelegten
  Perioden wurden im sekundären Sektor insgesamt daher folgendermaßen *geprägt*:

  - 800 bis 1350: Ausbildung des *Handwerks*, vor allem im Zu-
    sammenhang mit der Städtegründungsperiode ab 1150.
  - 1350 bis 1618: Weiterentwicklung des Handwerks, Ausbildung
    eines umfangreichen *Verlagswesens* (teilweise verbunden mit
    einer Wanderung der gewerblichen Produktion von der Stadt
    auf das Land) und Förderung des *Bergbaues* nach Metallen.
  - 1618 bis 1800: Neben die Weiterentwicklung des Handwerks,
    des Verlagswesens und des Bergbaues trat die Ausbildung des
    Manufakturwesens, einem wichtigen Vorläufer und Ansatz-
    punkt der Industrialisierung.

- Der *tertiäre Sektor* war bis etwa 1150 noch stark geprägt durch die
  Aufgaben der Organisation des Lebens in den ländlichen Bereichen (*Verwaltung*, Rechtsprechung, aber auch kirchliche Einrichtungen). In dieser Zeit hatte der selbständige *Handelsstand* noch
  keine große Bedeutung. Mit der Städtegründungsperiode beginnt
  dann vor allem die Ausbildung des (Nah- und Fern-)Handels, ferner in Verbindung damit des *Transportwesens*. Im Zeitalter der
  kameralistischen Wirtschaftspolitik der Territorialherren hatte
  dann die Verwaltung erneut einen starken Zuwachs, was aber –
  gemessen an der Zahl der Beschäftigten – nicht zu einer Überflügelung des Handels im weitesten Sinne, d. h. vor allem einschließlich des Speditionsgewerbes, führte.

3. Die *Entwicklung der Produktionsverhältnisse* stand in Abhängigkeit von der Entwicklung

– der Produktions*technik* (qualitative Komponente) und
– der Produktions*faktoren* (Arbeit, Kapital, Boden).

Die Art der Verknüpfung der Produktionsfaktoren und die Produktionstechnik zeigten sich in der Entwicklung der Produktivität und des Volkseinkommens. Das *Wachstum der Produktionsfaktoren* ist etwa folgendermaßen einzuschätzen:

– Die Zahl der *Arbeitskräfte* entwickelte sich parallel zur Bevölkerungszahl, wenn man davon ausgeht, daß die Beschäftigtenquote, d. h. der Anteil der Beschäftigten an der gesamten Bevölkerungszahl langfristig sich nur wenig veränderte. Eine *Erhöhung der Zahl der Arbeitenden* von 0,6 Mill. um 800 auf 5 Mill. um 1800 zeigt den wirtschaftlichen Aufschwung in den Gebieten westlich der Elbe. Entsprechend war die Entwicklung in den Gebieten östlich der Elbe und auch in anderen Teilen Europas. Der Bevölkerungsanstieg und die zahlenmäßige Zunahme der Arbeitskräfte standen in unmittelbarer Wechselwirkung zur wirtschaftlichen Entwicklung: Mit zunehmendem Wirtschaftswachstum stiegen die Einkommensmöglichkeiten – eine wichtige Voraussetzung für das Bevölkerungswachstum.

– Der Faktor *Kapital* zeigte ebenfalls eine zunehmende Tendenz. *Der Kapitalstock stieg* dabei

– parallel zur Bevölkerungsentwicklung und
– zeitweise mit überproportionaler Tendenz (z. B. im Zeitalter des „Frühkapitalismus" im ausgehenden 15. und im 16. Jahrhundert oder durch umfangreiche Infrastrukturverbesserungen im 18. Jahrhundert).

Gegenüber dem 19. Jahrhundert war die Vergrößerung des Kapitalstockes jedoch sehr gering. Die Jahresraten je Einwohner lagen

– von 800 bis 1800 bei 0,07 v.H. (in etwa Verdoppelung in tausend Jahren),
– von 1800 bis 1914 bei 1,07 v.H. (mehr als Verdreifachung in 114 Jahren).

– Der Faktor *Boden*, d. h. die landwirtschaftlich genutzte Fläche, wurde ebenfalls ausgedehnt. Die Produktion von Nahrungsmitteln wuchs etwa im gleichen Maße wie die Zahl der zu versorgenden Menschen. Eine Intensivierung der Bodennutzung führte dazu, daß die landwirtschaftliche Nutzfläche nicht ganz so stark ausgedehnt wurde, wie die Zahl der Menschen anstieg:

– Gemessen an der Zahl der Beschäftigten in der Landwirtschaft und der Zahl der aus der landwirtschaftlichen Produktion Ernährten, läßt sich der *Produktivitätsanstieg je Arbeitskraft* mit etwa 50 v.H. schätzen.

– Der *Produktivitätsanstieg je Flächeneinheit* lag bei mehr als 100 v.H. (gemessen am Getreideertrag; B. H. Slicher van Bath).

– Die als Ackerland genutzte *Fläche stieg* von etwa 1 bis 1,5 Mill. ha um 800 auf etwa 8 Mill. ha um 1800 auf dem Gebiet der heutigen Bundesrepublik und von etwa 2 bis 3 Mill. ha um 800 auf 18 bis 19 Mill. ha um 1800 auf dem Gebiet des Deutschen Reiches vor dem Ersten Weltkrieg.

– Die als *Dauergrünlandflächen* genutzten Teile des Landes lassen sich nur schlecht von den Waldflächen abgrenzen, da die Waldweide und die Heide (Wald, Strauch und Grasflächen gemischt) sehr verbreitet waren. Neben dem Ackerland und dem als Jagdgebiet genutzten Wald bestehende Flächen waren überwiegend gemeinsame Weide.

Die Auswirkungen der Änderung der Produktionstechnik und der Produktivität zeigten sich in einer Zunahme der Wertschöpfung je Beschäftigtem und (bei einer ungefähr gleich hohen Beschäftigtenquote von etwa 45 bis 48 v.H. aller Einwohner) in einer Zunahme des Pro-Kopf-Volkseinkommens um etwa 50 v.H., vgl. Abbildung 3. Die relativ unelastische Nachfrage je Einwohner nach Nahrungsmitteln bedeutete, daß die aufgrund des zunehmenden Volkseinkommens steigende Nachfrage in erster Linie den Leistungen aus dem sekundären und tertiären Sektor zugute kam, was aber nicht für alle Einwohner in gleicher Weise galt, da die Einkommensverteilung sehr ungleichmäßig war.

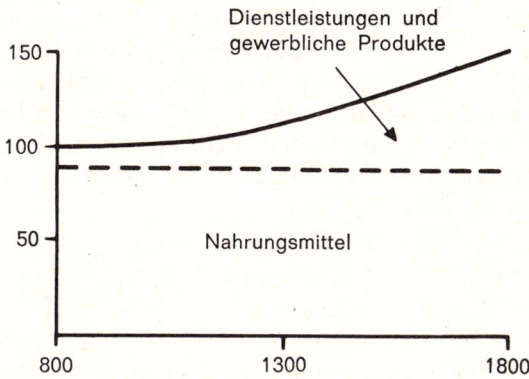

Abb. 3: Die Entwicklung der Produktion je Einwohner in Deutschland von
800 bis 1800, differenziert nach Leistungen der Wirtschaftssektoren
(Gesamtproduktion im Jahre 800 gleich 100)

4. Die *Realeinkommen* und damit das Volkseinkommen entwickelten
sich trotz der allgemeinen Produktivitätssteigerung noch auf einem
sehr niedrigen Niveau. Die Mehrzahl der Bevölkerung hatte als
verfügbares (naturales oder monetäres) Einkommen in der gesamten
Zeit *kaum mehr als das Existenzminimum*:

— Der *Grundbedarf* an Nahrungsmitteln, an Kleidung und Wohnung
  konnte im Laufe der tausend Jahre für immer mehr Einwohner
  übertroffen werden. Diese Gruppe hatte aber um 800 einen
  Anteil, der unter 3 v.H. lag und der auch um 1800 kaum mehr als
  5 bis 8 v.H. erreichte.
— *Überdurchschnittliche Einkommen* wurden vor allem aus folgen-
  den Quellen erzielt:
  — *Renteneinkommen* aus feudalen Rechten, vor allem aus grund-
    herrlichen Rechten.
  — *Gewinneinkommen* aus — teilweise sehr risikoreicher — wirt-
    schaftlicher Betätigung, meistens mit Kapitaleinkommen aus
    im Handel investierten Mitteln verbunden.
  — *Einkommen aus Tätigkeiten*, die *hoch honoriert* wurden: Höhe-
    re Beamte, Goldschmiede usw.

– Diese höheren *Einkommen* wurden *nur in geringem Maße für*
Investitionen verwendet, wie die Entwicklung des Kapitalstockes
je Einwohner mit nur 0,07 v.H. jährlicher Steigerungsrate zeigt.
Der Verbrauch, d. h. ein umfangreicher Lebenshaltungsaufwand,
war die Regel, wenn man von einzelnen, vor allem im Handel, im
Bergbau und seltener im Gewerbe selbständig Tätigen absieht.

Trotz dieser über ein Jahrtausend gehenden Grundtendenz gab es
einzelne *Perioden mit erheblichen Verschiebungen in der Relation*
der Einkommen. Abbildung 4 zeigt die Entwicklung der (Bauarbei-
ter-) Löhne, ausgedrückt in Getreideeinheiten, da Getreide das
wichtigste Nahrungsmittel war. Auch hierbei ist der säkulare Trend
aufgezeigt worden, so daß die zahlreichen kurzfristigen, durch
Ernteausfälle und die darauf beruhenden Preisbewegungen bedingten Änderungen in der *Reallohnentwicklung* herausgelassen worden
sind. Für die Zeit von 1200 bis 1350 sind die Angaben noch zu
unsicher, so daß die Reallöhne auch stagniert haben können. Die
von Grundrenten lebenden Feudalherren hatten eine *entgegengesetzte*
Entwicklung ihrer Einnahmen zu verzeichnen, da ein steigender
Reallohn in der vorindustriellen Zeit (infolge des Überwiegens der
Verwendung des Lohneinkommens für Agrarprodukte) im allgemeinen ein Absinken der Agrarpreise zum Ausdruck brachte. Die

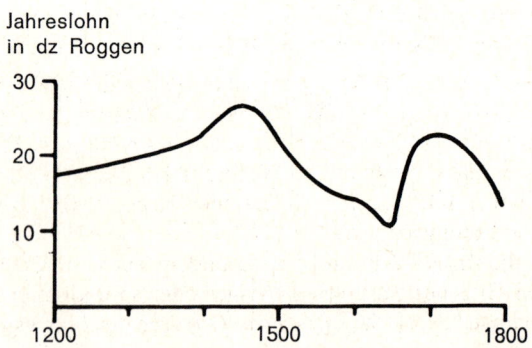

Abb. 4: Reallohnentwicklung im säkularen Trend (ausgedrückt in dz
Roggen), gemessen am Jahreslohn von Bauhandwerkern

Ausdehnung der landwirtschaftlichen Produktion erhöhte aber langfristig die bäuerlichen Leistungen.

Die *bäuerlichen Einkommen* haben sich in etwa folgendermaßen entwickelt:

— Wegen der hohen Belastung eines großen Teiles der Bauernhöfe blieb auch hier *meistens nicht viel mehr als das Existenzminimum* übrig.

— *Preisänderungen*, die durch *langfristige* Änderungen der Nachfrage (Bevölkerungszahl) hervorgerufen wurden, bewirkten nur dann eine Verbesserung der bäuerlichen Einkommen, wenn die Feudalherren nicht in der Lage waren, die Mehrerlöse durch eine Erhöhung der bäuerlichen Lasten abzuschöpfen. Mindererlöse schränkten die Einkommen noch mehr ein.

— *Kurzfristige,* durch Ernteschwankungen hervorgerufene *Preisänderungen* minderten oder mehrten die bäuerlichen Einkommen (da ihre Marktquote nicht sehr groß war) lediglich in dem Einkommensteil, der für gewerbliche Produkte aufgewendet wurde.

— Wegen der *überwiegend noch naturalen Vorgänge* (die bäuerliche Marktquote überschritt nur unter günstigen Bedingungen 20 v.H. der Ernte) wurden die Realeinkommen der Bauern jedoch nur über die Marktquote und die hierdurch geänderten Einnahmen beeinflußt.

5. Die Lebensverhältnisse und die *sozialen Verhältnisse* wurden von dem durchschnittlich niedrigen Realeinkommen gekennzeichnet:

— Die *niedrigen Einkommen* beim überwiegenden Teil der Bevölkerung *verhinderten* eine nennenswerte *Bildung von Reserven* naturaler oder geldlicher Art, so daß die Anfälligkeit der einzelnen Haushalte gegenüber den Wechselfällen des täglichen Lebens (Krankheit, Arbeitslosigkeit) und der Natur (Mißernten, Seuchen usw.) sehr groß war.

— Neben die *kirchlichen* und (insbesondere auch in den Städten) privaten Hilfseinrichtungen ständiger oder sporadischer Art trat in der letzten Phase die *öffentliche Fürsorge* des Staates oder *der Gemeinden.*

— Die *soziale Differenzierung* war nicht nur *ständisch* bestimmt (Adel, Klerus, Bürger, Bauern), sondern auch von der *berufli-*

chen Tätigkeit (Fernhändler, Krämer, Handwerker verschiedener Zweige, Tagelöhner, Gesindekräfte usw.) und vom *Einkommen* (z. B. Differenzierung innerhalb einer Handwerkerzunft).

Während zunächst die rechtlichen und später mit der Arbeitsteilung die beruflichen Differenzierungselemente im Vordergrund standen, wirkten während der gesamten Zeit die unterschiedlichen Bedingungen der materiellen Versorgung. Gerade die im Laufe der Jahrhunderte wachsenden unterbäuerlichen ländlichen Schichten und die unteren Einkommensschichten der Städte zeigten diese Komponente.

Gegen Ende des 18. Jahrhunderts hatte die nicht mit einem handwerklichen oder bäuerlichen Einkommen versehene Gruppe in Stadt und Land (die sog. Stadtarmut und Landarmut), d. h. die Einkommensschwachen und Besitzlosen, einen solchen Umfang angenommen, daß hierdurch die sozialen Verhältnisse entscheidend geprägt wurden (W. Abel). Dieser vorindustrielle Pauperismus, dem fast der gesamte Bevölkerungszuwachs von 1740 bis 1800, d. h. etwa 30 v. H. der an der Schwelle zum 19. Jahrhundert in Deutschland lebenden Menschen zuzuordnen war, wurde erst durch die mit der Industrialisierung wieder wachsenden Einkommen gemildert (vgl. Wirtschafts- und Sozialgeschichte, Bd. 2, Die Industrialisierung in Deutschland 1800 bis 1914, UTB Bd. 145).

Wenn im allgemeinen die Notsituation vor dem Beginn der Industrialisierung vor allem unter dem Gesichtspunkt der Nahrungsmittelknappheit und damit der Hungerjahre gesehen wird und wenn damit die insbesondere von Malthus herausgestellten Bedingungen einer übermäßigen Bevölkerungsvermehrung hervorgehoben wurden, dann muß dieses ergänzt werden: *Die Nahrungsgüterknappheit* der Zeit um 1800 wurde *begleitet von einer Einkommensenge für etwa ein Drittel der Bevölkerung.* Die erforderliche Nahrungsgüterproduktion wurde durch den Aufschwung der landwirtschaftlichen Entwicklung im 19. Jahrhundert und die nötige Einkommenserhöhung durch die industrielle Entfaltung eben in dieser Zeit bewirkt.

Die Entstehung der feudalistischen Gesellschaft

1. Der Aufbau des Feudalsystems

a) Das Wesen des Feudalismus

Der Feudalismus ist eine nicht nur auf Deutschland oder Europa beschränkte Erscheinung in der gesellschaftlichen Entwicklung gewesen. *In vielen, jedoch nicht in allen Kulturen* gab es zu verschiedenen Zeiten eine vergleichbare Ordnung der gesellschaftlichen Beziehungen (z. B. Sumerer, Ägypter, Perser, Japaner, Inder). Die Vielfalt der Ausprägungen lassen sich auf *folgende Grundstruktur* reduzieren:

- Das Bestehen einer *persönlichen Abhängigkeit* aufgrund erzwungener oder freiwilliger Unterordnung hatte nicht nur eine die Gesellschaftsstruktur prägende Wirkung, sondern wurde zu einem wichtigen Element der (zunächst vorstaatlichen bald auch) staatlichen Ordnung, jedenfalls im ländlichen Bereich.
- Diese Abhängigkeit begründete *Gehorsam und Leistungspflichten* seitens des Abhängigen. Die Intensität dieser Leistungen und der dadurch bedingten wirtschaftlichen Verflechtungen zwischen herrschaftlichem und untertänigen Haushalten und Wirtschaften wird dadurch – wenigstens in den Anfangsstadien, als die Geldleistungen noch keine große Bedeutung erlangt hatten – zu einem Gradmesser der Abhängigkeit (und in der marxistischen Terminologie auch der Ausbeutung). Der Teilbau oder die Teilpacht, d. h. die Verpflichtung, einen bestimmten Teil des Ertrages dem Feudalherrn zu überlassen, war – und ist in einigen außereuropäischen Ländern heute noch – meistens die schärfste Form der wirtschaftlichen Abhängigkeit.
- Der Feudalherr war meistens zur *Fürsorge* gegenüber den Hintersassen verpflichtet:
  - Der im Haus, in der Familie des Feudalherrn lebende Abhängige war mit Nahrung, Kleidung und Wohnmöglichkeiten zu versehen.

– Der im eigenen Haushalt lebende und eine eigene Wirtschaft führende Abhängige war bei einer Bedrohung seiner Existenz zu schützen (z. B. wurde bei Seuchen und Mißernten ein vorübergehender Verzicht auf die Leistungen erforderlich oder es mußte ein Grundbestand an Inventar neu angeschafft werden).

– Die Obhutspflicht galt auch bei Beeinträchtigung des Abhängigen durch Dritte.

Diese Maßnahmen lagen jedoch auch im Interesse des Feudalherrn, da er nur so die Leistungsfähigkeit des Abhängigen erhalten konnte.

– Im allgemeinen war in Deutschland ein *Wesensmerkmal* des Feudalismus die *Überlassung von Boden* zur Nutzung durch den Abhängigen. Das Nutzungsrecht (dominium utile) konnte von sehr unterschiedlicher Qualität sein:

– Ein vererbbares Nutzungsrecht begründete die Besitzkontinuität für die Familie des Abhängigen.

– Ein zeitlich begrenztes, einem Pachtverhältnis vergleichbares Nutzungsrecht ermöglichte bei jeder Verlängerung der Nutzungsdauer eine Veränderung – meistens Erhöhung – der Leistungspflichten.

– Ein jederzeit widerrufbares Nutzungsrecht barg das größte Risiko für die Familie des Abhängigen, auch wenn nur selten durch den Feudalherrn von diesem Recht Gebrauch gemacht wurde.

Feudalwesen und Lehnswesen waren nicht identisch. Das Lehnswesen war nur ein Teil des Feudalwesens. Im Lehnswesen waren über den Boden verfügende Lehnsherren und meistens adlige Lehnsnehmer, denen der Boden zur Nutzung durch Hintersassen geliehen (Leihe = Lehen) wurde, verbunden. *Die nichtlehnsfähigen Hintersassen* (Bauern und andere Dorfbewohner) bildeten mit ihren Leistungen (Dienste und Abgaben) die *wirtschaftliche Basis* und damit die Absicherung der Haushalte *der Lehnsnehmer und der Lehnsgeber.*

Nicht in das Lehnswesen eingeordneter Boden – vor allem die ländlichen Allodialflächen, d. h. die Flächen in uneingeschränktem Eigentum (allodial = eigen) freier (überwiegend dem Adelsstand zuzurechnender) Personen – konnte ebenfalls Bauern zur Nutzung überlassen werden.

In den Grundzügen sah das System folgendermaßen aus, vgl. Abbildung 5.

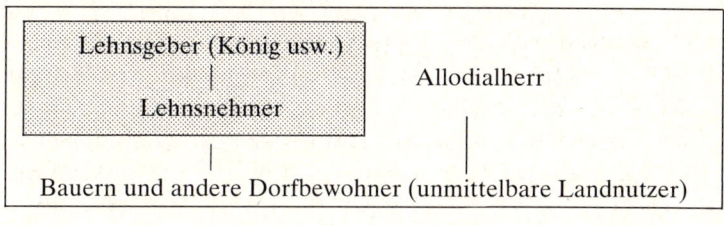

Abb. 5: Abgrenzung von Lehnssystem ▨ und Feudalsystem ☐

In anderen Ländern Europas gab es diese Unterschiede teilweise nicht. In England und in Frankreich galt z. B. der Satz „nulle terre sans seigneur", d. h. es wurde vermutet, daß Boden grundsätzlich einen (Lehns-)Herren hatte.

Das *Feudalwesen war* mithin
– *Wirtschaftsordnung,*
– *Gesellschaftsordnung* und
– *Staatsordnung,*
und zwar bis zum Ende des 18. Jahrhunderts für den größten Teil des ländlichen, überwiegend landwirtschaftlich orientierten Bereiches.

Die Gesamtheit der *Rechtsbeziehungen* zwischen Feudalherrn und Hintersassen setzte sich aus folgenden *vier Bestandteilen* zusammen:
– Die *Grundherrschaft* beruhte auf der Überlassung von Bodennutzung.
– Die *Leibherrschaft,* d. h. die persönliche Abhängigkeit, wurde manchmal auch Leibeigenschaft genannt. Dabei war zunächst der Begriff „eigen" mehr im Sinne einer Zuordnung benutzt worden, d. h. nicht im Sinne unseres Eigentumsbegriffes. Der Abhängige war nicht Sklave, d. h. nicht in der Rechtsstellung einer Sache,

auch wenn die römisch-rechtlich geschulten Juristen, vor allem seit dem 16. Jahrhundert immer wieder versuchten, die Abhängigkeit in dieser Weise zu interpretieren. Die persönliche Abhängigkeit konnte auch sehr wenig ausgeprägt sein, etwa im Sinne einer Schutzherrschaft.

— Die *Gerichtsherrschaft* wurde durch Überlassung dieser Rechtsstellung durch den Landesherrn (König) an den Feudalherrn begründet.

— Die Übertragung *landesherrlicher Rechte* (eigenständige Verwaltungsaufgaben) an die Feudalherren (Abhängiger als mittelbarer, d. h. mediater Untertan des Landsherrn); dies bedingte zugleich ständige Auseinandersetzungen zwischen König (Landesherrn) und Adligen, Bischöfen und Äbten bis ins 18. Jahrhundert.

Die *Vielfalt der Kombinationsmöglichkeiten* und der tatsächlichen Gestaltung der Abhängigkeitsverhältnisse läßt sich häufig nur mit Bedenken in dieses Schema einfügen. *Deutlich* wird aber aus dieser Übersicht, daß

— *öffentlich-rechtliche Funktionen* der Feudalherren
— mit *privat-rechtlichen Komponenten* gemischt und zusammengefaßt waren, sofern man überhaupt diese erst später gebräuchlichen, für eine klare Unterscheidung aber sehr geeigneten Rechtskategorien für diese Zeit anwenden will.

In der vom Karolingerreich bis zum Ende des 18. Jahrhunderts *in Deutschland* vorherrschenden Form des Feudalismus war die über das Recht am Boden begründete Abhängigkeit, d. h. *der grundherrliche Teil, das wichtigste Instrument* zur Erhaltung der bestehenden wirtschaftlichen, gesellschaftlichen und staatlichen Ordnung. Die Entwicklung der Produktionsverhältnisse stand in allen Wirtschaftssektoren auf einem so niedrigen Niveau, daß insgesamt nur wenig mehr als der dringendste Bedarf an Nahrung, Kleidung und Wohnung erzeugt werden konnte. Die Landwirtschaft hatte mit mehr als zwei Drittel aller Beschäftigten hieran den Hauptanteil. *Der Boden* hatte damit *die Schlüsselstellung* unter den Produktionsfaktoren, die Verfügungsberechtigten über den Boden die Herrschaft über die den Boden unmittelbar nutzenden Menschen.

Dementsprechend waren die *Funktionen des Feudalsystems*:

- *Herrschafts- und Machtausübungsfunktion.*
- *Verwaltungsfunktion* (Erhaltung der öffentlichen Ordnung).
- *Rechtsprechungsfunktion* (Erhaltung oder Wiederherstellung des Rechtsfriedens).
- *Gesellschaftsformende* und die gesellschaftliche Differenzierung erhaltende *Funktion.*
- *Sammelfunktion* zwecks Beschaffung *von Dienstleistungen, Naturalien und Geldmitteln* zur Erhaltung des Staates.
- *Abschöpfungsfunktion* zur Erlangung der *für den Bedarf der Feudalherrenschicht* erforderlichen Mittel.

Für die marxistische Anschauung ist der letztgenannte Punkt der *wichtigste*:
- Eine kleine Gruppe von Menschen (Feudalherren) verfügte über den in der vorindustriellen Zeit wichtigsten Produktionsfaktor, nämlich über den Boden (der *Feudalherr ist* in erster Linie *Grundherr!*) und
- war dadurch in der Lage, die Vielzahl der eigentlich den Boden bebauenden *Bauern um den Mehrwert* oder, bei Überwiegen der naturalen Abgaben, um das Mehrprodukt zu *bringen*, d. h. um den Teil ihres Ertrages, der nicht für das Existenzminimum erforderlich war. Durch diese Ausbeutung forderten die Feudalherren von ihren Hintersassen damit etwas, was sie ohne die Bebauung des Bodens durch die zur Leistung Verpflichteten nicht erhalten hätten.

b) Die Entstehung und die Entwicklung des Feudalsystems

Die *Entstehung* der Gesellschaftsform *des Feudalismus* ist nicht in eine kurze Zeitspanne einzuordnen, auch wenn in der Karolingerzeit die Entwicklung beschleunigt wurde:

- Eine mehrere *Jahrhunderte während Entwicklung*, beginnend mit dem Ende der Völkerwanderung (553 = Ende des Ostgotenreiches; 543 bis 545 Pestjahre mit Verminderung der Bevölkerung um bis zu einem Drittel) und
- *zahlreiche Einflüsse* unterschiedlicher sozialer Strukturen und wechselnder Kräfte

brachten *in der Karolingerzeit*

- mit der *Einordnung* der späteren deutschen Gebiete bis zur Schwentine-Elbe-Saale-Linie und bis zum Böhmerwald *in das Frankenreich.*
- eine *Stabilisierung der* ländlichen Siedlungs- und *Sozialstrukturen.*

Die *feudalistische Ordnung des Karolingerreiches* läßt sich auf wenige Grundzüge reduzieren:

Die *rechtliche Komponente,* gestaltet von den Inhabern der Macht, d. h. von den Feudalherren:

(a) Im am Ende der Völkerwanderungszeit nach Gallien ausgedehnten Herrschaftsbereich wurden die ländlichen Gebiete durch eine Synthese aus vorgefundenen römischen und aus der neuen Herrschaftsschicht vertrauten germanischen Bestandteilen organisiert. Die römische Struktur war bereits unter Verwendung und Weiterentwicklung der gallisch-keltischen Vasallität, einer Art Halbfreien-Status mit vor allem persönlicher Zuordnung, und teilweise der Sklavenrechte, teilweise der (halbfreien) Kolonenrechte Roms entstanden. Eine starke Einspannung in die Herrschaftsstrukturen war eine wichtige Voraussetzung, um die großen Landgüter der Großgrundbesitzer (Inhaber von Latifundien) bewirtschaften zu können.

In den nördlicheren und vor allem in den nordöstlichen Teilen der gallisch-belgisch-germanischen Gebiete des ehemaligen römischen Reiches gab es zunächst einen hohen Anteil fränkischer Siedler, die sich aus wirtschaftlichen Gründen – zur Vermeidung von Kriegsdiensten – meistens in Abhängigkeit von Edelherren, von Adligen begaben, so daß hier bald langsam ein über mehrere Generationen gehender Angleichungsprozeß der verschiedenen freien und halbfreien Bauerngruppen einsetzen konnte.

(b) Diese fränkischen Siedler standen zunächst zu ihren Adligen lediglich in einem Gefolgschaftsverhältnis. Man bezeichnet dies häufig als die germanisch-rechtliche Wurzel der feudalen Ordnung.

Eine Übertragung der Befunde für die Gestaltung der westrheinischen Gebiete auch auf die Gebiete zwischen Rhein und Elbe bzw. Rhein und Böhmerwald ist nur in engen Grenzen möglich. Hier waren aufgrund jahrhundertelanger kriegerischer Auseinandersetzungen ständige Bewegungen in den Herrschaftsverhältnissen vorhanden, die vor allem eine starke Differenzierung im Rechtsstatus bewirkten. Der mit eingeschränkten persönlichen Rechten versehene Bevölkerungsteil war erheblich. Es bestand ein breites Raster

der Zuordnung von weitgehender Abhängigkeit bis zur frei verein-
barten Gefolgschaft.

Die im groben Muster über Jahrhunderte gleichgerichteten Diffe-
renzierungstendenzen östlich und westlich des Rheins zeigen im
Grunde, daß es sich hier offensichtlich um die günstigsten Organisationsformen des ländlich-landwirtschaftlichen Raumes handelte,
jedenfalls bei Berücksichtigung auch der Bedingungen für Macht-
entstehung und Machtausübung. Die unterschiedlichen Ausgangssi-
tuationen hatten vermutlich keinen auf Dauer differenzierenden
Einfluß.

In der Literatur werden im allgemeinen *zwei Meinungen* vertreten:

– *Erst in der fränkischen Zeit,* insbesondere unter den Karolingern,
  kam es zur Ausbildung des *Feudalismus* (so im wesentlichen
  H. Brunner, G. v. Below, H. Mottek), entstand mithin die „erste
  Leibeigenschaft" im Sinne der Marxisten.
– *Bereits bei den Germanen* der Zeitenwende gab es soziale Abstufungen mit unterschiedlichen Rechtsstellungen und unter-
  schiedlichem Recht am Boden, d. h. „daß die *Grundherrschaft*
  bereits zur Zeit des Tacitus bei den Germanen vorhanden war"
  (A. Dopsch).

Beide Meinungen können in der Weise mit der Wirklichkeit in Einklang gebracht werden, daß

– bereits *vor der Völkerwanderung über das Bodenrecht abgesicherte persönliche Abhängigkeiten* bestanden haben, die die Bezeichnung Feudalsystem rechtfertigen, daß aber
– eine *Intensivierung* und eine – aufgrund der besseren Quellenlage
  für uns auch durchschaubarere – Ausdehnung dieser Abhängigkeiten *im Karolingerreich* stattgefunden haben, insbesondere im
  Zusammenhang mit der Einfügung der Gebiete (und Völker-
  stämme) zwischen Rhein und Elbe.

Die *wirtschaftliche Komponente* hing eng mit der rechtlichen zusammen:

– Die *Feudalherren erhielten* von den Hintersassen umfangreiche
  wirtschaftliche Leistungen. Aus Einzelangaben, insbesondere für

einzelne Klöster (die Aufzeichnungen der bäuerlichen Leistungspflichten werden *Urbare* genannt), läßt sich errechnen, daß 12 bis
25 v.H. des um Saat und Viehfutter bereinigten Rohertrages oder
8 bis 15 v.H. des Rohertrages abzugeben waren (Höchstangaben
errechnet nach Darmstädter für Hintersassen des Klosters Am-
brogio in Mailand). *Freie Bauern* hatten wesentlich weniger an
Abgaben zu leisten, meistens *nur* eine Art *Anerkennungsgebühr*.
Aufgrund der geringen Produktivität in der Landwirtschaft (Saat-
Ernte-Verhältnis etwa 1 zu 3) war das Gewicht der genannten
Belastung schon erheblich.

Die *bäuerlichen Leistungen dienten*
– zur *Erhaltung der Feudalherrenschicht* und
– zur Unterstützung für die Wahrnehmung der *öffentlich-rechtlichen Aufgaben* durch die Feudalherren (Verwaltung, Rechtsprechung, Kriegsdienste).

Marxistische Wirtschaftshistoriker unterscheiden drei *Perioden* des Feudalismus nach der jeweils überwiegenden Leistungsart:
1. *Naturalwirtschaft ohne Marktverflechtung*: Wegen des fehlenden oder
noch nicht genügend entwickelten Marktes verlangte der Feudalherr von
seinen Hintersassen in erster Linie Dienste: In dieser „milden Form des
Feudalismus" überwog damit die *Arbeitsrente*.
2. *Naturalwirtschaft mit Marktverflechtung*: Der Bauer arbeitete kaum
noch auf dem herrschaftlichen Hof. Er leistete landwirtschaftliche Produkte, die der Herr auf dem Markt gegen gewerbliche Produkte eintauschte:
Es überwog die *Produktrente*.
3. *Geldwirtschaft mit Marktverflechtung*: Die Bauern hatten Geld zu
leisten, da der Feudalherr Produkte des wachsenden Gewerbes, ferner aus
dem außereuropäischen Handel erwarb: Die *Geldrente* stand im Vordergrund der bäuerlichen Leistungen (in der Lombardei bereits in der Mitte
des 10. Jahrhunderts, d. h. mit der ersten Blüte des dortigen Städtewesens).

– Die Hintersassen der Feudalherren sollten in erster Linie Schutz
vor Eingriffen Dritter erhalten. Später wurden vor allem Hilfen
bei Mißernten, Viehseuchen und kriegerischen Verwüstungen
entscheidend für die Erhaltung der Bauernwirtschaften (und der
bäuerlichen Leistungsfähigkeit).

Die wirtschaftliche, insbesondere die landwirtschaftliche Entwicklung wurde durch den steigenden Bedarf der Feudalherren über
Jahrhunderte hin *angeregt* (Verstärkung der Überschußwirtschaft),
da eine *Erhöhung der Arbeitsproduktivität* (und auch der Flächen-

produktivität) zu einer Steigerung der bäuerlichen Leistungsfähigkeit führte. Zugleich wurde aber das Erwerbsstreben der Bauern und damit deren Interesse an einer Weiterentwicklung der Produktionstechnik gedämpft, da höhere Erträge die Begehrlichkeit seitens der Feudalherren gesteigert hätten.

Die *soziale Komponente* ergab sich aus den rechtlichen und wirtschaftlichen Gegebenheiten:
– Die *Sozialstruktur* und
– die *sozialen Beziehungen,*

d. h. die einzelnen Gruppen und Schichten innerhalb des Feudalsystems (Lehnsherr, Lehnsnehmer, halbfreier Bauer, Gesindekräfte) und die Gestaltung des täglichen Lebens innerhalb und zwischen diesen Gruppen der Gesellschaft, waren in erster Linie abhängig von der – rechtlich organisierten – Lehenspyramide und von der – wirtschaftlich orientierten – Ausgestaltung der Abhängigkeiten. Die faktische Machtverteilung half dieses System abzusichern und funktionsfähig zu erhalten.

Die Sozialstruktur, wie sie sich angenähert aus Abbildung 5 ergibt, war vor allem im bäuerlichen Bereich noch erheblich stärker aufgegliedert. Die unterschiedlichen bäuerlichen Rechte, unterschiedliche Besitzgrößen und andere Merkmale wurden durch ein zahlenmäßig nicht unerhebliches Gesinde in den Haushalten der Bauern und durch andere Dorfbewohner wie Geistliche, Handwerker usw. ergänzt. Diese dörfliche Einwohnerschaft erhielt dann aber seit dem späten Mittelalter mit dem Eindringen der gewerblichen Produktion für den überregionalen Absatz (Verlagssystem) zusätzliche Bestandteile der Sozialstruktur.

Auch die Gruppe der *Feudalherren* war *keineswegs einheitlich* oder einheitlichen Ursprungs:
– Neben den alten *Volksadel* (Häuptlinge der Germanen usw., meistens als Uradel bezeichnet) traten
– mit besonderen Funktionen in Militär, Verwaltung und Gerichtsbarkeit versehene Personen (*Dienstadel*), insbesondere wenn es ihnen gelang, eine grundherrliche Stellung zu erlangen. Diese Gruppe der meistens aus den niedrigsten Rechtsstufen und Bevöl-

kerungsschichten aufsteigenden Personen ist bis zum Ende der Monarchie in Deutschland die wichtigste Quelle der Ergänzung des Adels gewesen.

– Die Gruppe der römischen Großgrundbesitzer war im östlichen und nördlichen Teil des Karolingerreiches nur wenig vertreten.

– Später – etwa *seit dem 15. Jahrhundert* – kam eine weitere Gruppe von Feudalherren hinzu: *Personen,* die aufgrund einer unternehmerischen Tätigkeit vermögend geworden waren, insbesondere wenn sie landsässig wurden (Patrizier des 15. und 16. Jahrhunderts), oder solche, die dem Verleiher des Adelstitels einen geldlichen oder persönlichen Dienst geleistet hatten.

– *Kirchliche Einrichtungen*, insbesondere Klöster, repräsentiert durch ihre Schutzvögte oder Äbte, konnten seit dem frühen Mittelalter ihre Grundherrschaft immer mehr ausdehnen.

Die (täglichen) *sozialen Beziehungen* standen in Abhängigkeit von den wirtschaftlichen Beziehungen. Ihre tatsächliche Ausrichtung war sehr unterschiedlich und gestaltete sich in den einzelnen Herrschaftsbereichen unter dem Einfluß der persönlichen Verhaltensweisen der einzelnen Feudalherren und ihrer Bediensteten (Schreiber, Verwalter, Aufseher usw.).

Insgesamt läßt sich sagen, daß *für* die Ausbildung und für die Gestaltung des *Feudalsystems entscheidend* gewesen sind:

– Die *soziale Differenzierung* innerhalb der Bevölkerung, insbesondere im Zusammenhang mit Eroberungen.

– Die *Ausbildung der Grundherrschaft* als Mittel zur Schaffung wirtschaftlich Abhängiger und zur Erschließung umfangreicher *Einnahmequellen*.

– Die *Übertragung von öffentlich-rechtlichen Aufgaben* an die Feudalherren.

c) Die Villikationsverfassung als ländliche Wirtschaftsordnung

Ein großer Teil der ländlichen Bevölkerung und Wirtschaft war *bis ins 12. Jahrhundert* durch den Feudalismus *in* die besondere Organisationsform der *Villikationen eingeordnet*. Die grundherrliche Villa, d. h. der Wohnsitz des Feudalherrn mit der Eigenwirtschaft (Salhof,

Salland), war das Zentrum für die Verwaltung und Überwachung des gesamten Grundherrschaftsbereiches.

Die manchmal vertretene Meinung, daß die Villikationsverfassung als einheitliches System den gesamten oder doch überwiegenden Teil des Landes überzog, ist inzwischen abgelöst durch eine differenziertere Betrachtung:

— *Regionale Unterschiede* aufgrund wenig einheitlicher Siedlungsbedingungen,

— *stammesmäßige Unterschiede* aufgrund des unterschiedlichen politischen Schicksals (Eroberer, Eroberte) und abweichender Gewohnheiten (umstritten ist schon die Stammesgliederung),

— Unterschiede nach der *Größenordnung der Grundherrschaft* (Umfang der Fläche, Zahl der Bauern und sonstigen Hintersassen, Streuung der grundherrlichen Flächen),

— ferner *zeitliche Einflüsse*

haben dazu geführt, daß die Villikationen bei einem gleichen Grundzug der Organisation eine sehr unterschiedliche Ausgestaltung erfuhren. Im übrigen waren erhebliche Teile des Landes überhaupt nicht von einem Villikationssystem erfaßt. Die zahlreichen kleinen Grundherren (verschiedene adlige Familien in einem Dorf, Bauernadel) hinterließen nur selten Urkunden. Sie waren aber gerade in den Gebieten östlich des Rheins weit verbreitet.

Die *Villikation* war im Prinzip eine — nach dem damaligen Entwicklungsstand der Landwirtschaft — auf optimale *Versorgung des herrschaftlichen Hofes* und Haushaltes ausgerichtete Wirtschaftsform, die in erster Linie gekennzeichnet war

— durch eine weitgehende *Arbeitsteilung innerhalb* einer Wirtschaftseinheit und

— *durch das Fehlen* einer *Arbeitsteilung zwischen* diesen selbständigen Wirtschaften.

Damit war die Villikation fast vollständig autark und enthielt neben der landwirtschaftlichen Produktionssphäre je nach der Größe der Villikation mehr oder weniger ausgeprägte und differenzierte gewerbliche Produktionszweige. Die relativ geringe Arbeitsproduktivität sowohl in der Landwirtschaft wie auch im gewerblichen Bereich bedingte, daß nur große Villikationen eine eigene Gewerbeproduktion kannten. Der größte Teil der Adligen hatte über das Salland – das vom Salhof, dem eigentlichen Hof des Adligen aus bewirt-

schaftet wurde – hinaus nur wenige Berechtigungen an bäuerlichen Grundstücken und konnte eine eigene gewerbliche Produktion aus den Erträgen
dieser wenigen landwirtschaftlichen Grundstücke nicht absichern. Die gering
entwickelte landwirtschaftliche Überschußwirtschaft erlaubte eine Spezialisierung innerhalb der herrschaftlichen Wirtschaft erst bei einer großen landwirtschaftlichen Basis.

Die innerhalb einer Villikation lebenden *Menschen* lassen sich nach
ihrem Wohnsitz, ihrer sozialen Stellung und ihrer *beruflichen Tätigkeit* folgendermaßen unterscheiden:

– Im *Zentrum* der Villikation lag der *Herrenhof,* die villa, der Salhof
  und das Salland (d. h. der Wohnsitz und die Eigenwirtschaft des
  Feudalherrn). Hier lebten:
  – Die *Familie des Feudalherrn* oder der diese Funktion aus-
    übende Klosterkonvent.
  – Das (nach seiner Rechtsstellung) freie und unfreie *Gesinde*
    wohnte direkt auf dem Fronhof, *zur familia domestica gehö-
    rend,* mit Arbeiten in Haus und Hof beschäftigt.
  – *In* unmittelbarer *Nachbarschaft zum Fronhof,* mit ihm in einer
    Siedlungseinheit stehend, wohnten (nicht selten noch) mehrere
    Familien (mancipia), die meistens unfrei waren, mit eigenem
    Wohnhaus und einer kleinen Landwirtschaft, die ihnen noch
    genügend Zeit für (landwirtschaftliche oder gewerbliche)
    Arbeitsleistungen auf dem Fronhof beließ. Diese Einwohner
    zählten mit *zur familia.* Sowohl unter den Gesindekräften als
    auch bei den selbständigen Familien befanden sich je nach
    Größe der Villikation mehr oder weniger spezialisierte Hand-
    werker.
– *Dörfer und Gehöfte* in einer nicht zu großen Entfernung von der
  villa hatten durch *Arbeitsleistungen* auf den herrschaftlichen Nutzflächen und durch Naturalleistungen aus der eigenen Wirtschaft
  zur Versorgung der auf dem Fronhof wohnenden Menschen (der
  familia) beizutragen. Sie zählten häufig ebenfalls noch zur familia.
– *Dörfer und Gehöfte in größerer,* nicht in wenigen Stunden zu über-
  brückender *Entfernung* leisteten *Naturalien mit einem hohen Wert*
  je Gewichtseinheit (etwa tierische Produkte: Fleisch, Butter,
  Käse, Wolle; aber auch gewerbliche Produkte: Leinen, gegerbte
  Felle usw.), seltener mit beginnendem Aufbau eines inneren
  Marktes auch schon Geld (Edelmetall).

Diese Gliederung ist bei kleineren Feudalherren nur teilweise vorhanden
gewesen, bei großen, vor allem regional sehr weit gestreuten Berechtigungen
reichte sie zur Nutzung der bäuerlichen Leistungspflichten nicht aus. Daher
wurden hier zusätzliche Sammelstellen eingerichtet, so daß dann die Gliederung einer solchen Villikation folgendermaßen aussah:

– Ein Oberhof (villa, palatium) bildete das Zentrum der Wirtschafts- und
   Herrschaftseinheit.
– Haupthöfe, curtis oder auch villa genannt, hatten einen Verwalter (villicus).
– Nebenhöfe mit einem Meier (maior) als Verwalter, manchmal auch
   villicus genannt, hatten die Aufgabe, die bäuerlichen Leistungen zu
   sammeln (z. B. Nörten bei Göttingen, dem Erzbischof von Mainz gehö-
   rend).

Die bekanntesten Beispiele von großen Villikationen sind Grundherrschaften von Klöstern. So hatte z. B. das Kloster Fulda Streu-
besitz vom Alpengebiet bis nach Friesland, wie überhaupt die
meisten später berühmten Klöster die Grundlage für ihren Reichtum
zahlreichen Schenkungen im 8. und 9. Jahrhundert verdankten
(Corvey, Werden, Prüm, Echternach, Lorsch, Hirsau, Ellwangen,
St. Gallen, Altaich, Kremsmünster usw.).

Die Villikationen der Klöster und Kirchen sind im allgemeinen
bekannter als die der weltlichen Grundherren. Die größere *Besitzkontinuität* erleichterte die *Akkumulation,* d. h. die Ausdehnung
der zugehörigen Flächen. Außerdem war die *schriftliche* Fixierung
hier bald üblich, was die *Überlieferung* erleichterte.

Wie im Feudalwesen allgemein gab es auch innerhalb der Villika-
tionssysteme erhebliche Unterschiede im Rechtsstatus und in der
wirtschaftlichen Ausrichtung (Besitzgröße der Bauern, handwerkliche Tätigkeiten usw.), so daß eine breite Sozialstruktur gerade in
großen Villikationen vorhanden war. Die rechtlichen und die
wirtschaftlichen Differenzierungselemente bewirkten dann auch
eine starke Auffächerung der sozialen Verhältnisse.

Die Hofesgrößen der Bauern lagen meistens bei ein bis drei Hufen
(= 8 bis 45 ha, wenn man davon ausgeht, daß eine Hufe zwischen 8
und 15 ha Fläche haben konnte). Hinzu kamen Berechtigungen an
den nicht individuell genutzten Flächen, d. h. am Grünland und an
den der Beweidung offenstehenden Wäldern. Das Ackerland je
Bauernhof war jedoch nur selten über mehr als 5 bis 8 ha ausgedehnt. Aufgrund der gerade im südlichen und westlichen Deutsch-

land, in kleineren Regionen auch im mittleren Deutschland, üblichen *Realteilungssitte* kam es zu einer *Zersplitterung der Betriebsgrößen* und damit zu einer breiten Streuung auch in sozialer Hinsicht. Solange noch ungenutzter Boden verfügbar war, konnte bei einer zu geringen Nutzfläche je Familie ausgewichen werden, konnten ergänzende Flächen in Nutzen genommen werden.

d) Klöster und Stifte als wirtschaftliche und soziale Versorgungszentren

Die *Kirche* war durch die enge Verbindung mit dem und durch die weitgehende Einbindung in das Feudalwesen ein bedeutender *wirtschaftlicher Faktor* geworden. Sie hatte vor allem auch als *Eigenkirche*, d. h. als eine den einzelnen adligen Familien wie eine Stiftung zugeordnete Einrichtung Versorgungsaufgaben übernommen. Die Ausstattung von Eigenkirchen und bald auch von *Stiften* und *Klöstern* erfolgte keineswegs uneigennützig. Man kann hier folgende Ausrichtungen der Überlegungen und der Zielrichtungen unterscheiden:

- *Eigenkirchen* hatten wirtschaftliche und Herrschaftsfunktionen. Sie waren Einrichtungen, die es ermöglichten, die materielle Ausstattung der einzelnen Adelsfamilie nicht zu vermindern. Zugleich wurde aber auch das „Erbcharisma" der Adelsfamilie gerettet, so daß damit die Adelsherrschaft eine zusätzliche Stütze erhielt (Mitteis-Lieberich).
- *Stifte* dienten in erster Linie der *Versorgung* nachgeborener *Söhne* des Adels und auch der (aufgrund der durch Kämpfe, Kriege und Eintritt in Stifte verringerten Zahl der als Heiratskandidaten in Betracht kommenden männlichen Adligen) ohne Heiratschancen lebenden *Töchter* adliger Familien.
- *Klöster* hatten in diesen Beziehungen zu Adelsfamilien *verschiedene Aufgaben*: Sie dienten als *Begräbnisstätten* der Mitglieder adliger Familien, sie hatten durch die Gebete der Insassen *Gottes Segen* den lebenden Familienmitgliedern *für* ihre *Tätigkeit* zu erflehen und durch *Andachten dem Seelenheil* der Verstorbenen zu dienen. Seltener waren sie auch Versorgungseinrichtun-

gen für unverheiratete Mitglieder der Adelsfamilien, allenfalls im Zusammenhang mit der Besetzung der Abtsstelle.

Darüber hinaus hatten gerade *viele Klöster* – anfangs Benediktinerklöster – *kulturelle Aufgaben* wahrzunehmen: Schriftstücke wurden von Mönchen angefertigt und d. h. auch Urkunden der weltlichen Verwaltung. Zahlreiche Insassen von Klöstern haben zudem im künstlerischen Bereich, zunächst als kirchliche Kunst, dann aber auch als weltliche Kunst, erhebliche Leistungen vollbracht; vor allem zahlreiche *Handschriften* stellten eine Verbindung von *Überlieferung* in schriftlicher Form *und Kunstproduktion* dar.

Insgesamt wurde durch Klöster und Stifte die kulturelle Infrastruktur des Landes stark ausgeweitet.

2. Die landwirtschaftliche Produktion

Die Gestaltung der *Produktion* von Nahrungsmitteln und anderen landwirtschaftlichen Erzeugnissen wurde von zwei Faktoren in besonderer Weise *beeinflußt*:

– Die *Zunahme der Bevölkerungszahl* von 4,5 bis 5 (800) auf 12 bis 15 (1150) Menschen je qkm führte zu einer Ausdehnung der Siedlungen und der in landwirtschaftliche Nutzung genommenen Flächen. Dabei war das Wachstum der Bevölkerung und damit die Zunahme der Nutzfläche in der Zeit von 800 bis 1000 gering, ab dem 11. Jahrhundert stärker.

– Der beginnende *Aufbau einer arbeitsteiligen Wirtschaft* in den Villikationen und in geringerem Maße auch in den Dörfern unabhängig von Villikationen, verbunden mit einer Überschußwirtschaft, die nur möglich war durch eine Erhöhung der Arbeitsproduktivität.

Trotz der

– bereits umfangreichen Kommunikationsmöglichkeiten (Reisen von Kriegern, Mönchen und Verwaltungsbeamten) und

– der zahlreichen karolingischen Verordnungen (Kapitularien) mit Anweisungen, die im allgemeinen in alle Teile des Reiches gelangten, gab es aber keine einheitliche, kurzfristig wirksam werdende Entwicklung. Die Ansätze waren vielfältig, die Umsetzung der die Produktionsverhältnisse beeinflussenden neuen Ideen langsam und unsystematisch.

Versucht man die *Vielfalt der Erscheinungen* und Entwicklungen zu systematisieren, dann sind folgende Punkte zu nennen:

Die *Ausdehnung der genutzten Flächen* geschah

- durch den *Ausbau der* vorhandenen und schon genutzten *Gemarkungen* und
- durch die *Anlage neuer Siedlungen* auf bisher nicht genutzten Flächen.

Schematisiert läßt sich der Siedlungsvorgang in folgende Abschnitte gliedern:
- Der Ausbau der vorhandenen Gemarkungen durch Einrichtung weiterer Bauernhöfe und durch Kultivierung neuer Gewanne (bei gleichzeitigem Übergang von der Urwechselwirtschaft zur Dreifelderwirtschaft oder einer anderen regelmäßigen Bebauungsweise).
- Die Anlage neuer Bauernhöfe auf bisher nicht genutztem Boden außerhalb der Gemarkungen (insbesondere Waldrodungen).
- Die Errichtung auch unterbäuerlicher Stellen, d. h. von Höfen, die eine Landausstattung hatten, die nicht zur Ernährung einer Familie ausreichte, so daß die Inhaber dieser Stätten zu zusätzlichen Tätigkeiten (als Handwerker oder auf anderen Bauernhöfen) gezwungen waren. (Bis ins 12. Jahrhundert ist die Errichtung solcher unterbäuerlichen Stätten relativ unbedeutend geblieben.)

Von 800 bis 1150 hat sich die *Zahl der bewohnten Orte* im Zusammenhang mit dieser Siedlungsausdehnung nach Lamprecht – ausgezählt an Hand einiger Gebiete des Rheinlandes – *fast verzehnfacht*, neben der Bevölkerungszunahme auch in den schon um 800 vorhandenen Orten. Parallele, vielleicht nicht immer so ausgeprägte Entwicklungen lassen sich nicht nur für andere Teile Deutschlands, sondern auch für die meisten westeuropäischen Gebiete nachweisen.

Teilweise geben die Ortsnamen heute noch Auskunft über die Entstehungszeit der einzelnen Siedlung bzw. über ihre Besitznahme im Wege der Eroberung. Für das fränkische Rheinland kann man nach den Endungen der Ortsnamen unterscheiden:
- Siedlungen nach der fränkischen Eroberung (Ende des 5. Jahrhunderts): -heim, -ham, -lar.
- Rodungen vom 6. bis 10. Jahrhundert: -rath.
- Rodungen vom 10. bis 12. Jahrhundert: -hausen, -hoven (manchmal auch früher eingeordnet).

Für den Harzraum (Ostfalen) lassen sich unterscheiden:
- Vorkarolingische Siedlungen: -ingen, -ungen, -heim, -um.
- Seit dem 9. Jahrhundert entstanden: -hausen (manchmal auch früher eingeordnet).
- Siedlungen im 10. bis 13. Jahrhundert: -rode.
- Siedlungen vom 11. bis 14. Jahrhundert: -hagen.

Diese beiden Beispiele zeigen zugleich, daß gewisse Unsicherheiten bei der Einordnung bestehen.

Änderungen in der Bodennutzung: Von der bis in die Karolingerzeit noch weit verbreiteten

- Urwechselwirtschaft ging man zur
- Dreifelderwirtschaft oder einer
- anderen Fruchtfolge über, Vier- und Fünffelderwirtschaft.

Unter den Änderungen der Bodennutzung ist auch die mit der Ausdehnung der bebauten Flächen verbundene Verringerung des Weidelandes zu nennen.

Bei der *Urwechselwirtschaft* wurde das Land einige Jahre als Ackerland genutzt und dann der Verwilderung (mit Strauch- und Baumbewuchs) überlassen. War der Boden auf diese Weise nach einigen Jahren (oder Jahrzehnten) regeneriert, konnte er wieder gerodet und beackert werden.

Die *Dreifelderwirtschaft* ist vermutlich im Rheinland schon zur Römerzeit bekannt gewesen. Sie breitete sich im gesamten Mittelalter nach und nach in Mitteleuropa aus, ohne allerdings überall vorherrschend zu werden. Sie ist eigentlich eine Grenzart der Feldgraswirtschaft, jedenfalls wenn das Brachejahr – wie es meistens geschah – als Weidejahr und nicht als Schwarzbrache (mehrfaches Pflügen) genutzt wurde. Teilweise wurden aber auch schon Flachs und andere Blattfrüchte in die Brachflächen eingesät, so daß man *in Ansätzen* sogar schon eine *verbesserte Dreifelderwirtschaft* vorfand.

Andere Fruchtfolgen waren:

- Die *Feldgraswirtschaft*, in der einige Jahre Ackernutzung mit einigen Jahren der Gras-(Weide-)nutzung abwechselten.
- Die *Zweifelderwirtschaft*, entweder ein Jahr Brache und ein Jahr mit Getreide oder Sommer- und Wintergetreide abwechselnd angebaut, war in Gallien und in England schon vor 800 weit verbreitet. Es scheint sich hierbei um eine typische Fruchtfolge

der römischen Landwirtschaft nach der Zeitenwende außerhalb des Mittelmeergebietes zu handeln.

– Die *Mehrfelderwirtschaft,* d. h. mehr als drei Jahre Fruchtfolge mit und ohne ein(em) Brachejahr, wurde zur wichtigsten Abweichung.

Diese wenigen Angaben zeigen, daß eine einheitliche Gestaltung der Bodennutzung keineswegs gegeben war. Der einzelne Bauer war als Teilhaber einer *Dorfgemarkung* an das für diese Gemarkung geltende Fruchtfolgesystem gebunden (*Flurzwang*). Die seltenere *Einzelhoflage* erlaubte eine *freie Nutzung* der dann ebenfalls einzeln (separat) liegenden Felder. Im allgemeinen bildeten die Bodennutzer einer Siedlung eine Gemeinschaft hinsichtlich der Bodennutzung (*Markgenossenschaft,* die auch mehrere Siedlungen umfassen konnte). Die einzelnen Teile der Mark waren unterschiedlich von der gemeinsamen Nutzung betroffen:

– Das *Ackerland* wurde *außerhalb der Vegetationszeit* und der durch den Flurzwang bestimmten Bebauung ebenfalls *beweidet,* seltener als Brachland mehrfach gepflügt (Schwarzbrache).

– Das gesamte *übrige Land,* meistens eine Mischung zwischen Weide und baumbestandenen Flächen (manchmal Heide genannt), stand der allgemeinen (gemeinen) Herde als *gemeinsame Nutzfläche* das ganze Jahr über offen (Allmende, Gemeinheit usw.).

– Ein *Teil des Waldes* war von diesem allgemeinen Beweidungsrecht *ausgenommen,* da durch das Beweiden der Baumbewuchs litt. Diese Forsten wurden dann lediglich im Herbst und nur für die *Schweineherden* geöffnet (*Eichelmast*).

Die Markgenossenschaften haben im allgemeinen als Gemeinschaften unterschiedliche Entstehungsgründe:

– Die Herrschaftstheorie geht davon aus, daß der Grundherr für die Organisation in solchen Gemeinschaften gesorgt habe (auch Hofrechtstheorie).

– Die Genossenschaftstheorie geht davon aus, daß (vielleicht noch in der Zeit einer Art germanischer Urgesellschaft) freiwillig ein solcher Zusammenschluß entstanden ist.

Für das frühe und hohe Mittelalter wird häufig zur Erklärung einiger Entwicklungen (z. B. auch bei der Entstehung der Zünfte) auf diese beiden Theorien zurückgegriffen. In Anbetracht der geringen Einheitlichkeit in der Gestaltung der Wirtschafts- und Gesellschaftsordnung kann wohl davon ausgegangen werden, daß beide Organisationsprinzipien zur Anwendung gekommen sind, je nach der Verteilung der Macht, d. h. nach der Stellung der Feudalherren.

Die Zahl der *angebauten Pflanzenarten* wurde erheblich erweitert:

- Das *Getreide* (Roggen, Dinkel, Weizen, Gerste, Hafer) war und blieb die wichtigste Frucht. Die Getreideerträge lagen mit dem 2,5 bis 3-fachen der Saatmengen nicht sehr hoch (Saat etwa 1,6 bis 2 dz/ha, Ernte 4,5 bis 5,5 dz/ha brutto und nach Abzug der Saat für das nächste Jahr 3 bis 3,5 dz/ha). Diese *geringen Erträge* waren durch folgendes bedingt:
  - Die *Züchtung* der Landsorten aus den Wildpflanzen war noch *nicht weit fortgeschritten.*
  - Die *Bodenbearbeitung* war noch sehr *einfach* (vor allem flach).
  - Die *Ersetzung der* durch die vorhergehende Ernte entzogenen *Nährstoffe* erfolgte *nur in geringem Maße.*

  Hinzu kamen die starken Ertragsschwankungen, die mit durchschnittlich etwa 25 v.H. des Bruttoertrages oder 40 v.H. des Nettoertrages veranschlagt werden können. Die Möglichkeiten der Vorratshaltung waren noch schlecht, so daß ein Ausgleich zwischen guten und schlechten Ernten nur teilweise möglich war.

- Bis 1150 wurde das Getreide bereits durch eine Vielzahl von *anderen Pflanzen* ergänzt:
  - *Gemüse,* vor allem Hülsenfrüchte, waren hauptsächlich in den Gärten der Herrenhöfe und der Klöster zu finden. Kohl und Rüben wurden in den Klostergärten insbesondere für die Fastentage angebaut.
  - An *Obstbäumen* waren bekannt: Apfel, Birne, Pflaume, Edelkastanie, Pfirsich, Quitte, Haselnuß.
  Der Gemüse- und Obstbau scheint in den Bauerngärten wenig Bedeutung erlangt zu haben. Es bildeten sich aber bereits bis 1150 Spezialanbaugebiete heraus: Rheingau, Thüringen um Erfurt.
  - Der *Weinbau* dehnte sich über das ganze Rheinland und über Süddeutschland aus. Trotz der geringen Qualität wurde Wein auch in Norddeutschland angebaut. Mit dem beginnenden Weinhandel aus anderen Gebieten mit besserer Qualität ging der Anbau hier aber bald wieder zurück.

- *Gespinstpflanzen* (Flachs und Hanf) wurden auf den Herren-
  höfen und von den Bauern für den eigenen Bedarf, nur in
  geringen Mengen für den sich langsam entwickelnden Markt
  produziert.
- Ein systematischer Anbau von *Farbpflanzen*, insbesondere von
  Waid (blau) und Krapp (rot) war *nicht weit verbreitet*. Noch
  fehlte ein Markt für diese Produkte. Wildpflanzen (z. B.
  Ginster, Flechten, Baumrinden) dienten zum Färben der
  Textilien.

Die wichtigste Überlieferung für die landwirtschaftliche Produktion um 800
ist das capitulare de villis (die Verordnung über die Organisation und Produk-
tionsgestaltung in den karolingischen Villikationen) aus dem Jahre 792 oder
793 von Karl dem Großen. Umstritten ist der Gültigkeitsbereich, sind die
Adressaten dieser Verordnung (Südfrankreich oder alle Teile des Reiches,
W. Metz). Da es sich um Anweisungen handelte, wird nicht der wirkliche
Zustand beschrieben, sondern die anzustrebende Wirtschaftsweise. An einzelnen Gemüsen werden im c.d.v. zum Beispiel genannt: Rettich, Karotten,
Pastinaken, Lauch, Zwiebeln, Schalotten, Knoblauch, Lattich, Zichorie,
Runkelrübe, Kresse, Senfkohl, Spargel, Melonen, Gurken usw., insbesondere
aber auch eine große Zahl von Heilkräutern.

Die *Geräte der Landwirtschaft* zeigen den *niedrigen Entwicklungsstand*:

- *Pflüge*: Es überwog der Haken (Aufreißen des Bodens). Erst seit
  dem 11. Jahrhundert begann man Pflüge mit Streichbrett und
  Sech einzusetzen (Wenden des Bodens); insgesamt blieben diese
  Pflüge zunächst aber ohne große Bedeutung.
- *Eggen*: Anfänglich wurde lediglich von Straucheggen Gebrauch
  gemacht. Später ging man teilweise zu einfachen Eggen mit Holz-
  zinken über, da diese eine gleichmäßigere Bearbeitung des Ackers
  erlaubten.
- *Wagen*: Es wurden zwei- und vierrädrige Wagen benutzt.
- *Mähgeräte*: Die Sichel diente allgemein zum Mähen des Getreides,
  Sensen waren auch im 12. Jahrhundert noch selten zu finden. Sie
  wurden dann vor allem zum Grasmähen benutzt, da beim Getrei-
  demähen zuviele Körner auf den Boden fielen.
- *Dreschgeräte*: Zunächst überwog das Verfahren, das Getreide
  vom Vieh austreten zu lassen. Langsam begann ein Übergang zu
  Schlagwerkzeugen (Stöcken), schließlich wurde der aus zwei nur

lose miteinander verbundenen Teilen bestehende Dreschflegel eingesetzt.

- *Mühlen:* Anfangs wurde das Getreide im mörserähnlichen Gefäß durch Handmühlen gemahlen. Die sog. Roßmühlen, bei denen von einem im Kreise herumgetriebenen Pferd eine senkrecht in einem mörserähnlichen Gefäß stehende und oben befestigte Keule gedreht wurde, konnten sich nördlich der Alpen nur wenig verbreiten. Die Wassermühlen waren im 8. Jahrhundert bereits im Südwesten des späteren Deutschland zu finden. Sie verbreiteten sich bis zum 11. Jahrhundert langsam nach Norden. Windmühlen gab es zwar seit dem 12. Jahrhundert. Erst im 16. Jahrhundert wurden sie aber so zahlreich errichtet, daß sie für die Zerkleinerung des Getreides eine nennenswerte Bedeutung erlangten (vor allem im Flachland).

Die *Viehhaltung diente* in erster Linie folgenden Zwecken:

- *Versorgung der Menschen mit* eiweißreicher *Nahrung*: Fleisch, Milch, Milchprodukte.
- *Lieferung von Rohstoffen* für Kleidung und Geräte: Wolle, Haare, Felle (Leder), Sehnen, Knochen.
- *Arbeitsleistungen* der Trag- und Zugtiere
  - für die Landwirtschaft,
  - für den Warentransport und
  - für die Kriegsdienste.

Dabei wurden der Warentransport und die Kriegsdienste in erster Linie mit Pferden bestritten, während in der Landwirtschaft zunächst noch überwiegend Ochsen als Zugtiere dienten. Nach Ansicht des französischen Volkskundlers Ch. Parain wurden die Ochsen seit der Wende zum 11. Jahrhundert (wohl vor allem in Frankreich) durch Pferde ersetzt, nach Ansicht von W. Abel und F. S. Mitchell erst im späten Mittelalter, als nach den Pestjahren infolge des Bevölkerungsrückganges die Arbeitskräfte knapp wurden.

- Die *Erzeugung von Dünger* für die Erhaltung der Bodenfruchtbarkeit war noch *ohne große Bedeutung.*

Vom 6. bis zum 12. Jahrhundert scheint *die Tierhaltung je Einwohner zurückgegangen* zu sein, d. h. die Viehhaltung wurde nicht im gleichen Maße ausgedehnt wie die Bevölkerungszahl stieg. Als

Grund hierfür ist die beginnende Knappheit des Bodens anzusehen. Mit den zahlreichen Rodungen und mit der Errichtung vieler neuer Siedlungen wurden die Weidemöglichkeiten immer mehr eingeschränkt.

Die *Tierhaltung* war bereits im frühen Mittelalter *sehr differenziert*. Das zeigen sowohl Knochenfunde (z. B. schon für die Zeitenwende in Feddersen Wierde, nördlich von Bremerhaven gelegen) als auch die Bußgeldbestimmungen in den Volksrechten:

— Im Prinzip hielt man bereits sämtliche *wichtigen Haustierarten*: Schafe, Schweine, Rinder, Ziegen, Pferde und Hunde.
— *Innerhalb der* einzelnen *Tierarten* wurde ebenfalls bereits erheblich *unterschieden* (Geschlecht, Alter und Verwendungszweck).

Der Anteil der einzelnen Tierarten *an der menschlichen Ernährung* läßt sich aus Knochenfunden folgendermaßen einschätzen:

— 60 v.H. Rindfleisch
— 18 v.H. Schweinefleisch
— 12 v.H. Schaf- und Ziegenfleisch
— 10 v.H. Wildbret

Dabei gab es erhebliche *regionale Unterschiede*:
— In waldreichen (und wildreichen) Gebieten war der Anteil des Wildbrets höher (bis zu 25 v.H.).
— In Gebieten mit umfangreichem Dauergrünland (Küstengebiet) betrug der Rindfleischanteil bis zu 90 v.H.
— In Gegenden mit guter Waldmast (Eichen- und Buchenwälder) betrug der Anteil des Schweinefleisches bis zu 50 v.H.

Der *Fleischverbrauch je Einwohner* wurde von W. Abel auf etwa *100 kg jährlich* geschätzt. Zum Vergleich: 1800 = 25 bis 28 kg; 1900/10 = 50 kg; 1972/73 = 80 kg.

Geht man davon aus, daß die Bevölkerungszahl in den Gebieten bis zur Elbe-Saale-Linie sich von etwa 800 bis 1150 verdreifacht hat und daß die Ernährungslage zu beiden Zeitpunkten nicht in der Qualität, allenfalls in der Struktur Unterschiede aufwies, dann hatte die *gesamte landwirtschaftliche Produktion in 350 Jahren eine gewaltige Ausdehnung* erfahren. Sicher hat

— die *Ausdehnung der landwirtschaftlichen Nutzfläche* einen größeren Anteil hieran gehabt als

– die *Zunahme der Flächenproduktivität*, auch wenn der Übergang von der Urwechselwirtschaft zu einer dauernden und geordneten Felderwirtschaft gewisse Verbesserungen gebracht haben dürfte.

Man kann davon ausgehen, daß zur Ernährung einer Person etwa 1 bis 1,5 ha jährlich bebauter Ackerfläche erforderlich und verfügbar war. Die Zunahme der Flächenproduktivität wird kaum mehr als den Rückgang des Verzehrs von Wild und Waldfrüchten je Einwohner kompensiert haben.

3. Das ländliche Gewerbe und der Handel

Ein großer Teil der handwerklichen Leistungen wurde auf dem Lande von den Bauernfamilien selbst erbracht. Die Entwicklung feudalherrlicher Herrschafts- und Wirtschaftszentren förderte die Ausgliederung der handwerklichen Tätigkeiten aus dem landwirtschaftlichen Bereich, d. h. die Spezialisierung und Arbeitsteilung, mit der Folge einer Verbesserung der Arbeitsproduktivität (Leistung je Arbeitskraft) und der Arbeitsqualität (bis hin zu künstlerischer Tätigkeit).

Bei einer weitgehenden Differenzierung der handwerklichen Produktion in großen Villikationen konnte man folgende Handwerker-Gruppen unterscheiden (z. B. kann man aus dem Grundriß des Klosters St. Gallen vom Jahre 820 neben dem Umfang der Viehhaltung an den Viehställen auch die *handwerkliche Differenzierung* an den Werkstätten ablesen):

– *Nahrungshandwerke*: Müller, Bäcker, Fleischer (daneben auch Gärtner, Hirten und Fischer als Spezialberufe).
– *Kleidungshandwerker*: Spinner, Weber, Schneider, Walker, Gerber, Schuhmacher.
– *Produktionsmittel- und Rüstungshandwerke*: Bearbeiter von Metall und Holz, z. B. Stellmacher oder Wagner, Schmiede, Schwertfeger, Schildmacher.
– *Bauhandwerke*: Zimmerleute, seltener Steinbe- und -verarbeiter (Maurer, Steinmetze), letztere vor allem bei Sakralbauten.

– *Hersteller von Luxusgegenständen*: Meistens Spezialisten aus den schon genannten Handwerken.

Da der Grundriß des Klosters St. Gallen mit großer Wahrscheinlichkeit aus dem Raum Aachen–Köln stammte, kann es sich um ein Muster gehandelt haben, das für eine weite Verbreitung solcher Gestaltung des Lebens in einem Klosterbezirk spricht.

Innerhalb der großen Villikationen blieb die Tätigkeit jedoch nicht auf den primären und sekundären Sektor, d. h. auf die Landwirtschaft und auf das Handwerk, beschränkt. Vielmehr wurde hier gezielt auch bereits der Handel betrieben, wenn dieser auch östlich des Rheins noch keine große Bedeutung erlangt hatte. Auf den Märkten oder marktähnlichen Zusammenkünften (den sog. mercata) wurden vor allem hochwertige Produkte umgesetzt, die nur in wenigen Gegenden produziert werden konnten (Schmuckgegenstände, Feuersteine usw.).

Sonst hatte der *Handel* den ländlich-landwirtschaftlichen Bereich nur *in sehr geringem Maße* in seine Tätigkeit einbezogen. Der Ausgleich zwischen verschiedenen Orten oder sogar Regionen bei Mißernten und damit zur Vermeidung von Hungersituationen war gering. Er war vor allem auf die wenigen schiffbaren Flüsse begrenzt, da nur hier größere Strecken zu tragbaren Kosten überwunden werden konnten.

In den Dörfern entwickelte sich außerhalb der auf die grundherrlichen Haus- und Hofhaltungen ausgerichteten Villikationen bereits ein *freies Dorfhandwerk,* das für die Dorfbewohner Kleidung, Gebäude, Wirtschafts- und Haushaltsgeräte produzierte. Dabei bestand noch eine enge Verflechtung mit der landwirtschaftlichen Produktion, d. h. im allgemeinen haben die Handwerker noch Ackerbau betrieben und Vieh gehalten.

Auch wenn diese handwerklichen Tätigkeiten noch keine große Ausdehnung gehabt haben, waren doch die Anfänge für die weitere Entwicklung sehr wichtig, auch als Reservoir für den Aufbau des Handwerks in den Städten in der folgenden Periode. In den Dörfern waren vor allem die Bearbeitung von Metallen, d. h. insbesondere Schmiedewerkstätten, und die Verarbeitung von Ton, d. h.

Töpferwerkstätten, als isolierte Tätigkeiten außerhalb der bäuerlichen Familie zu finden, da hier eine größere Erfahrung erforderlich war und außerdem die Wärmeprozesse zusätzliche Einrichtungen benötigten.

4. Die Anfänge der städtischen Wirtschaft

Die *Anfänge des städtischen Lebens* in Deutschland sind eng verknüpft

— mit den *römischen Städten* und
— mit der *Herausbildung von Handel und Gewerbe.*

Die Entwicklung der Städte und des Städtewesens war abhängig von der Arbeitsteilung, von der Übernahme wirtschaftlicher Funktionen für das Land, zumal wenn man unter wirtschaftlichen Gesichtspunkten die Stadt definiert als eine menschliche Siedlung, die gegenüber den übrigen Siedlungen sich abhebt durch

— eine über die Versorgung der Stadt selbst hinausgehende *Ausdehnung des sekundären und des tertiären Sektors,*
— so daß für die Ernährung der Bevölkerung dieser Siedlung die *Zufuhr landwirtschaftlicher Güter erforderlich* wird und
— wegen der von der Bodennutzung unabhängigen wirtschaftlichen Tätigkeit eine *größere Bevölkerungsdichte* je Flächeneinheit Boden, insbesondere je Flächeneinheit landwirtschaftlicher Nutzfläche, *möglich* wird.

a) Die wirtschaftlichen Aufgaben der Städte

Die seit dem 3. Jahrhundert durch die Germanen bedrängten, aber teilweise noch bis in das 6. Jahrhundert hinein funktionsfähig gebliebenen *Römerstädte* im späteren Süd- und Westdeutschland hatten in erster Linie folgende *Aufgaben*:

— Sie waren *Verwaltungszentren.*
— Sie dienten der *Machtabsicherung* (Garnisonen, Kastelle, Lager, teilweise in unmittelbarer Nähe der Verwaltungszentren, teilweise mit ihnen identisch).

- Die *gewerbliche Produktion* für die in der Stadt und im Umland lebenden Personen hatte hier ihren Standort.
- Die Lage an *Verkehrsknotenpunkten* weist auf die enge Verknüpfung auch mit dem tertiären Sektor hin. Sie dienten damit zugleich der Sicherung der Heeresstraßen.

Mit der Beseitigung der römischen Macht hatten diese Städte ihre wichtigsten *Aufgaben verloren*:

- Die germanischen Herzöge, Könige usw. benutzten die von den Städten unabhängige Gefolgschaftsverfassung ihrer Heere (und Stämme) als Mittel der Machtausübung und Machtabsicherung.
- Die germanische Wirtschaftsweise war – zunächst noch – wenig arbeitsteilig. Ein Markt für Nahrungsmittel und für gewerbliche Produkte war in den ersten Jahrhunderten nach dem Einbruch der Germanen in das römische Süd- und Westdeutschland kaum vorhanden.

Insgesamt brachte daher die *Völkerwanderung* einen erheblichen *Rückschlag für die städtische Wirtschaft.* Wichtig war aber, daß die *Tradition des städtischen Lebens nicht völlig abriß* und daß neue Impulse aus den westlichen Teilen des Karolingerreiches kamen. Allerdings war die *Entwicklung sehr langsam*, auch wenn in der Zeit von 800 bis 1150 die Zahl der Städte von etwas weniger als 40 (hauptsächlich in Süd- und Westdeutschland gelegenen ehemaligen Römerstädten) auf fast 200 anwuchs. Im wesentlichen waren hier folgende Gruppen zu nennen:

- Städte, die ihre Kontinuität aus der Römerzeit erhalten hatten: Köln, Worms, Speyer, Mainz, Regensburg.
- Kleine Siedlungen, die ehemaligen Römerstädten benachbart waren: Frankfurt, Basel, Zürich, Wien, Graz, Villach, Xanten.
- Städte, die sich in Anlehnung an ehemalige römische Kastelle entwickelten: Jülich.
- Mit Marktprivilegien versehene Orte: Villikationszentren, Wallfahrtsorte. (Aber nicht jedes Villikationszentrum mit Handwerk und Marktrecht erhielt auch das Stadtrecht, vgl. Prüm in der Eifel, das erst im 18. Jahrhundert Stadt wurde).

Jedoch darf dieser Vorgang der Ausdehnung des städtischen Lebens nicht zu hoch bewertet werden:

- Die meisten Städte hatten weniger als 800 Einwohner. Allein die Stadtrechtsverleihung oder -anerkennung, der Markt und eine gewisse Konzentration von handwerklichen Berufen unterschied die meisten Städte von den Dörfern ihrer Umgebung.
- Nur etwa 2 v.H. und weniger der gesamten Bevölkerung lebten um 1150 in Städten. Die ländliche Siedlung (und die landwirtschaftliche Tätigkeit) waren die Regel, die Stadt die Ausnahme. Die Arbeitsteilung hatte in der Mitte des 12. Jahrhunderts nur wenige Gebiete erfaßt und auch diese nur punktmäßig.

Die *wirtschaftlichen Aktivitäten in den Städten* bestanden aus:
- der *Landwirtschaft,*
- dem *handwerklichen Gewerbe* und
- dem *Fernhandel*

Diese Aufzählung nach dem Rang der Bedeutung müßte noch um den *Nahhandel* ergänzt werden. Dieser fand im wesentlichen jedoch noch *zwischen* (gewerblichen oder landwirtschaftlichen) *Produzenten und Endabnehmern* statt.

Die *Landwirtschaft* unterschied sich in den städtischen Gemarkungen kaum von der des Landes. Die (teilweise) Selbstversorgung mit Nahrungsmitteln stand im Vordergrund. Spezialkulturen, auch solche, die auf spezielle gewerbliche Rohstoffe ausgerichtet gewesen sind (Farbstoffe, Flachs usw.), waren hier ebensowenig verbreitet wie auf den Dörfern. Da bis zur Mitte des 12. Jahrhunderts die Stadtherrschaft (der Feudalherren) noch weit verbreitet war, ist auch die Agrarverfassung zunächst kaum anders strukturiert gewesen als auf dem Lande. Die *gewerbliche Produktion* war zwar anders organisiert als in den Villikationen. Sie umfaßte aber im wesentlichen dieselben *Handwerkszweige*:

- Das *Baugewerbe* war offensichtlich noch nicht weit ausgebildet. Der Holzbau dominierte. Neben den Zimmerleuten waren vor allem für kirchliche Bauten Maurer, Steinmetzen und Maler zu finden. Karl der Große verfügte, daß für seine Profanbauten nicht mehr Holz und Lehm, sondern Steine verwendet werden sollten. Die „öffentliche" Bautätigkeit von 768 bis 855 wird aus folgenden Angaben deutlich: Die Zahl der Königspfalzen stieg von 29 auf mehr als 130, die der Klöster von 837 um 417 auf 1254. Gemessen an der gesamten Größe des Karolingerreiches war diese über fast ein volles Jahrhundert sich erstreckende Leistung aber nicht überzubewerten.

— Der wichtigste, schon seit mehreren Jahrhunderten (durch Ausgrabungen nachgewiesene) spezialisierte Handwerker war der *Schmied* (oder allgemeiner gesagt die *Metallbearbeitung*). Offensichtlich wurde dies bewirkt durch
   — die Kostbarkeit des Metalles,
   — die Aufwendigkeit der zur Bearbeitung benötigten Hilfsmittel (Erwärmungs- und Bearbeitungseinrichtungen) und
   — die erforderliche Geschicklichkeit (durch Übung erworben), so daß Ausschuß und Abfall möglichst klein gehalten werden konnten.
Teilweise war das Metallgewerbe jedoch nicht in den Städten angesiedelt, sondern an den Fundorten der Rohstoffe (Erze, Holzkohle). Lediglich die Weiterverarbeitung konzentrierte sich (aber erst seit dem hohen Mittelalter) in den Städten.

— *Nahrungs-* und *Kleidungshandwerke* waren in den Städten in stärkerem Maße (je 100 Einwohner) zu finden als in den Dörfern, wo vor allem die Villikationen auch eine Spezialisierung in diesen Handwerken kannten.

— Solange die Konzentration der über den normalen Lebensstandard hinausgehenden Mittel noch in den Villikationen erfolgte, bestand nur in ganz geringem Maße ein *Luxusgüterhandwerk* in den Städten. Parallel zur Stadtentwicklung änderte sich dies langsam. Aber auch im 12. Jahrhundert hatte sich das Schmuck- und Kunsthandwerk in den Städten noch wenig entfalten können. Die feudalherrlichen Produktionsstätten waren für diese Branche besonders weit entwickelt in den Bischofsstädten. Die Herstellung der Bernwardssäule und der Bernwardstüren in Hildesheim zeigen, daß die technischen Fähigkeiten an der Wende zum 11. Jahrhundert bereits sehr weit entwickelt waren. Das gleiche gilt auch für sakrale Gegenstände (z. B. für den Lebuinus-Kelch aus der Zeit um 800 aus Aachen, heute in Utrecht aufbewahrt).

Insgesamt war die *gewerbliche Produktion in den Städten* aber noch *ohne große Bedeutung.* Mindestens im 9. und 10. Jahrhundert *überwog* allgemein die *gewerbliche Produktion in den Villikationen* und es scheint, wenigstens gemessen am Bedarf der überwiegenden Bevölkerungszahl, das *freie Dorfhandwerk ebenfalls* noch *stärker* gewesen zu sein als das städtische Handwerk.

Der Handel, insbesondere *der Fernhandel* war in den einzelnen Teilen der östlichen Hälfte des Karolingerreiches sehr unterschiedlich ausgebildet. Neben dem Nahhandel, der vor allem in und um die wenigen Städte zu finden war, und einem vermutlich auf Tausch ausgerichteten nachbarschaftlichen Handel in den Dörfern und sonstigen ländlichen Siedlungen war der Fernhandel auf nur *wenige Güter und ein geringes Volumen* ausgerichtet:

— *Gegenstände mit einem hohen Wert je Gewichtseinheit* konnten unabhängig von den Transportkosten über weite Strecken befördert werden: Bernstein, Feuersteine, Metall und Metallgegenstände, Gewürze aus dem Mittelmeerraum, Tuche aus den Niederlanden, Wein, Seiden- und Brokatstoffe aus dem oströmischen Reich. Insgesamt überwogen damit Güter des gehobenen Bedarfs.

— *Nach dem Transportvolumen wichtiger,* aber auf die wirtschaftlich entwickelten Gebiete West- und Süddeutschlands konzentriert und dort den Rhein und die Donau mit ihren Nebenflüssen als billige Transportwege benutzend, waren *Getreide und Wein.*

Das *Kernland der Merowinger und der Karolinger zwischen Köln und Paris* war das im frühen Mittelalter am weitesten entwickelte Gebiet (teilweise aufbauend auf der römischen gewerblichen Produktion). Die *Metallerzeugung* und -verarbeitung in den Ardennen und in der Eifel für Heereszwecke und für den gehobenen Bedarf der Feudalherren (und ein umfangreiches Hausgut der Herrscher) bildete die wichtigste Grundlage für die wirtschaftliche Blüte. Die günstigen *Transportmöglichkeiten* über die Flüsse und *die fruchtbaren Böden* nördlich der Eifel und zwischen den Ardennen und Paris sicherten die Nahrungsmittelversorgung einer für Mitteleuropa in der damaligen Zeit weit überdurchschnittlichen Bevölkerungszahl je qkm. Zum

Teil konnte man hier auf die von den Römern geschaffene und noch erhaltene Infrastruktur zurückgreifen (Straßen, Brücken, aber auch Städte). Der *Transport auf dem Wasserwege* hatte seine Besonderheiten:

— Der *Seeweg* wurde vor allem von den Küstenbewohnern benutzt. Friesen, Dänen, Slawen und Schweden waren als Anrainer der Nord- und der Ostsee an diesem Handel beteiligt. Massentransporte waren hier aber mangels Entwicklung einer Überschußwirtschaft in Nord- und Osteuropa nicht vorhanden.

— Der *Flußweg* war nur wenig entwickelt. Die meisten Flüsse waren noch zu gefährlich und unzuverlässig. Lediglich der Rhein und die Donau wurden bereits regelmäßig als Transportwege benutzt. Für die anderen Flüsse (z. B. Lippe, Weser, Main, Neckar) lassen sich gelegentliche Transporte nachweisen. Einen intensiven Handel gab es aber bis ins 12. Jahrhundert auf diesen Flüssen nicht. Insgesamt waren mit dem Rhein und der Donau auch hierbei die ehemals römischen und weiter entwickelten Gebiete bevorzugt. Bei steigendem Niveau der wirtschaftlichen Aktivitäten im nördlichen und östlichen Teil Deutschlands wurden dann auch dort die Flüsse stärker und regelmäßig befahren, ein Zeichen für die engen Zusammenhänge zwischen der Entwicklung des Transportwesens und der übrigen Wirtschaft. Die Bemühungen Karls des Großen im Jahre 793, einen die Donau und den Rhein (über die Flüsse Main, Rezat und Altmühl) verbindenden Kanal zu bauen – den sog. Karlsgraben, fossa Carolina –, zeigen, daß man die Vorteile einer Verbesserung der Binnenschiffahrt erkannt hatte (auch wenn Karl wohl in erster Linie an die günstigen Truppentransporte und Versorgungsmöglichkeiten gedacht haben mag; denn zwei der wichtigsten militärischen Einsatzgebiete lagen in Sachsen und in Pannonien, d. h. weit auseinander. Es lassen sich Militärtransporte für 782 auf der Weser und für 797 auf der Donau nachweisen.).

Die *wichtigsten Handelswege* des frühen Mittelalters waren:

— Vom Rheinmündungsgebiet nach Oberdeutschland über den Rhein.

- Vom Rheinmündungsgebiet über Reims und die Rhone zum Mittelmeer.
- Vom Rheinmündungsgebiet in die Nordsee- und Ostseerandgebiete.
- Die Ostsee war für Ost- und Nordeuropa der wichtigste Transportweg: Vom 6. bis zum 10. Jahrhundert war dort Birka (in der Nähe des heutigen Stockholm) der bedeutenste zentrale (Umschlag-) Platz. Seit dem 10. Jahrhundert trat Gotland an seine Stelle. Hier wurde vor allem der Handel mit dem baltischen und russischen Gebiet konzentriert (bis hin nach Nowgorod und Kiew und weiter nach Zentralasien; dieser Weg war zwar seit dem 5. und 6. Jahrhundert durch die Awaren und andere Völkerzüge gestört. Seit dem 9. Jahrhundert fand aber eine Wiedereröffnung durch die Schweden statt, die sich im „Kiewer Rus" niederließen).
- Von der Wesermündung führte eine Handelsstraße weseraufwärts und weiter nach Würzburg, Augsburg und Triest (durch die Inn- und Etschtäler die Alpen überquerend).
- Wichtige sonstige Landwege waren:
  - Neuß-Paderborn-Magdeburg
  - Mainz-Fulda-Halle
  - Mainz-Würzburg-Regensburg-Wien
  - Wien-Augsburg-Straßburg-Paris

Mit diesen Handelswegen sind zugleich die wichtigsten Handelsplätze genannt worden. Weitere von den Fernkaufleuten regelmäßig besuchte, aber teilweise nicht dauernd, d. h. das ganze Jahr hindurch bewohnte Plätze waren:
- An der Ostsee Truso an der Weichselmündung, Wollin für das oderaufwärts zu erreichende Land, Talswiek auf Rügen (für das 11. Jahrhundert nachgewiesen, wegen der günstigen Lage zwischen westlicher und östlicher Ostsee aber vermutlich schon länger benutzt), Haithabu bei Schleswig (zum Umschlag der Waren über die Landbrücke von Schleswig zur Nordsee).
- Im Bereich der Nordsee gab es für die Zeit ab dem 7. Jahrhundert nachweisbare Handelsplätze, die vor allem von den Friesen besucht und eingerichtet wurden. Der bekannteste Ort ist Dorestad am Unterlauf des Rheins in der Nähe von Utrecht.

Diese *Handelsorte an der Küste* wurden *im Rheinland und im Donauraum* durch aufstrebende *Handelsstädte* und *im östlicheren Gebiet* durch *Handelsstützpunkte* ohne städtischen Charakter (Wieke) ergänzt. Auf den Fernhandel ausgerichtete Hilfsgewerbe, vor allem Handwerker, gehörten zu den ständigen Bewohnern dieser Orte, während die Fernhändler selbst noch ihre Waren über weite Entfernungen begleiteten, d. h. nur selten in diesen Niederlassungen ihren dauernden Wohnsitz nahmen.

Trotz der starken Differenzierung der Organisation des Handels kann man *für das frühe Mittelalter in etwa folgende Entwicklung* erkennen:

– *Zunächst* herrschte der Handel in den Kaufmannswieken oder ähnlichen Einrichtungen vor: Man traf sich an diesen *nicht regelmäßig bewohnten Plätzen* (mercatus oder macella genannt, d. h. Niederlagen, Stapelplätze im faktischen, nicht aber auch im rechtlichen Sinne, Kaufhäuser, Emporien).

– *Seit dem 10. Jahrhundert* beginnend und im 12. Jahrhundert allgemein verbreitet (nicht zuletzt, weil inzwischen eine hinreichend große Zahl von Städten entstanden war) fand der Handel auf dem forum (eigentlich der Gerichtsplatz der alten Römerstädte), d. h. auf dem *Marktplatz*, statt. Durch diese enge Verknüpfung mit den entstehenden Städten war zugleich eine enge Verbindung zwischen den Fernhändlern und den Städten bedingt (und umgekehrt), d. h. in den Städten wurde der Handel von einer nach und nach seßhaft werdenden (und privilegierten) Gruppe von Einwohnern betrieben.

Im Prinzip kann man davon ausgehen, daß im 12. Jahrhundert damit die Grundlage für die wirtschaftlichen Strukturen des danach aufblühenden Städtewesens geschaffen wurde.

b) Die gesellschaftliche Struktur in den Städten

Die städtischen Bewohner der Zeit des frühen Mittelalters lassen sich *nach* verschiedenen *sozialen Gesichtspunkten differenzieren*:

– Die *Gliederung nach der Rechtsstellung*: Bis zur Mitte des 12. Jahrhunderts konnten die Stadtherren (als Feudalherren) im allgemeinen ihre beherrschende Stellung bewahren, so daß die Zuwanderer keineswegs „freie" Bürger wurden: „Stadtluft macht eigen". Wie die Einordnung in einen ländlichen Herrschaftsbereich (Schutz) die persönliche Abhängigkeit begründete, so geschah dies ebenfalls in der Stadt. Man konnte daher nach der persönlichen Rechtsstellung eine ebenso stark differenzierte Struktur vorfinden wie auf dem Lande. Im Grundzug lassen sich unterscheiden:

– Adlige, Ministeriale und andere rechtlich oder faktisch zur *Oberschicht* zählende Personen.
– *Freie Bürger* (zu denen meistens auch die Fernhändler gehörten).
– *Unfreie Bürger*, mit zahlreichen Abstufungen der Rechtsbeschränkung innerhalb dieser Schicht.
– *Nichtbürger*, d. h. in der Stadt lebende, aber rechtlich nicht zur Gemeinschaft der Bürger zählende Personen (z. B. Klosterinsassen).

„Bürger" ist zunächst der Bewohner eines befestigten Ortes (Burg = befestigte Stadt oder befestigter Wohnsitz eines Feudalherrn usw.), der zur Verteidigung dieses Ortes mit beiträgt oder beitragen muß („wehre"). Aus Burgware oder Burgwehre entsteht Bürger. Bis ins 12. Jahrhundert ist der Name zu finden bei den Bewohnern
– der Römerstädte,
– der „unfreien" Stadt, die neben dem Hofe eines Feudalherrn (Bischof usw.) mit einer starken Unfreiheitskomponente (Fortsetzung der Grundherrschaft) entstanden war, und
– bei den Markt- und Handelsplätzen, die sich zur Stadt entwickelt hatten.

– Die *berufliche Gliederung* in den Städten hing von (a) der Ausstattung mit Produktionsfaktoren, (b) der rechtlichen Stellung des einzelnen und (c) dem Grad der Arbeitsteilung ab:
  – Die *Herrenschicht*: Zu ihr gehörten der Stadtherr und andere in der Stadt wohnende Personen, deren Rechtsstellung ähnlich war (Grundherren).
  – Die *Geistlichkeit*, vor allem dort, wo Klöster waren und damit eine größere Gruppe und nicht nur einzelne Personen zu ihr zählten.
  – Die *Händler*, insbesondere die Fernhändler (mercatores), wurden in den frühmittelalterlichen Städten erst nach und nach seßhaft. In nicht dauernd bewohnten Siedlungen (Wieken) kamen sie zu bestimmten Marktzeiten zusammen.

- Die *Ackerbürger*, d. h. diejenigen, die hauptberuflich Landwirtschaft betrieben (während die übrigen Bürger nur neben-
  beruflich noch ein Stück Land nutzten, hauptsächlich aber von
  anderen Einkommen lebten).
- Die *Handwerker* waren noch wenig differenziert (im Vergleich
  zum freien Dorfhandwerk und zum Villikationshandwerk). Sie
  haben sich erst im 10. und 11. Jahrhundert nachweisbar zu
  Vereinigungen (Zünfte usw.) zusammengeschlossen.
- Die *Gehilfen* (Gesellen der Handwerker, Gesindekräfte) waren
  bei den zuvor genannten Gruppen beschäftigt.
- Eine *Tagelöhnerschicht*, d. h. eine Gruppe von Personen, die
  im Gegensatz zu den Gesindekräften und Gesellen in eigenen
  Haushalten lebte, fehlte bis zur Mitte des 12. Jahrhunderts in
  den Städten fast völlig. Erst die weitergehende Differenzierung, das Bevölkerungswachstum und die Zunahme der städtischen wirtschaftlichen Aktivitäten schufen die Voraussetzungen (wechselnde Arbeitsplätze; sonst arbeitslose Personen) für
  eine solche Gruppe.
- Die Reihenfolge der hier aufgezählten Berufe und der rechtlichen
  Abstufung kann zugleich angenähert mit einer *Rangfolge in der
  Einkommensstruktur* gleichgesetzt werden.

Im Prinzip war damit das *Grundmuster der Sozialstruktur der Städte
bis ins 18. Jahrhundert vorhanden. Ausnahmen hiervon waren*:

- Die *Unfreiheit war im frühen Mittelalter* in den Städten *noch stark
  vertreten*. Später, vor allem in der Zeit ab der Mitte des 12. Jahrhunderts, wurde ihr Anteil mit der zunehmenden Emanzipation
  der Städte im Verhältnis zu den Feudalherren immer geringer.
- Das *Gewicht der einzelnen Strukturelemente änderte sich*, so daß
  Wandlungen innerhalb der Struktur eintraten (z. B. Ausdehnung
  des Handwerks oder der Tagelöhnergruppen zu bestimmten
  Zeiten).

5. Die Anfänge des öffentlichen Finanzwesens

Für die Zeit *vor* der Organisation der feudalistischen Gesellschaft unter den *Karolingern* auf dem späteren deutschen Boden im 8. und 9. Jahrhundert lassen sich als wichtigste Vorgänge der *öffentlichen Finanzwirtschaft* nennen:

- Die *Beschaffung der* (naturalen, nur ausnahmsweise auch schon geldlichen) *Mittel* für die materielle Absicherung der öffentlichen Gewalten erfolgte auf zwei Wegen:
  - *Freiwillige Leistungen* (Abgaben und Dienste), gewissermaßen als Geschenke dargeboten, hatten ihre Wurzeln in der Verehrung und Anerkennung, die dem Stammes- oder Sippenhäuptling zukam.
  - Daneben gab es aber aufgrund der Abhängigkeit, die im Zusammenhang mit Eroberungen oder aus anderem Rechtsgrund entstanden war, auch schon umfangreiche *Zwangsleistungen*.
- *Verwendet* wurden diese Mittel
  - zur *Aufrechterhaltung der Machtstellung* des Empfängers (und damit auch der öffentlichen Ordnung), aber auch
  - zur Bestreitung der *Unterhaltskosten* eines mehr oder weniger umfangreichen *Haushalts des Herrn* (Häuptlings usw.).

Diese Grundsituation änderte sich während der gesamten Zeit des Feudalismus nicht mehr entscheidend. Die Vermischung von

- allgemeinen, d. h. der Allgemeinheit dienenden Aufgaben und Ausgaben (etwa identisch mit dem öffentlich-rechtlichen Bereich) und
- privaten Ausgaben

war typisch für die feudalistisch organisierten Teile der vorindustriellen Gesellschaft. Die *Beschaffung* der Mittel erfolgte aber seit dem 10. Jahrhundert nur noch *aufgrund von Rechtstiteln* und Machtansprüchen, nicht mehr auf freiwilliger Basis.

Die *Könige und anderen Territorial- und Feudalherren* der nachkarolingischen Zeit waren – da freiwillige Leistungen völlig entfielen und wohl auch zuvor mehr einer erzwungenen Freiwilligkeit zu verdanken waren – auf folgende *Einnahmequellen* angewiesen:

- Die *Eigenwirtschaften* vermittelten die dort im Überschuß vorhandenen Produkte landwirtschaftlicher und gewerblicher Art (insbesonsere zunächst in den Villikationszentren).

– Die Bauern des grundherrlichen Bereiches hatten Abgaben und Dienste zu erbringen.

Beide Bereiche zusammen bildeten von den Karolingern bis an die Schwelle zum 19. Jahrhundert die wichtigste Quelle zur Mittelbeschaffung für die Erhaltung der (Staats-) Macht und des herrschaftlichen Haushalts. Die Landwirtschaft als der in jeder Hinsicht wichtigste Wirtschaftszweig trug die öffentlichen Einrichtungen und Gewalten. Dementsprechend wurde die Finanzwirtschaft des Königs im 11. Jahrhundert durch folgende zwei Quellen gekennzeichnet:

– 574 Servitien, d. h. Tageseinheiten für die Unterhaltung des königlichen Hofes mit Nahrung und Wohnung waren auf die wichtigsten Teile des Reiches, einschließlich der Lombardei verteilt.

Ein solches Servitium bestand z. B. in Franken aus: 40 Schweinen, 7 Frischlingen, 5 Kühen, 50 Hühnern, 50 Eiern, 90 Käsen, 10 Gänsen, 5 Pfund Pfeffer, 10 Pfund Wachs und 4 Fuder Wein. Der Gesamtwert eines solchen Servitiums kann mit etwa 5 kg Ag gleichgesetzt werden, d. h. 574 Servitien hatten einen Wert von etwa 2,8 bis 3 t Ag.

– Daneben bestand in der bereits im 11. Jahrhundert mit einem umfangreichen städtischen Bereich versehenen Lombardei (neben 47 Servitien) eine Geldeinnahme von 5.600 Mark, was in etwa 1,4 t Ag entsprach. Andere Geldeinnahmen nördlich der Alpen waren zunächst noch unbedeutend, und zwar auch die Einnahmen aus den Silbervorkommen, z. B. aus dem Rammelsberg bei Goslar mit weniger als 1 t Ag/Jahr. Erst mit der Städtegründungsperiode stiegen auch die Geldeinnahmen der Könige in Deutschland.

Die beiden Einnahmequellen zeigen zugleich zwei wichtige Aspekte der königlichen Politik:

– Das Umherziehen ohne feste Residenz hatte seinen Grund in den Servitien, die noch nicht in Geldleistungen umgewandelt werden konnten.

– Die Geldeinnahmen aus der Lombardei waren wichtige Impulse für die königliche Italienpolitik.

Andererseits führte das Fehlen einer Hauptstadt und damit einer kontinuierlich bestehenden Verwaltungszentrale dazu,

– daß die Entwicklung der Überschußwirtschaft aus dem herrschaftlichen Bereich nicht die erforderlichen (und möglichen) Impulse erhielt,

– daß sich eine effektive Verwaltung mit Kontrolle der Verwaltungsvorgänge nicht entwickeln konnte und

– daß die königlichen Berechtigungen nicht auf Dauer zusammengehalten wurden, so daß die wirtschaftliche Absicherung der königlichen Macht mit dem jeweiligen Wechsel des Königs oder insbesondere auch des Königsfamilie sehr starken Schwankungen unterlag.

6. Die Anfänge einer öffentlichen Fürsorge

Die Ansätze einer Sozialpolitik, im Sinne einer öffentlichen Fürsorge, jedoch nicht darüber hinausgehend, waren bis ins 12. Jahrhundert sehr gering:

— Auf Anordnung Karls des Großen aus dem Jahre 779 hatte jeder
   weltliche und geistliche Grundherr eine *Armensteuer* zu entrichten
   und außerdem je nach seinen wirtschaftlichen Möglichkeiten ein
   bis vier Arme zu unterhalten.
— Jeder *Grundherr* hatte *für seine Abhängigen* in Notfällen (Mißernten, Feuer, Seuchen) *zu sorgen*. Diese Sorgepflicht hat das
   Feudalwesen bis zu seiner Auflösung begleitet. Es lag im Interesse
   auch des Feudalherrn, den Hintersassen zu erhalten, um so
   Leistungen fordern zu können.
— Durch Kapitularien aus den Jahren 794 und 805 versuchte Karl
   der Große, den *Getreidepreis* auch in Mißerntejahren *niedrig zu
   halten*. In dem Kapitular von 794 wird sogar ausdrücklich ange-
   ordnet, daß die königlichen Domänen dann Getreide zu einem
   niedrigeren Preis verkaufen sollten, als dies für den freihändigen
   Verkauf in eben diesem Kapitular festgesetzt worden ist.
— Der *Zehnte* sollte *von der Kirche* – und diese war an der Wende
   zum 9. Jahrhundert noch in starker Abhängigkeit vom König – in
   erster Linie *zu Wohltätigkeitszwecken*, d. h. für die Armen, verwendet werden. Bedenkt man, daß die im kirchlichen Dienst
   hauptamtlich Tätigen höchstens 1 bis 2 v.H. der Gesamtbevölkerung ausgemacht haben, dann muß ein erheblicher Teil des
   Zehnten für die Versorgung der Armen zur Verfügung gestanden
   haben.

Aufgrund der Schwäche der zentralen Gewalt waren diese Bestrebungen im
allgemeinen nur Anregungen, d. h. sie konnten nur selten durchgesetzt
werden. Vor allem die Verwendung der Mittel der Kirche für die Armen ist
trotz einer immer wieder behaupteten „religiösen Begeisterung" im Mittelalter nur in unzulänglicher Weise zu verzeichnen. Andernfalls hätte der Arme
eine Ausnahmeerscheinung sein müssen.

Die *Unterstützung der Hilfsbedürftigen*, d. h. derjenigen, die nicht
aus eigenen Kräften ein für die Erhaltung ausreichendes Einkommen

(naturaler oder monetärer Art) erzielten, geschah bis ins 12. Jahrhundert und darüber hinaus in erster Linie *durch die Primärgruppen*: durch die Familien, durch die Nachbarschaft und durch die Gemeinden.

Die Periode der Städtegründung und der Ostkolonisation (1150 bis 1350)

Die in fast allen Teilen Europas bis ins 12. Jahrhundert zu beobachtende Bevölkerungsvermehrung setzte sich auch bis zur Mitte des 14. Jahrhunderts fort. Die wirtschaftliche *Absicherung dieses Bevölkerungsanstiegs* erfolgte in Deutschland auf verschiedenen Wegen:

- Die *Entwicklung der Produktionsverhältnisse* im gewerblichen Bereich war so weit fortgeschritten, daß eine zunehmende Ausgliederung aus dem ländlich-landwirtschaftlichen Feudalsystem möglich (Herausbildung eines Marktes für gewerbliche Produkte) und erforderlich wurde (Ausrichtung der Produktion an den differenzierteren Erfordernissen eines über den lokalen Bereich hinausgehenden Marktes statt an dem örtlichen Bedarf der Feudalherren und der dörflichen Bevölkerung). Die *Schaffung einer Vielzahl von Städten* war das Mittel der Anpassung an diese geänderten Verhältnisse und zur Förderung dieser die Produktivität und die Qualität verbessernden Entwicklung. Die *Abwanderung* eines Teiles des ländlichen Bevölkerungsüberschusses *in die Städte* entlastete die ländliche Wirtschaft.
- *Der überwiegende Teil des Bevölkerungsüberschusses blieb auf dem Lande.* Der Ausbau der ländlichen Siedlungen, die Neuerrichtung von Dörfern in bisher landwirtschaftlich nicht genutzten Gebieten, vor allem in Waldgebieten östlich des Rheins bis hin zur Elbe-Saale-Linie und zum Böhmerwald, waren die Mittel, um die wachsende Bevölkerung mit Nahrung und Einkommen zu versehen.
- *Ein Teil wanderte in die östlich* der alten Grenze des ostfränkischen Reiches *liegende Gebiete* aus (Ostkolonisation) und fand dort in dörflichen und städtischen Siedlungen eine neue Heimat.

Der *Anteil* der drei genannten zusätzlichen Einkommens- und Nahrungsmöglichkeiten an der gesamten Ausdehnung der Wirtschaft läßt sich nach der jeweils erfaßten Menschenzahl *etwa* folgendermaßen schätzen:

- *Städtegründung* und -ausdehnung in Altdeutschland = 0,8 Mill. Menschen = 24 v.H. des Bevölkerungszuwachses.
- *Ausbau der ländlichen Siedlungen* in Altdeutschland = 2,1 Mill. Menschen = 64 v.H. des Bevölkerungszuwachses.
- Abwanderung im Rahmen der *Ostkolonisation* = 0,4 Mill. Menschen = 12 v.H. des Bevölkerungszuwachses in Altdeutschland.

Diese Schätzung wird in ihrem Wert beeinträchtigt durch
- die teilweise sehr ungenauen Angaben für einzelne Städte in Westdeutschland,
- die Ungenauigkeit hinsichtlich der Quellen für die gesamte Bevölkerungsentwicklung,
- die nur unvollständigen Angaben hinsichtlich der Zuwanderer in die Gebiete östlich von Elbe und Böhmerwald und
- die Unsicherheit über den Anteil von nichtdeutschen Zuwanderern, insbesondere der Flamen.

Die drei Komponenten Städtegründungen, Ausdehnung der landwirtschaftlichen Siedlungen in Altdeutschland und Ostkolonisation waren die wichtigsten Folgen der Bevölkerungszunahme und der Entwicklung der Produktionsverhältnisse. Sie bestimmten die Zeit von der Mitte des 12. bis zur Mitte des 14. Jahrhunderts.

Die politischen und die sozialen Rahmenbedingungen erhielten durch die Entstehung einer großen Zahl von Städten Freiheitselemente auf örtlicher Ebene, die nur teilweise durch die zunehmende Herausbildung einer Landesherrschaft neutralisiert wurden. Politische Regionalisierung und wachsende Arbeitsteilung mit einer Zunahme des Marktgeschehens im örtlichen und im überregionalen Bereich gaben der gesamten Entwicklung eine neue Dimension.

1. Die Städtegründungsperiode

Die städtische Bevölkerung hatte am Ende dieser Periode, d. h. um 1350, erst einen Anteil von etwas mehr als 10 v.H. an der gesamten Bevölkerung. Trotzdem kann man – betrachtet man den städtischen Bereich isoliert – von einem *take-off der städtischen Wirtschaft*, von einem starken Wachstum der Städte sprechen, vgl. Abbildung 6.
Nach dieser bis in die Mitte des 14. Jahrhunderts reichenden Periode blieb die Zahl der Städte bis zum Beginn des 19. Jahrhunderts fast gleich. Lediglich in der Zeit des Kameralismus gab es noch mehrere

Neugründungen (z. B. Karlshafen/Weser oder im Zusammenhang mit der Wiederbesiedlung des östlichen Ostpreußen im 18. Jahrhundert). Der Anteil der städtischen Bevölkerung an der Gesamtbevölkerung erhöhte sich zwar noch auf etwa 18 bis 20 v.H. bis 1800, erfuhr aber damit keine so grundsätzliche Änderung wie von der Mitte des 12. bis zur Mitte des 14. Jahrhunderts (und wie im Zusammenhang mit der Industrialisierung seit dem 19. Jahrhundert).

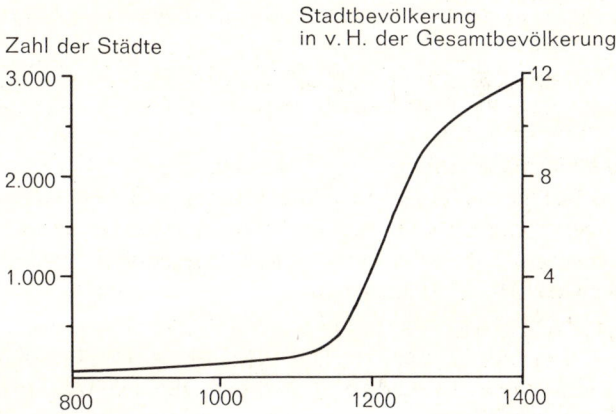

Abb. 6: Zahl der Städte und Anteil der Stadtbevölkerung an der Gesamtbevölkerung von 800 bis 1400 in Deutschland (Schätzung)

a) Das Wesen der Stadt

Die Germanen kannten in ihren eigenen Herrschaftsbereichen in der Zeit vor der Völkerwanderung keine Städte. Mit der Völkerwanderung, insbesondere mit dem Einbruch in die verschiedenen Teile des römischen Reiches, kamen sie nun nicht mehr einzeln, sondern in größerer Zahl mit dem städtischen Leben in Berührung. Der lange, über mehrere Jahrhunderte verlaufende *Prozeß einer Entstehung von städtischem Leben* auch *bei den Germanen* erfolgte

– teilweise in *Anknüpfung an das römische Städtewesen* (durch Weiterentwicklung von römischen Städten oder durch Nachahmung),

- teilweise *aus den* über den ländlich-landwirtschaftlichen Charakter hinauswachsenden *Villikationszentren,*
- teilweise aus den noch nicht als Städte anzusehenden Handelsorten (Wieken),
- teilweise durch Gründung, ohne einen der drei genannten Anknüpfungspunkte.

Da es zunächst im Rheinland und im Donauraum nicht zu einer Übernahme des städtischen Lebens und Wirtschaftens gekommen war, riß die städtische Tradition von der Römerzeit zu den neuen Germanenstämmen und -reichen weitgehend ab. Die anderen Ansatzpunkte waren daher für die Entfaltung eines städtischen Sektors in der folgenden Zeit von größerer Bedeutung.

Das *Wesen dieser* so entstandenen *Städte* lag in folgendem:
- *Rechtlich* erlangten sie eine Position, die sich von den meisten in Grundherrschaften einbezogenen ländlichen Bezirken abhob:
  - Der *Markt* war der wirtschaftliche Ansatzpunkt für den Handel mit gewerblichen (und landwirtschaftlichen) Produkten und für die gewerbliche Produktion.
  - Die *Bannmeile* bevorzugte das Handwerk in der einzelnen Stadt gegenüber dem in den innerhalb dieses Gebietes liegenden Dörfern. Sie verbot zugleich den Handel außerhalb der Stadt innerhalb der Bannmeile (Absicherung des Marktrechtes). Die Bannmeile konnte einen Radius von 7,5 (Köln), 15 Leipzig), seltener 22,5 km und mehr haben (Augsburg 45 km).
  - Die eine relativ weitgehende *Selbständigkeit der Gemeinde* absichernde Verfassung war eine wichtige Voraussetzung für die (wenigstens bei den größeren Städten) bald eintretende Emanzipation gegenüber dem Grund- (und Stadt-)herrn und damit für die *Freiheit der Bürger.*
  - Das *Recht zur Befestigung* unterstrich die Tendenz zur Selbständigkeit gegenüber den Feudalherren, selbst wenn diese Befestigung zunächst auch noch im Interesse des häufig in der Stadt wohnenden Stadtherrn lag.
- Die *wirtschaftliche Sonderstellung* der Städte gegenüber dem Land ergab sich wie folgt:

- Mit dem Marktrecht war die wichtigste Voraussetzung für die Entwicklung des *Handels* geschaffen.
- Die *Konzentration der gewerblichen* (handwerklichen) *Produktion* in den Städten beruhte nun nicht mehr wie bei den Villikationszentren auf der Nachfrage allein des herrschaftlichen Haushaltes, sondern auf der Bündelung der Nachfrage zahlreicher Einzelwirtschaften und Haushalte.
- Die gleichzeitig ausgesprochene Bannmeile war ein wichtiges Instrument, die *handwerkliche Produktion* in den den Städten benachbarten Dörfern auf einem niedrigen quantitativen Niveau zu halten (und damit die Arbeitsteilung zwischen Stadt und Land, d. h. die *wirtschaftliche Verflechtung* zu fördern).
- Wenn auch in den meisten Städten und Dörfern diese *Arbeitsteilung nicht so weit entwickelt* wurde, daß man die Unterscheidung Stadt-Land gleichsetzen kann der Gegenüberstellung Nichtlandwirtschaft-Landwirtschaft, so war doch gerade in den großen Städten diese Entwicklung weit fortgeschritten. *Die Mehrzahl der* (kleinen Land-)*Städte* war wirtschaftlich *noch stark dörflich* ausgerichtet, da die Landwirtschaft dominierte.
- Die *sozialen Verhältnisse* in den Städten unterschieden sich erheblich von denen auf dem Lande:
  - Die *persönliche Rechtsstellung* war gekennzeichnet durch ein Lockern und schließlich Beseitigen der persönlichen Abhängigkeit (Entwicklung zum rechtlich *freien Bürger*).
  - Zugleich mit der Arbeitsteilung trat eine *berufliche Schichtung* ein, die sich im Laufe der Jahrhunderte zur ständischen Schichtung innerhalb der Städte entwickelte (Patrizier, Handwerker, Tagelöhner und Gesindekräfte waren die wichtigsten Gruppen; mit zahlreichen Überschneidungen und Zwischengruppen).
  - Die *Einkommens- und Vermögenschancen* und damit auch die Einkommens- und Vermögensverhältnisse unterschieden sich gegenüber dem Lande durch (a) eine größere Differenzierung und (b) eine geringere Stabilität.
  - Die hier angesprochenen Teilaspekte ließen insgesamt eine *vom Lande völlig unterschiedliche Sozialstruktur* entstehen, die sich nach und nach (bis ins 18. Jahrhundert hinein) zu-

nehmend verfestigte, so daß die Mobilität – von Ausnahmefällen abgesehen – wieder erheblich eingeschränkt wurde.

– *Topographisch* unterschied sich die Stadt vom Lande in folgenden
   Punkten:
   – Der *Boden* war *als Produktionsfaktor nicht mehr (je Einwoh-
      ner)* in so großem Maße *notwendig* wie auf dem Lande mit der
      überwiegenden Ausrichtung auf die Landwirtschaft.
   – Die *Nutzungsänderung des Bodens* (Bebauung mit Gebäuden)
      war ein entscheidender, das äußere Bild der Stadt prägender
      Faktor.
   – Die *größere Einwohnerzahl* und
   – die dadurch bedingte *größere Geschlossenheit* der einzelnen
      Siedlungen
   – verbunden mit der Möglichkeit, eine um diese Siedlung errich-
      tete *Verteidigungsanlage* (Palisaden, Mauer) mit genügend
      Verteidigern aus der eigenen Einwohnerschaft besetzen zu
      können, waren wichtige topographische Folgen der Stadt-
      werdung (stark wachsende Städte mußten ihre Stadtmauern
      häufig erweitern; z. B. Köln 940, 1106 und 1180).

Die *zentrale Bedeutung des Handels* für die städtische Wirtschaft und
damit für die Stadt kommt im äußeren Bild darin zum Ausdruck, daß
der *Markt* meistens *im Zentrum*, um das sich die Stadt entwickelte,
angelegt worden war. Zu unterscheiden sind hierbei:

– *Zentralmarktanlage*, d. h. der Markt*platz* ist in der Mitte der Stadt
   angelegt worden, vor allem bei (schachbrettmusterartigen) Gründungsstädten (z. B. Breslau, Belgard/Pommern, Lippstadt/West-
   falen, Lechenich/Rheinland).
– *Straßenmarktanlage*, d. h. eine (breite) Markt*straße* im Zentrum
   der Stadt ist die Ausgangsbasis der Stadtentwicklung (z. B. in Hildesheim die Straße Alter Markt); aber auch in den östlichen und
   südöstlichen Siedlungsgebieten, z. B. Windisch-Graz in Slowenien
   oder Burg auf Fehmarn.

Offensichtlich war die Straßenmarktanlage mit vier Siedlungsformen (und
damit Ansatzpunkten) besonders verbunden:
– Die Kaufmannssiedlung vor der eigentlichen Stadtgründung (= Stadtrechtsverleihung) in Form vor allem der Wike (vgl. z. B. Magdeburg
   oder Hildesheim im 10. Jahrhundert).

– Die anfangs klein geplante Stadt, die wie Windisch-Graz nur eine – zum Markt verbreitete – Hauptstraße enthielt.
– Die zur Stadt erhobene, über ein Darf langsam hinausgewachsene Siedlung in Anlehnung an einen herrschaftlichen Hof (z. B. Northeim mit dem ursprünglich auf der heutigen Breiten Straße abgehaltenen Markt).
– Planmäßige Anlage der Stadt in einer der Ellipse angenäherten Form mit langer Marktstraße in der Mitte, von den Wittelsbachern im 13. und 14. Jahrhundert bevorzugt (z. B. Deggendorf, Plattling usw.).

b) Ansatzpunkte und Kräfte der Städtegründung

Der *wichtigste Anstoß* für das Städtewesen kam von der Entwicklung der *Produktionsverhältnisse,* vor allem in den größeren Villikationszentren mit ihrer starken Ausrichtung auf die nichtlandwirtschaftlichen Wirtschaftszweige (materieller Anstoß) und von den bereits im 10. Jahrhundert eine *entsprechende Entwicklung* aufweisenden Gebiete *Norditaliens.* Die oberitalienische Städtegründungs- und -entwicklungsperiode war durch die zahlreichen Italienzüge der deutschen Kaiser/Könige bekannt und ein wichtiges Vorbild für die deutschen Städtegründungen geworden (formeller Anstoß).

Die eigentlichen *Ansatzpunkte* sind im wesentlichen folgende gewesen:

– Die *alten Römerstädte* hatten sich nur teilweise als Siedlungen mit nichtlandwirtschaftlicher Wirtschaft erhalten können (z. B. Köln, Mainz, Regensburg). Die Weiterentwicklung und die Neuentstehung von städtischem Leben in diesen Orten ermöglichte bereits das Zurückgreifen auf Bekanntes. Das Ausmaß der Tradition wird manchmal aber überschätzt.
– Die Zentren der großen *Villikationen* mit ihrer Konzentration von Gewerbe und nicht selten auch bereits Handel (z. B. Bamberg, Bocholt oder Düren = villa duria im 8. Jahrhundert). Die Identität mit Residenzen (Pfalzen) und großen Klöstern zeigt die engen Zusammenhänge:
  – Kaiserpfalzstadt: Goslar
  – Herzogspfalzstadt: Würzburg
  – Bischofsstadt (zunächst häufig identisch mit Kaiser- oder

Herzogspfalz oder -hof): Verden, Paderborn, Freising, Halberstadt.

– Kloster- oder Stiftsstädte: Fulda, Quedlinburg, Gandersheim.

– *Verkehrsgünstig gelegene Orte*, die nach und nach Bevölkerung anzogen und dadurch eine überörtliche Bedeutung erlangten.

(Z. B. Liubeke oder Liubice an der unteren Trave in der Nähe der Einmündung der Schwartau gelegen und 1138 zerstört; 1143 von Graf Adolf II. von Holstein an der heutigen Stelle neu gegründet, 1157 abgebrannt; inzwischen war von Heinrich dem Löwen die „Löwenstadt" als Konkurrenzunternehmen geschaffen worden; 1159 wurde der Streit zwischen dem Holsteiner Grafen und dem Welfen um die Stadtherrschaft an der günstig gelegenen Travemündung durch einen Verzicht des Grafen Adolf beendet. Lübeck wurde von Heinrich dem Löwen mit Hilfe der „Löwenstädter" neu gegründet, und zwar an der Stelle, an der die Stadt Adolfs 1157 abgebrannt war).

– *Stadtrechtsverleihungen*, die erst die Voraussetzung für die Entwicklung eines städtischen Lebens boten (z. B. München 1158, begünstigt zusätzlich durch die Umlegung der bisher über Föhring führenden Straße über die Isar durch Zerstörung der dortigen, dem Bischof von Freising gehörenden Brücke durch Heinrich den Löwen).

– *Bergbaustädte* (auch Bergstädte genannt) entstanden vor allem dort, wo man Edelmetall in größeren Mengen fand (Freiberg, Annaberg).

Diese fünf Ansatzpunkte konnten isoliert vorliegen, sie waren aber häufig in irgendeiner Kombination gegeben. Dies gilt z. B. für Magdeburg, das 936 neu gegründet wurde: (a) Ausgangspunkt für die Ausdehnung der kaiserlichen Macht nach dem Osten; (b) kaiserliche Residenz (Otto I.); (c) Erzbischofsresidenz (968); (d) günstige Verkehrslage an der Elbe und an der Ost-West-Straße von Köln über Paderborn und Braunschweig nach dem Osten; (e) Bestehen eines alten Handelsplatzes (vielleicht identisch mit dem Wiek), auf den bereits das Kapitular Karls des Großen aus Diedenhofen vom Jahre 805 hinweist.

Die topographisch einheitliche Stadt konnte aus verschiedenen Teilgründungen bestehen, die jeweils noch lange Zeit eine starke Selbständigkeit behielten; z. B. Braunschweig: (a) die Burgsiedlung Dankwarderode; (b) die Kaufmannssiedlung Altewiek; (c) die Altstadt; (d) der Hagen; (e) die Neustadt und um 1300 schließlich (f) der Sack. Hinzu kam noch (g) die Klosterfreiheit von St. Ägidien.

Damit sind zugleich die wichtigsten *Kräfte der Stadtwerdung* genannt worden:

- Der *Stadtherr* (nach der Herrschaftstheorie kam der häufigste Anstoß zur Stadtgründung vom Grundherrn als späterem Stadtherrn) konnte wirtschaftliche oder machtpolitische Motive haben.
- Ein *Konsortium von Unternehmern* (insbesondere Fernhandelskaufleute) wurde vor allem von F. Rörig mit genossenschaftstheoretischen Argumenten, ausgehend von Lübeck, genannt (für Lübeck allerdings umstritten).
  Dieser Weg ist allerdings isoliert wohl nur sehr selten vorgekommen. Die rechtliche Absicherung der neuen Stadt verlangte in der Regel die herrschaftliche Mitwirkung.

Die die *Entwicklung der Städte* beeinflussenden Faktoren und Kräfte ergeben sich teilweise bereits aus dem bisher Gesagten. Im wesentlichen standen bei dieser Entfaltung der Stadt *in Abhängigkeit*:

- Die *Bevölkerungszahl* bot die erforderlichen Arbeitskräfte für eine Ausdehnung der gewerblichen Produktion oder des Handels.
- Die *wirtschaftlichen Aktivitäten* gaben einer wachsenden Einwohnerzahl die erforderlichen *Einkommensmöglichkeiten*.
- Diese auch heute wichtigen Faktoren wurden in der vorindustriellen Zeit ergänzt durch die *günstige Verkehrslage,* eine wichtige Voraussetzung für die Versorgung der Bevölkerung mit Nahrungsmitteln. Der Landtransport über größere Entfernungen verteuerte das Getreide erheblich (Verdoppelung des Getreidepreises bei einem Transport über etwa 350 km Landstraße, 1750 km Binnenschiffahrtsweg im Durchschnitt von Berg- und Talfahrt, 3500 km Seeweg). Zölle und andere Abgaben verminderten diese Entfernungen.
- Die *Fernhändler* stellten die wichtigste Personengruppe in den größeren Städten:
  - Sie *vermittelten den Export* der einheimischen Waren und damit die Einkommen der auf den Export ausgerichteten Gewerbe.
  - Sie *beschafften die Rohstoffe* für die gewerbliche Produktion *und die Nahrungsmittel*, die bei einer über 2.000 Einwohner liegenden Stadtgröße nicht mehr aus dem Gebiet geliefert werden konnte, aus dem die Produzenten (Bauern) an einem Tage die Stadt erreichten.

Die Zusammenhänge zwischen den Einkommensmöglichkeiten und der Einwohnerzahl der Städte wird aus Abbildung 7 deutlich. Die starke überregionale Ausrichtung einer über 2.000 Einwohner hinausgehenden Stadt (Exportgewerbe, Fernhandel) hebt die zentrale wirtschaftliche – und daher auch politische – Stellung der Gruppe der Fernhändler hervor. Die Aufzählung der Einkommensmöglichkeiten läßt sich weiter differenzieren und ergänzen. Insbesondere fehlt noch der – an wenigen Stellen konzentrierte – Bergbau und die Dienstleistungsballung in den territorialen Hauptstädten. Unter Berücksichtigung auch dieser Aspekte läßt sich für die vorindustrielle Zeit nach den *wichtigsten Einkommensquellen* folgende Typologie der Städte vornehmen:

– Ackerbürgerstadt (die landwirtschaftliche Komponente ist noch sehr stark).

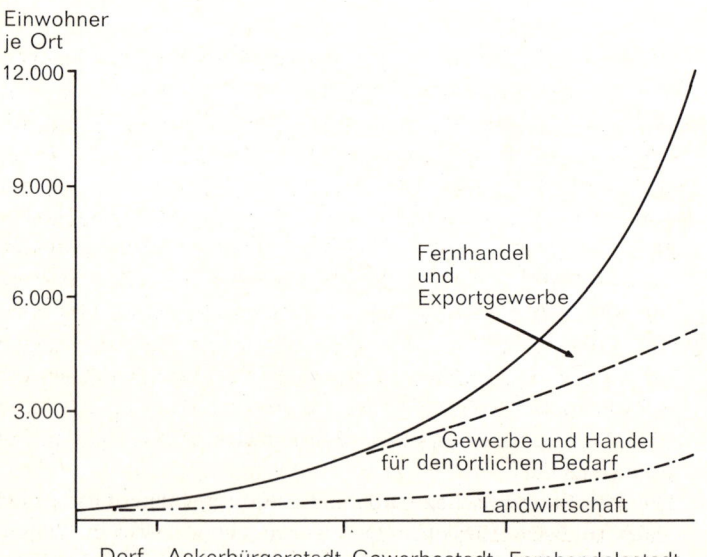

Abb. 7: Zusammenhang zwischen Größe eines Ortes (Dorf, Stadt) und den Einkommensmöglichkeiten

- Bergbaustadt (Landwirtschaft, Gewerbe und Handel sind häufig nur unbedeutend).
- Gewerbestadt (mit geringem Export auch über die nächste Umgebung, über die Bannmeile hinaus).
- Residenzstadt (Verwaltung, herrschaftlicher Hof und die hierauf ausgerichteten Gewerbe bestimmen das Bild der Stadt. Die Feudalrente ist die wichtigste Einkommensquelle).
- Regionalhandelsstadt (gewerbliche Produktion und Handel gehen kaum über einen Umkreis von etwa 100 km hinaus).
- Fernhandelsstadt, Messestadt, Transithandelsstadt (die überregionalen Wirtschaftsbeziehungen bestimmen die städtische Wirtschaft und damit die Einkommen).

Für alle diese Städte war die wirtschaftliche Tätigkeit innerhalb der Stadtgrenzen entscheidend für die Ausdehnung der Einwohnerzahl. „Schlafstädte" sind Ergebnisse der in der industriellen Zeit möglichen schnellen Überwindung auch von weiten Strecken zwischen Wohn- (Schlaf-)ort und Arbeitsplatz.

Nach der Zahl der Einwohner (und der eng damit zusammenhängenden Wirtschaftsstruktur) kann man *unterscheiden*:
- Die *Kleinstadt* bis etwa 1.000 Einwohner war zum großen Teil noch *Ackerbürgerstadt*. Mehr als 30 v.H. der städtischen Einwohner lebten von der landwirtschaftlichen Tätigkeit. Diese Städte sind zwischen Dorf und Stadt einzuordnen. Sombart bezeichnete diesen Stadttyp daher mit Recht als „Halbstadt". Zwar hatte man die Versorgung des Umlandes mit einem großen Teil der erforderlichen Produkte übernommen. Die Landwirtschaft der Stadt war aber noch ausgedehnt genug, um die Wirtschaft insgesamt zu prägen. Die große Mehrzahl (80 bis 90 v.H. der Städte) zählte in vorindustrieller Zeit zu diesem Stadttyp (z. B. Blankenberg im Rheinland hatte über mehrere Jahrhunderte hin weniger als 300 Einwohner).
- Die *Mittelstadt* zwischen 1.000 und 5.000 Einwohnern hatte noch einen landwirtschaftlichen Bevölkerungsanteil zwischen 30 und 10 v.H. Bis zu etwa 2.000 Einwohnern reichte noch die Verflechtung mit dem weiteren Umland (Verkauf von gewerblichen und Erwerb von landwirtschaftlichen Produkten). Bei größeren

Städten mußten aber bereits Absatz- und Beschaffungsmöglich-
keiten über eine Entfernung von 30 km hinaus geschaffen werden.
Im allgemeinen war damit auch bereits der Anfang für einen überregionalen, d. h. für einen Fernhandel gegeben.

– Die *Großstadt* mit mehr als 5.000 Einwohnern konnte nur noch
  aus größerer Entfernung mit genügend Nahrungsmitteln versorgt
  werden. Eine günstige Verkehrslage (oder überdurchschnittlich
  fruchtbare Böden in der Nähe) waren eine wichtige Voraussetzung hierfür. Das Exportgewerbe und der Fernhandel waren die
  wichtigsten Wirtschaftszweige dieser Städte.

Diese Gliederung nach der Einwohnerzahl ist an den tatsächlichen Verhältnissen des Mittelalters ausgerichtet und folgt nicht der am Ende des 19. Jahrhunderts entwickelten und von manchen Historikern auch auf die vorherigen
Jahrhunderte übertragenen Einteilung.

c) Die „erste Industrialisierung" Deutschlands

Mit der Ausdehnung der Städte nahm der gewerbliche, der sekundäre Sektor erheblich zu. Von F. Philippi wurde hierbei als entscheidend – und die Bezeichnung Industrialisierung hierfür rechtferti-
gend – angesehen, daß man „sachlich unter diesem Ausdruck das
Ausscheiden eines größeren oder geringeren Teiles der Bevölkerung
aus der hauswirtschaftlich betriebenen Urproduktion durch die Bildung des besonderen Berufsstandes der Gewerbetreibenden" ver-
steht. Charakteristisch für die *erste Industrialisierung* ist also die
Arbeitsteilung gewesen.

Es kann davon ausgegangen werden, daß sich die städtischen *Gewerbe* aufgrund der *Konzentration* an einem Ort gegenseitig *gefördert*
haben (Agglomerationsvorteile im Sinne Alfred Webers):

– Die *Betriebe der gleichen Branchen* (Handwerke und Handel) beeinflußten sich gegenseitig positiv, weil Einrichtungen der Produktion (z. B. Walkemühlen, Färberhäuser, Braupfannen) besser ausgenutzt werden konnten und eine Zusammenfassung größerer
  Partien vor allem beim Exportgewerbe erhebliche Ersparnisse mit
  sich brachte.

– *Betriebe unterschiedlicher Branchen* förderten sich gegenseitig,
  weil sie z. B. als Nachfrager auftraten (Nachfrage der Weber nach

Webstühlen oder nach gesponnenem Garn) oder weil sie das Sortiment der Händler vergrößerten und dadurch den Handel konkurrenzfähiger machten.

Diese *gegenseitigen Impulse* führten aber

— eher zu einer *Ausdehnung der Produktion* insgesamt durch Inbetriebnahme weiterer Produktionseinheiten (z. B. Webstühle) und zur Beschäftigung weiterer Personen, jedoch
— *weniger zu Produktivitätssteigerungen,* jedenfalls wenn man die Raten der Produktivitätsverbesserung vom 12. bis zum 18. Jahrhundert mit denen des 19. und 20. Jahrhunderts vergleicht.

Ein wesentliches Merkmal der Industrialisierung des 19. Jahrhunderts ist die durch den zunehmenden Einsatz von arbeitssparenden Maschinen vorgenommene Ersetzung der Handarbeit durch Maschinenarbeit gewesen (mit Hilfe des Übergangs von der biologischen zur Dampfkraft). Daher wird man den Begriff *erste Industrialisierung* für die fast sprunghafte Ausbildung der städtischen Wirtschaft vom 12. bis 14. Jahrhundert *nur mit Vorbehalten* verwenden können.

Hier sind vor allem auch die noch recht einfachen Produktions-, *Absatz-* (und Nachfrage-)*verhältnisse* zu nennen (Systematik nach Karl Bücher):
— Das *Lohnwerk* produzierte mit eigenen Geräten und fremden Rohstoffen, d. h. entlohnt wurde die Arbeitsleistung und die Abnutzung der Betriebsmittel. Der Produktionsort konnte dabei aber noch unterschiedlich sein:
  — Beim *Heimwerk* erfolgte die Produktion in den Räumen des Handwerkers (eine Produktionsform, wie sie später vor allem im Verlagswesen zu finden war).
  — Beim *Störwerk* erfolgte die Fertigung im Hause des Auftraggebers, zu dem man für die Dauer der Ausführung des Auftrages u. U. sogar zog.
— Beim *Preiswerk* wurde für einen Kunden auf Bestellung produziert oder für eine vermutete künftige Nachfrage (mit dem Risiko des Absatzes).
— Das *Hauswerk* bestand aus der handwerklichen Fertigung in der Familie für den Bedarf der Familie, d. h. der in der Hausgemeinschaft lebenden Personen.
In der ersten Periode der städtischen Wirtschaft in Deutschland (von 1150 bis 1350) sind sämtliche dieser Handwerksarten nebeneinander betrieben worden. In dieser Differenzierung kommt noch stark die Übergangssituation zum Ausdruck. Die Produktion ohne Bestellung für den künftigen Markt war dabei am stärksten mit einem Risiko verbunden:
— Sie konnte bei einigen Erzeugnissen zunächst noch nicht eingeführt werden (Schuhe, Kleidung usw. erst im ausgehenden 19. Jahrhundert).
— Bei anderen Erzeugnissen mußte die Nachfrage bereits einen solchen Umfang erreicht haben, daß das Absatzrisiko gering war.

d) Das Gesamtbild der gewerblichen Produktionszweige

Die Differenzierung des Gewerbes

So wie die Entwicklung des städtischen Lebens in den einzelnen
Orten und Gegenden sehr unterschiedlich gewesen ist, so stand auch
die *gewerbliche Produktion auf unterschiedlichen Entwicklungsstufen:*
– Die in der Zeit vom 12. bis zum 14. Jahrhundert zur *Großstadt*
(nach den damaligen Gegebenheiten) herangewachsenen Städte
zeigten eine Differenzierung des Gewerbes, die von kleinen
Städten noch nicht einmal im 18. Jahrhundert erreicht wurde.
Städte wie Köln, Frankfurt/M., Hamburg, Ulm, Straßburg, Nürnberg, Regensburg und auch schon Lübeck, Danzig, Breslau zählten bei mehr als 5.000 Einwohnern, teilweise sogar bereits mehr
als 10.000 Einwohnern

    – eine *gewerblich-handwerklich* orientierte *Bevölkerung von
50 v.H. und mehr*, d. h. jeweils einige tausend Handwerker in
ihren Mauern,

    – so daß eine *weitgehende Differenzierung* durchaus möglich war.

Für Regensburg werden z. B. von H. Heimpel für die Mitte des 14. Jahrhunderts aufgeführt:
– 16 verschiedene Metallhandwerke, einschließlich der Goldschmiede
(die Waffenhandwerke überwogen bei weitem, ein wichtiger Hinweis
für den Kreis der Nachfrager).
– 11 Bekleidungs- und Textilhandwerke stellten nicht nur den Grundbedarf an Kleidung her, sondern versorgten auch den herzoglichen
und den bischöflichen Hof, ferner die übrigen Feudalherren der
Umgebung mit Gütern des gehobenen Bedarfes.
– 4 Bauhandwerke (Zimmerleute, Maurer, Dachdecker, Glaser) arbeiteten sehr stark für den öffentlichen Bereich: Dombau (der über Jahrhunderte eine wichtige Einkommensquelle des gesamten Bauhand-
werks der Stadt darstellte) und Stadtbefestigungen waren die wichtigsten Arbeitsplätze.
– Darüber hinaus gab es noch einige Holz und Ton verarbeitende Gewerbe: Küfer, Schreiner, Wagner, Hafner usw., die insgesamt aber
gegenüber den anderen drei genannten handwerklichen Gruppen sehr
stark zurücktraten.
– Bäcker und Fleischhauer (Metzger) ergänzten das städtische Gewerbe.
Regensburg war bis ins hohe Mittelalter zu den größeren Städten in
Deutschland zu rechnen. Es wurde nur von wenigen anderen, z. B. von
Köln, in der Einwohnerzahl übertroffen. Die hier für Regensburg dar-
gestellte Differenzierung der gewerblichen Produktion war sogar in einigen anderen Städten noch größer. Deutlich wird der entscheidende Ein-

fluß der Feudaleinkommen – die Verwendung der Geldrente – für die Entwicklung der gewerblichen Wirtschaft in den größeren Städten (Metall-, Textil-, Bauhandwerke in Regensburg).

– Kleinere Städte waren in ihrer wirtschaftlichen Bedeutung kaum über die Versorgung des Umlandes hinausgewachsen und hatten daher eine wesentlich einfachere Gewerbestruktur.

So gab es z. B. 1334 in der südniedersächsischen Kleinstadt Northeim lediglich Schuhmacher, Schneider, Wollenweber, Leineweber, Schmiede, Bäcker und Fleischhauer, die in einer genügenden Zahl für die Einrichtung einer Gilde vorhanden waren. Die später (um 1500) auf fast 10.000 Einwohner anwachsende obersächsische Stadt Zwickau hatte in der Mitte des 14. Jahrhunderts folgende Handwerke:
– 5 verschiedene Metallhandwerke, von denen nur der Sporer überwiegend auf die Waffenproduktion ausgerichtet war. Der zivile Sektor war für das Zwickauer Metallgewerbe noch der Hauptnachfrager.
– 3 Kleidungshandwerke zeugten ebenfalls davon, daß in dieser noch kleinen Stadt ein erheblicher Teil des Bedarfes der städtischen und der dörflichen Bewohner in Hausarbeit hergestellt wurde.
– Bauhandwerker wurden 1333 in Zwickau noch nicht registriert. Offensichtlich bauten die Bürger ihre Häuser noch in nachbarschaftlicher Hilfe allein.
– Aus dem Bereich des Holz und Ton verarbeitenden Gewerbes (entsprechend Regensburg) ist lediglich ein Töpfer zu nennen.
– Bäcker und Fleischer waren auch hier die einzigen Nahrungshandwerker; allerdings gab es bei den Bäckern noch keine weitere Spezialisierung wie in Regensburg (und anderen größeren Städten). Offensichtlich fehlte noch eine genügend breite Käuferschicht mit gehobenem Einkommen.

Die *Produktionstechnik* war als handwerkliche Technik immer noch *sehr einfach* (hinsichtlich der Ausstattung mit Geräten), nicht jedoch in der Anfertigung von Luxus- und Kunstgegenständen. Dort, wo technische Hilfsmöglichkeiten für einzelne Handwerkszweige zu einer erheblichen Verbesserung der Qualität führten, wurden gemeinsame technische Einrichtungen geschaffen: Farbhäuser und Walkemühlen in der Textilherstellung sind hier vor allem zu nennen.

Neben dem eigentlichen städtischen Gewerbe entwickelten sich weitere *gewerbliche Gruppen außerhalb der Städte*:

– Die *Produktion von Metallen* – verbunden mit Erzförderung, d. h. Bergbau – und anderen sehr stark rohstoffgebundenen (häufig zudem feuergefährlichen) Produktionsstätten (Glas, Holzkohle).
– Die *Handwerker der Dörfer*, die für den örtlichen Markt arbeite-

ten und in einer größeren Nähe zu den dortigen Nachfragern angesiedelt sein mußten (Dorfschmiede, Stellmacher usw.).
- Die für den eigenen Bedarf produzierenden, nebenbei betriebenen Handwerke, d. h. das sog. *Hauswerk* im Sinne Büchers.

Insgesamt ist aber die Ausdehnung der gewerblichen Produktion nicht zu überschätzen. Geht man davon aus, daß um 1350
- etwa 10 v.H. der Gesamtbevölkerung in den Städten wohnten,
- wegen der großen Zahl der Ackerbürgerstädte aber das Handwerk kaum mehr als 50 v.H. der städtischen Bevölkerung umfaßte, dann wird man
- unter Berücksichtigung auch des dörflichen Handwerks und
- des nicht dörflich ausgerichteten, sondern rohstofforientierten Gewerbes (einschl. Bergbau)

annehmen können, daß etwa 7 v.H. der gesamten Bevölkerung in Stadt und Land zur gewerblichen zu zählen waren.

Die städtische Wirtschaft im volkswirtschaftlichen Kreislauf

Die Einspannung des Gewerbes in den gesamten (volks-)wirtschaftlichen Kreislauf zeigt schematisch Abbildung 8.

Gegen eine solche Darstellung ergeben sich erhebliche Bedenken:
- Die verfügbaren (und die erforschten) Quellen erlauben nur eine sehr globale Berechnung mit erheblichen Schätzungs- und damit Unsicherheitselementen.
- In der vorgenommenen Vereinfachung geht die starke Differenzierung, z. B. der Leistungen der Landwirtschaft an die Schicht der Feudalherren und die Beteiligung der grundherrlichen Eigenwirtschaften an der landwirtschaftlichen Produktion, ebenso unter wie die Vorgänge innerhalb des gewerblichen und des Handelsbereiches.

Es zeigt sich aber, daß
- die Arbeitsteilung noch nicht weit fortgeschritten war, so daß immer noch etwa 85 v.H. der Wertschöpfung aus der Landwirtschaft kamen, d. h. daß ein sehr hoher Teil der insgesamt Tätigen für die Nahrungsmittelproduktion arbeiten *mußte*.
- Da es sich bei den innerlandwirtschaftlichen Vorgängen zudem hauptsächlich um Naturalvorgänge gehandelt hat, war weder für

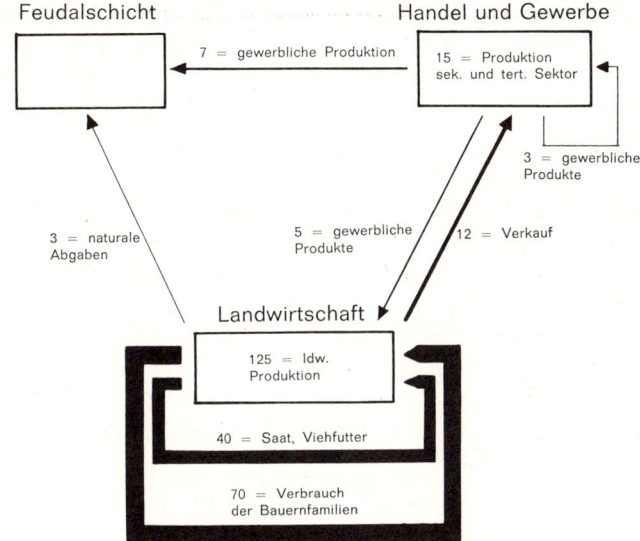

Abb. 8: Wirtschaftlicher Kreislauf mit geschätzter Größenordnung der einzelnen Warenströme (in Anlehnung an Quesnay) für 1300/1350 in Deutschland (1 = 12 bis 15 t Ag; 100 in etwa gleich Wertschöpfung/ Jahr)

den selbständigen Handel noch für den Warenaustausch zwischen Produzenten und Verbrauchern viel Raum, was wiederum die Chancen des Handels erheblich einschränkte.

Der Umfang der geschätzten Geldströme für die Zeit 1300/1350 wird aus Abbildung 9 größenordnungsmäßig sichtbar. Sowohl hier wie auch bei Abbildung 8 wurde von folgendem ausgegangen:

– Eine Einheit hatte den Wert von etwa 12 bis 15 t Ag, so daß der gesamte Geldumlauf innerhalb eines Jahres bei etwa 400 bis 500 t Ag gelegen haben dürfte.

– Die gesamte Wertschöpfung (in Abbildung 8) lag demnach bei
  – 85 Einheiten = 1.020 bis 1.275 t Ag Wertschöpfung der Landwirtschaft und

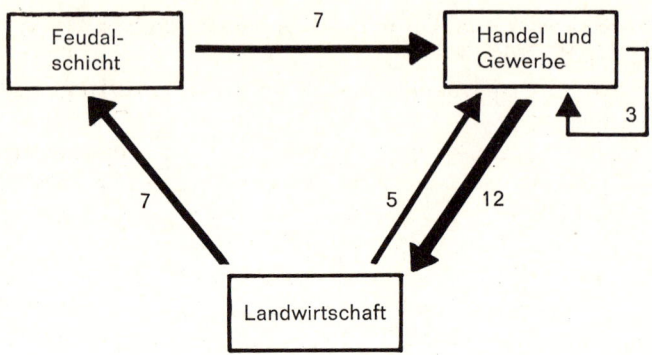

Abb. 9: Schema und Größenordnung des Geldumlaufs in der ersten Hälfte des 14. Jahrhunderts in Deutschland (1 = 12 bis 15 t Ag)

– 15 Einheiten = 180 bis 225 t Ag Wertschöpfung in Handel und Gewerbe,

so daß bei insgesamt 1.200 bis 1.500 t Ag etwa 90 bis 130 g Ag je Einwohner zu rechnen wären (= 5 bis 6 dz Roggen).

– Die stärkste Abweichung (und Unsicherheit) liegt bei dieser Schätzung in den Beziehungen zwischen Bauern (Landwirtschaft) und Feudalschicht, da hier angenommen wurde, daß nur 30 v.H. der bäuerlichen Leistungen natural zu leisten waren. In Wirklichkeit dürfte die Geldrente noch bei weniger als 70 v.H. der bäuerlichen Verpflichtungen gelegen haben. Stärkere bäuerliche Naturalleistungen haben aber dann bei den Feudalherren einen Überschuß, d. h. eine Marktquote bewirkt, so daß insoweit die verminderte bäuerliche Marktquote durch einen vom Volumen her etwa gleich großen Vorgang zwischen Feudalschicht und Städten ersetzt wurde.

Die zentrale Bedeutung des sekundären und tertiären Sektors, allgemein gesagt der städtischen Wirtschaft, für den zunehmenden Übergang zur Geldwirtschaft zeigt Abbildung 9 deutlich. Obgleich die gewerbliche Produktion sich im allgemeinen recht weit verstreut in Parallelität zur Entwicklung der Nachfrage vor allem der Feudalschicht entwickelte, gab es doch schon erhebliche Spezialisierungen:

- Seidengewerbe in Oberitalien (Bezug der Rohstoffe aus dem Orient).
- Tuche aus Flandern, aber auch schon aus dem Niederrheingebiet bis Köln.
- Barchent aus Ulm und Umgebung (im schwäbisch-alemannischen Raum waren zunächst Ansatzpunkte für die Ausbildung eines ländlichen Verlagssystems zu finden).
- Metallwaren, insbesondere auch Waffen, aus
  - Oberitalien, aufbauend auf den Erzfunden und der Eisenherstellung in Kärnten und in der Steiermark,
  - Nürnberg, aufbauend auf der Eisenherstellung in der Oberpfalz,
  - Köln und anderen Städten am Rande der von den Ardennen bis zum Sauerland sich hinziehenden Zone mit umfangreichen Erzfunden und Eisengewinnung.

Die Zünfte

Mit der Herausbildung des Handwerks im Zusammenhang mit den Städtegründungen entstanden auch bald *Zusammenschlüsse der im Handwerk Tätigen,* ohne daß dadurch die Selbständigkeit der einzelnen Betriebe beeinträchtigt wurde.

Aus welchen Ansatzpunkten sich diese Vereinigungen entwickelt haben, ist in der wissenschaftlichen Literatur umstritten. Im allgemeinen werden folgende Ansatzmöglichkeiten unterschieden:
- In den spätrömischen Städten bestanden Handwerkerzusammenschlüsse, sog. collegia, mit Aufsichts- und Reglementierungsmöglichkeiten. Soweit eine Kontinuität in den (wenigen) Römerstädten vorhanden war, ergab sich hier ein Anknüpfungspunkt, der zugleich Vorbild für die entstehenden Städte und ihre Handwerker war.
- In Italien, dessen Urbanisierung (jedenfalls im Norden) einige Jahrhunderte vor dem entsprechenden Vorgang in Deutschland begann, knüpfte man an byzantinische Einflüsse des 8. und 9. Jahrhunderts an. Die so geschaffenen Einrichtungen (z. B. in Ravenna) wurden dann im 12. und 13. Jahrhundert Vorbild für entsprechende Zusammenschlüsse in Deutschland.
- In den Villikationszentren waren die Handwerker nicht nur durch das Feudalsystem zusammengefaßt, sondern sie bildeten eigene Verbände in Abhängigkeit vom Feudalherrn (Hofrechtstheorie). Nach und nach konn-

ten sie sich im Laufe der Stadtentwicklung (aus der Villikationszentrale entstehend) von dem herrschaftlichen Einfluß lösen.
– Der genossenschaftstheoretische Erklärungsversuch geht von einem völlig freien Zusammenschluß der Handwerker einer Stadt aus, der also nicht in irgendeiner Abhängigkeit vom Stadtherrn erfolgte.

Im allgemeinen überwiegt heute die Ansicht, daß der genossenschaftliche Ansatzpunkt der entscheidende gewesen ist. Man wird aber eine Fülle von Querverbindungen annehmen und gerade in Anbetracht der sehr stark differenzierten Abhängigkeitsverhältnisse davon ausgehen können, daß eine Vielzahl von Anregungen und Ansätzen vorhanden gewesen ist, so daß *Zünfte* (Gilden, Einungen usw.) auf recht unterschiedliche Weise *entstanden* sein dürften:

– Der *freie Zusammenschluß* wird gerade in den zahlreichen, erst im 13. Jahrhundert entstehenden Städten bei weitem vorgeherrscht haben („Stadtluft macht frei" deutet darauf hin, daß herrschaftliche Einflüsse in dieser Zeit bedeutungslos geworden sind).
– In den Anfängen des städtischen Lebens, d. h. bis weit in das 12. Jahrhundert hinein, war die Stadt noch zu sehr von den Stadtherren abhängig, so daß hier der *herrschaftliche Einfluß* größer gewesen sein wird. Nicht immer kann klar unterschieden werden, ob der Stadtherr vorhandene Zusammenschlüsse unter seinen Schutz gestellt hat oder mit dem schützenden Privileg erst den entscheidenden Anstoß für die Bildung der Gilde oder Zunft gegeben hat.

Die *Aufgaben der Zünfte* lassen sich in etwa folgendermaßen skizzieren:

– Kirchliche und *gesellige Aufgaben* werden zwar nicht der eigentliche Anlaß zur Bildung der Zünfte gewesen sein; jedoch wird hierin von Anfang an ein erheblicher Teil der Aktivitäten in Anspruch genommen worden sein.
– *Sozialpolitische Aufgaben* sind in Anbetracht der großen Unsicherheiten bei Krankheit und anderen Unglücksfällen aus mehr sporadischen Ansätzen heraus bald institutionalisiert worden (Unterstützung in Krankheitsfällen, von Witwen und Waisen).
– Die Zünfte eigneten sich zugleich als Selbstverwaltungseinheiten

bei der Organisation der *Stadtverteidigung* (Zuweisung einzelner Befestigungsabschnitte an einzelne Zünfte).

— Die *wirtschaftlichen Aufgaben* waren jedoch *die wichtigsten*: Rohstoffbeschaffung, Produktionskontrollen nach Qualität und Menge, Zahl der beschäftigten Gesellen und Lehrlinge, Preisfestsetzungen, Festlegung der Produktionstechnik, gemeinsames Betreiben von größeren Einrichtungen (z. B. Walkemühlen, Schleifmühlen usw.).

— Die Zünfte konnten auch von der Stadtverwaltung als *Hebestellen für* einige der *städtischen Abgaben* benutzt werden.

Die wichtigste Folge der Errichtung der Zünfte war der Ausschließlichkeitsanspruch, d. h. das Verbot einer handwerklichen Produktion durch Nichtmitglieder, wenngleich auch dieser *Zunftzwang* nicht generell vorhanden gewesen ist.

Neben den Zusammenschlüssen der Meister in den Zünften kam es auch bald als Gegenreaktion zu Vereinigungen der Gesellen, die vor allem die (Lohn-)Interessen ihrer Mitglieder gegenüber den Meistern durchzusetzen versuchten.

Eine Differenzierung der im Handwerk Tätigen nach

— Meister,
— Gesellen (d. h. Personen, die bereits einige Jahre in dem betreffenden Handwerk arbeiteten) und
— Lehrlingen (Personen, die meistens weniger als drei Jahre im Handwerk tätig waren)

läßt sich bereits für die Zeit vor der Mitte des 12. Jahrhunderts in einigen Städten nachweisen.

In einigen Handwerkszweigen, vor allem im Baugewerbe, entsprach die Stellung eines Meisters nicht unbedingt der eines Betriebsinhabers. Vielmehr wurden von den Bauherren sowohl Meister als auch Gesellen und Lehrlinge angeworben. Sonst war es aber üblich, daß Gesellen und Lehrlinge nur unter der Aufsicht (und in der Verantwortung) eines Meisters tätig sein konnten. Die Zünfte regelten auch die Zahl der maximal von dem einzelnen Meister zu beschäftigenden Hilfskräfte.

e) Handel und Verkehr

Äußere Bedingungen und Unternehmerkräfte

Der Handel war ein essentieller Bestandteil der arbeitsteiligen (Markt-)Wirtschaft. Eine *Ausdehnung* und Intensivierung *des Handels* wurde bewirkt *durch*

- die Entwicklung der *gewerblichen Wirtschaft* in den Städten, d. h. in engem Zusammenhang mit der wirtschaftlichen Entwicklung in den feudalherrlichen Bereichen, und durch
- die *Konzentration von Angebot und Nachfrage* auf den Märkten der dichter besiedelten Städte (Märkte, Messen).

Beim Handel ist zu unterscheiden zwischen

- dem örtlichen Handel, der in erster Linie zwischen Produzenten und letztem Nachfrager sich abwickelte, und
- dem überörtlichen Handel, der durch nur oder überwiegend im Handel Tätige betrieben wurde.

Neben der Entwicklung der arbeitsteiligen Wirtschaft in den einzelnen Ländern Europas war der *mit außereuropäischen Gebieten* geführte Handel ebenfalls von großer Bedeutung:

- Handelsbeziehungen bestanden hier vor allem zum *Mittelmeerraum und zum Orient,* aber auch darüber hinaus nach ferneren Gebieten Asiens (unter Einschaltung von Händlern der an der Handelsroute liegenden Länder).
- Die Berührung mit den *islamischen Gebieten* des Mittelmeers hat trotz der religiösen Gegensätze diesen Handel sehr gefördert.
- Die *Kreuzzüge* wurden sehr stark von den am Orienthandel und an der Festigung der eigenen Machtstellung interessierten oberitalienischen Städten, *insbesondere* von dem seit etwa dem 11. Jahrhundert vom Reich unabhängigen *Venedig* gefördert.

Italienische Kaufleute (Lombarden und andere) hatten einen großen Teil des Handels in Nordwesteuropa (Frankreich, England, Niederlande) im 11. und 12. Jahrhundert in Gang gesetzt oder stark gefördert.

Die *Bedeutung des Fernhandels* für Mitteleuropa lag in folgendem:

— Die *Versorgung mit Luxusgütern* aus ferneren Ländern verbesserte die Versorgung der Feudalschicht und der sich herausbildenden städtischen Oberschicht. Die breite Masse der ländlichen Bewohner (Bauern) und der städtischen Einwohner hatte meistens ein zu niedriges Einkommen, um sich die über größere Entfernungen herangeschafften Waren leisten zu können.
— Der Fernhandel organisierte den *Absatz von gewerblichen Produkten* in Europa und darüber hinaus. Große Städte oder städtische Agglomerationen, wie in Flandern oder in Oberitalien, konnten nur dadurch ihre Einwohner mit *Nahrungsmitteln* und sonstigen Bedarfsgütern in ausreichendem Maße versorgen, daß ein umfangreicher Export der gewerblichen Produktion in andere Gebiete erfolgte. Welche Bedeutung der Fernhandel hierbei hatte, ergibt sich aus Abbildung 7. In Flandern wohnten in der ersten Hälfte des 14. Jahrhunderts bereits 35 bis 40 v.H. der Einwohner in Städten. Die Versorgung dieser Menschen mit Nahrungsmitteln war aus dem Umland nur etwa zur Hälfte gewährleistet.

Die besonderen Aufgaben des Fernhandels, *die gewinnträchtige Tätigkeit* und *die rechtliche Sonderstellung* der Fernkaufleute in fast allen Gebieten Europas führten dazu, daß sich bald schon eine enge wirtschaftliche und verwandtschaftliche Verflechtung zwischen den Adligen (Ministerialen usw.) in den Städten und den Fernkaufleuten ergab, so daß sich hier die durchaus nicht immer einheitliche *Gruppe der Patrizier* herausbildete. Gerade auch die Möglichkeit, bei entsprechender wirtschaftlicher Aktivität in diese Gruppe vorzustoßen, ließ Untergruppen insbesondere in größeren Städten entstehen, etwa im Sinne der „Neureichen" des späteren 19. und 20. Jahrhunderts.
Die wirtschaftliche Bedeutung und die rechtliche Sonderstellung der Fernkaufleute führten dazu, daß sie

— die wichtigsten Anreger für die Ausdehnung der städtischen Wirtschaft waren und
— häufig am Anfang einer städtischen Entwicklung standen.

Zusammenschlüsse dieser Kaufleute waren daher – etwa im Sinne eines *Unternehmerkonsortiums* – häufig schon am Anfang einer Stadtgründung zu finden (z. B. in Lübeck oder Freiburg/Breisgau).

Die wichtigsten Zwecke für solche *Zusammenschlüsse* der mercatores im 12. und 13. Jahrhundert waren:

– Die Wahrnehmung gemeinsamer *(Handels-)Interessen.*

– Die Erlangung gemeinsamer *Privilegien* von den Territorialherren.

– Die *Gefahrengemeinschaften* in der Fremde, insbesondere auch bei Seereisen.

Wenn im allgemeinen auch immer auf die Anfänge der Hanse bei der Darstellung solcher Gemeinschaften hingewiesen wird, so sei doch ausdrücklich auch ein süddeutsches Beispiel genannt: Die Gründungsurkunde Freiburgs (im Breisgau) aus dem Jahre 1120 (Freiburg entstand aus einem Flecken bei der 1091 errichteten zähringischen Burg) spricht ausdrücklich von einer „conjuratio" der „mercatores personati", d. h. von der durch Schwur geschaffenen Gemeinschaft der persönlich zum Handel berechtigten Kaufleute. Daraus läßt sich die allgemeine Feststellung bestätigen:

– Nicht jeder konnte *Handel betreiben.* Die *Bevorrechtigung* steht in Abhängigkeit von dem schon unter den Karolingern üblichen besonderen Königsschutz der stark gefährdeten Kaufleute.

– Man schloß sich zusammen zu einer Gemeinschaft, die zwar nicht ein gemeinsames Geschäft betreiben wollte, deren Mitglieder aber nach gemeinsamen Grundsätzen und Regeln (bis hin zu einem *eigenen Kaufmannsrecht*) Handel betreiben wollten.

– Dabei kam es nicht nur zum Zusammenschluß, sondern auch zu einem *Abschließen*, d. h. zu dem Versuch, die Konkurrenz anderer nicht aufkommen zu lassen.

Alle drei Punkte waren wichtig für die Herausbildung eines Kaufmannsstandes.

Die spätere süddeutsche Handelsgesellschaft ist von dieser „conjuratio" scharf zu unterscheiden, weil es sich bei der Handelsgesellschaft um die Errichtung eines Unternehmens handelte, während die conjuratio zahlreiche Unternehmen, etwa im Sinne eines berufsständischen Verbandes, zusammenfaßte.

Die Anfänge der Hanse

Diese Unterscheidung zwischen Handelsgesellschaften und Gemeinschaften von Händlern ist wichtig für die Charakterisierung der *Hanse.* Auch im norddeutschen, im hansischen Raum gab es verschiedene Zusammenschlüsse:

- *Handelsgesellschaften* wie in Süddeutschland (Entstehen eines Unternehmens aus mehreren vorher bestehenden und unter dauernder Beteiligung mehrerer Personen).
- *Ad-hoc-Zusammenschlüsse,* d. h. für kurze Zeit und eine begrenzte Zahl von Geschäften, insbesondere für eine Seereise. Dabei wurden häufig die Geschäfte mehrerer Personen von einem „Geschäftsführer" wahrgenommen.
- Ein mit der süddeutschen conjuratio vergleichbarer *Zusammenschluß von selbständig bleibenden Unternehmern,* meistens in einem fremden Land, zur Wahrnehmung der gemeinsamen Interessen bei der Absicherung der Geschäftstätigkeit. (Dies entspricht in etwa der sog. *Kaufmanns-Hanse.*)
- Zusammenschluß der stark am Fernhandel interessierten Städte (Städtebünde), in denen vor allem „Mitglieder" der Kaufmanns-Hanse das Wirtschaftsleben bestimmten. Dies ist im allgemeinen die Entstehung der sog. *Städte-Hanse* im 14. Jahrhundert, d. h. am Ende der in diesem Abschnitt betrachteten Periode.

Die *Entwicklung der Hanse* aus dem Handel in Nord- und Ostsee läßt sich im Grundzug folgendermaßen skizzieren:

- Bis ins 9. Jahrhundert waren vor allem die Friesen Träger des (Wander-) Handels im Nord- und Ostseegebiet, teilweise im Inland rheinaufwärts durch jüdische Gruppen, im Ostseegebiet durch dänische, slawische und schwedische Kaufleute ergänzt. Die Zusammenschlüsse der Friesen waren Gefahrengemeinschaften, also nur lose Vereinigungen.
- Vom 9. bis 11. Jahrhundert drängten dann die Nordmänner (Wikinger, Normannen usw.) die Friesen aus den Ostseegebieten zurück und teilten sich den Handel mit den slawischen Wenden an der Südküste der Ostsee zwischen Kiel und Stettin.
  - Wegen der fehlenden Straßenverbindungen, d. h. aus Kosten- und Sicherheitsgründen, wurde der Wasserweg (Flüsse, See) benutzt.
  - Stützpunkte und zentrale Handelsorte mit Sammel- und Sortimentsfunktion waren die meistens nicht dauernd besiedelten (Wanderkaufleute!) wiekähnlichen Plätze Haithabu (Schleswig), Birka (Ostschweden), Wisby (Gotland) usw. bis hin nach Nowgorod (eine Gründung der schwedischen Waräger).
  - Handelsgüter waren
    in Richtung Osten: Salz, Tuche, Schmuck, Gefäße aus Metall und Ton und andere gewerbliche Produkte;
    in Richtung Westen: Pelze, Bernstein und andere Naturprodukte.
- Im 11. Jahrhundert verdrängten die bäuerlichen Seefahrer von Gotland als Kaufleute die Wikinger:

- 1130 Gründung des „Gotenhofes" in Nowgorod,
- 1134 Erteilung eines Handelsprivilegs durch Kaiser Lothar an die
  Gotländer

waren die äußeren Höhepunkte dieser Handelstätigkeit. Die Gotländer
handelten im allgemeinen nur bis Haithabu, d. h. sie konnten den weiter
westlich fließenden Handelsstrom nicht vollständig beeinflussen.

- Seit der *zweiten Hälfte des 11. Jahrhunderts* beteiligten sich
  Kaufleute aus Westfalen, aus dem Rheinland und auch aus Fries-
  land am Ostseehandel. Für die Entwicklung in den folgenden
  Jahrhunderten (d. h. für die Entwicklung der Hanse) war dabei
  wichtig:
  - Der Handel über die Trennlinie zwischen Ostsee und Nordsee
    (Haithabu-Eider, Travemündung-Elbemündung) hinaus, d. h.
    etwa von Köln bis weit in das Ostseegebiet (Beherrschung der
    gesamten Handelsroute).
  - Die Beherrschung des Absatzes gewerblicher Produkte des
    Niederrheingebietes im weitesten Sinne, d. h. etwa zwischen
    Brügge, Amsterdam und Köln, in Richtung Nordosten.
  Diese Kaufleute schlossen sich zu kleinen Gruppen (Hansen) für
  die einzelnen Handelsreisen zusammen.

- Seit der *zweiten Hälfte des 12. Jahrhunderts* – für das Jahr 1161
  läßt sich eine Gemeinschaft der westlichen Kaufleute auf Gotland
  (Wisby) nachweisen – beherrschten diese Kaufleute nicht zuletzt
  durch geschlossenes Auftreten, den Ostseehandel immer mehr.
  Dies fällt in etwa zusammen mit der (Neu-)Gründung Lübecks
  1159 und steht in enger Wechselwirkung dazu. Ergänzt wurde
  dieser Ostseehandel durch den Handel in dem Gebiet zwischen
  Südengland (London) und dem niederrheinischen Gebiet von
  Brügge bis Köln. Köln hatte hier für den Handel rheinaufwärts
  eine Schlüsselstellung. Für die Hanse waren daher die Kölner
  Kaufleute ein wichtiger Eckpfeiler ihrer Handelspolitik, was z. B.
  auch darin zum Ausdruck kommt, daß die Kaufhalle der Kölner
  in London – als Gildehalle seit 1157 unter königlichem Schutz –
  im 13. Jahrhundert als Stalhof ein wichtiger Handelsplatz der
  Hanse-Kaufleute in London wurde (1282 für alle deutschen
  Kaufleute gemeinschaftlich).

– Das gemeinsame Auftreten der deutschen Kaufleute vom 12. bis 14. Jahrhundert geschah zunächst zwar unabhängig von den Heimatstädten. Man spricht daher für diese Zeit noch von der *Kaufmanns-Hanse* (noch nicht von der Städte-Hanse). In dieser Betrachtungsweise ist aber nur eine – sicherlich zur besseren Erkenntnis zweckmäßige – Vereinfachung der tatsächlichen Verhältnisse zu sehen. Seit dem ausgehenden 12. Jahrhundert war der Fernkaufmann kein Wanderkaufmann mehr, auch wenn er aus verständlichen Gründen den zentralen Ort seiner Geschäftstätigkeit noch häufig verließ. Der seßhafte und mit Grundbesitz (Haus) ausgestattete Kaufmann hatte in den meisten Fällen bereits das Bürgerrecht (und die Ratsfähigkeit) erworben. Der Rat löste die *Aldermänner* der wiekähnlichen Handelsorte mit dem 12. Jahrhundert ab, auch wenn z. B. ein von deutschen Einwanderern in London, die Haus und Bürgerrecht 1180 erworben hatten, abstammender Kaufmann – als in London ansässig – 1260 Aldermann der deutschen Kaufleute in London sein konnte (Arnold Fritz Thedmar). Gerade dieses Beispiel zeigt, wie wenig sich die Rechtsbeziehungen und Zuordnungen in feste Systeme einfügen lassen.

Man kann davon ausgehen, daß bereits im 13. Jahrhundert (neben den geschäftlichen und verwandtschaftlichen Beziehungen zwischen Fernkaufleuten einzelner Städte) auch zwischen den Städten selbst politische Beziehungen bestanden haben, die ein langsames Hinübergleiten von der Kaufmanns-Hanse zur Städte-Hanse zeigen. Unterstützt wurde diese Entwicklung noch
– durch die allgemeine Intensivierung des Handels mit überregionalem Akzent, d. h. zwischen den Fernhändlern verschiedener Städte,
– die Führungsstellung der Patrizier (Fernkaufleute insbesondere) in der städtischen Verfassung und
– durch die Gründung (oder Umgründung) der meisten Städte zwischen Ribe und Hamburg im Westen und Nowgorod im Osten nach lübischem Recht mit dem Rechtszug (einer Art rechtsmittelähnlicher Institution) nach Lübeck.

Handelsorganisation und Handelsrichtungen

Die sich in den verschiedenen Arten von Zusammenschlüssen offenbarende *Intensivierung des überregionalen Handels* stand in enger Wechselwirkung zu

– dem Übergang zur *Schriftlichkeit*, d. h. zur systematischen Auf-
zeichnung von Geschäftsvorgängen (Handelsbücher, *Buchfüh-
rung*), wobei auch hier die oberitalienischen Kaufleute vorbildlich
waren, dort lassen sich die ersten Buchführungen bereits für das
ausgehende 10. und beginnende 11. Jahrhundert nachweisen, und
zur

– Einführung von schriftlichen Schuldanerkenntnissen, die teilweise
schon recht früh eine geldähnliche Funktion (*Wechsel*) ausübten.

– Auch die *Delegation* der Durchführung *der Handelsgeschäfte*
(Vertreter, Kommissionäre, „Faktoren", „Diener" usw.) erleichterte und bereicherte die Organisation des Handels.

Mit den bereits genannten verschiedenen Orten ist die *Ausdehnung
des Handels im Ostsee- und Nordseegebiet* umrissen. Auch in *Oberdeutschland* hatte sich der Handel, vor allem *in Anknüpfung an*

– den oberitalienischen,

– den niederländisch-kölnischen und

– den französischen (Champagne, Rhone-Tal) Handel

parallel zur Städteentwicklung weiter ausgedehnt und intensiviert.
Im allgemeinen kann man für Oberdeutschland folgende *Haupt-
handelsrichtungen* unterscheiden:

– *Oberitalien* (bis 1240 war Ferrara Mittelpunkt in Oberitalien, ab
1240 Venedig mit dem seit 1228 bestehenden Quartier- und
Handelshaus der Deutschen: Fondaco dei Tedeschi) und über
Oberitalien in den *Orient*. Durch die Kreuzzüge konnte Venedig
seine Stellung im Handel mit den Anrainerstaaten des östlichen
Mittelmeeres zu Lasten Konstantinopels verbessern.

– Basel und Lyon waren die wichtigsten Anknüpfungspunkte für
den Handel mit den Staaten am *westlichen Mittelmeer*, vor allem
mit Südfrankreich und der iberischen Halbinsel. Teilweise bestand
hier auch eine Konkurrenz mit dem Handel über Genua.

– Straßburg und Paris waren die wichtigsten Handelsstationen
nach dem Westen, wobei über die Handelsplätze der Champagne
auch die mittelfranzösischen und die westlichen niederländischen
(flandrischen) Gebiete mit einbezogen wurden. Die Messen der
Champagne wurden vom 12. bis zum 14. Jahrhundert von den

Fernkaufleuten aus den wichtigsten europäischen Gebieten besucht.

— Frankfurt/Main und Köln verbanden Oberdeutschland mit dem *westlichen Hanseraum* zwischen London, Köln und Lübeck.

— Nach Nordosten führten die Handelswege über Frankfurt/Oder und Breslau in den *Weichselraum* und teilweise auch in das *Ostseegebiet.* Über die polnischen Städte zwischen Posen und Krakau war Oberdeutschland an die litauischen und russischen Gebiete bis hin nach Kiew und Smolensk angeschlossen.

— Die Handelsgebiete südlich der Karpaten, insbesondere *Ungarn,* aber auch der dahinter liegende *Schwarzmeerraum* (und teilweise auch der Orient) waren über die Donau und hier insbesondere über Wien und Ofen an den oberdeutschen Handel angeschlossen.

Oberdeutschland konnte aufgrund seiner relativ *zentralen Lage* innerhalb der europäischen Überschußgebiete trotz des Fehlens kostengünstiger Transportwege (Seewege oder Flußwege) bis ins 14. Jahrhundert – konzentriert auf einzelne Städte und auf die breite gewerbliche Produktion – einen großen Teil des innereuropäischen Handels an sich ziehen. Die mehr in einer Randlage befindlichen sonstigen europäischen Gebiete (Osteuropa, aber auch Südeuropa, wobei zu berücksichtigen ist, daß ein größeres Handelsvolumen innerhalb Europas bestand als mit außereuropäischen Gebieten) konnten zwar auch den sie berührenden Handelsstrom zur eigenen Machtausdehnung kanalisieren (insbesondere gilt dies für Venedig). Jedoch fehlte eine solche Häufung intensiver Handelsbeziehungen, wie sie in Oberdeutschland zu finden war. Dies wirkte sich dann besonders in der nächsten Periode ab der Mitte des 14. Jahrhunderts aus. Abbildung 10 verdeutlicht die Sonderstellung Oberdeutschlands, auch wenn durch die vereinfachte Darstellung zahlreiche kleinere Handelsströme unbeachtet geblieben sind.

Oberdeutschland konnte nicht zuletzt auch wegen der fehlenden intensiven Handelsbeziehungen zu dem Raum zwischen Soest und Obersachsen seine einzigartige Stellung ausbauen. Erst seit dem 16. Jahrhundert begann dann Leipzig einen wesentlichen Teil des Handels mit, vor allem aber nach Osteuropa an sich zu ziehen, begünstigt durch die zunehmende Bedeutung der Niederlande und Englands.

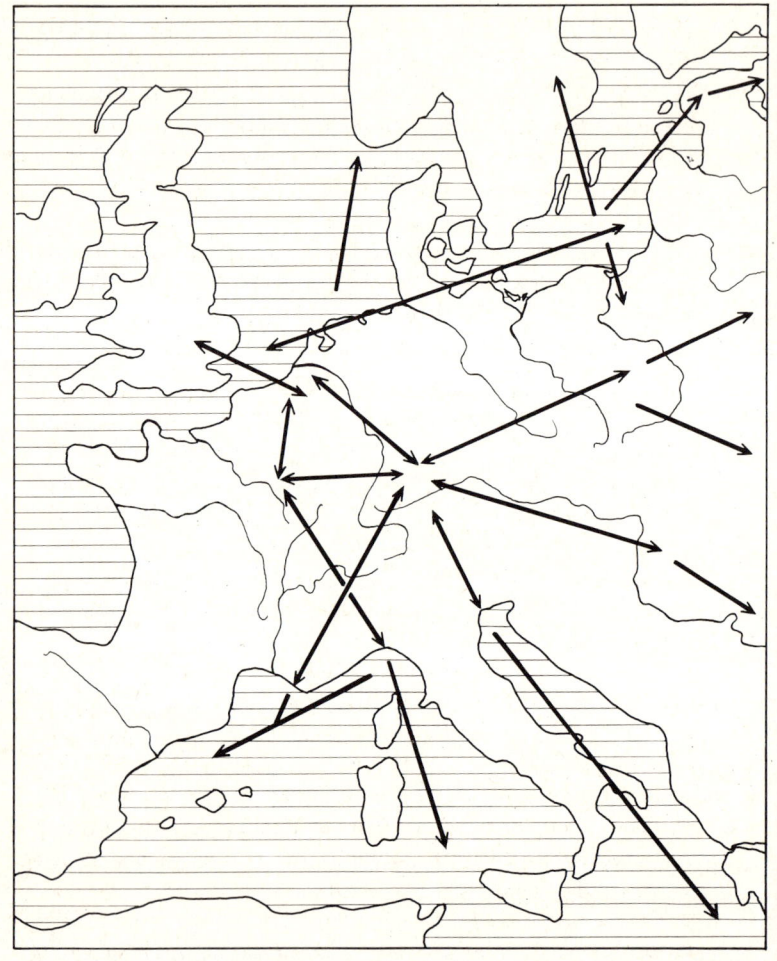

Abb. 10: Die wichtigsten Handelsbeziehungen in Mitteleuropa vom 12. bis
zum 14. Jahrhundert

Handelswaren

Die *wichtigsten Handelswaren* auf den einzelnen Handelsrouten
ergeben sich aus folgender Übersicht:

– Im *Ostsee- und Nordseegebiet* intensiviert sich die schon im frühen
  Mittelalter bestehende Grundtendenz:

  – *Aus dem Osten,* d. h. aus dem Ostseegebiet und aus Norwegen,
    wurden *Naturprodukte* in das Nordseegebiet gebracht.

  Die Bevölkerungsentwicklung in Flandern machte dieses Land zu
  einem Gebiet dauernden Zuschußbedarfs an Nahrungsmitteln. Damit
  begann ein umfangreicher Getreideexport aus dem Ostseegebiet – in
  der Produktion durch die deutsche Ostkolonisation abgesichert –, der
  zwar anfangs, d. h. bis in die Mitte des 14. Jahrhunderts, nur wenige
  tausend Tonnen umfaßte, aber in der Mitte des 16. Jahrhunderts auf
  mehr als 300.000 t (= Getreide für etwa 1,2 Mill. Menschen) angestiegen war. Die Getreideausfuhr aus den Ostseegebieten hatte dabei
  eine doppelte Funktion: (a) Mit ihrer Hilfe wird die in Nordwesteuropa
  wachsende Bevölkerung ernährt und damit die dortige gewerbliche
  Entwicklung gefördert. (b) Die infolge der unsicheren Ernteverhält-
  nisse (mit häufigen Mißernten) auftretende Knappheit an Nahrungsmitteln wird durch die Zufuhr aus dem Osten ausgeglichen, und zwar
  teilweise bis hin nach Spanien und Italien.

  Pelze, Wachs, Teer, Holz und andere Naturprodukte der Land-
  und Waldnutzung standen zunächst nach dem Warenwert noch
  im Vordergrund.

  – Die Waren des *Westens* waren vor allem *gewerbliche Produkte,*
    die nunmehr einen durch die Ostkolonisation breiteren Markt
    im Ostseeraum fanden, zumal da dort mit der Ostkolonisation
    sowohl die Nachfrage der städtischen Einkommensbezieher als
    auch die der Feudalschicht sehr stark zunahm. Tuche, Schmuck,
    Waffen, Wein, Salz und andere Waren zeigen die Ausrichtung
    des Osthandels vor allem auf den Bedarf der Schichten mit
    gehobenen Einkommen.

– Der *Handel in dem Gebiet zwischen London und Wien,* mit Frankreich und dem Mittelmeergebiet war wesentlich *differenzierter.*
  Auch hier wurden gewerbliche Produkte und Naturprodukte aus-
  getauscht und gehandelt. Einheitliche breite Warenströme wie im
  Handelsbereich der Hanse gab es aber bis ins 14. Jahrhundert
  noch nicht. Dies hing mit der Wirtschaftsstruktur dieser Länder

zusammen. Gewerbliche Produktionszentren waren sowohl in Oberitalien, in Süddeutschland als auch in den Niederlanden entstanden. Sie wurden ergänzt durch einzelne größere, gewerblich ausgerichtete Städte wie Köln und Straßburg. Die beginnende Spezialisierung in der gewerblichen Produktion führte aber auch hier zu einem Handel über weite Strecken.

– Ergänzt wurde dieser Handel durch *Orientwaren*, d. h. durch außereuropäische Waren, deren Anteil am gesamten Handel und erst recht am Fernhandel jedoch nicht überschätzt werden darf.

Damit hatte der mitteleuropäische Handel im 14. Jahrhundert eine so breite Fächerung und ein so großes Volumen erreicht, daß die wesentlichsten Voraussetzungen für die Blüte der städtischen Wirtschaft in den folgenden Jahrhunderten geschaffen waren.

f) Die innere Verfassung der Städte und die soziale Differenzierung der städtischen Bevölkerung

Die *innere Verfassung der Städte* wurde bereits in den ersten Jahrhunderten, d. h. in der Städtegründungsperiode, von zwei Auseinandersetzungen geformt:

– Der Versuch der einzelnen Stadt als Gemeinwesen von Territorialgewalten, d. h. vom eigentlichen Stadtherrn, unabhängig zu werden. Auf der Seite der Städte war es die Gruppe der Patrizier (Ministeriale, in der Stadt ansässige Adlige, Fernkaufleute), die die *wirtschaftliche Unabhängigkeit* der Stadt auch durch eine *politische* ergänzen wollte. Die Anfänge dieser Auseinandersetzungen sind bereits im 12. Jahrhundert zu finden. Das Entstehen der Ratsverfassung geschah im allgemeinen auf zwei verschiedenen Wegen:

  – Die für die Stadt zuständigen Beamten des Stadtherrn wurden durch Bürger ersetzt.
  – In Gründungsstädten (z. B. Freiburg) wurde sogleich mit der Gründung eine Vertretung der Kaufleute mit Verwaltungsaufgaben betraut.

Im 13. Jahrhundert ist die Ratsverfassung für alle bestehenden und für die neuzugründenden Städte im allgemeinen üblich. Damit wurde aber zugleich der Rat das Zentrum zur Verbesserung der Unabhängigkeit der Stadt, bis hin zur Erlangung eines Privilegs als Reichsstadt. Dies konnte aber auch erst nach zahlreichen Auseinandersetzungen im 14. Jahrhundert abgesichert werden (Erwerb der Reichsstandschaft). Der Erwerb des Schultheißenamtes und damit der richterlichen Unabhängigkeit war zusammen mit der Zusicherung der Unveräußerlichkeit durch den Kaiser der letzte Akt zur Reichsstadt. Die Erlangung der Rechte einer Reichsstadt setzte ein schwaches Reichs- oder Territorialregiment voraus. Dies wird besonders deutlich aus der zeitlichen Einordnung der Reichsstadtwerdung von 51 Städten, die an der Wende zum 19. Jahrhundert als Reichsstadt bestanden:

    12. Jahrhundert =   2 Städte (Aachen und Wetzlar)
    13. Jahrhundert = 29 Städte (vor allem Ende der Stauferzeit)
    14. Jahrhundert = 15 Städte
    15. Jahrhundert =   3 Städte (Kaufbeuren, Köln, Rottweil)
    16. Jahrhundert =   1 Stadt (Hamburg 1510)
    17. Jahrhundert =   1 Stadt (Bremen 1646 anerkannt)

Gerade die Tatsache, daß Städte wie Köln, Hamburg und Bremen relativ spät Reichsstädte wurden, zeigt, daß die Selbständigkeit auch zuvor bereits so stark sein konnte wie bei einer Reichsstadt, so daß der Drang zu diesem Privileg nicht sehr groß zu sein brauchte.

– Neben die Auseinandersetzungen mit den Stadtherren um die Macht innerhalb der Stadt trat bald auch schon der *Streit zwischen den Bürgern.* Hier waren es vor allem folgende Gruppen:

– *Die Patrizier* im weitesten Sinne, insbesondere die Fernkaufleute, waren wie in Freiburg als Stadtverwalter vom Stadtherrn eingesetzt oder sie hatten sich nach und nach in diese Position gehoben (wie die Richerzeche in Köln; die Kaufleute waren vom Bischof noch 1074 als seine Hörigen betrachtet worden; 1180 mußte der Bischof die Selbständigkeit und relative Unabhängigkeit der in der Richerzeche zusammengefaßten Kaufmannschaft und anderen reichen Personen anerkennen).

– *Die Handwerker* bildeten die zweite wichtige Gruppe und übertrafen zahlenmäßig die Fernkaufleute selbst in sehr stark auf den Handel orientierten Orten wie Lübeck. Schon im 14. Jahrhundert begannen sie – teilweise in Verbindung mit dem eigentlichen Stadtherrn, wie z. B. 1259 in Köln mit Erzbischof Konrad von Hochstaden – sich gegen die Patrizier des Rates zu wenden. Einen entscheidenden Einfluß konnten sie zunächst aber nicht gewinnen (eine Ausnahme waren die Zünfte Kölns,

seit 1259 am Stadtregiment beteiligt), obgleich sie die Haupt-
last der Stadtverteidigung und der städtischen Finanzen trugen.
- Die Handwerksmeister wurden wiederum von den bei ihnen
  beschäftigten *Gesellen* bedrängt. In Italien und in Frankreich
  läßt sich dies bereits für das 13. Jahrhundert nachweisen. In
  Deutschland kam es aber erst im 14. Jahrhundert zu Auseinandersetzungen um die Arbeitszeit (bis zu 16 Stunden am Tag)
  und um den Arbeitslohn.

Insgesamt war damit im 14. Jahrhundert eine Situation eingetreten, die auf
die teilweise harten Auseinandersetzungen im späten Mittelalter hinweist und
in Köln z. B. 1370/71 mit dem „Weberaufstand" begann.
Das engere Nebeneinanderwohnen und die starke berufliche Differenzierung
begünstigten Konflikte dieser Art (im Vergleich zum ländlichen Bereich).

Die verschiedenen *sozialen Schichten* und Gruppen der hochmittel-
alterlichen Städte lassen sich nach einer ganzen Zahl von Kriterien
differenzieren:
- *Rechtliche Kriterien*: Adel, Patrizier, Geistliche, Inhaber von
  Bürgerrechten, anfangs auch hörige oder freie Einwohner.
- *Berufliche Kriterien*: Fernhändler, Krämer, Handwerker (Meister,
  Gesellen oder Lehrlinge), Tagelöhner, Gehilfen, Gesindekräfte
  und Bettler (oder allgemein Arme).
- Nach dem *Umfang des Vermögens*: Hausbesitz, Größe des Hauses,
  Betriebskapital, Renten usw.
- Nach der *Höhe des Einkommens* (und damit zugleich nach der
  Einkommensquelle): Lohn, Handwerkereinkommen, Händler-
  einkommen usw., aber auch Differenzierung innerhalb dieser
  Gruppen.

Versucht man *entsprechend diesen Strukturelementen* eine grobe
Schichtung der städtischen Einwohner vorzunehmen, dann ergibt
sich in etwa folgende *Gliederung*:
- Zur *Oberschicht* gehörten die Fernhändler und die Adels-
  geschlechter.
- Die *nächste Schicht* wurde von den Krämern und anderen Einzel-
  händlern der Stadt gebildet. Teilweise gehörten auch die Ackerbürger mit einem größeren Landbesitz hierzu.

- Das *Handwerk* bildete eine *breite Mittelschicht,* zu der auch ein Teil der Fuhrleute, Schiffer und kleineren Händler, ferner der Ackerbürger zu rechnen war.
- Ungelernte und *gegen Lohn* regelmäßig oder unregelmäßig *tätige Personen* zählten zu den Tagelöhnern. Diese Gruppe wurde ferner von einem Teil der Handwerker ergänzt, insbesondere von den Gesellen mit einem eigenen Hausstand (was insbesondere im Bauhandwerk sehr verbreitet war).
- Die *letzte* hier zu nennende Schicht umfaßte insbesondere die große Gruppe der ledigen abhängigen Arbeitskräfte (Gesellen, Lehrlinge, Gehilfen, Gesindekräfte), deren Lage teilweise aber günstiger war als die der Tagelöhner. Verheiratete Gesellen gab es vor allem dort, wo nicht in einer Werkstätte, d. h. in unmittelbarer Verbindung mit dem Haushalt des Meisters, gearbeitet wurde (Zimmerleute, Maurer usw.).

Nach der Personenzahl ist die Sozialstruktur der Städte in der Mitte des 14. Jahrhunderts in etwa folgendermaßen schematisiert zu gliedern:

- *Die ersten beiden Gruppen* umfaßten *etwa 7 bis 8 v.H.* der Bevölkerung. In Städten wie Lübeck, in denen der Fernhandel sehr aktiv betrieben wurde, konnte auch ein Anteil bis zu 15 v.H. erreicht werden. In kleinen Städten fehlten die Fernhändler, dafür waren Einzelhändler und Ackerbürger stärker vertreten.
- *Zur mittleren Gruppe* sind *etwa 40 v.H.* der Einwohner zu rechnen. Dabei ist aber zu berücksichtigen, daß auch innerhalb des Handwerks eine starke Differenzierung nach Zünften (und Einkommen auch innerhalb der einzelnen Zünfte) zu beobachten war.
- *Die beiden letzten Gruppen* stellten das Proletariat der Städte dar, d. h. es war der Teil der Bevölkerung, der im allgemeinen kein eigenes Vermögen besaß und fast ausschließlich (von nicht immer regelmäßig fließenden) Lohneinkommen leben mußte. Diese Gruppen umfaßten *50 v.H. und mehr* der Einwohnerzahl.

Die letzte Gruppe war nicht erst mit der Gründung der Städte stark vertreten, sondern sie entwickelte sich parallel zur Zunahme auch der landarmen Bevölkerungsgruppen auf dem Lande im letzten Jahrhundert vor 1350 (insbesondere auch durch Zuzug vom Lande).

Wenn auch die soziale Ordnung der Städte im allgemeinen als recht starr hingestellt wird, so ist doch *langfristig* betrachtet eine *starke Schichtenmobilität* zu erkennen:

– Die meistens im Vergleich zur Sterberate *niedrige Geburtenrate* erforderte eine ständige Zuwanderung von Landbewohnern (von der Zuwanderung der ersten städtischen Bewohner abgesehen), die nicht nur zur Vermehrung der untersten Schichten führte.

– Die zahlreichen *kriegerischen Auseinandersetzungen* bewirkten immer wieder eine zusätzliche Reduzierung der Bevölkerung (mit der Folge weiterer Zuwanderung).

– Die *Abwanderungsmöglichkeiten* nach dem Osten (auch in die dort entstehenden etwa 1.000 neuen Städte) förderte die berufliche Mobilität sowohl in den Städten Westdeutschlands als auch in denen des Ostens.

Vergleicht man für einzelne Städte einige Berufszweige (z. B. den Fernhandel oder auch einzelne Handwerkerzweige), dann kann man meistens innerhalb von etwa zwei Jahrhunderten einen völligen Austausch der Namen feststellen, was zum überwiegenden Teil mit einer Unterbrechung der beruflichen Kontinuität in der einzelnen Familie (bis hin zum Aussterben) und nur zum geringen Teil mit der weiblichen „Erbfolge" zu erklären ist.

2. Die Nahrungsmittelproduktion und die ländliche Bevölkerung

Die Landwirtschaft und der ländliche, nicht in die Stadtwerdung einbezogene Bereich Deutschlands wurden in der Zeit von der Mitte des 12. *bis zur Mitte des 14. Jahrhunderts* vor allem durch *folgende Probleme und Entwicklungen* geprägt:

– Die *Zunahme der Bevölkerungszahl* von 3,5 auf etwa 6,4 Mill. Menschen in Altdeutschland war mit einer Ausdehnung der in landwirtschaftliche Nutzung genommenen Flächen verbunden.

– Mit der Weiterentwicklung der Produktionsverhältnisse kam es auch zu einer *Intensivierung der Landwirtschaft* (Erhöhung der Flächenproduktivität).

– Die *Abwanderung in die* in großer Zahl gegründeten und wachsenden *Städte* entlastete die Landwirtschaft und den ländlichen

Raum erheblich von einer Bevölkerung, die nicht mehr in ausreichendem Maße mit Einkommen versehen werden konnte.

- Die *Abwanderung nach dem Osten* (Ostkolonisation) entlastete ebenfalls die dörflichen Bereiche Altdeutschlands; sie führte gleichzeitig zu einer *Entwicklung der dortigen Überschußwirtschaft* und schuf damit eine wichtige Voraussetzung für das weitere Wachstum der Bevölkerung und der Wirtschaft (Volkseinkommen je Einwohner) in den westeuropäischen Gebieten zwischen Salzburg und London aufgrund der bald relativ *preisgünstig* über die Ostsee und die Nordsee *herbeigeschafften Nahrungsgüter.*

- Die *Bevölkerungszunahme in den westdeutschen* (und westeuropäischen) *Gebieten* schuf zugleich eine wichtige Grundlage für die *Entwicklung des Verlagswesens,* weil nach und nach auch in den Dörfern eine Gruppe von Siedlungsstätten entstand, die in so geringem Maße mit Land ausgestattet waren, daß genügend Arbeitskräfte für die gewerbliche Produktion zur Verfügung standen.

- Welch *geringe Bedeutung politische Grenzen* zu dieser Zeit hatten, zeigt die Einwanderung einer großen Zahl von niederländischen (flämischen und holländischen) Siedlern, die vor allem wegen ihrer Kenntnis im Wasserbau für die Küstenzonen und Flußmündungen von großer Bedeutung waren. Der Überschuß und der Bedarf an Menschen in einzelnen Gebieten, ferner die beruflichen Fähigkeiten (human capital) waren zu dieser Zeit noch entscheidend und nicht nationale oder politische Überlegungen.

a) Die Zunahme der Siedlungen in Alt-Deutschland

Die *Bevölkerungszunahme von* weniger als *15 auf 25 Menschen je qkm* innerhalb von zwei Jahrhunderten führte zu einer erheblichen Verdichtung der Siedlungen. Die Zahl der in der Mitte des 14. Jahrhunderts in Altdeutschland bestehenden Orte ist später nicht wieder erreicht worden. Die *Ausdehnung der landwirtschaftlich genutzten Flächen* geschah auf zwei Wegen:

- Die *Vergrößerung der schon bestehenden Siedlungen* wurde begleitet

– von der *Entstehung neuer Siedlungen* in bisher noch nicht (Ödland, Wald) oder nur wenig (Weideflächen) landwirtschaftlich genutzten Gebieten.

Diese hochmittelalterliche Siedlungsperiode läßt sich in die Geschichte der gesamten landwirtschaftlichen Siedlung der vorindustriellen Zeit am besten an Hand eines Beispieles einordnen. Das nordwestlich von Paderborn gelegene Delbrücker Land zeigt diese Perioden fast modellhaft, d. h. idealtypisch:

– Bis 1200 erfolgte die Anlage von Voll- und Halbmeierhöfen auf Rodungsland (8 bis 15 ha je Hof). Es läßt sich nicht nachweisen, ob beide Hofgruppen verschiedenen Teilperioden zuzuordnen sind, etwa in der Weise, daß zunächst die 103 Vollmeierhöfe und im Anschluß daran, bei langsamer Verknappung des Bodens, die 80 Halbmeierhöfe errichtet wurden. Eine solche zeitliche Differenzierung ist aber durchaus denkbar.

– Im 13. und 14. Jahrhundert wurden am Rande der „Mark", d. h. auf bisher gemeinsamer Weidefläche, die Gruppe der 79 „Bardenhauer" (eine Barde, d. h. eine Hacke, diente zum Roden des Bodens) mit etwa 3 bis 4 ha je Hof angesiedelt. Die relativ geringe Fläche je Familie deutet darauf hin, daß in der Zeit vom 12. bis 14. Jahrhundert doch – wie auch für zahlreiche andere Gegenden Deutschlands nachweisbar ist – schon die Knappheit des Bodens spürbar wurde.

– Vom 15. bis zum Anfang des 17. Jahrhunderts wurden etwa 50 sog. alte Zulägererstätten errichtet, und zwar mit nur noch ungefähr 2 ha je Hof. Während die Bardenhauer gerade noch an der Schwelle zum spannfähigen Hof eingeordnet werden konnten, war die Fläche dieser Zulägerergruppe so klein, daß
  – sie weder eine eigene Anspannung halten,
  – noch eine volle Familie allein aus der Bodennutzung ernähren konnten.

– Die in der zweiten Hälfte des 17. und im 18. Jahrhundert errichteten 366 sog. neuen Zulägererstätten hatten mit etwa 1 ha und weniger je Familie eine noch geringere Fläche und waren daher in noch stärkerem Maße auf zusätzliche Einkommensmöglichkeiten angewiesen (vor allem in der gewerblichen Produktion).

Beim Delbrücker Land scheint es sich ursprünglich um einen bischöflichen Forst gehandelt zu haben, in dem vielleicht zunächst ein Nebenhof als Sammelstelle für die Leistungen der ersten bäuerlichen Siedler bestanden hatte, der im Zusammenhang mit der Auflösung der Villikationsverfassung aufgesiedelt wurde.

Aus vielen Teilen Westeuropas lassen sich entsprechende Siedlungsvorgänge in größeren und kleineren geschlossenen Forstgebieten erkennen (vgl. z. B. die Untersuchung von R. Sanfaçon über Haut-Poitou).

Das Delbrücker Land gehörte zu den Gebieten mit überwiegender Einzelhoflage und mit Anerbensitte, d. h. mit Unteilbarkeit der Höfe. Neue Siedlerstellen entstanden aber auf den nicht individuell genutzten Flächen, vor allem auf dem gemeinsamen Weideland. Anders waren die Verhältnisse in Realteilungsgebieten. Hier blieb der Grundbestand an anfänglich vorhandenen großen Höfen nicht erhalten, sondern wurde im Zusammenhang mit der Erbfolge je nach Zahl der Kinder aufgeteilt. Die Betriebsgrößenstruktur war daher bald wesentlich weiter aufgefächert als im Delbrücker Land.

Die *Ausdehnung der vorhandenen Siedlungen* erfolgte im 13. und 14. Jahrhundert im allgemeinen in der hier für die Delbrücker Bardenhauer genannten Weise:

- *Am Rande der bisher genutzten Feldmark* wurde Weidefläche (die meistens mit Buschwerk durchwachsen war) umgebrochen und sodann – bei einer Einzelhoflage dort, sonst am Rande des Dorfes – wurden neue Gehöfte errichtet.
- *Teilweise* wurde hierfür *auch* die sog. *Kampwirtschaft* angewendet: Am Rande der Feldmark wurden Dauergrünlandflächen eingerichtet, die dann später als Acker genutzt wurden.
- *Die Rodung* einer bisher überwiegend aus *Wald* bestehenden Fläche führte zur Einrichtung eines neuen Gewannes, an dem mehrere Höfe einen Anteil hatten. Das Gewann wurde häufig in die gesamte Rotation der Feldmark eingeordnet.

Die Gewann- und die Hufenverfassung entsprechen in etwa den unterschiedlichen Siedlungsvorgängen:

- Durch die Ausdehnung einer bestehenden Feldmark wurde ein weiteres Gewann der schon genutzten Fläche zugefügt.
- Neue Ansiedlungen, unabhängig von bestehenden Ortschaften, erfolgten teilweise in der Gewannverfassung, teilweise in der Hufenverfassung, teilweise als Einzelhöfe. Abbildung 11 zeigt schematisiert die Unterschiede.

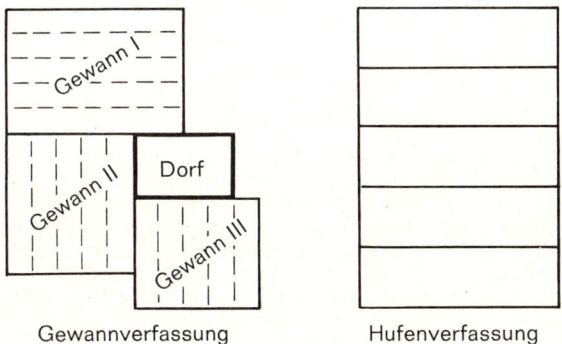

Gewannverfassung   Hufenverfassung

Abb. 11: Gewann- und Hufenverfassung mit jeweils 5 Bauernhöfen

Die Anlage der ländlichen Siedlungen konnte ebenfalls in unterschiedlicher Weise erfolgen:
Die zufälligen, *ohne* vorherigen *Plan angelegten Siedlungen* sind vor allem dort zu finden, wo ein über mehrere Jahrhunderte gehender Besiedlungsvorgang stattgefunden hatte:

— *Einzelhoflage*: Verstreute Siedlung, meistens mit einem von nichtbäuerlichen Stätten (Handwerker, Verwaltungszentrum, Kirche, Gerichtsstätte usw.) gebildeten Zentrum (z. B. der Ort Delbrück im Delbrücker Land).
— Der *Drubbel* besteht aus der Zusammenfassung weniger Höfe, vor allem in der nordwestdeutschen Tiefebene. Manchmal wurden sämtliche Höfe zu einem Zeitpunkt errichtet, manchmal entstand aus der Einzelhoflage durch Teilung der verfügbaren Fläche und die gleichzeitige Errichtung neuer Höfe nach und nach ein Drubbel.
— War die Anhäufung von Höfen stärker (bis zu etwa acht), entstand ein *Weiler*.
— Stieg die Zahl der Stätten in einer relativ geschlossenen Siedlung noch weiter, ohne daß eine gewisse Regelmäßigkeit in der Straßenführung vorhanden war, spricht man von einem *Haufendorf*. Diese entstanden vor allem in Realteilungsgebieten.

Diese vor allem in Altdeutschland weit verbreiteten Siedlungsformen hatten zahlreiche Übergänge, so wie schon die Abgrenzung zwischen Drubbel und Weiler mehr einer Konvention als einer exakten, an sachlichen Unterscheidungsmerkmalen ausgerichteten Beurteilung entspricht.

Die Anlage von *planmäßig geformten Siedlungen* war vor allem in Ostdeutschland (vgl. den nächsten Abschnitt über die Ostkolonisation), in geringerem Maße auch in Westdeutschland zu finden. Man unterscheidet hier im wesentlichen:

— Die *Einzelhoflage,* die allerdings im hohen Mittelalter nur selten bei einer großflächig geplanten Siedlung zu finden war. Im ausgehenden 18. Jahrhundert waren es vor allem die preußischen Bauernsiedlungen auf gerodetem Waldboden im polnischen Departement Bialystok.
— Der *Rundling* war insbesondere im Grenzgebiet von Germanen und Slawen zu finden, d. h. im Elbe-Saale-Raum. Heute ist dieser

Typ noch im Wendland (Kreis Lüchow-Dannenberg) weit verbreitet. Die Errichtung der Bauernhöfe um einen (runden oder
fast runden) Dorfplatz bot dem Vieh in der Nacht einen (im
Vergleich zur Allmende) besseren Schutz. Die Einordnung der
Rundlinge als eine Siedlungsform der Slawen ist umstritten. Die
Häufung dieser Dörfer an der lange Zeit umkämpften germa-
nisch-slawischen Grenze deutet darauf hin, daß es sich um einen
Dorftyp handelte, der vor allem wegen seiner günstigen Schutz-
möglichkeiten verwendet wurde, und zwar auf beiden Seiten.

– Am einfachsten und häufigsten war die Anlage eines Dorfes
  entlang einer Straße, einseitig oder zu beiden Seiten. Je nach der
  Lage der Gehöfte lassen sich hier unterscheiden (vgl. Abbildung
  12):

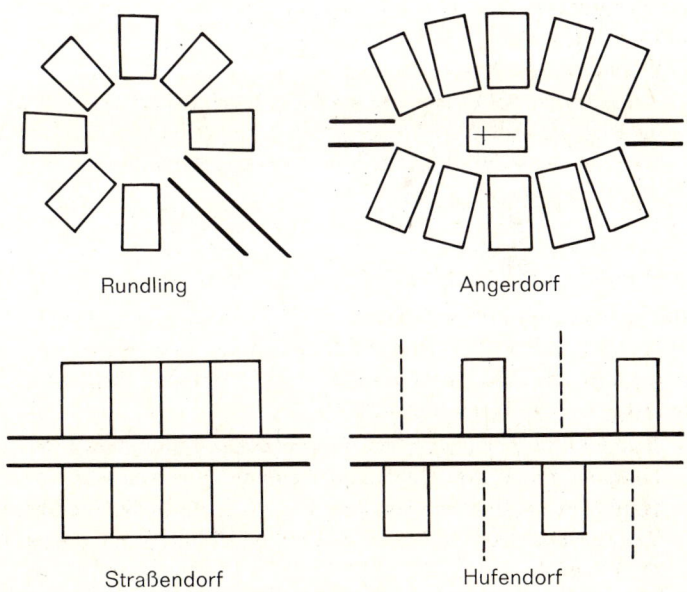

Rundling   Angerdorf

Straßendorf   Hufendorf

Abb. 12: Formen planmäßig angelegter Dörfer

- *Straßen- oder Gassendorf*: Die Gehöfte wurden dicht an dicht auf beiden Seiten der (einzigen) Dorfstraße errichtet.
- *Angerdorf*: Hierbei handelte es sich um ein Straßendorf, dessen Mitte so erweitert war, daß dort ein Platz, ein Anger entstand. Meistens wurde auf diesem Anger die Kirche errichtet oder ein Dorfteich angelegt.
- *Hufendorf*: Entsprechend der Hufenverfassung der Feldmark ist dieser Dorftyp zwischen der Einzelhoflage und dem Straßendorf einzuordnen. Entscheidend ist das Auseinanderziehen der Gehöfte an einer Straße, so daß
  - keine geschlossene Siedlung, d. h. kein Dorf im eigentlichen Sinne, mehr vorhanden,
  - jedoch der Zusammenhang innerhalb der Siedlung noch stärker als bei einer Einzelhoflage war.

Im Prinzip hatte hierbei jeder Bauernhof hinter seinem Gehöft sein Land (etwa entsprechend den heutigen Poldersiedlungen in den Niederlanden). Bei einer Siedlung im Waldgebiet wurde der Wald nach und nach vom Gehöft aus gerodet (Waldhufendorf). In Gegenden mit zu starker Bodennässe verlief parallel zur Dorfstraße der Hauptstrang der Entwässerungsanlage (häufig zugleich als Transportweg aus dem Dorfbereich hinaus genutzt), z. B. in Fluß- und Seemarschen (in der Wesermündung z. B. 1106 Vertrag zwischen Erzbischof Friedrich von Bremen und Niederländern) oder bei Moorkultivierungen: Marschhufendörfer (Moorsiedlungen des ausgehenden 17. und des 18. Jahrhunderts sind besonders eindrucksvoll südlich von Papenburg zu sehen).

Bei diesen planmäßigen Dorfanlagen wurde meistens von der Grundherrschaft ein *Organisator* eingesetzt:

- Im Gebiet des Hagenrechts (eines frei vererblichen, nur mit geringen Besitzwechselabgaben und jährlichen Zinsleistungen belasteten Besitzrechtes), d. h. im Gebiet von Minden bis zum Harz, teilweise auch weiter nach Süden ausgreifend, hatte der Hagenmeister diese Funktion, sofern sie nicht von dem Grundherrn oder seinen Bediensteten selbst wahrgenommen wurde.
- Dieses Hagenrecht und die Einrichtung des Organisators wurde vor allem nach Mecklenburg und Pommern weitergetragen.
- Im allgemeinen wurde der mit der Durchführung der einzelnen Siedlungen beauftragte Organisator Lokator genannt.

Der *Lokator* (oder Organisator mit einer anderen Bezeichnung)
hatte folgende Aufgaben:
- Er hatte das Recht und die Pflicht, eine vorbestimmte Zahl von
  Siedlern auf einer vorgegebenen Zahl von Hufen anzusetzen.
- Dementsprechend oblag ihm die Anwerbung der Siedler,
- die Planung der Besiedlung,
- die Überwachung der Durchführung der Dorfanlage und
- die Leitung der Rodung der landwirtschaftlichen Nutzflächen,
  einschließlich der Anlage von Wasserbauwerken, sofern diese
  erforderlich wurden.

Als Entgelt für diese unternehmerische Leistung erhielt der Lokator:
- ein größeres Stück Land, meistens das Doppelte eines normalen
  Bauernhofes,
- eine geringere Belastung dieses Hofes, meistens nur als eine Art
  Anerkennungsgebühr, ferner
- die niedere Gerichtsbarkeit und (oder) das Schankrecht, die
  Mühlengerechtigkeit usw.

Bei größeren Siedlungseinheiten war damit ein wichtiger *Ansatzpunkt
für* die Erlangung der *Grundherrschaft* selbst geschaffen worden,
jedenfalls in einer späteren Periode der politischen oder wirtschaftlichen Schwäche des bisherigen Grundherrn.
In welchem Maße *in Altdeutschland die landwirtschaftliche Nutzfläche* durch die genannten Siedlungsmaßnahmen *ausgedehnt* wurde,
läßt sich nur schätzen:
- Die zunehmende Knappheit des Bodens hat sicher dazu geführt,
  daß die je Einwohner bebaute Fläche sich vermindert hat, d. h.
  daß die *Nutzfläche weniger gewachsen* ist, *als die Einwohnerzahl*
  zunahm (plus 83 v.H.).
- Auch wenn die *Flächenproduktivität* durch die zunehmende Verbreitung von Erträge fördernden Maßnahmen sich verbessert
  haben dürfte, so ist doch kein grundsätzlicher Wandel zu beobachten, d. h. es kann davon ausgegangen werden, daß in der Mitte
  des 14. Jahrhunderts die Produktivität kaum *um 20 v.H.* über der
  des 12. Jahrhunderts gelegen hat, so daß bei dieser Vermutung

eine Zunahme der landwirtschaftlichen *Nutzfläche um etwa 50 v.H.* anzunehmen wäre.

— Da sich das Bodenreservoir langsam seinem verfügbaren Ende zuneigte, wird man davon ausgehen können, daß auch Böden der landwirtschaftlichen Nutzung zugeführt wurden, die als *Grenzböden* zu bezeichnen sind, d. h. die kaum noch einen solchen Ertrag brachten, daß sich die Bebauung lohnte.

— Hinzu kam, daß mit der Ausdehnung der landwirtschaftlichen Nutzfläche sich auch die Flächen *verringerten,* die als (Wald-) *Weide der Viehhaltung* die Futtergrundlage boten. Ein Rückgang der Viehhaltung wenigstens je Einwohner war der Anlaß, daß man später diesen Vorgang als eine Depekoration bezeichnete, obgleich die Tierhaltung wohl kaum absolut zurückging. Damit nahm aber auch der je Einwohner verfügbare Anteil an tierischer Nahrung ab, d. h. es mußten mehr andere Nahrungsmittel zur Verfügung stehen, in erster Linie aus dem Ackerbau, in geringerem Maße auch aus dem Gartenbau.

Aus allen diesen Erwägungen und aus einer ganzen Reihe von Einzelbeispielen kann man entnehmen, daß durch die Siedlungen in Altdeutschland bis ins 14. Jahrhundert die als Ackerland in Nutzung befindliche Fläche sich um etwas mehr als 50 v.H. erhöht hat.

b) Die Ostkolonisation

Die deutsche Ostkolonisation ist in die Zeit vom 12. bis ins 14. Jahrhundert einzuordnen. In Richtung Südosten, der Donau folgend, hat bereits zur Zeit der Karolinger eine umfangreiche Siedlungstätigkeit bestanden, begünstigt durch die Kriegszüge der Karolinger im 8. und beginnenden 9. Jahrhundert (Ostmark). Die *Ostkolonisation* wurde in erster Linie durch folgende Kräfte und Faktoren *in Gang gesetzt:*

— Die *Zunahme der Bevölkerung* in Altdeutschland führte dort zu einer Verknappung der faktisch und rechtlich nutzbaren Böden (vgl. das im vorhergehenden Abschnitt genannte Beispiel für das

Land Delbrück), vor allem unter Berücksichtigung der niedrigen Entwicklungsstufe der landwirtschaftlichen Produktion.

- Die *bessere Rechtsstellung in den östlichen Gebieten* war verbunden mit einer geringeren Leistungspflicht. Mit der Abwanderung aus dem Westen war ein Entfliehen aus der persönlichen Abhängigkeit, aus der „ersten Leibeigenschaft" verbunden.

- Diesen Abwanderungswünschen kamen entgegen:

  - Die *Bestrebungen der in* den östlichen *Grenzgebieten herrschenden Territorialherren* zur Ausdehnung des eigenen Einflußgebietes (durch Eroberung) führten zur Einrichtung sog. Marken (Billunger Mark, Nordmark, Lausitzer Mark, Mark Merseburg, Mark Zeitz, Mark Meißen, wie schon früher die Ostmark) zwischen Elbe-Saale und Oder-westliche Neiße. Für diese Marken wurden, vor allem auf Initiative der geistlichen (und zugleich weltlichen) Herren (Bischöfe von Magdeburg, Merseburg, Havelberg, Brandenburg usw.) und unter starker Beteiligung von Mönchsorden (Klöster Lehnin, Chorin, Doberan, Dobrilugk, Dargun, Eldena, Stolpe, Zinna, Buch, Altzelle, Neuzelle, Osseg, Grünhain), Bauern ins Land gerufen.

  - Die *Bemühungen der einheimischen slawischen Fürsten* (und Adligen) in Pommern (Herzöge ab 1181 Reichsfürsten), Schlesien und den Gebirgszonen Böhmens und Mährens, ferner der ungarischen Könige zur Verbesserung der wirtschaftlichen Entwicklung der eigenen Territorien, insbesondere zur Intensivierung der Überschußwirtschaft ihres Landes, führten zur Anregung der Einwanderung von Bauern und Bürgern.

  - Die *Übernahme eines missionarischen kriegerischen Auftrages* durch den Deutschen Ritterorden – herbeigerufen von Herzog Konrad von Masowien 1226 gegen die heidnischen Pruzzen – hatte bereits einen Vorläufer im Jahre 1211 gehabt, als der Deutsche Orden (auf Wunsch des ungarischen Königs Andreas zur Verteidigung des Landes gegen die Kumanen) mit der Besiedlung (und Verteidigung) Siebenbürgens (Gebiet um Kronstadt) begann.

— In den baltischen Ländern (Estland, Livland, Kurland) bestand eine enge *Verknüpfung der Interessen der hansischen Kaufleute*, insbesondere der Lübecker Fernhändler (Stadtgründungen, z. B. 1201 Riga, 1219 Reval, 1225 Dorpat) *und des Schwertbrüder-Ordens* (ab 1202 im Lande, 1237 im Deutschen Orden aufgegangen).

Aus diesen differenzierenden Bemerkungen wird bereits deutlich, daß man *unterscheiden* muß zwischen Gebieten

— mit *friedlicher deutscher Einwanderung* (vor allem Schlesien, Pommern, nördliche Randgebiete Böhmens und Mährens, ferner Ungarn) und solchen

— mit *gewaltsamer Schaffung der Voraussetzungen* für die Einwanderung (insbesondere in den Gebieten zwischen Elbe und Oder, sowie Ostpreußen), ferner solchen

— mit einer starken *Mischung der friedlichen Einwanderung mit der gewaltsamen Eroberung*: Baltische Staaten, Siebenbürgen.

Die pauschale Charakterisierung dieser Ostkolonisation als «le grand appetit» (so der französische Wirtschaftshistoriker Le Goff) vereinfacht die Probleme zu sehr. Eine wesentliche Unterstützung dieser Meinung von Le Goff ist allerdings in der Heroisierung der Vorgänge und Ergebnisse der Siedlungstätigkeit und der wirtschaftlichen Entwicklung durch die national ausgerichtete Geschichtsschreibung des 19. und 20. Jahrhunderts in Deutschland zu finden.

Zwei Punkte sind für die *Beurteilung der Ostkolonisation* von Bedeutung:

— Die *Einwanderung* erfolgte *in weiten Teilen auf Wunsch der slawischen Fürsten*, weil das Land noch zu dünn besiedelt war, d. h. nicht genügend Wirtschaftskraft und Einnahmen (als Machtbasis) für die slawischen Fürsten bot.

— Die *Einwanderung* erfolgte *nicht nur im Wege der* in der deutschen Geschichtsschreibung mit einem Mythos versehenen *Bauernsiedlung*, sondern änderte die gesamte Wirtschaftsstruktur und die Produktionsverhältnisse:

    — Mit der Gründung von mehr als 1.000 Städten zwischen Elbe und Dnjepr im Mittelalter (d. h. bis 1500) wurde der seit dem 12. Jahrhundert in Altdeutschland stark beschleunigte Prozeß der Arbeitsteilung zwischen Landwirtschaft, Gewerbe und Handel weiter in den Osten hineingetragen.

- Die Gründung einer ganzen Reihe von Bergbaustädten (allein in der oberungarischen, d. h. slowakischen Zips wurden 24 Städte gegründet) war mit einer Entwicklung auch dieses Wirtschaftszweiges verbunden (Silber und Kupfer waren die für den europäischen Markt wichtigsten Produkte).
- Die Bauernsiedlung erfolgte nach „deutschem" Recht, wodurch die gesamte Agrarverfassung und damit die ländlichen Produktionsmöglichkeiten bestimmt wurden. Die Ausbreitung der Dreifelderwirtschaft war dabei die notwendige Folge der dichteren Besiedlung. Sowohl die Umformung der Agrarverfassung nach deutschem Recht als auch der Bodennutzung wurde für die Mehrzahl der verbliebenen Einwohner aus der Zeit vor der Ostkolonisation üblich.

- Das gesamte *Ausmaß der Ostwanderung* darf im übrigen *nicht überschätzt werden.* Man kann wohl davon ausgehen, daß insgesamt in das Gebiet östlich von Elbe und Saale bis hin nach Pommern, Ostpreußen und Schlesien kaum mehr als 200.000 Personen bis ins 14. Jahrhundert ausgewandert sind, d. h. die Zuwanderung lag bei etwa 1 bis 1,2 Menschen je qkm. In die übrigen Gebiete wanderten vermutlich weniger als 200.000 Menschen aus (zwischen Reval und Siebenbürgen). Die eingewanderte Bevölkerung vermehrte sich so sehr, daß Sachsen und Schlesien im 14. Jahrhundert bereits Auswanderungsgebiete waren.

- Ein *Teil der einheimischen Bevölkerung* wurde (wie auch viele *Einwanderer*) bei kriegerischen Auseinandersetzungen *umgebracht.* Allerdings war die Besiedlung dieser Gebiete durch die slawischen Völkergruppen nach der Völkerwanderung (ein im Verhältnis zur Zahl der seit dem 6. Jahrhundert eingewanderten Slawen sehr großes Gebiet) nur recht langsam erfolgt. Immerhin kann man wohl davon ausgehen, daß weit mehr als die Hälfte (vermutlich mehr als zwei Drittel) der am Ende des 14. Jahrhunderts in den Gebieten bis Ostpreußen und Schlesien lebenden Einwohner slawischen oder anderen einheimischen Ursprungs war. (Selbst in von harten Kämpfen betroffenen Gebieten Ostpreußens lag der Anteil der baltischen Pruzzen noch in der Mitte des 14. Jahrhunderts bei 50 v.H. und mehr der gesamten Bevölkerung; nach H. Wunder für die Komturei Christburg, wo zu dieser Zeit etwa 12 Menschen je qkm lebten.) Daraus wird zugleich deutlich:

- Unter den neuen Produktionsverhältnissen wuchs die Bevölkerungsdichte allgemein erheblich an,
- und zwar sowohl bei den deutschen Zuwanderern als auch bei der einheimischen Bevölkerung, weil die Einkommens- und Ernährungsmöglichkeiten erheblich verbessert wurden.
- Das Wachstum der eingewanderten und der schon vorhandenen Bevölkerung der Gebiete östlich von Elbe und Oder muß erheblich stärker gewesen sein als in Altdeutschland, sonst wären hier nicht für 1350 bereits mehr als 4 Mill. Einwohner zu verzeichnen gewesen.

Die Gesamtentwicklung in den folgenden Jahrhunderten wurde vor allem gekennzeichnet:

- Zunächst war die Trennung zwischen der eingewanderten und der einheimischen Bevölkerung relativ stark.
- Die sprachliche (und zum überwiegenden Teil auch kulturelle) Vereinheitlichung dauerte mehrere Jahrhunderte und hing eng zusammen mit
  - der teilweisen rechtlichen Gleichstellung durch die Umwidmung der einheimischen Siedlungen nach deutschem Recht und
  - später auf einem niedrigeren Niveau bei der Errichtung der „zweiten Leibeigenschaft" im 15. und 16. Jahrhundert (Entstehung der ostdeutschen und osteuropäischen Gutsherrschaft).

Insgesamt läßt sich also sagen, daß nicht ein Verdrängen der slawischen Bevölkerung, sondern eine langfristige, zum überwiegenden Teil im 16. Jahrhundert abgeschlossene Vermischung der zugewanderten mit der einheimischen Bevölkerung das Bild prägte. Das dadurch bewirkte weitgehende Verschwinden der slawischen und der baltischen Sprache und Kultur in diesen Gebieten unterlag in der Geschichtsschreibung des 19. und des 20. Jahrhunderts – meistens unter dem Stichwort „Germanisierung" – je nach dem Standpunkt des jeweiligen Autors einer sehr unterschiedlichen Beurteilung.

c) Die landwirtschaftlichen Produktionsverhältnisse

In der Entwicklung der landwirtschaftlichen Produktion und der Produktionsverhältnisse lassen sich folgende *Grundzüge* erkennen:

- Die *Produktionstechnik* wurde durch eine weitere Verbreitung des den Boden wendenden Pfluges und durch eine Verbesserung der Eggen gekennzeichnet. Beide Geräte blieben dann aber lange die wichtigsten Geräte der Bodenbearbeitung. In den ehemals slawischen Siedlungen des Ostens war noch bis in das 18. Jahrhundert der den Boden lockernden, aber nicht wendenden Hakenpflug gebräuchlich. Dieser war gerade auf leichteren Böden dem den Boden wendenden Pflug keineswegs unterlegen.

- Die Bodennutzung erfolgte nunmehr in Altdeutschland überwiegend durch eine geregelte Fruchtfolge, meistens die *Dreifelderwirtschaft*. In Ostdeutschland wurde sie nicht nur in den Feldmarken der deutschen Dörfer, sondern nach und nach, in der Regel verbunden mit der rechtlichen Umsetzung, auch in den slawischen Siedlungen eingeführt. Die Dreifelderwirtschaft war schließlich zu etwa zwei Dritteln das überwiegende Fruchtfolgesystem in Deutschland.

- Mit der zunehmenden Bevölkerungsdichte und der Errichtung unterbäuerlicher Stellen in Altdeutschland nahm auch die als *Garten* – und zwar außerhalb der geregelten Felderwirtschaft – genutzte Fläche zu. Die Spezialisierung einiger Gebiete (Thüringen, Oberrhein usw.) schritt weiter fort. Der zunehmende Markt auch für Gartenfrüchte in den Städten förderte diese Entwicklung.

- Die Verbesserung der Bodenfruchtbarkeit durch *Kalkdüngung* (mergeln genannt) war im beginnenden 14. Jahrhundert in vielen Teilen Mitteleuropas bekannt.

- Die Zunahme der kleinen, unterbäuerlichen Stätten in Westdeutschland und die Verringerung der außerhalb der geregelten Feldwirtschaft liegenden gemeinen Weideflächen führten zu einem teilweisen Rückgang der Viehhaltung, meistens zu einem geringeren Wachstum des Viehbestandes als der zu versorgenden Menschenzahl. Ein *Rückgang des Fleischverzehrs* je Einwohner war die Folge.

- In Altdeutschland wurde die Produktion noch entscheidend durch die *Änderung der Herrschaftsverhältnisse* und vor allem durch die zunehmende Nachfrage aus den Städten mitgestaltet, da nunmehr fast jeder Bauernhof in erreichbarer Nähe eines städtischen Marktes lag.

Die größere Bevölkerungsdichte und der mit der städtischen Entwicklung *steigende Anteil der Gesamtbevölkerung, der über den Markt* und nicht mehr aus der eigenen Hauswirtschaft *ernährt wurde,* führten dazu, daß

- die Agrarpreise bei geringerer Ausdehnung der Agrarproduktion gegenüber der Bevölkerungszahl stetig stiegen, ferner daß
- die Versorgung der vom Markt Abhängigen immer anfälliger wurde, so daß Mißernten stärker wirkten als in den Jahrhunderten zuvor.

Es entstand daher die Meinung, daß unter den bestehenden Verhältnissen (Einengung durch die feudalistische Agrarverfassung) die Produktion nicht mehr weit genug ausgedehnt werden konnte, so daß durch eine Mißernte häufiger die Schwelle zur Hungersituation berührt oder gar überschritten wurde.

d) Die Agrarverfassung und die ländliche Gesellschaft

In der Zeit von 1150 bis 1350 kam es zu einer *unterschiedlichen Entwicklung der Agrarverfassung und der Sozialstruktur* des ländlichen Bereiches in Altdeutschland und in den Gebieten der Ostkolonisation.

In dem Gebiet westlich der Elbe kam es seit dem 12. Jahrhundert zur *Auflösung der Villikationen.* Sie wird auf folgende *Ursachen* zurückgeführt:

- Die *Verwalter* der Haupt- und Nebenhöfe versuchten parallel zur faktischen und schließlich auch formell abgesicherten Vererbung der königlichen und anderer Lehen bei den Feudalherren ebenfalls die *Besitzkontinuität* in der eigenen Familie zu erreichen. Die Villikationsherren verpachteten daher teilweise die Hofländereien (des Salhofes).
- Die inzwischen begonnene *Vermehrung der Städtezahl* hatte eine

Intensivierung des Warenaustausches, ein Anwachsen der Markt-vorgänge mit sich gebracht, verbunden mit einer nennenswerten Geldwirtschaft. Naturale Abgaben und Dienstleistungen der ab-hängigen Bauern waren daher nicht mehr die einzigen Leistungs-möglichkeiten innerhalb des grundherrlichen Herrschaftsberei-ches.

— Die *Abwanderungsmöglichkeiten nach dem Osten und in die* wach-senden *Städte* ließen eine Änderung der wirtschaftlichen Leistun-gen der Bauern als Mittel zur Erhaltung der bäuerlichen Arbeits-kraft erscheinen.

— Die Villikationsherren konnten *gewerbliche Produkte* jetzt in größeren Mengen *auf dem Markt* – auch gegen Bestellung – *er-werben*, so daß man nicht mehr auf ein Handwerk innerhalb des Villikationssystems angewiesen war. Die Verlagerung der gewerb-lichen Produktion in die Städte begünstigte die Arbeitsteilung, da aufgrund des größeren Marktes eine weitergehende Speziali-sierung möglich wurde. Die Blüte des Kölner Goldschmiedehand-werks im 12. Jahrhundert ist ebenso ein Ausdruck dieser Verlage-rung wie die Produktion von Goldschmiedegegenständen durch weithin bekannte Künstler, etwa Nikolaus von Verdun (der u. a. ein großes Emailwerk für die Augustiner-Chorherren-Stiftskirche in Klosterneuburg bei Wien gegen Ende des 12. Jahrhunderts schuf) oder Reiner von Huy (Anfang des 12. Jahrhunderts).

— Mit der beginnenden *Intensivierung des Fernhandels* stieg auch das *Angebot an Luxusgütern* aus dem Mittelmeergebiet (Kreuzzüge), die man über den städtischen Markt mit Hilfe der von den Bauern geleisteten Geldabgaben erwerben konnte. Die schon genannte Umwandlung der Arbeits- und Produktrente in eine Geldrente, wie man sie in Oberitalien seit dem 9. und 10. Jahrhundert beob-achten konnte, war auch in Deutschland in der ersten Städte-gründungsperiode ein wichtiger Teil der Verstärkung des allge-meinen Marktgeschehens und über die zunehmende Arbeits-teilung zwischen Regionen auch der wirtschaftlichen Entwicklung.

Die *Auflösung* der Villikationen geschah in folgender Weise:

— *Ein kleiner Teil* des Herrschaftslandes (Sallandes) *blieb* als rest-liche grundherrliche *Eigenwirtschaft* erhalten. Das übrige erhielten die Bauern. Der Resthof war Wohnsitz des Feudalherrn, Verwaltungs- und Gerichtszentrum.

- *In vielen Fällen* wurde die herrschaftliche *Eigenwirtschaft völlig aufgelöst* und das Land wurde an Bauern und Kleinstellen vergeben.

Damit waren in Altdeutschland die Voraussetzungen zur Verfestigung oder „Versteinerung" der Grundherrschaft geschaffen, da im allgemeinen das Rentendenken (d. h. die Konzentration auf die geldlichen Einnahmen und nicht auf eigene wirtschaftliche Aktivitäten) weit verbreitet war. Im ganzen kann man davon ausgehen, daß die Auflösung der Villikationen folgendes bewirkte:

- Eine Verringerung der Verflechtung zwischen den Haushalten und Betrieben innerhalb der Villikation.
- Eine Verringerung der persönlichen Abhängigkeit (von den Marxisten als „Auflösung" der ersten Leibeigenschaft bezeichnet), was man allerdings nur für einige Gebiete bisher nachgewiesen hat (z. B. spricht F. Lütge für Mitteldeutschland von der Erlangung der persönlichen Freiheit).
- Die Änderung der bäuerlichen Leistungsart durch Umwandlung eines großen Teiles der Dienste und Abgaben in Geldleistungen.
- Verkümmerung des Villikationshandwerks zugunsten des aufblühenden städtischen Handwerks.

Aufgrund der weiten Ausdehnung der Villikationen und durch die allgemeinen, von der Auflösung der Villikationsverfassung unabhängigen Einflüsse auf die Agrarverfassung kann man folgende Änderungen als die entscheidenden ansehen:

- Die Auflösung der großen Villikationen führte zu einer breiten *Auffächerung der grundherrschaftlichen Rechtspositionen.* Im Prinzip konnten nur wenige Großgrundbesitzer – vor allem die Kirche, einschließlich der Klöster, ferner die sich seit der ersten Hälfte des 13. Jahrhunderts verfestigenden territorialen Gewalten (Gesetze von 1220 und 1231) – diesen Auflösungsprozeß durch eine Neuordnung ihres grundherrlichen Bereiches umgehen.
- Die *Vielzahl der* den Adelsstand vermehrenden, meistens aus stark abhängigen Stellungen kommenden *Ministerialen* bot die

Basis für eine breite Zuordnung der sich *aufsplitternden grund-herrlichen Rechte.*

– Die harten (zum überwiegenden Teil kriegerisch geführten) Auseinandersetzungen um den Erwerb von herrschaftlichen Rechten führten zu einer *Zersplitterung der Rechte* an den einzelnen ländlichen Bewohnern. Damit wurde eine wichtige Voraussetzung dafür geschaffen, daß sich die – durch die Zusammenfassung der Rechte über eine Person in einer Hand auszeichnende – Gutsherrschaft an der Wende zur Neuzeit in Westdeutschland nicht ausbildete.

– Die Auflösung der Villikationen und die Entstehung des städtischen Marktes in einer solchen Breite, daß nunmehr nach und nach alle ländlichen Bereiche Anschluß hieran fanden, förderten die *Weiterentwicklung der Überschußwirtschaft.*

– Diese Überschußwirtschaft der Bauern wurde mehr und mehr durch eine *Erhöhung der Geldabgaben* (bei steigenden Agrarpreisen) und durch eine teilweise Ersetzung der Naturalleistungen (Dienste und Abgaben) durch Geldabgaben beeinflußt.

– Die zunehmende Bevölkerungszahl auf dem Lande, die weder durch Errichtung von Bauernhöfen im Altland noch durch Abwanderung in die Städte und in den Osten völlig aufgenommen werden konnte, führte zur *Ausbildung einer unterbäuerlichen Schicht.* Diese Landarmut entstand nicht aufgrund fehlender anderer Einkommensmöglichkeiten (z. B. Handwerk), sondern aufgrund der beginnenden Bodenknappheit.

– Die Knappheit an Boden begünstigte zugleich die *Anhebung der Belastungen* je Flächeneinheit durch die Feudalherren.

– Die Feudalherren begannen, sich in ihren Konsumwünschen an den einkommenstarken Fernkaufleuten zu orientieren mit der Folge starker Spannungen innerhalb des Feudalsystems.

In *Ostdeutschland* war demgegenüber die Agrarverfassung sehr stark durch die Ansiedlungsbedingungen bestimmt:

– Die *Zahl der Menschen* je Flächeneinheit war hier wesentlich *geringer* als in Altdeutschland. Der Siedlungsvorgang war durch die Zahl der verfügbaren Siedler begrenzt.

– Aus diesem Grunde kam es auch *nicht* zur Ausbildung einer

unterbäuerlichen Schicht. Der Bevölkerungsüberschuß Ober-
sachsens und Schlesiens fand Aufnahme im eigenen Land und in
den weiter östlich bzw. nordöstlich gelegenen Gebieten.
- Eine *Zersplitterung der landesherrlichen Rechte* fand *nicht in so
  starkem Maße* statt wie in Westdeutschland. Die Piasten (der
  einzelnen Herzogtümer) Schlesiens hatten für Ostdeutschland
  relativ kleine Territorien, die für westdeutsche Verhältnisse aber
  schon recht beachtlich gewesen wären.
- Die *Abgabeverpflichtungen* der Bauern waren aufgrund der
  Siedlungsbedingungen und der Knappheit an Menschen günstig,
  die Rechte weniger beschnitten als in Altdeutschland.

3. Das öffentliche Finanzwesen

Das öffentliche Finanzwesen wurde in der Zeit von der Mitte des 12.
bis zur Mitte des 14. Jahrhunderts durch folgende *Einflüsse und
Entwicklungslinien* geprägt:
- Die Städtegründungsperiode führte zu einer *Ausdehnung der
  Geldvorgänge* allgemein in der Wirtschaft, d. h. es wurden die
  Voraussetzungen geschaffen, daß auch nördlich der Alpen das
  öffentliche Finanzwesen stärker durch Geldvorgänge gekenn-
  zeichnet wurde.
- Mit der Gründung der zahlreichen Städte und der Ausweitung
  von *Handel und Gewerbe* entstand ein wirtschaftlicher Bereich,
  der als *zusätzliche Quelle für staatliche Einnahmen* in Betracht
  kam:
  - Pauschale Abgaben der einzelnen Städte.
  - Von den einzelnen Bürgern der Städte aufzubringende Abga-
    ben (direkte Steuern).
  - Von bestimmten wirtschaftlichen Vorgängen, z. B. Umsätzen
    des Handels, zu leistende Abgaben (indirekte Steuern), z. B.
    Ungeld.
  - Beim Passieren bestimmter Orte zu leistende Abgaben (Zölle).
    Die Zolleinnahmen brachten in manchen Territorien (z. B.
    am Rhein) mehr als die Hälfte aller Einnahmen. Um 1300 gab
    es am Rhein mehr als 60, an der Elbe mehr als 30 Zollstellen.

– Daneben konnten die *Einnahmen aus Regalien* erhöht werden, insbesondere aus dem Bergbau und von Münzstätten.
– Mit der zunehmenden *Erstarkung der territorialen Gewalten* begann ein *Streit um* die neuen (und um die alten) *Einnahmequellen,* bei dem die köngliche Gewalt sich nicht durchsetzen konnte.
– Die *Aufsplitterung der* (quasi-) staatlichen *Gewalt* in zahlreiche Territorialgewalten führte dazu, daß auch die *Städte,* jedenfalls von einer gewissen wirtschaftlichen und politischen Größe an, gezwungen waren und in die Lage versetzt wurden, *selbst Territorialgewalt* aufzubauen *und* dazu *Einnahmequellen* zu erschließen.

Im allgemeinen zeichnet sich das öffentliche Finanzwesen bis ins 14. Jahrhundert durch sporadische Maßnahmen und nicht durch den Aufbau einer gut organisierten Finanzverwaltung aus. Die Städte und der Deutsche Orden bildeten teilweise hiervon eine Ausnahme. Die Vielzahl der Ansatzpunkte für Einnahmen wurde unsystematisch und fast hektisch, vor allem von den Königen ausgenutzt. Die *fortwährende Finanznot* stand hierzu in enger Wechselwirkung:

– Die Finanznot erforderte immer wieder kurzfristige Lösungen, die meistens dauernde Lösungen, d. h. eine langfristige finanzielle Absicherung der Reichsfinanzen, verhinderten. (Verpfändung von königlichen Rechten jeder Art, die wegen eben dieser Finanznot niemals wieder eingelöst werden konnten.)
– Die kurzfristigen Lösungen mit einer fortwährenden Verschlechterung der vorhandenen Finanzquellen bewirkten eine Schwächung der politischen Macht der Könige und damit einen zusätzlichen Finanzbedarf zur Stabilisierung dieser Macht.

Dementsprechend waren die *wichtigsten Ausgaben* und Aufwendungen (auch die Verwendung der Dienste) bei fast allen herrschaftlichen Gewalten:

– *Militärausgaben* des Königs und der Territorialherren.
– *Befestigungsausgaben* der Ritter und der Städte.
– Ausgaben für die Erlangung oder *Erhaltung politischer Hilfe* oder wenigstens von Neutralität.
– *Aufwendungen für* die königliche und fürstliche *Hofhaltung.*

Schon die Gewerbestruktur in den größeren Städten (verdeutlicht am Beispiel Regensburgs) zeigte die von den öffentlichen Ausgaben ausgehende Wirkung auf die gesamte Wirtschaft:

– Einzelne Gewerbezweige wurden durch die Konzentration der Nachfrage nach Waffen, besonders in den größeren Städten mit Spezialisierungsmöglichkeiten, stark gefördert.
– Die Bauleistungen zur Befestigung der Städte förderten das Baugewerbe. Wegen der damit verbundenen umfangreichen Hilfsarbeiten wurden auch zahlreiche neue Einkommensmöglichkeiten für Tagelöhner geschaffen.

Zugleich wurde aber durch diese Verwendung der öffentlichen Mittel eine wachstumsfördernde Wirkung unterbunden. Der Gesamtanteil der öffentlichen Haushalte am Sozialprodukt kann auf weniger als 5 v.H. eingeschätzt werden, wobei in dieser Schätzung ein Teil der Feudallasten als nicht hierzugehörig angesehen wurde.

4. Die Sozialpolitik

Mit der Städtegründungsperiode kam es in den Städten zu einer Lockerung der Bindungen innerhalb dieser Primärgruppen, so daß die Unterstützung der Armen nicht mehr in ausreichendem Maße auf die genannte Weise möglich war, zumal da sich in den Städten die Armen auch stärker ansammelten als auf dem Dorfe (wo sie in erster Linie Naturalgaben, aber keine Geldgaben erwarten konnten). Man kann in den Städten *drei Gruppen der Unterstützungsbedürftigen* unterscheiden:

– Die *Arbeitswilligen,* die auch nach ihrer körperlichen und geistigen Verfassung zur Arbeit in der Lage waren, aber *mangels kontinuierlicher Beschäftigungsmöglichkeit* lange Perioden innerhalb eines Jahres in Not waren, zumal wenn sie auch kein Stück Land besaßen, um den Grundbedarf an Nahrungsmitteln für sich und die Familienangehörigen anbauen zu können. Diese Gruppe, in etwa mit den *Tagelöhnern* identisch, war in Zeiten starker Bevölkerungszunahme, d. h. im 16. und 18. Jahrhundert, besonders groß; sie läßt sich aber auch für die übrigen Zeiten in den Städten nachweisen.

– Die *Arbeitswilligen*, die aus Krankheits- oder Altersgründen *nicht in der Lage* waren *zu arbeiten.*

– Diejenigen, die als *Bettler* auftraten und arbeiten konnten, jedoch nicht arbeiten wollten. In der Literatur wird häufig darauf hinge-

wiesen, daß die christliche Einstellung der Mehrheit der Bevölkerung diese Personen geradezu nötig hatte, um durch Gaben die
christliche Nächstenliebe beweisen zu können. Meistens wird
dieser Gesichtspunkt aber sicher überschätzt. Der Heilige Martin
hatte dazu unter den Christen zu wenig Nacheiferer. Außerdem
waren die meisten Einkommen keineswegs so groß, daß nennenswerte Mittel für die Armenversorgung übrigblieben.

Gliedert man die materielle Absicherung der sozialpolitischen
Maßnahmen und Einrichtungen in solche, die durch vorherige
Gegenleistungen und die ohne vorherige Gegenleistungen der zu
Unterstützenden geschaffen wurden und ordnet man in die erste
Gruppe auch die solidarische Unterstützung einer Berufsgruppe mit
ein, dann ergeben sich folgende unterschiedliche Ausrichtungen der
Sozialpolitik im weitesten Sinne:

(1) Berufliche Einrichtungen waren zunächst vor allem dort zu
finden, wo eine starke Gefährdung der Gesundheit und damit der
Arbeitsfähigkeit vorhanden war. Die ersten derartigen Einrichtungen sind seit dem ausgehenden 13. Jahrhundert bei den Bergleuten
zu finden. Schon zuvor.haben sich die Handwerker in den Städten
zu Zünften und anderen Zusammenschlüssen zusammengefunden
und diese Einrichtungen auch bald für das einzelne Mitglied zu
Hilfsmaßnahmen in Notfällen eingesetzt. Eine dritte Gruppe sind
die Bruderschaften, die sich ebenfalls bald nach der Entfaltung des
städtischen Bereiches, weitgehend in organisatorischer Nähe der
Kirchengemeinden, entwickelten.

Alle diese Zusammenschlüsse erhielten ihre materielle Absicherung
durch bei Bedarf festgesetzte Umlagen, seltener durch Vorauszah-
lungen, d. h. durch beitragsartige Leistungen. Ausgezahlt wurde
nur bei Bedürftigkeit, d. h. es entstand kein Anspruch auf Leistung. Auch bei Bedürftigkeit war genau festgelegt, was und wie
lange zu zahlen war.

(2) Ohne vorherige Leistungen wurden Unterstützungen im Rahmen der Armenpflege erbracht, wohl dem wichtigsten Zweig der
mittelalterlichen Sozialpolitik:

– Almosenverteilung durch die Kirche

- Verteilung der Einnahmen der Stiftungen der verschiedensten Art
- Gaben von Mitbürgern.

Darüber hinaus kam es seit dem ausgehenden 12. Jahrhundert in den meisten der noch recht jungen Städte zu einer Gründungswelle von Hospitälern und Stiftungen. Zwar war schon durch die Synode zu Aachen im Jahre 836 beschlossen worden, daß in jeder Stadt ein Hospital einzurichten wäre. Jedoch war dies bis ins 12. Jahrhundert nur in wenigen Städten geschehen. Die seit dem 12. Jahrhundert einsetzenden zahlreichen *Hospitalgründungen* erfolgten im allgemeinen

- *formell durch einen (Laien-)Orden* zum Zwecke der *Pflege von Armen, Kranken (auch Leprakranken) und Alten* (z. B. der Heilig-Geist-Orden, dem allerdings nicht alle Heilig-Geist-Hospitäler zugeordnet waren).
- *Materiell abgesichert* waren diese Einrichtungen *durch Spenden* der Kirche, von Privatleuten und seitens der Städte.

Allerdings wurden die Mittel nicht immer zweckentsprechend verwendet. Das St. Spiritus-Hospital in Göttingen wurde z. B. von einem Privatmann gegründet. Das Patronat erhielten die Benediktinerinnen des Klosters Lippoldsberg. Mitte des 15. Jahrhunderts wurden die Mittel des Spitals von den Nonnen fast nur noch als Pfründe für den eigenen Bedarf verwendet.

Teilweise kannten diese Hospitäler auch das Einkaufenkönnen, d. h. bei einer entsprechenden Dotation konnte der Zahler sich rechtzeitig einen Platz in einem Hospital sichern.

Die sozialen Einrichtungen hatten in der Mitte des 14. Jahrhunderts insgesamt die Grundstruktur, die sie bis an die Schwelle zum 19. Jahrhundert behielten.

Die Blütezeit der städtischen Wirtschaft (1350 bis 1470)

Die *Haupterscheinungen* des späten Mittelalters unter wirtschafts- und sozialgeschichtlichen Gesichtspunkten waren:

- Die *Pest* mit der dadurch verursachten Reduzierung der Bevölkerung in allen Teilen Europas um ein Drittel und mehr.
- Die damit in engem Zusammenhang stehende *Agrarkrise* (Rückgang der Agrarpreise infolge der geringeren Nachfrage nach Nahrungsmitteln).
- Der infolge der Weiterentwicklung der Wirtschaft und der sinkenden Lebenshaltungskosten *steigende Lebensstandard in den Städten* (Blütezeit der Städte).

1. Die Bevölkerungsentwicklung

Ursachen der *Bevölkerungsverminderung* im 14. und beginnenden 15. Jahrhundert waren:

- Die *Pest,* die aus Asien über das Mittelmeer nach Europa eingeschleppt wurde und sich von den Küsten Italiens und Frankreichs (1347) bis nach Nordeuropa (Ostseeraum, d. h. z. B. Danzig und Skandinavien 1350) ausbreitete.
- In den folgenden Jahrzehnten traten *weitere Pestwellen* auf, die aber im 15. Jahrhundert in ihrer Wirkung abklangen, was teilweise auf einen Immunisierungseffekt zurückgeführt wird.
- Seit dem Beginn des 14. Jahrhunderts gab es zudem mehrere *Hungerperioden* (z. B. 1316 und 1317), und zwar infolge von Mißernten. Die Erklärungsversuche hierfür sind sehr verschieden:

  - Eine zunehmende Bodenknappheit aufgrund der zu stark wachsenden Bevölkerungszahl (Erreichen der Nahrungsgrenze nach dem damaligen Stand der Produktionstechnik bewirkte rückläufige Geburtenraten; so vor allem der englische Wirtschaftshistoriker M. Postan).

- Wegen der starken Schwankungen bei den Ernteerträgen wäre ein Ausgleich durch Lagereinrichtungen erforderlich gewesen.
- Von Marxisten wird vor allem auf die Krise des Feudalwesens hingewiesen: (a) Nach einer starken Ausdehnung der Adelsfamilien (z. B. auch Aufstieg der Ministerialen in den Adel), (b) der Beendigung der Ostkolonisation und der Kreuzzüge (d. h. Ende der Bereicherungsmöglichkeiten dort) und (c) dem Währungsverfall folgte der Drang nach einer (d) Verbesserung der Einkommen durch Raubrittertum (gegen Kaufleute) und durch Erhöhung der Leistungen der Bauern. Insgesamt wurde damit verhindert, daß die Leistungsfähigkeit der Landwirtschaft dem Bedarf der wachsenden Bevölkerung angepaßt werden konnte.

Der *Bevölkerungsrückgang* wird für Deutschland folgendermaßen eingeschätzt:

- Die Reduzierung durch die verschiedenen *Hungerperioden* bis in die Mitte des 14. Jahrhunderts wurde schon nach wenigen Jahren durch das allgemeine Bevölkerungswachstum *wieder ausgeglichen*.
- Die am stärksten wirkenden *Pestumzüge* 1347 bis 1350, 1357 bis 1362, 1370 bis 1376 und 1380 bis 1383 *verminderten die Bevölkerung um mehr als 33 v.H.*:
  - Regionale Unterschiede wurden begleitet von
  - Unterschieden zwischen Städten (etwa 40 v.H.) und Land (etwa 33 v.H.), da die Ansteckungsgefahr in den Städten größer war.
- Von *1383 bis 1470 stagnierte die Bevölkerungszahl*
- in Westdeutschland um 4 bis 4,5 Mill. (15 bis 18 je qkm) und
- im gesamten zu Deutschland zählenden Gebiet um 8 bis 9 Mill. (12 bis 15 je qkm) als Folge immer wieder auftretender kleinerer Pestumzüge.

Rückgang der Bevölkerungszahl in anderen europäischen Ländern:
- Frankreich 1340 = 21 Mill. Einwohner (43 je qkm)
            1400 = 13 Mill. Einwohner (28 je qkm)
  Die Auswirkungen der Pest wurden hier noch durch den Hundertjährigen Krieg (1339 bis 1453) verstärkt.
- England 1340 = 3,8 Mill. Einwohner (25 je qkm)
          1400 = 2,3 Mill. Einwohner (15 je qkm)

2. Die spätmittelalterliche Agrarkrise

Im ländlichen Bereich waren im späten Mittelalter in Deutschland *vier Entwicklungen von Bedeutung*, die in einem engen Zusammenhang standen:

- Der *Rückgang der Agrarpreise* und damit der Agrareinkommen (= Agrarkrise).
- Der *Rückgang der Agrarproduktion* und der dörflichen Siedlungen (Wüstungen).
- Die *Verstärkung der bäuerlichen Abhängigkeit* in Ostdeutschland (Entstehen der zweiten Leibeigenschaft).
- Die *Entstehung des ländlichen Verlagswesens* in Süddeutschland.

a) Die Entwicklung der Agrarpreise und der Löhne

Die Entwicklung der Getreidepreise, der Löhne und der Preise für gewerbliche Produkte zeigt Abbildung 13.

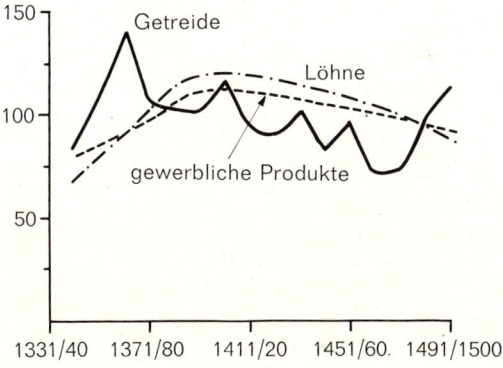

Abb. 13: Entwicklung der Getreidepreise, der Löhne und der Preise für gewerbliche Produkte (1351/1470 = 100)

Daraus wird deutlich:

- Die Zeit von 1350 bis 1470 läßt sich nach der *Entwicklung der Getreidepreise* in zwei Perioden gliedern:
  - *Einigen Jahrzehnten der Desorganisation* der Wirtschaft mit stark schwankenden Relationen zwischen Bevölkerungszahl (Nachfragern) und Ernten (in Abhängigkeit von der Zahl der für die Bebauung der Felder verfügbaren Arbeitskräfte) folgte
  - etwa *ab 1370* eine Zeit des langfristigen Trends mit *abnehmenden Getreidepreisen* (und Agrarpreisen allgemein). Dabei ergaben sich noch stärkere Schwankungen als dies aus den mehrjährigen Durchschnitten in Abbildung 13 ersichtlich ist.
- Die *Löhne stiegen* in Edelmetallmengen ausgedrückt bis zum Beginn des 15. Jahrhunderts, verliefen dann mit geringfügig fallender Tendenz bis in die 60er Jahre des 15. Jahrhunderts, um danach stärker zurückzugehen.

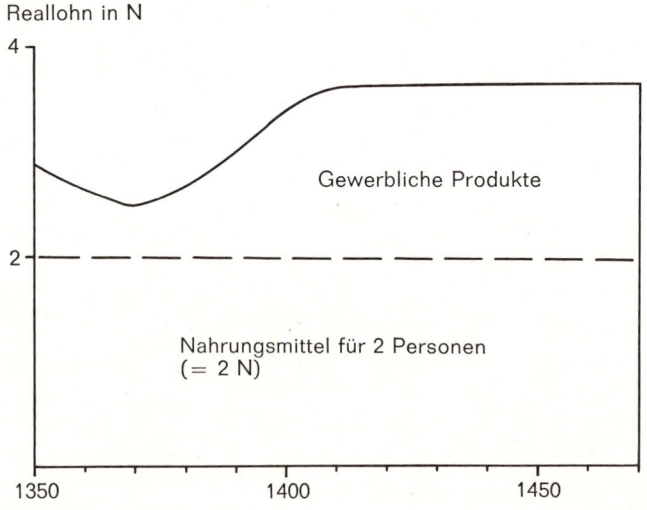

Abb. 14: Entwicklung des Reallohnes in N (= Nahrungsmittel für eine Person/Jahr)

– Die *Preise für gewerbliche Produkte* verliefen im Trend in gleicher Weise *wie die Löhne.* Jedoch war der Ausschlag der Löhne nach oben in den ersten beiden Jahrzehnten nach dem Beginn der Pest stärker.

Da neuerdings diese Grundtendenz bezweifelt wird (Sprandel), sei an Hand einer Abbildung die Grundentwicklung verdeutlicht, Abbildung 14. Das wichtigste Argument gegen eine Verbesserung der Reallöhne im späten Mittelalter ist der Hinweis darauf, daß die gewerblichen Produktpreise stärker gestiegen seien als die Agrarpreise nachgegeben hätten, so daß im Ergebnis der einzelne Lohnabhängige ein geringeres Realeinkommen gehabt habe als zuvor. In Abbildung 14 wurde ausgegangen von

– einer Beschäftigtenquote von etwa 50 v.H., d. h. aus einem Lohneinkommen mußten während des ganzen Zeitraumes zwei Personen voll ernährt werden.

– Das verbleibende Einkommen wurde für gewerbliche Produkte (Wohnungskosten abgeleitet aus den Baukosten; Textilien und andere Produkte) ausgegeben, so daß entsprechend der Preisbewegung für Agrarprodukte ein erheblich größerer Betrag für gewerbliche Produkte verblieb. Die obere Kurve zeigt, daß fast das Doppelte der um 1350 möglichen Menge an gewerblichen Produkten erworben werden konnte, weil die von 1350 bis 1400 um etwa 35 bis 40 v.H. steigenden Preise für gewerbliche Produkte aufgrund des hohen Anteils der Ernährungskosten an den Ausgaben der Lohnempfänger durch die sinkenden Agrarpreise überkompensiert wurden.

– Selbst wenn man berücksichtigt, daß aus den Lohneinkommen zunächst der für Agrarprodukte ausgegebene Anteil nicht so stark zurückging wie die Agrarpreise, etwa weil man nun mehr Fleisch usw. kaufte, blieb ein höherer Anteil der Realeinkommen für gewerbliche Güter übrig. Negativ wirkte sich lediglich zunächst die Zeit der Desorganisation aus, d. h. bis etwa 1370.

Insgesamt läßt sich damit feststellen:

– Im langfristigen Trend *sank das Agrareinkommen* (absolut, d. h. in Edelmetallmengen, und relativ, d. h. nach der Kaufkraft, gemessen an den Preisen für gewerbliche Produkte und für

Arbeitsleistungen). Es lag vor allem in der Zeit von etwa 1380 bis 1470 auf einem sehr niedrigen Niveau.

– Die *Erzeuger von gewerblichen Produkten* (insbesondere die Handwerker mit ihren Gehilfen, aber auch die im Verlagswesen Beschäftigten) hatten *zunächst,* d. h. bis etwa 1380 aufgrund steigender Getreide-(Agrar-)Preise ein *rückläufiges Realeinkommen.* Danach verbesserte es sich und lag im langfristigen Trend bis etwa 1470 im Vergleich zu den Einkommen aus der Landwirtschaft recht günstig (W. Abel spricht daher vom „Goldenen Zeitalter der Handwerker"), obgleich die starken, vom jeweiligen Ernteausfall abhängigen Agrarpreisschwankungen auch jetzt noch einzelne Jahre der Realeinkommensminderung und der Ernährungskrisen brachten.

– Die *Löhne* entwickelten sich sogar *noch günstiger* als die Produktpreise für gewerbliche Erzeugnisse, so daß für die Lohnempfänger eine noch ausgeprägtere Verbesserung der Einkommenssituation eintrat, vgl. Abbildung 14. Andererseits war gerade bei den Löhnen in Abhängigkeit von den erforderlichen Qualifikationen für den einzelnen Arbeitsplatz und von der Zuordnung zu einem begünstigten oder weniger begünstigten Wirtschaftszweig eine breite Streuung vorhanden, so daß sich hier die Verschiebung der Relationen zwischen der generellen Entwicklung der Warenpreise und der Löhne sehr abweichend gestalten konnte, d. h. die Begünstigung sehr unterschiedlich ausfallen konnte.

Die *Bedeutung dieser Entwicklung* lag in folgendem:

– *Getreide* war in der vorindustriellen Zeit das *wichtigste Nahrungsmittel.* In normalen Jahren wurden jährlich mehr als 250 kg je Einwohner verzehrt (= 60 bis 70 v.H. des Kalorienbedarfes).

– Wegen der verbreiteten Tierhaltung auch bei kleinen Nutzflächen (unter Ausnutzung der durch die gemeinen Weide gebotenen Futterflächen) und des Anbaues von Gartenfrüchten bei den Inhabern von kleinen ländlichen Stätten, aber auch bei der Mehrzahl der städtischen Familien hatte das *Getreide* sogar einen noch *größeren Anteil* als 70 v.H. an der Gesamtheit *der auf dem Markt gehandelten Nahrungsmittel.*

– Der *Getreidepreis* war mithin ein *Indikator für* die *Einkommen der Landwirtschaft* und (mit gegensätzlicher Aussage) für die Einkommen der Nichtlandwirte.

Die Krise war eine Folge des in erster Linie durch die Pestumzüge bewirkten Bevölkerungsrückganges. Die entgegengesetzte Meinung, daß die Krise der Landwirtschaft, insbesondere des Feudalsystems, den Bevölkerungsrückgang verursacht habe (Entstehen der Hungersnöte infolge von Mißernten bei fehlender Weiterentwicklung der landwirtschaftlichen Produktion seit dem Anfang des 14. Jahrhunderts), berücksichtigt einen Teilaspekt, der jedoch nur für die Zeit bis zum großen Peststerben die Grundsituation beherrschte; infolge der Bevölkerungsminderung durch die Pest war jedoch seit der Mitte des 14. Jahrhunderts die Notlage (ein im Verhältnis zur Entwicklung der landwirtschaftlichen Produktionsmöglichkeiten zu starkes Bevölkerungswachstum) entspannt.

Die *Krise des Feudalsystems* verlief hierzu *parallel* und ab 1350 durch die Folgen der Pest verstärkt:
– Aufgrund der zunehmenden Bodenknappheit und infolge der nur geringen Möglichkeit, die Überschußwirtschaft weiterzuentwickeln, stiegen die Einkommen der Feudalherren in der Zeit von 1250 bis 1350 kaum noch. Hinzu kamen die zahlreichen Fehden und sonstigen kriegerischen Auseinandersetzungen, durch die die Ritter sich gegenseitig die Basis ihrer Dienste- und Abgabenforderungen verminderten (Vernichtung von Gebäuden und Inventar, Schädigung der Felder).
– Mit den Pestjahren trat eine weitere Schmälerung der feudalherrlichen Einnahmen und Forderungen ein, allerdings – auch unter der Annahme einer gleichen Verminderung des Adels- wie der Bauernfamilien durch die Pest – in differenzierter Weise:
  – Soweit die Feudallasten aus Diensten bestanden hatten, erfolgten nunmehr zwar bei steigenden Löhnen höhere Wertübertragungen; jedoch waren die realen Einheiten damit nicht vermehrt.
  – Naturale Abgaben wurden im Wert gemindert. Aber auch hier blieben die realen Einheiten gleich, so daß die Feudalherren sich nur schlechter standen, wenn sie wie bisher die naturalen Leistungen aus der Landwirtschaft der Hintersassen auf dem Markt umsetzten.
  – Geldleistungen waren von den Bauern bei sinkenden Agrarpreisen nicht immer mehr voll aufzubringen. Diese Minderung der bäuerlichen Leistungen wurde noch durch eine Verringerung der Kaufkraft des Geldes verstärkt, jedenfalls bei einer Verwendung für den Erwerb gewerblicher Produkte.
Die Krise des Feudalsystems lag also zunächst – wenn man die Schwächung der königlichen Gewalt als eine weitere wichtige Ursache außer acht läßt – in einer Verringerung der Ausdehnungsmöglichkeiten der bäuerlichen Lasten

und seit der Mitte des 14. Jahrhunderts in der Verminderung der Kaufkraft der Einkommen aus der Landwirtschaft aufgrund der Verschlechterung der "terms of trade" (der Austauschverhältnisse) zwischen landwirtschaftlichen und gewerblichen Produkten zu Lasten der landwirtschaftlichen Produkte.
Die gleichzeitige Blüte der städtischen Wirtschaft, mindestens aber (und besonders deutlich auf den Landstraßen sichtbar) des Fernhandels begünstigte das Raubrittertum, die Ausdehnung der Fehdegewohnheiten zwischen den einzelnen Rittern auf die „Pfeffersäcke". Die Zerstörung der Raubritterburgen und die Niederwerfung des Adels durch die Städte und die erstarkenden Landesherrn häuften sich im 15. Jahrhundert (z. B. Eroberung der Bramburg an der Weser oder Niederwerfung des märkischen Adels durch den Kurfürsten Friedrich I. von Hohenzollern). Die schon Ende des 13. Jahrhunderts durch Rudolf von Habsburg einsetzenden Bemühungen zur Erhaltung des Landfriedens durch Bekämpfung des in der ersten Blüte befindlichen Raubrittertums hatten keine langfristige Wirkung gehabt.

b) Rückgang und Umschichtung der Agrarproduktion

Der Rückgang der Bevölkerungszahl führte

— zu einer Reduzierung der Nachfrager und
— der Produzenten von Nahrungsmitteln.

Das *Ausmaß dieser verminderten Nachfrage und Produktion* läßt sich in etwa aus folgenden Einzelentwicklungen ablesen:

— Die *Zahl der Siedlungen ging* um etwa 40.000, d. h. fast ein Viertel (23 v.H.) *zurück* (W. Abel). Dieser Wüstungsvorgang ist eine der wichtigsten Erscheinungen des späten Mittelalters gewesen.

— Da die ländliche Bevölkerung sich um etwa ein Drittel verminderte, sind die *Produktionsmöglichkeiten* in der Landwirtschaft sogar *um noch mehr als 23 v.H. gesunken.*

— Die günstige Entwicklung der Handwerker- und der Lohneinkommen in den Städten, vgl. Abbildung 13, hatte zur Folge, daß die *Städte bald wieder ihre Einwohnerzahl* aus der Mitte des 14. Jahrhunderts *erreicht* hatten, und zwar durch einen sich gegenüber der Zeit vor 1350 verstärkenden Strom von Zuwanderern aus den Dörfern.

— Die durch diese *Abwanderung aus den Dörfern* (und damit auch aus der Landwirtschaft) bewirkte Verminderung der für die Nahrungsmittelproduktion verfügbaren Arbeitskräfte wird allerdings *manchmal überschätzt.*

Es ist zu bedenken, daß die städtische Bevölkerung zunächst kaum mehr als 10 v.H. der Gesamtbevölkerung ausgemacht hat, so daß rein rechnerisch die Bevölkerungsentwicklung in Westdeutschland folgendermaßen ausgesehen haben dürfte:

1350 = 640.000 in Städten und 5,76 Mill. in Dörfern
1430 = 385.000 in Städten und 3,85 Mill. in Dörfern (nur unter Berücksichtigung der Pestverluste, ohne Wanderungen)
1450 = 640.000 in Städten und 3,595 Mill. in Dörfern (d. h. ein Wiederauffüllen der Städte aus der geminderten Zahl der Dorfbewohner)

Die Relation von Dorfbewohnern zu Stadtbewohnern lag demnach bei etwa:

1350   100 zu 11,1
1430   100 zu 10,0
1450   100 zu 17,8

D. h. nach dieser Berechnung erhöhte sich der Anteil der städtischen Bevölkerung an der Gesamtbevölkerung von 10 v.H. (1350) auf 16 v.H. (1450). Nach einer Schätzung W. Abels – ausgehend von Zahlenangaben für 29 Städte – blieben die Einwohnerzahlen am Ende des späten Mittelalters in den Städten sogar um 15 bis 20 v.H. unter dem Stand der Vorpestzeit, so daß sich der Anteil der städtischen Bevölkerung an der Gesamtbevölkerung sogar nur von 10 auf 13 bis 13,5 v.H. erhöhte. Dementsprechend brauchte die für den Markt bereitgestellte Nahrungsmittelquote nur um 30 bis 35 v.H. anzuwachsen, die gesamte *Arbeitsproduktivität der Landwirtschaft* sogar nur *um weniger als 5 v.H.* (unter Berücksichtigung schon einer geringfügig günstigeren Nahrungsmittelversorgung als vor 1350).

– Ein langfristiger Mehrertrag von jährlich 5 v.H. ist zunächst in Beziehung zu setzen zu einem allgemeinen Bevölkerungswachstum von 33 v.H. und mehr innerhalb eines Jahrhunderts (z. B. 13. und 16. Jahrhundert), was immerhin auf eine wesentlich *stärkere Ausdehnungsmöglichkeit der Nahrungsmittelproduktion je Arbeitskraft als 5 v.H.* hinweist.

– Die *starken Schwankungen der Ernten* um durchschnittlich bis zu 40 v.H. zeigen eine sehr große Labilität der Nahrungsmittelversorgung überhaupt (und erklären die zahlreichen Hungerjahre). Eine Erhöhung des Nahrungsmittelbedarfes der Gesamtbevölke-

rung, umgerechnet auf je einen in der Landwirtschaft Beschäftigten, schob lediglich die Schwelle für das Auftreten von Hungerjahren geringfügig nach unten.

— Nachdem die Desorganisation der Pestjahre überwunden war und
die gesamtwirtschaftliche Entwicklung auf einem absolut, nicht
aber je Einwohner niedrigeren Niveau sich eingependelt hatte,
kam es auch in der *Landwirtschaft zu einem Umschichtungs-
prozeß*:

  — Der weniger fruchtbare Boden wurde aus der Nutzung als
  Ackerland herausgenommen, so daß die *Durchschnittserträge
  je Flächeneinheit gestiegen* sein dürften.

  — Die vor 1350 vorhandene unter- und kleinbäuerliche Schicht
  konnte mit vollen Bauernhöfen ausgestattet werden, so daß die
  als *Ackerland* genutzte Fläche *nicht so stark abnahm wie die
  ländliche Bevölkerung*.

— Da die *Preise für tierische und für gärtnerische Produkte nicht so
stark sanken* wie die Getreidepreise, sich die Realeinkommen der
städtischen Bevölkerung zudem verbesserten, wurde ein Teil der
Getreidenahrung durch eben diese Produkte ersetzt. Der Anteil
des Getreides, der wichtigsten Frucht des Ackerbaus, an der
Kalorienversorgung dürfte aber im Durchschnitt der gesamten
Bevölkerung auch jetzt noch mehr als die Hälfte betragen haben.
Ein Rückgang von etwa 70 auf 67 v.H. bedeutete aber bereits
eine Verminderung der Nachfrage je Einwohner um 4 v.H.

Insgesamt läßt sich feststellen,

— daß die gesamte *landwirtschaftliche Produktion nicht im gleichen
Maße zurückging wie die Bevölkerungszahl*, so daß die Agrarpreise – schon wegen der unelastischen Nachfrage nach Nahrungsmitteln – erheblich absinken mußten,

— daß darüber hinaus eine *Umschichtung der Agrarproduktion* stattfand, da aufgrund der gestiegenen Realeinkommen der städtischen Nachfrager superiore Güter (z. B. Fleisch; immerhin stieg
der Fleischverzehr im späten Mittelalter von weniger als 60 bis
70 kg auf mehr als 100 kg je Person und Jahr) stärker nachgefragt
wurden als inferiore Güter (z. B. Brot).

Wir können in der Entwicklung der *landwirtschaftlichen Produktion* daher *zwei Linien* erkennen:

— Die *Reduzierung der Ackerfläche* führte zu einem Ausscheiden der schlechteren Böden, d. h. zu einer *Steigerung der Ackererträge*, wobei die wichtigste auf dem Acker angebaute Pflanze das Getreide war.

— Die *frei werdenden Flächen* wurden den *allgemeinen Weiden* zugeschlagen (auch wenn sie teilweise mit Strauch und Baum bewuchsen) oder von den Grundherren für die eigene Viehhaltung genutzt. In beiden Fällen bestanden wechselseitige Beziehungen zwischen der Nutzung des wüsten, d. h. nicht mehr als Acker genutzten Landes, als Weide und der im Verhältnis zu den Getreidepreisen günstigeren Entwicklung der Fleischpreise.

Die Reduzierung der Bevölkerung um mehr als 33 v.H. führte bereits zu einer Erhöhung des jährlichen Anfalls an tierischen Produkten je Einwohner um 50 v.H. und mehr, zumal da die Tiere nicht von der Pest befallen wurden. Die Ausdehnung der Tierhaltung auf den wüsten Flächen erhöhte die Versorgung der Bevölkerung in dieser Hinsicht noch mehr.

Die *steigenden Löhne* in den Städten wie auf dem Lande *wirkten auf die landwirtschaftliche Produktion nur in geringem Maße*:

— Die *Zahl der Lohnabhängigen* war auf dem Lande, *in der Landwirtschaft, nicht sehr groß*, da die Mehrzahl der Bauernhöfe in erster Linie die Familienangehörigen als Arbeitskräfte einsetzte und die Eigenwirtschaften der Grundherren nur ausnahmsweise so weit ausgedehnt waren, daß in erheblicher Zahl Lohnarbeitskräfte vorhanden waren (Großbetriebe gab es insbesondere bei den auf Landwirtschaft ausgerichteten Orden, z. B. den Zisterziensern – hier aber zum überwiegenden Teil Arbeitsleistungen der Ordensbrüder – oder dem Deutschen Ritterorden).

— Bei der *Entlohnung der Gesindekräfte* stand die *naturale Entlohnung* (Nahrung, Kleidung, Wohnung) im Vordergrund, so daß Preisverschiebungen nur insoweit von Bedeutung waren, als hier nicht im landwirtschaftlichen Betrieb erzeugte Leistungen erworben werden mußten.

c) Die Wandlungen in der Agrarverfassung

Die *ländlichen Verhältnisse* änderten sich im Spätmittelalter *in Ost-und in Westdeutschland in sehr unterschiedlicher Weise.*
In Ostdeutschland kam es in dieser Zeit und in den folgenden Jahrhunderten (bis ins 18. Jahrhundert)

— zur *Ausbildung der Gutsherrschaft*
— verbunden mit der Verschärfung der bäuerlichen Abhängigkeit (Entstehung der *zweiten Leibeigenschaft*).

Die äußeren *Kennzeichen der Gutsherrschaft* waren:

— Entstehen einer *größeren Eigenwirtschaft* des Feudalherrn (bisher etwa das Doppelte bis Dreifache eines Bauernhofes, jetzt bis zu einer ganzen Dorfgemarkung umfassend).
— Eine vollständige oder weitgehende *territoriale Geschlossenheit* von Eigenwirtschaft und abhängigen Bauernwirtschaften.
— *Geschlossenheit der rechtlichen Beziehungen*, d. h. der Gutsherr war Grundherr, Gerichtsherr (häufig auf die niedere Gerichtsbarkeit beschränkt), Leibherr (soweit personenrechtliche Abhängigkeiten bestanden, d. h. am Ende der Entwicklung für etwa zwei Drittel der Bauern), unterste der landesherrlichen Instanzen, häufig auch noch kirchlicher Patronatsherr.

Entscheidender *Ansatzpunkt für* die Entstehung der *Gutsherrschaft* war die *Grundherrschaft:*

— Die persönliche Abhängigkeit (Leibherrschaft) entstand durch eine Beschränkung der Rechtsstellung der Bauern, ausgehend von den grundherrlichen Beziehungen (daher als dingliche Abhängigkeit bezeichnet).
— Die Gerichtsherrschaft folgte in den ostelbischen Gebieten der Grundherrschaft.
— Die landesherrlichen Aufgaben des Gutsherrn waren mit seiner grundherrlichen Stellung eng verbunden.

Man kann daher davon ausgehen, daß

— die Gutsherrschaft eine Sonderform der Grundherrschaft war
— und nicht ein aliud, eine andere, neben der Grundherrschaft entwickelte Form der Agrarverfassung.

Von der Villikation unterschied sich die Gutsherrschaft durch folgendes:
- Die Gutsherrschaft hatte das Prinzip des geschlossenen Territoriums.
- Die Berechtigungen der Villikationsherren an den Bauern waren weit gestreut.

Die Entstehung der Gutsherrschaft war ein *über mehrere Jahrhunderte gehender Prozeß*:

- Infolge der Pest gab es *ab der Mitte des 14. Jahrhunderts* einen starken Bevölkerungsrückgang, so daß landwirtschaftliche Nutzflächen wüst wurden. Dieses wüste Land fiel an die Grundherren zurück (Heimfallrecht).
- Die Zahl der Adels- (d. h. der grundherrlichen) Familien war ebenfalls zurückgegangen, so daß im Erbgang eine starke Bündelung von grundherrlichen Rechten stattfand. (Ein Bauer konnte nur einen Hof besitzen und bewirtschaften. Die Funktion des Grundherrn konnte über eine Vielzahl von besetzten oder unbesetzten Bauernhöfen ausgeübt werden.) Der Austausch zwischen den Berechtigten führte zu einer Geschlossenheit des Territoriums, einer wichtigen Voraussetzung für die Entstehung der Gutsherrschaft.
- *Ab etwa 1420/1430* begann die *Neubesiedlung* durch die sich langsam wieder vermehrende ländliche Bevölkerung. Während man in den vorhergehenden Jahrzehnten versucht hatte, durch *Beschränkung der bäuerlichen Freizügigkeit* die durch die Pest reduzierte Zahl der besetzten Hofstellen in Nutzung zu halten, versuchte man jetzt, neue Siedler für die wüst gewordenen Bauernstellen anzulocken. Für den Grundherrn war nur eine wirtschaftlich genutzte Fläche eine Einnahmequelle.
- *Ab etwa 1470/80* kam mit der Zunahme der Bevölkerung und damit der Nachfrage nach Nahrungsmitteln der *Anreiz* für die adligen Grundherren, ihre *Eigenwirtschaften auszudehnen*. Dies geschah zunächst unter Einbeziehung des noch *wüsten Landes* und *im 16. Jahrhundert auch durch Bauernlegen*, d. h. unter Einziehung von in Nutzung befindlichem Bauernland.

- Es gab *mehrere Ansatzpunkte für* die Entstehung der *Gutswirtschaften*:
  - Die Lokatorenhöfe, soweit die Lokatoren adlig waren oder es ihnen gelungen war, in den Adelsstand aufzusteigen.
  - Die Eigenhöfe des eingewanderten und des einheimischen Adels.

(Eine Unterscheidung zwischen diesen beiden Gruppen war aufgrund zahlreicher Heiraten nicht immer möglich.)
– Landesherrliche Eigenwirtschaften. (Auch die Landesherren entwikkelten in ihrem grundherrlichen Bereich Gutsherrschaft und Gutswirtschaft).
– Kirchliche, insbesondere klösterliche Eigenwirtschaften.
– Ganz oder teilweise wüst gewordene Bauerndörfer, indem der Grundherr auf den nicht von Bauern genutzten Flächen ein Vorwerk, einen Eigenbetrieb, einrichtete (sowohl im späten Mittelalter als auch nach dem Dreißigjährigen Krieg und bis zur Einführung des Bauernschutzes, z. B. in Preußen im 18. Jahrhundert, auch bei anderen Ereignissen zu finden – Kriege, Seuchen –), z. B. das königliche Vorwerk Eichen bei Pr. Eylau in Ostpreußen.

Nach einer Untersuchung für einen Teil der Mark Brandenburg (S. Korth, unveröffentlichte Dissertation, Göttingen 1952) stammten von 4.820 zu mittelmärkischen Großbetrieben um 1800 zählenden Hufen (= mehr als 70.000 ha):

26 v.H. aus der Kolonisationsperiode bis 1350,
28 v.H. aus im späten Mittelalter wüst gewordenen Bauernhufen,
19 v.H. aus im ausgehenden 16. Jahrhundert gelegten Bauernhöfen,
18 v.H. aus durch den Dreißigjährigen Krieg wüst gewordenen Bauernhufen,
 6 v.H. aus im ausgehenden 17. und im 18. Jahrhundert gelegten Bauernhöfen,
 2 v.H. aus Urbarmachungen im 18. Jahrhundert,
 1 v.H. ist ein nicht zuzuordnender Rest.

Diese Zahlen können nur die Größenordnung und Entwicklungstendenz für das Untersuchungsgebiet wiedergeben. Zuverlässige Zahlen für die gesamte Region fehlen. Einzelbeispiele (H. Harnisch) können nicht als Gegenbeweis dienen, da ihre Repräsentanz erst recht nicht nachweisbar ist.

– Für die Verwirklichung der *zweiten Leibeigenschaft* war der *Dienstbedarf* der Grundherren *von entscheidender Bedeutung.* Zunächst wurden die Dienste nicht erhöht, da nicht nur die Zahl der zu (geringen) Diensten verpflichteten Bauern sich durch die Pest verringert hatte, sondern auch die Zahl der empfangsberechtigten Adelsfamilien. Mit der Ausdehnung der grundherrlichen Eigenwirtschaften, verstärkt durch die Verminderung der Bauernzahl im 16. Jahrhundert mit Hilfe des Bauernlegens, stiegen die Dienstanforderungen. Die Entlohnung dieser Dienste erfolgte nach rechtlichen Gesichtspunkten durch die Überlassung der Nutzung an den Bauernhöfen bei niedrigen Agrarpreisen unter dem Marktwert. Sie wurde bei steigenden Agrarpreisen im 16.

Jahrhundert durch eine Ausdehnung der Dienste auf diesem niedrigen Niveau gehalten.

— Um *die Bauern* – zunächst weil Arbeitskräfte knapp waren, im 16. Jahrhundert weil die Belastungen zu hoch waren – *auf dem Hof zu halten*, wurde die *Freizügigkeit eingeschränkt*. Am Anfang war nur ein Ersatzmann zu stellen, eine in Anbetracht der Bevölkerungsverluste nicht zu erfüllende Forderung. Im 16. Jahrhundert war ein legales Entweichen nicht mehr möglich.

— Mit dieser Entwicklung wurde die nach Ansicht der Marxisten zu beobachtende *Wandlung von der Arbeitsrente über die Produktrente zur Geldrente* durch ein erneutes Übergehen zur Arbeitsrente *ergänzt*: Am Anfang dieser Entwicklung im frühen Mittelalter wurde Arbeitsrente gefordert, weil eine Überschußwirtschaft zur Produktion von naturalen Abgaben und ein nennenswertes Marktgeschehen zur Erlangung der Geldmittel noch nicht vorhanden waren. Jetzt wurde die Arbeitsrente wieder ausgebaut, weil die Gutswirtschaften für einen einträglichen Markt produzierten und man noch nicht oder nur in wenigen Ansätzen zur Lohnarbeit überging. Im Ergebnis waren die erste wie die zweite Leibeigenschaft eng verbunden mit einer Ausdehnung der Dienstleistungen, ein wichtiger Hinweis auf die Zusammenhänge.

In Westdeutschland war eine entsprechende Entwicklung nicht vorhanden:

— Hier war eine relative *Minderung der bäuerlichen Lasten* zu verzeichnen, da die Verbesserung der Flächen- und der Arbeitsproduktivität von den Grundherren usw. nur teilweise zur Erhöhung der Dienste und Abgaben ausgenutzt wurde.

— Zugleich wurden die *Besitzrechte verbessert*, indem aus einer faktischen Besitzfolge eine Art Gewohnheitsrecht sich entwickelte.

— Die durchschnittliche *Hofesgröße wuchs* zunächst mit dem Bevölkerungsrückgang durch die Pest.

— Im Rheinland verbesserte sich zwar nicht das Erbrecht, jedoch kam es zur *Entwicklung* von schuldrechtlichen *Pachtverhältnissen* statt der personalbestimmten grundherrlichen Nutzungsverhältnisse. Dieses neue System erwies sich als besonders günstig für die weitere Entwicklung der Produktion (entsprechende parallele Entwicklungen in den westlich angrenzenden Gebieten zwischen Amsterdam und Paris).

- Insgesamt *änderte sich* der am Ende des 15. Jahrhunderts erreichte Zustand *kaum noch* bis zum Ende des 18. Jahrhunderts. Man spricht zwar nur für Südwestdeutschland von der *versteinerten Grundherrschaft.* In Wirklichkeit waren auch in den anderen westdeutschen (westelbischen) Gebieten keine grundlegenden Änderungen mehr zu verzeichnen.

Schwierig ist die Frage nach den *Gründen für die unterschiedliche Entwicklung in Ost- und Westdeutschland* zu beantworten:

- Die Tatsache, daß es sich hierbei um eine *europäische Erscheinung* gehandelt hat (Osteuropa – Westeuropa) erleichtert die Antwort nicht.

- Die *stärkere Durchsetzung* Westdeutschlands *mit gewerblicher* (und städtischer) *Wirtschaft* läßt sich zwar feststellen. Ob hiervon aber entscheidende Impulse ausgegangen sind, läßt sich nicht nachweisen. Allenfalls lassen sich aus der Erstarkung der Städte im Verhältnis zu den Territorialherren „Freiheitsimpulse" vermuten.

- Die im allgemeinen *kleineren Territorien in Westdeutschland* können ebenfalls einen gewissen Anteil an der unterschiedlichen Entwicklung gehabt haben, weil damit ein geringeres Gegengewicht gegen die Ausbreitung der städtischen Freiheit bestanden hat. Insbesondere deutet die Ausbreitung des Verlagswesens auf Initiative von in den Städten ansässigen Personen (z. B. von Ulm oder von Augsburg ausgehend) darauf hin, daß die Städte die Verschärfung der bäuerlichen Abhängigkeit nicht geduldet hätten. Auch in Ostelbien war eine gewisse Kongruenz der Ausbreitung des Verlagswesens und der geringeren bäuerlichen Abhängigkeit zu beobachten (insbesondere im 16. Jahrhundert in den sächsischen und schlesischen Gebirgszonen).

- Die über Jahrhunderte gewachsenen *feudalherrlichen Abhängigkeiten Westdeutschlands* haben eine *unübersichtlichere Verflechtung* geschaffen als in dem mit planmäßigen Siedlungen überdeckten Ostdeutschland, so daß selbst bei einem erheblichen

Bevölkerungsrückgang in Westdeutschland die Entflechtung dieser Abhängigkeiten nur selten möglich war, jedenfalls nicht in dem Maße, daß eine Gutsherrschaft entstehen konnte.

– Die Kirche und die ihr zugeordneten Einrichtungen (Klöster, Stifte, Hospitäler usw.) behielten ihre grundherrlichen Berechtigungen und anderen Bodenrechte, auch wenn die Zahl der Priester, Konventsmitglieder usw. durch die Pest vermindert war. Hier fand keine Konzentration der Bodenrechte statt. Gerade in den Jahrhunderten bis zum Beginn der Ostkolonisation war aber dieser Bodenrechtskomplex erheblich ausgebaut worden und hatte einen größeren Anteil als in Ostdeutschland.

– Die *Bevölkerungsdichte* war in Westdeutschland wesentlich größer als in Ostdeutschland, so daß auch bei einer erheblichen Minderung durch die Pest noch eine Bevölkerung verblieb, die ausreichte, um einen großen Teil der bäuerlichen Siedlungen zu erhalten oder die Lücken aus den unterbäuerlichen Familien schnell wieder aufzufüllen. Die Zahl der durch Wüstungen verlorenen Siedlungen war dementsprechend geringer als in Ostdeutschland. Die bereits vorhandene unterbäuerliche Schicht bildete einen Puffer, der eine so starke Bevölkerungsverminderung, wie sie im 14. Jahrhundert eintrat, zu einem erheblichen Teil auffangen konnte.

d) Die Entstehung des ländlichen Verlagswesens

Im gewerblichen Bereich der vorindustriellen Zeit gab es *zwei Organisationsformen,* die *in größeren Mengen* ein relativ gleichwertiges Produkt für einen größeren Verbraucherkreis, d. h. vor allem für den Fernabsatz produzierten:

– Der *Verlag* zeichnete sich dadurch aus, daß der einzelne Produzent (der Verlegte) in seiner Werkstatt, in seinem Haus, das Produkt herstellte (*dezentralisierte Produktion*), während der Absatz zentralisiert durch den Verleger stattfand (manchmal auch die Beschaffung des Rohstoffes und die Weiterverarbeitung, wie z. B. das Färben oder Appretieren der Textilien).

– Die *Manufaktur* war eine *zentralisierte Produktionsstätte* der vorindustriellen Zeit, d. h. zahlreiche Beschäftigte waren in einem

Gebäude oder Gebäudekomplex tätig (vorindustrielle Fabrik). Beschaffung und Absatz waren ebenfalls zentralisiert in der Hand des Unternehmers.

– Die Verbindung beider Einrichtungen wird häufig dezentralisierte Manufaktur genannt.

Während die *Manufaktur* aufgrund der zentralisierten Produktion und der dadurch erforderlichen Zentralisierung der Wohnstätten für die Arbeitskräfte eine Einrichtung war, die *günstigere Bedingungen* (ein größeres Arbeitskräftereservoir) *in den Städten* fand, war der *Verlag* sowohl in Städten als auch *auf dem Lande* zu finden.

Ein weiterer Unterschied liegt in der *Hauptentstehungszeit*:

– Das *Verlagswesen* hatte seine erste Blüte in Deutschland *im späten Mittelalter* und weitete sich seither bis ins 19. Jahrhundert immer mehr aus.

– Das *Manufakturwesen* hatte seine Blütezeit im ausgehenden 17. und *im 18. Jahrhundert*.

Beide Organisationsformen der gewerblichen Produktion verloren ihre Bedeutung durch die Industrialisierung im 19. Jahrhundert.

Die ersten Anfänge einer dem späteren Verlagswesen entsprechenden Produktionsorganisation war bereits in den Villikationen des 9. Jahrhunderts zu finden:

– Teilweise wurden fertige Leinenstücke von den Villikationsherren gefordert. Die Bauern verarbeiteten den selbst angebauten Flachs (Spinnen und Weben) und lieferten diesen sog. Leinenzins ab.

– Seltener war die vom Villikationsherrn bezahlte Leinenproduktion, zumal da die Geldvorgänge in der Wirtschaft noch gering waren.

Mit der zunehmenden gewerblichen Entwicklung und der Entstehung eines größeren Marktes für gewerbliche Produkte, insbesondere der Absatzmöglichkeiten im Mittelmeerraum *seit dem 12. Jahrhundert* (zunächst durch die norditalienischen Städte erschlossen), begannen Fernhändler *in Südwestdeutschland,* die *ländliche Leinenproduktion*, die teilweise nur auf die häusliche Versorgung ausgerichtet war, in die eigene wirtschaftliche Tätigkeit einzuspannen. Für Konstanz läßt sich dabei etwa folgende Entwicklung nachweisen:

– Im 13. Jahrhundert waren Produktion und Handel bereits so weit entwickelt, daß an jedem Donnerstag und Freitag ein Leinwandmarkt stattfand, zu dem nur Kaufleute als Käufer zugelassen wurden.

– Im 14. Jahrhundert beherrschten die Kaufleute nicht nur die Absatz-, sondern auch die Rohstoffbezugswege, d. h. in diesem Jahrhundert war die Selbständigkeit der Leinenweber verschwunden. Sie waren in ein Verlagssystem eingeordnet.

– Zum Ende des 14. und für das 15. Jahrhundert läßt sich bereits eine erhebliche Textilherstellung in den ländlichen Bereichen um Konstanz nachweisen.

Konstanz wie die berühmter gewordenen Städte Südwestdeutschlands (Ravensburg, Ulm, Augsburg) verdankten vor allem im 15. Jahrhundert ihren wirtschaftlichen Aufschwung

– den städtischen Gewerben und

– der Einbeziehung des umliegenden Landes in die Textilproduktion.

Die *wirtschaftlichen Bedingungen* des späten Mittelalters waren gerade *für die Ausbreitung des Verlagswesens* auf dem Lande sehr *günstig*:

– Die *steigenden Einkommen* in den Städten fast aller Gebiete Europas führten zu einer ständigen *Zunahme der Nachfrage nach gewerblichen Gütern*, und dazu zählten in erster Linie Textilien (Kleidung, Haushaltstextilien). Immerhin gehörte mehr als die Hälfte der gewerblichen Produktion nach dem Wert gemessen in vorindustrieller Zeit zum Textil- und Bekleidungsbereich. Bei den überregional gehandelten Gütern ergab sich sogar ein noch größerer Anteil.

– Die *steigenden Preise* für gewerbliche Produkte und auch für Textilien

   – waren *Ausdruck dieser steigenden Nachfrage* und

   – zeigten die sich *verbessernden Gewinn- und Einkommensmöglichkeiten*.

– Die *hohen Löhne* in den Städten, die im Verhältnis zu den gewerblichen Produktpreisen sogar noch mehr gestiegen waren, regten die Fernhändler dazu an, preisgünstigere Produktionsbedingungen auszunutzen.

– *Auf dem Lande* waren die Löhne für Tagelöhner und Gesindekräfte zwar auch hoch, teilweise sogar noch höher als in den Städten. Jedoch standen hier die sonst hauptsächlich mit der Landwirtschaft verbundenen Familien zur Verfügung, die nur zu bestimmten Jahreszeiten (Saatzeit, Erntezeit) von ihren Höfen voll beansprucht wurden, im übrigen aber *überschüssige Arbeitskräfte* hatten, die durch die Herstellung von Textilien für den eigenen Bedarf auch schon mit der Produktionstechnik vertraut waren.

Allgemein läßt sich feststellen, daß die nebenerwerbliche und nebengewerbliche Tätigkeit im landwirtschaftlichen Sektor in der vorindustriellen Zeit stark verbreitet war, und zwar aus folgenden Gründen:

- Die Vergütungen für Arbeitsleistungen konnten im ländlichen Verlagswesen niedriger sein als in dem städtischen:
  - Bei der Übervölkerung und dadurch bestehender Bodenknappheit nahm die unter- und kleinbäuerliche Schicht in den Dörfern sehr stark zu (16. und 18. Jahrhundert), d. h. es standen Arbeitskräfte zur Verfügung, die dringend auf zusätzliche Einkommensmöglichkeiten angewiesen waren.
  - Bei einem Bevölkerungsrückgang (Pestjahre des späten Mittelalters, aber auch der Dreißigjährige Krieg) fielen die Agrarpreise, so daß die bäuerliche Bevölkerung auf eine Verbesserung der Agrareinkommen angewiesen war. Die unter- und kleinbäuerliche Bevölkerung verminderte sich durch Abwanderung in die Städte oder durch Übernahme von Bauernhöfen.
  - In beiden Fällen war die nebenerwerbliche Tätigkeit auch deshalb besonders günstig, weil nicht voll arbeitsfähige Personen (Kinder, alte Leute) zum Familieneinkommen beitragen konnten (meistens durch Garnherstellung im Textilbereich).
- Die Landwirtschaft kannte eine sehr ausgeprägte saisonale Unterbeschäftigung, so daß auch in der Regel während eines Jahres längere Zeiträume für eine gewerbliche Nebenbeschäftigung ausgenutzt werden konnten.
- Die Produktionskosten waren auf dem Lande aus verschiedenen Gründen günstiger:
  - Der Grundbedarf an Nahrungsmitteln wurde selbst bei unterbäuerlichen Familien zum überwiegenden Teil von den kleinen Nutzflächen geerntet, so daß die Arbeitslöhne für die gewerblichen Leistungen niedriger als in der Stadt liegen konnten, wo man fast sämtliche Nahrungsmittel aus diesen Einkommen erwerben mußte.
  - Die Produktionsräume verursachten ebenfalls nur niedrige oder gar keine Kosten, da die Textilherstellung – auch die Aufstellung der Webstühle – in der Wohnung (Stube) erfolgte.
  - Die Herstellung von Flachsprodukten war auf dem Lande kostengünstiger, da bereits auf nur etwa 2 ha jährlicher Anbaufläche genügend Flachs geerntet werden konnte, um mehr als zwei Voll- oder ein entsprechendes Äquivalent von Teilarbeitskräften über ein ganzes Jahr mit der Herstellung von Leinwand beschäftigen zu können. Woll- und Baumwollprodukte konnten teilweise (Wolle) oder gänzlich (Baumwolle) nur bei Beschaffung der Rohstoffe durch Dritte hergestellt werden. Diese beiden Gewerbezweige waren daher auf dem Lande weniger verbreitet.

Für den *Verleger*, den Organisator des Verlagswesens, waren die wichtigsten *Funktionen*:

- Teilweise die *Beschaffung der Rohstoffe* (Flachs bei zu geringer Nutzfläche je Verlegtem; Wolle bei der Mehrzahl der klein- und unterbäuerlichen Stätten, ja sogar bei größeren Bauern, da die Wolle von etwa 80 bis 100 Schafen für die Arbeitskapazität einer Familie mit 2,2 Arbeitskräften erforderlich war; Baumwolle durch Einfuhren aus Südeuropa).

- *Organisation des Absatzes,* insbesondere weil dieser bei einer auf größere Serien und Partien ausgerichteten Produktion lediglich als überregionaler Absatz erfolgreich sein konnte.

- Die *Zwischenfinanzierung*, d. h. die Vorfinanzierung der Rohstoffkäufe und meistens auch die Bezahlung der von den Verlegten geleisteten Arbeit, bevor das Produkt endgültig verkauft war.

Die Stellung der Verleger wurde noch dadurch gestärkt, daß die gewerblichen Produzenten in den Dörfern meistens aufgrund der Bannmeile vom Markt der Stadt ferngehalten wurden, so daß die *Schlüsselstellung der Verleger* nicht nur eine *wirtschaftliche,* sondern auch eine *rechtlich* abgesicherte war.

Manchmal wird in der neueren Literatur innerhalb dessen, was hier als Verlagssystem und Verlagswesen bezeichnet worden ist, zwischen (a) Verlagssystem und (b) Kaufsystem unterschieden. Unterscheidungsmerkmal soll dabei sein, ob etwas „vorgelegt" wurde im Sinne von Gewähren eines Geld- oder Warenkredites, wobei dann aus diesem „Vorgelegten" oder bei einem Geldkredit dem damit Erworbenen das zu leistende Produkt hergestellt wird, oder ob der Produzent die Ware an den Händler verkauft, d. h. selbst bestimmen kann, wem er die Ware gibt. Dabei wird aber übersehen, daß auch innerhalb eines Kaufvertrages ein Vorschuß an Waren oder Geld vereinbart werden kann und daß außerdem die rechtlichen Beziehungen zwischen Produzenten und Händler noch viel unterschiedlicher gestaltet werden können, so daß letztlich mit der genannten Unterscheidung hinsichtlich der tatsächlichen Verhältnisse keine zusätzliche Klarheit gewonnen werden kann und hinsichtlich der rechtlichen Seite nur ein kleiner Teil und dieser auch noch unsystematisch beachtet worden ist.

Im 15. Jahrhundert war das *Verlagswesen* lediglich in *Südwestdeutschland* bereits weit auf das Land vorgedrungen. Augsburg, Ulm, Straßburg und das Bodenseegebiet (nördlich und südlich) waren in etwa die äußeren Grenzen. Dabei lag das Bodenseegebiet mit St. Gallen, Konstanz und Ravensburg hinsichtlich der zeitlichen und der quantitativen Einordnung an der Spitze, und zwar aus zwei Gründen:

– Auch wenn bereits lange vor dem 15. Jahrhundert im Villikationssystem und in der städtischen Textilherstellung Vorbilder bestanden haben, so waren doch gerade für die systematische Einordnung des ländlichen Bereiches die mit einer entsprechenden,
  seit dem 12. Jahrhundert in Italien bestehenden Einrichtung
  gemachten Erfahrungen von großer Bedeutung. So hatte z. B.
  Florenz schon im 12. Jahrhundert ein leistungsstarkes Verlags-
  gewerbe, im Unterschied zu den genannten Anfängen in Deutschland jedoch als Wollgewerbe innerhalb der Stadt.

– Die Absatzwege des anfangs das ländliche Verlagswesen beherrschenden Leinen führten in den Mittelmeerraum. Auch die seit
  dem ausgehenden 14. und beginnenden 15. Jahrhundert in der
  Gegend von Ulm, Memmingen und Biberach bald stark vertretene
  Barchentproduktion (ein Gewebe aus Leinengarn – Schuß – und
  Baumwollgarn – Kette –) war durch die Rohstofflieferung (Baumwolle) und durch den Absatz auf das Mittelmeergebiet ausgerichtet.

Damit war in Südwestdeutschland eine zusätzliche Einkommensmöglichkeit entstanden, die in ihrer Ausbreitung in vielen Teilen
Deutschlands bis ins 19. Jahrhundert entscheidend für die ländlichen
Einkommensverhältnisse und damit auch für die Entwicklung ganzer
Gebiete geworden ist. Das mehr auf die Tuchproduktion (Wolle)
ausgerichtete Rheinland (z. B. Köln) hatte die Dörfer nur in gerin-
gem Maß einbezogen, während in den Niederlanden seit dem 14.
Jahrhundert die Tuchherstellung für den Export, im Verlagswesen
organisiert, sich auch auf dem Lande stark verbreitete (J. A. van
Houtte).

Die ersten Anfänge einer Ausbreitung des Leinengewerbes in den
Dörfern und Stadtrandgebieten des Rheinlandes lassen sich vor allem
für das Bergische Land seit der Mitte des 15. Jahrhunderts nachweisen. Damit war bis um 1470 ein zweites Gebiet Deutschlands in
die ländliche Textilproduktion einbezogen.

Das Verlagswesen war aufgrund der dezentralen Produktion und wegen der
damit fehlenden Möglichkeit des direkten Kontaktes zwischen Produzenten
und Endverbraucher, vor allem für die Produktion von Waren in großer,
relativ gleichförmiger Menge geeignet. Diese Ausrichtung auf Massenproduktion ist seit einiger Zeit der Anlaß dafür, die Ausbreitung des Verlagswe-

sens als Protoindustrialisierung zu bezeichnen, obgleich das wichtigste Merkmal der Industrialisierung fehlte, nämlich die Ersetzung von Handarbeit durch Maschinenarbeit.

3. Städtische Unabhängigkeit und wirtschaftlicher Aufschwung

a) Die Entwicklung der Gewerbe

Für die Entwicklung der *gewerblichen Wirtschaft* im späten Mittelalter war folgendes *von entscheidender Bedeutung*:

— Der *Rückgang der Agrarpreise vergrößerte in den Städten*, insbesondere bei den Beziehern von Geldlohn, den freien Betrag für den *Kauf gewerblicher Produkte*, zumal da von der Mitte des 14. bis zum Anfang des 15. Jahrhunderts ein Anstieg der Löhne (auch in Edelmetallmengen gemessen) eintrat.

— Der *Rückgang der Agrarpreise verminderte* die Einkommen der Landwirtschaft (Arbeitseinkommen der Bauern, Renteneinkommen der Feudalherren) und damit die *Nachfrage* dieser mehr als 80 v.H. der Gesamtbevölkerung umfassenden Personengruppe. Manche Autoren glauben hieraus ableiten zu können, daß die Nachfrage nach gewerblichen Produkten mehr beeinträchtigt wurde, als die Reallohnsteigerung in den Städten ausgleichen konnte, so daß das späte Mittelalter nicht nur eine Krisenzeit für die Landwirtschaft, sondern auch für die gewerbliche Wirtschaft gewesen sei. Bei solchen Überlegungen wird meistens der geldtheoretische Aspekt zu wenig beachtet. Die für Nahrungsmittel weniger aufgewendeten Mittel kamen – nur um einen möglichen Sparbetrag gemindert – dem sekundären und dem tertiären Sektor zugute (während die Landwirtschaft bei sinkenden Erlösen ihre Sparneigung vermindert haben wird).

— Die *Produktionskapazitäten der Städte* wurden *zunächst* aufgrund der Bevölkerungsverluste *verringert* und erst langsam *wieder* durch eine Zuwanderung vom Lande *ausgeglichen*.

— Da *durch die Pest* nur die Menschen dahingerafft wurden, der Kapitalbestand (Häuser, Haushaltsgegenstände, Werkzeuge, Edelmetall als Geld und Schmuckgegenstände) aber erhalten blieb, war eine *bessere Sachmittelausstattung* der städtischen (und auch der dörflichen) Einwohner gegeben, was die Nachfrage nach Gegenständen des täglichen Bedarfs aus der gewerblichen Produktion zunächst nicht positiv beeinflußte. Die Hersteller von Luxusgegenständen profitierten von der besseren Geldausstattung in starkem Maße.

— Die Bevölkerungsverminderung um mehr als 33 v.H. ließ bei etwa gleichbleibender Geld- (Edelmetall-) Menge einen erheblichen Nachfrageüberhang entstehen, was aber nicht zu einer allgemeinen Teuerung führte. Gebrauchsgegenstände stiegen zunächst kaum *im Preis*, während *Güter des gehobenen Bedarfes*, insbesondere auch Luxusgüter, erheblich *anzogen*.

Im Ergebnis kann man also von einer *Blüte der städtischen Wirtschaft* im späten Mittelalter sprechen, und zwar nicht nur im Vergleich zur Landwirtschaft, die sich in einer Krise befand, sondern auch unabhängig hiervon. Zu *unterscheiden* ist dabei aber

— *zwischen einzelnen Gewerbezweigen*, da diese unterschiedlich von der mit der Verbesserung der Einkommenslage veränderten Nachfragestruktur beeinflußt wurden,

— *zwischen Handel und Gewerbe*, da der Fernhandel aufgrund seiner Schlüsselstellung im Warenaustausch zwischen weit voneinander entfernt wohnenden Produzenten und Verbrauchern eine günstige Möglichkeit hatte, die Preise nach seinen Wünschen zu gestalten, jedenfalls soweit nicht durch Konkurrenzverhältnisse auch hier Grenzen gezogen waren, ferner

— *zwischen den sozialen Schichten*, da die selbständigen Handwerker nur dort von den steigenden Preisen für Gewerbeprodukte voll profitieren konnten, wo sie nicht über eine Fremdarbeitsverfassung durch die kräftigeren Lohnsteigerungen einen erheblichen Teil des zusätzlichen Gewinns auf die Gesellen übertragen mußten. Untersuchungen über die Relation zwischen Meistern und Gesellen im späten Mittelalter gibt es bisher nicht, insbesondere auch nicht über die Entwicklung dieser Relation, so daß nicht gesagt werden kann, ob die Zahl der Meister stärker zunahm als die der Gesellen.

Positiv wurde die wirtschaftliche Entwicklung des städtischen Gewerbes auch durch die *technischen Neuerungen* beeinflußt:

– Allgemein wurde die Differenzierung und damit die *Spezialisie-rung des Handwerks* gefördert, so daß schon dadurch erhebliche Produktivitätsverbesserungen eintraten.

– *Technische Neuerungen* waren vor allem *im Metall- und im Textil-bereich* zu finden, d. h. in den beiden wichtigsten Gewerbe-zweigen, die zusammen etwa zwei Drittel aller im Gewerbe (sekundären Sektor) Beschäftigten umfaßten:

  – Im Metallgewerbe waren es:
    (a) Die Drahtherstellung durch Ziehen (seit dem 14. Jahrhundert) statt des bisherigen Schmiedens.
    (b) Das Verzinnen des Eisens, um es gegen Rost zu schützen und damit die Haltbarkeit zu verbessern.
    (c) Ausnutzung der Wasserkraft für Hammerwerke, für Gebläse usw.
    (d) Einsatz von Hochöfen mit Holzkohle betrieben.
    (e) Herstellung von Feilen mit Hilfe der Feilenhauerei.
  – Im Textilgewerbe waren es:
    (a) Verbesserung der Technik in den Walkemühlen.
    (b) Einführung und Verbreitung des Handspinnrades mit Tretantrieb.

b) Der Bergbau

Mit dem Aufschwung der gewerblichen Wirtschaft war eng eine *Blütezeit des Bergbaus* verbunden. Die Anfänge lagen schon weit zurück. Im Vordergrund stand im Altertum und im frühen Mittel-alter in Mitteleuropa die Förderung von *Metallerzen* zur Schaffung von *Gebrauchsgegenständen*:

– Eisen wurde an zahlreichen Stellen der Mittelgebirge, aber auch in den Sümpfen der norddeutschen Tiefebene gewonnen (Raseneisenerz). Die Verarbeitung erfolgte meistens an Ort und Stelle. Der Schmied hatte bei den Germanen (vgl. die germanischen Sagen) und auch in den Villikati-onen des frühen Mittelalters ein besonderes Ansehen.

– Seit der Mitte des 12. Jahrhunderts, d. h. parallel und in enger Wechsel-wirkung zur Städteentwicklung erhielt der Eisenerzbergbau neue Impulse. Dies läßt sich z. B. auch an der Verwendung von Eisenschlackensteinen als Baumaterial nachweisen (z. B. für das Schloß von Waldenburg in Sachsen, Bauzeit zwischen 1165 und 1172).

In *vier Gebieten* konzentrierte sich der überwiegende Teil der *Eisen-produktion* im späten Mittelalter:

– Die *rheinischen Gebirgszonen* zwischen Bingen und Düsseldorf beiderseits des Rheins, vom Sauerland bis in die Ardennen. Die Verarbeitung des Eisens geschah in zahlreichen Städten Flanderns und des Rheinlandes, insbesondere auch in *Köln*.

- Die *sächsischen Gebirgszonen* mit zahlreichen Eisenhämmern in Lauenstein (1340), Erlahammer (1380), Berggießhübel (1441), Naundorf bei Schmiedeberg (1404), Schmiedeberg (1418), Glashütte (1443).
- Die *Oberpfalz* mit dem Absatz zu den Verarbeitungsgebieten in *Nürnberg* und im Donauraum.
- Der *Südrand der östlichen Alpen* (Kärnten und Steiermark) mit dem Absatz in den *oberitalienischen Städten*. Nördlich der Alpen in *Oberösterreich (Steyr)*.

Weitere wichtige Bergbauzweige waren:

- Die *Zinnproduktion*, vor allem in Obersachsen (wo aber um 1470 auch erst etwa 10 t/Jahr, d. h. weniger als Silber erzeugt wurde),
- die *Zinkproduktion* im *Aachener* Raum als Ansatzpunkt für die Messingherstellung (Zink und Kupfer),
- die *Kupferproduktion*, die in Deutschland ihre Zentren im *Mansfelder* Gebiet am Ostharz hatte (Ergänzung durch Einfuhren aus dem slowakischen Gebiet, meistens über Krakau-Danzig oder über Schlesien-Sachsen gehandelt, und aus Schweden),
- die *Kohleproduktion* war nur an wenigen Stellen möglich, da man noch nicht in größere Tiefen vordringen konnte: Zwickau, Ruhrgebiet und Aachener Becken waren Steinkohleförderungsgebiete. Braunkohle, die man (im Gegensatz zur Holzkohle) ebenfalls Steinkohle nannte, wurde bis ins 18. Jahrhundert nur an wenigen Stellen gefunden und abgebaut. Kohle hatte nur lokale Bedeutung. Sie wurde nicht über weite Strecken gehandelt.

Ein wichtiger, aber hinsichtlich seiner wirtschaftlichen Bedeutung sicher erst hinter der Eisenerzeugung einzuordnender Zweig war der *Edelmetallbergbau*, insbesondere die Silbergewinnung. Hauptproduktionsgebiete waren:

- Das Gebirge zwischen Böhmen und (Ober-)Sachsen, ferner
- Kuttenberg (ab 1237), östlich von Prag gelegen.
- Der Harz, und zwar in erster Linie der Rammelsberg bei Goslar.
- Die Gebiete am Südhang der Alpen (Tirol, Steiermark und Kärnten) seit dem 10. Jahrhundert.
- Einige süddeutsche Fundstellen, z. B. auch Lebertal (Elsaß), Maasmünster.

In Goslar sind die ersten Silberfunde um 970 zu belegen. Zwar wurde auch aus diesem Grunde die Pfalz des Königs bald von Werla nach Goslar verlegt. Jedoch war die Ausbeute der Goslarer Gruben sehr gering. Im 11. und 12. Jahrhundert wurden jährlich weniger als 1,5 t Ag gewonnen. Zuvor und ab dem 13. Jahrhundert waren es weniger als 0,5 t.

Auch die Funde in den Alpengebieten und in Süddeutschland waren bis ins 15. Jahrhundert sehr gering. Die gesamte Produktion um 1450 schätzt man in Mitteleuropa auf etwa 20 t, davon kam der größte Teil aus Böhmen und aus Sachsen. Dabei ist jedoch zu berücksichtigen, daß der erste Höhepunkt der Silbererzeugung im 14. Jahrhundert lag.

Der *Rückgang der Silbererzeugung von der Mitte des 14. Jahrhunderts* bis etwa 1470 hatte mehrere Gründe:

– Die *Bevölkerungsverluste* durch die Pest hatten auch die Zahl der verfügbaren *Arbeitskräfte verringert.*
– Aufgrund der steigenden Löhne wurden viele Gruben unrentabel.
   Der Anteil der Löhne an den Produktionswerten hatte zunächst bei vielen Gruben bei 60 bis 70 v.H. gelegen (30 bis 40 v.H. waren sachliche Ausgaben, Gewinne der Unternehmer und Entgelt für die Erlangung des Berg-Regals; in nicht wenigen Fällen lag der zuletzt genannte Betrag, zusammen mit dem Schlagschatz, der der landesherrlichen Kasse zufloß, bei etwa 25 v.H.). In Edelmetallmengen ausgedrückt stiegen die Löhne von 1340/1350 um 1400 um 60 v.H. und fielen danach nur sehr langsam (vgl. Abbildung 13), so daß eine Produktion nur in den Bergbaugebieten noch lohnend war, die in Silberanteilen weniger als 60 v.H. des Produktionsergebnisses an die Bergleute als Lohn entrichten mußten. Die Abwanderung dieser Bergleute in die übrigen Bergbaugebiete (Eisen, Zinn usw.) war eine Möglichkeit zur Erhaltung der Einkommen, zumal da dort aufgrund der Blüte der städtischen Wirtschaft und der ebenfalls nach oben gerichteten Entwicklung der sonstigen Metallpreise ein Anreiz bestand, die Produktion nicht im gleichen Maße zurückgehen zu lassen wie die Bevölkerungszahl sich durch die Pest verringert hatte.

– Ein weiterer wichtiger Punkt war die Erschöpfung der leicht zugänglichen Lagerstätten, so daß nur mit zusätzlichem Arbeitsaufwand und unter Einsatz neuer Techniken (Wasserregulierung) das Produktionsvolumen hätte gehalten werden können.

Man schätzt, daß *bis 1470 in* ganz *Europa* etwa *5.000 t Ag* oder die äquivalente Goldmenge zur Verfügung stand:

– Für die Prägung von *Münzen* (das wichtigste Geld).
– Für die Herstellung von *Schmuck*, von weltlichen und kirchlichen Gegenständen.

Problematisch und zugleich die Ausdehnung des Bergbaus hemmend war die *Bergwerkstechnik*. Von Bedeutung waren hier vor allem folgende Punkte:

- Die *Wasserverhältnisse* waren ohne Pumpen nur sehr schwer zu regulieren:

  - Am weitesten war noch der Bergbau in offenen *Gruben* verbreitet, d. h. entsprechend dem heutigen Tagebau wurden die nicht benutzbaren Materialien über den Fundstätten abgeräumt. Diese Methode war z. B. in den rheinischen Mittelgebirgen weit verbreitet und teilweise auch im Silberbergbau. Eine Beseitigung von Wasser (Sickerwasser oder Regen) war hier nur möglich, wenn in der Nähe tiefere Stellen lagen, zu denen hin entwässert werden konnte.

  - Weit verbreitet war auch der *Stollenbau*. Hierbei wurden waagerechte Gänge in den Berg getrieben (eigentlicher „Bergbau"). Das Entwässerungsproblem wurde dadurch gelöst, daß die Stollen ein geringfügiges Gefälle zur Öffnung hin hatten. Der Abbau war damit aber innerhalb des Berges ebenfalls nur bis zum tiefsten äußeren Niveau möglich.

  - Der *Schachtbau,* d. h. das Ausgraben einer senkrechten Röhre in die Tiefe, konnte nur dort betrieben werden, wo man die Entwässerung durch einen waagerechten Stollen – u. U. über mehrere Kilometer Entfernung angelegt – regeln konnte.

  Erst an der Wende zum 19. Jahrhundert wurden die teilweise eingesetzten Schöpfwerke im deutschen Bergbau nach und nach durch Pumpen ersetzt. Die hier geschilderten Bedingungen galten daher in etwa für die gesamte vorindustrielle Zeit.

- Die *Fördertechnik* war ein ebenfalls den Bergbau begrenzender Faktor (wobei man auch die Wasserhaltung als einen Teil der (Wasser-)Förderung ansehen kann). Solange die Bergleute und das Fördergut mit menschlicher Kraft bewegt werden mußten, gab es ein hiervon abhängiges Kapazitätsproblem. Wasserkraft und Göpelbetrieb gehörten bis auf Ausnahmen der nächsten Periode ab 1470 an. Sie erleichterten die Arbeit des Bergmannes sehr. Das gleiche gilt für Wagen, die auf Holzschienen den Transport unter Tage erheblich verbesserten (Vorläufer der Eisenbahn).

- Die *Abstützung der Gruben, Stollen und Schächte* war ein weiteres Problem, das nur bei Anwendung großer Sorgfalt und unter Aufwendung erheblicher Kosten gelöst werden konnte.

Die Berichte über Bergunfälle aus dem Mittelalter sind zahlreich. Die Unfälle, die vor allem auch bei einer schlechten Abstützung passierten, waren dabei in ihrem Ausmaß noch unbedeutend, d. h. die Zahl der betroffenen Bergleute war meistens gering. Verheerend konnte sich aber ein Wassereinbruch auswirken. So sollen, z. B. in dem Bergwerk Oberzeiring (Niedere Tauern) im 14. Jahrhundert bei einem Wassereinbruch 1.400 Bergknappen ertrunken sein. Offensichtlich war eine starke Wasserader plötzlich angeschlagen worden, so daß den Bergleuten keine Möglichkeit mehr zur Flucht blieb. Wie stark diese Wasserader gewesen sein muß, ergibt sich daraus, daß man über mehrere Jahrhunderte immer wieder vergeblich versucht hat, das Bergwerk trockenzulegen.

Die eigentliche Abbautechnik war entsprechend der vorherrschenden Handarbeit ebenfalls sehr einfach und arbeitsintensiv. Hammer (Schlägel) und Meißel waren die wichtigsten Werkzeuge; der den Meißel immer wieder schärfende Schmied war der wichtigste Handwerker des Bergbaus.

Die Bedeutung des Bergbaus für die gesamte Wirtschaft lag in der Produktion der für die Geräteausstattung wichtigen Rohstoffe. Als Einkommensquelle trat der Bergbau weit hinter die sonstigen Wirtschaftszweige zurück. Die Gesamtzahl der Beschäftigten dürfte kaum die Zahl von 30.000 überschritten (d. h. weniger als 0,5 v.H. aller Beschäftigten umfaßt) haben. Sie hat vielleicht sogar niedriger gelegen, wenn man bedenkt, daß am Ende des 18. Jahrhunderts nach zahlreichen Statistiken eine Anzahl von etwa 40.000 Bergleuten in Deutschland errechnet werden kann.

c) Der Handel

Die zentrale Stellung der Fernhändler

Der Handel war die wichtigste Quelle der wirtschaftlichen Macht der Städte. Die diesem Handel am engsten verbundenen Fernhändler waren damit die für die Entwicklung der städtischen Wirtschaft wichtigste Personengruppe. Im einzelnen beruhte diese Tatsache auf folgendem:

– Die über die Ackerbürgerstädte hinauswachsenden Städte brauchten bald einen über die Bannmeile hinausgehenden Handel. Der einzelne Produzent in der Stadt (Tuchmacher, Metallverarbeiter usw.) konnte sich nicht um den Verkauf seiner Waren in Orten kümmern, die in größerer Entfernung als eine Tagereise lagen.

- Der Fernhändler hatte die Möglichkeit, die in der Ferne abzu-
setzenden Waren aus verschiedenen Quellen zusammenzufassen,
zu bündeln, um so den Transport und den Handel kostengünstiger
zu organisieren.
- Zugleich waren die Fernhändler Beschaffer der Fertigwaren
fremder Produzenten, der Rohstoffe und der Nahrungsmittel.
- Für das Transportgewerbe (Fuhrleute, Schiffer, Verladearbeiter
usw.) waren sie die wichtigsten Arbeitgeber, d. h. für mehr als
10 v.H. aller in den Städten wohnenden Menschen.
- Indirekt waren auch die auf den örtlichen Markt ausgerichteten
Anbieter (Handwerker usw.) von den Fernhändlern abhängig, da
die Einkommen eines großen Teiles der Kundschaft vom Blühen
des Handels abgeleitet waren.
- Die städtischen Einnahmen und damit die finanzielle Absicherung
der städtischen Macht (Befestigung der Stadt, Bezahlung von
Söldnern usw.) wurden in überproportionalem Maße von den
Fernhändlern getragen.

Aus diesen wenigen Punkten wird deutlich, welche *zentrale Funktion*
die *Fernhändler* wenigstens für die *größeren Städte* hatten. Das damit
verbundene Ansehen und die gegenüber der Mehrzahl der übrigen
städtischen Einwohner auch günstigere Ausstattung mit materiellen
Mitteln bot zugleich Ansatzpunkte für soziale Konflikte, zumal da
die Fernhändler als Angehörige der Patrizierschicht in den meisten
größeren Städten den Rat und damit die städtische Politik entscheidend beeinflußten.

Die Entwicklung des Handels in Süddeutschland

Die *Entwicklung des Handels* in Süddeutschland stand in enger
Beziehung zu

- dem *allgemeinen Aufschwung der gewerblichen Wirtschaft* (vgl.
Abbildung 9, aus der sich die Konzentration der Geld- und damit
der Handelsvorgänge um und mit dem gewerblichen Sektor ergibt),
- der *Intensivierung der Handelsbeziehungen* zwischen verschiedenen Regionen, insbesondere zum *Mittelmeergebiet* und zu *Osteuropa*.

Dies bedeutete

- eine *Ausdehnung des Handelsvolumens* (und eine Zunahme der Zahl der im Fernhandel Beschäftigten),
- eine stärkere *Auffächerung nach Warenarten und nach* in den einzelnen Handelsstrom einbezogenen *Orten*.

Die Entwicklung des *Handels* in Süddeutschland wurde noch durch Veränderungen im *Messewesen* positiv *beeinflußt*:

- Wichtige *Messen* (Verkaufs-, keine Mustermessen) waren *bis ins 12. Jahrhundert* in *St. Denis* und in *Paris*.
- *Seit dem 12. Jahrhundert* fand eine Verlagerung dieser Messen in die *Champagne* statt. Lagny, Provins, Troyes und Bar-sur-Aube waren die wichtigsten Orte. Ein bodenständiger Handel entwickelte sich hier nicht. Diese Städte wurden von zahlreichen fremden Kaufleuten besucht, vermutlich aufgrund der günstigen geographischen Lage am Südrand des bereits weit entwickelten Gebietes zwischen Paris, Brügge und Köln; nach anderer Ansicht aber auch, weil die Grafschaft Champagne politisch unabhängig von Frankreich war (J. Kulischer). Hier trafen sich die Händler aus Italien, aus anderen Ländern des Mittelmeergebietes, aus Süddeutschland und aus den Niederlanden.
- Die Champagne-Messen wurden *seit dem 13. Jahrhundert und* vor allem *im 14. Jahrhundert* ergänzt und *beeinträchtigt* durch neue Messeorte:
  - *Chalon-sur-Saône* trat im 13. und 14. Jahrhundert als Konkurrent auf.
  - Im 14. und 15. Jahrhundert zog *Genf* einen Teil des Messehandels an sich.
  - Ab etwa 1460/1470 wurde Genf wiederum durch *Lyon* zurückgedrängt.
  - *Frankfurt/Main* mit einer Blütezeit im 15. und 16. Jahrhundert.
- *Wichtiger* als die Konkurrenz anderer Messeorte scheint aber der *Wandel im gesamten innereuropäischen Handel* gewesen zu sein:
  - Kulischer hebt hervor, daß seit dem 14. Jahrhundert ein „regelmäßiger Galeerendienst zwischen Italien und Flandern" aufkam, der die Champagne-Messen überflüssig machte, was sicher nur teilweise zutrifft.

- Hinzu kam, daß die Kaufleute seit dem 14. Jahrhundert stärker über die Messeorte hinaus reisten als bisher, so daß der direkte Handel erheblich zunahm.
- Gerade die Verlagerung eines Teiles des Warenaustausches auf etwas weiter südlich gelegene Städte zeigt, daß wohl auch eine erhebliche Ergänzung der Güterströme bei der Verringerung des Handels in der Champagne mitgewirkt hat. Abbildung 10 zeigt dies deutlich. Der bis ins 14. Jahrhundert erst in Ansätzen vorhandene Handel aus Oberdeutschland nach Osteuropa verstärkte sich so, daß nunmehr die süddeutschen Städte (Augsburg, Nürnberg, Ulm usw.) ihre zentrale Funktion im innereuropäischen Handel wahrnehmen konnten.

- Der *aktive Handel* und die *Messefunktion eines Ortes* standen in einem gewissen *Gegensatz*, da eine Messe von der weitgehenden Freiheit für alle, insbesondere auch für die fremden Kaufleute lebte, während die Kaufleute einer Stadt immer gegen die Konkurrenz Stadtfremder waren. Die Champagne hat daher niemals einen nennenswerten aktiven Handel gehabt. In Deutschland begann im 14. Jahrhundert eine Entwicklung, aus der dieser Gegensatz deutlich wird:
  - Die *süddeutschen Städte* waren *aktiv* am Handel beteiligt. Sie begannen, in den wichtigsten europäischen Ländern und Gebieten Niederlagen, Faktoreien und ähnliche Einrichtungen zu schaffen, ergänzt durch Zusammenarbeit zwischen einzelnen Handelshäusern, insbesondere auch unter Ausnutzung verwandtschaftlicher Beziehungen (Heirat oder Errichtung von Handelshäusern durch Zweiglinien).
  - *Im mittleren Deutschland* entstand gleichzeitig eine Zone von bedeutenden *Messestädten*, deren *aktiver Handel* sich *nicht so kräftig* entwickelte, wie der in vergleichbaren Städten:
    - *Frankfurt/Main*: Die Messe wurde für 1240 zum ersten Mal nachgewiesen (wohl als Herbstmesse, denn ab 1330 wird ausdrücklich noch eine Fühjahrsmesse erwähnt).
    - *Frankfurt/Oder*: Die Frankfurter Handelsveranstaltungen wurden zwar erst ab 1658 Messen genannt. Jedoch gab es bereits ab 1253 Jahrmärkte, die die gleiche Funktion hatten.

- Die *Leipziger* Messen, zunächst ebenfalls als Jahrmärkte bezeichnet, waren bis ins 15. Jahrhundert noch relativ unbedeutend.
- In *Süddeutschland* sind es die *Messeorte Nördlingen, Zurzach* (am Rhein westlich des Bodensees) *und Zürich*, die ebenfalls *nicht* zu dem Kreis der *großen Handelsstädte* aufsteigen konnten.
- *Nürnberg, Straßburg und Basel* hatten zwar einen aktiven Handeln, doch haben ihre Messen nicht die überregionale Bedeutung erlangt wie teilweise die der schon genannten Städte.

Die seit dem 14. Jahrhundert geänderte Ausrichtung des süddeutschen Handels wird auch daraus deutlich, daß Zahlungstermine (und Zahlungsorte) für viele am Handel zwischen den Niederlanden und Süddeutschland Beteiligte

- vom 12. bis 14. Jahrhundert die Messen der Champagne gewesen waren,
- ab dem ausgehenden 14. Jahrhundert aber zunehmend die Messen zu Frankfurt/Main.

In den Ansätzen ging *im 14. Jahrhundert der süddeutsche Handel in* folgende *Richtungen*:

- Über das Gebiet *westlich der Alpen* (Lyon, Genf) zum Mittelmeer.
- Über die Alpenpässe nach *Norditalien* (Venedig, Genua).
- Über den *Donauraum* zum Balkan und zum Schwarzmeergebiet.
- Über Böhmen und Sachsen in das Gebiet *nördlich der Karpaten* (Polen, Preußen, Rußland, Litauen).
- Über Frankfurt/Main in die *nordwesteuropäischen Gebiete* (Niederlande, England).

Der Anschluß an das Hansegebiet bestand also über das Rheinland und über Polen, weniger über den dazwischenliegenden Raum (etwa Göttingen, Erfurt oder Leipzig).

Die Intensivierung und Ausdehnung des Handels war eng verbunden mit einer *Verbesserung der Handelsorganisation*:

- Das Zusammengehen verschiedener Kaufleute in *Handelsgesellschaften*
- begünstigte zugleich die Beteiligung von *Geldgebern*, die nicht selbst am Handel teilnehmen wollten.

Die 1380 gegründete Große Ravensburger Handelsgesellschaft ist ein in diesem Zusammenhang immer wieder genanntes Beispiel. Sie war vor allem am Handel mit dem westlichen Mittelmeerraum interessiert. Wesentlicher Ansatzpunkt für den Geschäftsbetrieb war das Leinengewerbe in der Umgebung von Ravensburg. Die wichtigsten drei Kaufmannsfamilien der Gesellschaft stammten aus Ravensburg (die Humpis), aus Konstanz (die dort aus Italien eingewanderten Muntprats) und aus Buchhorn (die Möttelis). Später gehörten Gesellschafter aus mehr als 10 Familien dazu, die zum überwiegenden Teil miteinander verschwägert waren. Auch die Fugger, die Welser und zahlreiche andere Fernhandelsunternehmen des ausgehenden Mittelalters und der beginnenden Neuzeit hatten häufig die Verfassung einer Gesellschaft, wobei ein Kern der Beteiligten die Geschäftsführung ausübte.

— Die Handelsgesellschaften, aber auch die Einzelkaufleute bedienten sich zur *Abwicklung des Handels* fernab des eigenen Firmensitzes unterschiedlicher Einrichtungen:
  — Bei der *Filialgesellschaftsverfassung* wurde vom Stammhaus in einer fremden Stadt mit einem dortigen Einzelkaufmann oder mit einer dortigen Gesellschaft eine Filialgesellschaft gegründet. Diese Rechtsform hatte den Vorteil, daß ortskundige Personen, zusätzliches Kapital und eigeninteressierte Geschäftsführer gewonnen werden konnten.
  — Bei der *Faktoreiverfassung* wurden die firmeneigenen Niederlassungen durch Lieger oder Faktoren genannte Geschäftsführer geleitet, standen aber in weisungsgebundener Abhängigkeit vom Stammhaus.
Ein Unternehmen konnte im Laufe der Entwicklung diese Organisationsformen wechseln. Die Fugger haben sich z. B. zunächst der Filialgesellschaftsverfassung, später der Faktoreiverfassung bedient.

Die Entwicklung der Hanse und des hansischen Handels

Während *im 12. und 13. Jahrhundert* noch *Verträge zwischen* hansischen *Kaufleuten und Städten* abgeschlossen wurden,

— 1189 Vertrag zwischen den Kaufleuten auf Gotland und der Stadt Nowgorod,
— 1229 Vertrag zwischen den Kaufleuten auf Gotland und der Stadt Smolensk,

kam es im weiteren Verlauf des *13. Jahrhunderts* auch zu *Verträgen zwischen Städten*, z. B.:

- 1241 Vertrag zwischen Lübeck und Hamburg.
- 1265 Vertrag zwischen den sechs wendischen Städten Hamburg,
  Lüneburg, Lübeck, Wismar, Rostock und Stralsund.
- 1283 Vertrag zwischen Lübeck, Visby und Riga.

Im 13. Jahrhundert war eine Fülle von weiteren Verträgen zwischen
einzelnen Städten und zwischen Städtegruppen Norddeutschlands
geschlossen worden. Gleichzeitig entstanden auch in anderen Teilen
Deutschlands solche „Städtebünde", z. B.:

- Vor 1226 wurde der mittelrheinische Städtebund zwischen Mainz,
  Worms, Bingen, Frankfurt/Main, Gelnhausen und Friedberg geschlossen.
- 1230 Städtebund der Tuchstädte Lüttich, Huy, Dinant, Fosses,
  St. Truden, Maastricht, Tongern.
- 1376 Schwäbischer Städtebund mit einer ganzen Reihe von
  Städten unter der Führung Ulms.

Diese Beispiele lassen sich noch um weitere ergänzen, z. T. mit
Ergänzungen und Umgruppierungen. Sie zeigen, daß der hansische
Bund keineswegs ohne Vorbild gewesen ist, d. h. daß die Städtehanse
sich aus einer ganzen Anzahl von schon bestehenden kleineren
Bünden entwickelt hat.

Zweck der meisten *Vereinigungen* und Anlaß ihres Entstehens waren
häufig:

- Die *Wiederherstellung oder Erhaltung des Friedens* in einem
  Gebiet, damit sich der Handel ungestört von Fehden und Kriegen
  entwickeln konnte. (Daher bestand häufig eine enge Verbindung
  zu den sog. Landfrieden.)
- *Absicherung* der Interessen *der Kaufleute* der beteiligten Städte
  an anderen (Handels-) *Orten.*
- *Schutz der Kaufleute* innerhalb der Städtebünde (z. B. vor Pfän-
  dung und anderen, wirklich oder scheinbar rechtlich abgesicherten
  Benachteiligungen) unter Berücksichtigung des *Gegenseitigkeits-*
  prinzips.

Die *Ansichten* über die zeitliche Einordnung des *Überganges* von der Kaufmanns-Hanse *zur Städte-Hanse* sind recht *unterschiedlich.* Als Zäsuren
kommen in Betracht:
- 1265: Der Vertrag der sechs wendischen Städte, da diese später auch die
  Hauptstütze der Lübecker Machtausübung und damit der Kern der Hanse
  waren.

- 1294: Bis zu diesem Jahr ging der Rechtszug aus Nowgorod (St. Peter-Hof mit vier Altermännern aus Gotland, Lübeck, Soest und Dortmund, d. h. mit starkem Gewicht der westfälischen Städte am Ostsee- und Osthandel) nach Visby. Mit Zustimmung von 24 Städten erreichte Lübeck nunmehr, daß dieser Rechtszug nach Lübeck verlegt wurde. Die Mitwirkung von 24 Städten weist auf eine bereits zwischen den Städten und nicht nur zwischen den Kaufleuten bestehende Zusammenarbeit hin.
- 1356, 1358 oder 1366 (genaues Jahr umstritten): Der erste überlieferte Hansetag in Lübeck, jedoch noch ohne präzisen Hinweis auf einen Städtebund, auch wenn die meisten Delegationen die Kaufleute städteweise vertreten haben. Dollinger sieht in einem kleineren Treffen im Jahre 1356 den ersten Hansetag.
- 1367: Die Kölner Konföderation zwischen den Hansestädten, den Holländern und den Seeländern schuf die Voraussetzungen für den erforderlichen Krieg der Hanse gegen Dänemark. Durch den Frieden von Stralsund 1370 sicherte sich die Hanse ihre Machtstellung auch im Sund und in Schonen. Man spricht vom Höhepunkt der hansischen Macht.

Man wird davon ausgehen können, daß es einen Anfang der Städtehanse, der genau auf ein Jahr einzuordnen ist, nicht gibt. Es fehlt ein Statut und ein Gründungsbeschluß (ebenso fehlen spätere Aufnahmebeschlüsse). Vielmehr ist die Kaufmannshanse aufgrund der engen Verbindung zwischen den Fernhändlern und der städtischen Wirtschaft nach und nach hinübergeglitten in eine Situation, in der nicht mehr die Kaufleute allein, sondern die Städte Partner von Verträgen innerhalb der Hanse und teilweise auch nach außen wurden.

Da das *wirtschaftliche Element* bei der Hanse und bei den hansischen Kaufleuten *im Vordergrund* stand und die politische und kriegerische Betätigung in erster Linie „nur" zur Absicherung dieser wirtschaftlichen Vorgänge geschah, sind wirtschaftliche Aspekte für die Einordnung des Übergangs zur Städte-Hanse entscheidend:

- Mit der Intensivierung des Handels aus der Ostsee nach Westeuropa unter Beteiligung vor allem westfälischer Kaufleute (Soest, Dortmund) war der Mittelpunkt des Ostseehandels in Visby in eine Randlage gedrängt worden.
- Lübeck gewann nach seiner Umgründung im Jahre 1159 (unter starker Mitwirkung westfälischer Kaufleute) bald die Bedeutung einer zentralen Handelsstadt an der Nahtstelle zwischen dem Ostsee- und dem Nordseehandel, zwischen Brügge und Nowgorod.
- Für diesen Übergang der Handelsfunktionen Visbys auf Lübeck ist bezeichnend, daß am Ende des 12. Jahrhunderts bereits unter den vier Altermännern des St. Peter-Hofes in Nowgorod neben einem Dortmunder, einem Soester und einem Gotländer ein Lübecker Kaufmann saß.

– Die 1294 vorgenommene Umorientierung des Rechtszuges aus
Nowgorod von Visby nach Lübeck ist daher nur als eine sicher
nachträglich vorgenommene Anpassung an die tatsächliche Erlangung der zentralen wirtschaftlichen Machtstellung durch die Stadt
Lübeck anzusehen. Die Zustimmung von 24 Städten deutet darauf
hin, daß die Stadt Lübeck – und nicht nur die Lübecker Kaufleute – bereits zu diesem Zeitpunkt und wahrscheinlich auch
schon in den Jahren unmittelbar zuvor eine weitgehend anerkann-
te Führungsrolle in der Politik der Hanse übernommen hatte.

Man wird daher möglicherweise den Übergang von der Kaufmanns-
Hanse zur Städte-Hanse sogar schon in das 13. Jahrhundert ver-
legen können, vielleicht den Vertrag zwischen den wendischen
Städten aus dem Jahre 1265 auch schon als die erste Bestätigung
dieser Städte-Vereinigung ansehen müssen.

Die wichtigsten Teile der Städte-Hanse ergeben sich aus der Gliederung in verschiedene sog. Quartiere nach regionalen Gesichtspunkten:

– Das wendische Quartier mit Lübeck als Vorort (Holstein und
   Mecklenburg umfassend).
– Das sächsische Quartier mit Braunschweig als Vorort (Nieder-
   sachsen, Harzgebiet und Anhalt umfassend).
– Das niederrheinisch-westfälische Quartier mit Köln als Vorort.
– Das märkische Quartier mit Stendal als Vorort (die Altmark und
   die Mittelmark umfassend).
– Das pommersche Quartier mit Stettin als Vorort (Pommern und
   die Neumark umfassend).
– Das preußische Quartier mit Danzig als Vorort (West- und Ost-
   preußen umfassend).

Diese Zusammensetzung der einzelnen Teile (zunächst auch nur
„Drittel", d. h. eine Dreigliederung: wendisch-sächsisches, west-
fälisch-preußisches und gotländisch-livländisches Drittel) hat sich im
Laufe der hansischen Geschichte immer wieder verschoben, was als
ein wichtiger Hinweis darauf angesehen werden kann, daß die Hanse
keineswegs eine einheitliche wirtschaftliche (oder gar politische)
Machtzusammenballung gewesen ist, sondern daß sehr gegensätz-
liche Interessen hier vertreten wurden.

Die Bezeichnung *Städte der deutschen Hanse* für eine größere Gruppe von Städten läßt sich zum ersten Mal für das Jahr 1358 nachweisen. Sie wurde im Zusammenhang mit einer Auseinandersetzung über die Handelsmöglichkeiten in Brügge gebraucht. Es zeigte sich, daß

— innerhalb des Gebietes der Hanse selbst die Interessengegensätze so stark waren, daß hier kaum oder erst sehr spät ein – meistens auch nur vorübergehendes – geschlossenes Vorgehen zustande kam.
— Außerhalb des eigentlichen Hansegebietes, d. h. in der Fremde, dort wo allenfalls in den Städten die deutsche Sprache üblich war, versuchte man die stärkeren gemeinsamen Interessen in den Vordergrund zu stellen, um die eigene Stellung – die identisch war mit der eines Fremden – nicht zu gefährden.

Das innere Gebiet der Hanse umfaßte maximal etwa 100 Städte im Norden des Heiligen Römischen Reiches von Zierikzee (nordöstlich von Brügge) bis Hinterpommern und das Land des Deutschen Ordens bis Dorpat und Reval, ferner Visby auf der Insel Gotland. Die südlichsten Hansestädte lagen in etwa nördlich der Linie Köln-Harz-Thorn.

In den wichtigsten nordeuropäischen Handelszentren *außerhalb des eigentlichen Hansebereiches* waren *Stützpunkte* eingerichtet worden:

— *Kontore* bestanden in folgenden Städten:
  — Der St. Peterhof in *Nowgorod* war etwa 1170 gegründet worden und wurde 1494 geschlossen; im 16. Jahrhundert nochmals für einige Jahrzehnte geöffnet.
  — Das Kontor in *Brügge* war an dem damals wichtigsten Stapelplatz des westeuropäischen Handels eingerichtet worden. Seit 1253 hatten die deutschen Kaufleute dort ein Privileg der Gräfin von Flandern. Wann das Kontor errichtet wurde, ist nicht nachzuweisen. Es wurde 1520 nach Antwerpen verlegt und folgte damit dem bereits im 15. Jahrhundert von Brügge u. a. wegen der Versandung des Seehafens abwandernden Handel. In Antwerpen bestand dann ein Hansekontor bis in die zweite Hälfte des 16. Jahrhunderts, das jedoch keine große Bedeutung erlangen konnte.

- In *London* bestand die Gildehalle der Kölner Kaufleute (seit 1157 unter königlichem Schutz), die durch die Gleichstellung der übrigen Deutschen mit den Kölnern 1282 auch formell zu einer Einrichtung der Hansekaufleute wurde. Die bald als Stalhof bezeichnete Einrichtung wurde 1598 geschlossen.
- Das Hansekontor in *Bergen*, die „Deutsche Brücke", bestand vom 13. bis zum 16. Jahrhundert.
- Neben diesen Kontoren, die als Haupthandelsplätze dienten, gab es noch zahlreiche Niederlassungen, deren rechtliche Qualität nicht so gut war, in denen aber die hansischen Kaufleute doch aufgrund ihrer weitreichenden Handelsbeziehungen faktisch ebenfalls abgesichert waren: Smolensk, Polozk, Kowno und zahlreiche andere in Osteuropa, ferner in Skandinavien und in England.

Die Sonderstellung der hansischen Kaufleute außerhalb des inneren Hansebereiches beruhte auf Privilegien:
- Teilweise waren es eigentliche, d. h. individuelle Privilegien. Die Begünstigten waren nach Zahl und Art bestimmt.
- Es überwogen aber gerade bei den meisten, den hansischen Kaufleuten gewährten Vorrechten die sog. Generalprivilegien, die also nach rechtlichen Gesichtspunkten als Gesetze anzusprechen sind.

Diese Privilegien gewährten jedoch kaum gegenüber den einheimischen Kaufleuten irgendwelche Vorrechte. Sie stellten die Hansekaufleute im wesentlichen diesen einheimischen gleich. Ein gewisses Vorrecht bestand darin, daß sie ein starkes Schutzrecht vor fremden Übergriffen hatten (bis hin zum Schutz vor dem gerichtlichen Zweikampf) und unter sich eine eigene Gerichtsbarkeit aufbauen konnten. Im Grunde wurde damit nur die unsichere Rechtsstellung des „Gastes" beseitigt, um die rechtlichen, nicht aber die wirtschaftlichen Risiken des Handels zu vermindern.

In der Literatur wird im allgemeinen darauf hingewiesen, daß die hansischen Kaufleute oder die *Hanse eine so überragende* wirtschaftliche und aufgrund der zahlreichen Privilegienerteilungen auch rechtliche *Stellung im Handel* im Ostsee- und Nordseeraum gehabt hatten, daß sie faktisch ein *Monopol* ausüben konnten. Dabei wird *nicht* bedacht:
- Von einem Monopol kann man nur sprechen, wenn die Hanse als eine einheitliche Wirtschaftsmacht bei Kauf und Verkauf, d. h. im Handel, aufgetreten wäre. Ein gleiches Verhalten von mehreren Hansekaufleuten etwa im Sinne eines Kollektivmonopols wäre zwar ebenfalls denkbar gewesen, hätte aber jeden Wettbewerb, jede Konkurrenz ausgeschlossen.
- Wenn die Hanse als ein Monopol bezeichnet wird, übersieht man, daß nicht nur starke politische, sondern auch wirtschaftliche Interessengegensätze zwischen den einzelnen Kaufleuten, den einzelnen Städten und zwischen Städtegruppen bestanden haben.
- Kriterium für die Beantwortung der Frage, ob ein Monopol vorgelegen hat, ist der Preis. Bei bestehendem Monopol bestimmt der Monopolist (oder das ihn repräsentierende Kollektiv) den Preis. Bei fehlendem

Monopol richtet sich der Preis nach der Relation von Angebot und Nachfrage. Untersucht man die im Hansegebiet und die außerhalb des Hanse-
gebietes bestehenden Preise, dann läßt sich leicht feststellen, daß ein
Monopol nicht nachweisbar ist.

— Preisabsprachen, etwa im Sinne von Kartellvereinbarungen, mögen vorgekommen sein, lassen sich aber in einer die Preise entscheidend und auf
Dauer beeinflussenden Weise nicht erkennen.

— Eher läßt sich schon von einem Monopol einzelner Städtegruppen
sprechen:
  — In Bergen verstanden es die wendischen Städte unter der Führung
Lübecks, die anderen hansischen Kaufleute von der Verwaltung der
Deutschen Brücke auszuschließen.
  — In Nowgorod waren die preußischen Städte durch Lübeck und Visby, unter
Beteiligung der westfälischen Kaufleute, von den Einflußmöglichkeiten auf
die Führung des Kontors ebenfalls ausgeschlossen. Überhaupt waren die
Beziehungen zwischen den wendischen Städten unter Führung Lübecks
und den preußischen unter Danzig vorwiegend gespannt.

— Bis zur ersten Schließung des Peterhofes in Nowgorod 1494 waren
sogar die livländischen Kaufleute von der Verwaltung des Peterhofes
ausgeschlossen.

— In den meisten Hansestädten wurden die Kaufleute aus anderen
Hansestädten den Fremden gleichgestellt. Eine Fülle von Verträgen
weist darauf hin, daß besondere Vereinbarungen diesen Zustand ändern
sollten; die fortwährenden Wiederholungen machen deutlich, daß man
sich nicht gar zu sehr an solche Verträge hielt.

— Die führende Rolle Lübecks und anderer Städte innerhalb der Hanse
beruhte nicht zuletzt darauf, daß man es verstand, mit allen möglichen
Behinderungen innerhalb der Hanse die Konkurrenten klein zu halten.

— Berücksichtigt man noch, daß in vielen Faktoreien und anderen Städten
außerhalb des eigentlichen Hanse-Gebietes die Zahl der Hanse-Kaufleute über 50 und teilweise sogar weit über 100 lag, dann läßt sich eindeu-
tig erkennen, daß eine einheitliche Wirtschaftspolitik nur so lange und so
weit betrieben wurde und durchgesetzt werden konnte, wie sie im Interesse fast aller Beteiligten lag, und das bedeutet: nur in seltenen Fällen.

— Selbst so sehr aufeinander im Handel angewiesene Städte wie Hamburg
und Lübeck, die nach der Errichtung des Stecknitz-Kanals die günstigsten Positionen für den Handel zwischen Ostsee und Nordsee hatten,
arbeiteten häufig gegeneinander. So taten die Hamburger nichts gegen
das Umladerecht der Lauenburger, obgleich dadurch der Transport
zwischen Lübeck und Hamburg erheblich verteuert wurde. Die Hamburger sahen hierin sogar ein Instrument, die Lübecker Konkurrenz
zurückzuhalten.

— Andererseits wurde durch eine Zusammenarbeit zwischen den Einzelkaufleuten verschiedener Städte
  — durch Gründung von Handelsgesellschaften,
  — durch Einsetzung von Faktoren oder
  — durch Kommissionäre
wieder mancher Streit überdeckt. Im Grunde war es den meisten Kaufleuten bewußt, daß sie aufeinander angewiesen waren, auch wenn sie
am Markt als Konkurrenten auftraten.

Die Schiffstechnik

Wegen der großen Bedeutung des Schiffsverkehrs für den Handel soll eine kurze Übersicht über die Entwicklung der Schiffstechnik gegeben werden:

– Die *Wikinger* und die *gotländischen Bauern-Händler* bewegten ihre *Schiffe* noch hauptsächlich durch Muskelkraft, d. h. mit Hilfe der *Ruder* vorwärts. Ein Segel diente nur hilfsweise zur Erleichterung. Für Atlantikfahrten wurde ein kräftigerer Schiffstyp mit größerem Segel gebaut. Die Ladefähigkeit war sehr gering und überstieg *kaum 20 t*. Andererseits hatten diese Schiffe den Vorzug des geringen Tiefganges, so daß sie auch auf relativ kleinen Flüssen benutzt und zwischen den Flüssen über Land gezogen werden konnten.

– Mit der Ausdehnung des Handels und dem Anfallen größerer Gütermengen waren größere Schiffe notwendig, zumal da nicht mehr unbedingt erforderlich war, die Schiffe auch im seichten Wasser zu benutzen. Die Intensivierung des Handels erlaubte es, an den Küsten, in den Seehäfen die Waren umzuschlagen, d. h. auf Flußschiffe umzuladen. Die *Kogge* entstand *seit dem 12. Jahrhundert* (*mit großem Segel* als Fortbewegungsmittel). Der Bau des Schiffskörpers erfolgte meistens noch mit dachziegelartig aneinander gefügten Brettern (Klinkerbau). Das Ruder (Steuer) wanderte von der Seite zum Heck. *Anfangs* betrug die Ladefähigkeit etwa *50 bis 80 t*, stieg *bald* aber auf *mehr als 200 t zum Ende des 14. Jahrhunderts*.

– Seit der zweiten Hälfte des *14. Jahrhunderts* wurde die *Kogge* häufig schon *mit mehreren Segeln* (meistens drei) zur besseren Beweglichkeit ausgestattet und auf eine Ladekapazität von mehr als *300 t* gebracht (Länge 30 m, Breite 7 m).

– Im 15. Jahrhundert erfolgte eine weitere Entwicklung. Es wurde das in Portugal und Spanien seit langem gebräuchliche *Krawel* mit *drei Masten* und etwa *400 t* Tragfähigkeit gebaut. Vorbild war das erste Schiff dieser Art in der Ostsee, die „Peter von La Rochelle", die 1462 nach Danzig segelte. Beim Krawelbau wurden die Bretter glatt aufeinandergesetzt.

- Das stärkere Anwachsen der niederländischen Seeschiffahrt im 16. Jahrhundert gegenüber der der Hanse wird teilweise auf die bessere Schiffsbautechnik der Holländer zurückgeführt. Im ausgehenden 15. und im 16. Jahrhundert ging man aber sowohl in den Hanse-Städten als auch bei den Niederländern zu dem Krawel über. Das 16. Jahrhundert war überhaupt durch zahlreiche Versuche mit neuen Schiffstypen gekennzeichnet. Erst seit dem *Ende des 16. Jahrhunderts* hatten die Holländer mit der *Fluite* (Fleute) einen besseren Schiffstyp als die erst einige Jahrzehnte später diesem Wandel folgenden hansischen Kaufleute. Die Fluite zeichnete sich gegenüber dem Krawel aus durch
  - *bessere Segel* (Erhöhung der Geschwindigkeit und größere Beweglichkeit) und
  - *geringeren Tiefgang* (Befahren von Häfen mit geringer Wassertiefe auch bei voller Beladung).
- *Im Mittelmeer* herrschte zur gleichen Zeit (und bis ins 18. Jahrhundert) die *Galeere* vor, die mit Strafgefangenen an den Rudern betrieben wurde. Das Schiff hatte nur eine geringe Segelfläche. Bei etwa 40 m Länge und 6 m Breite trug es *150 bis 200 t*. Seit dem 15. Jahrhundert waren *aber auch* hier *Segelschiffe* stärker vertreten.

Der *Schiffsbau* war *in den Hafenstädten* beheimatet, obgleich teilweise auch im Binnenland Seeschiffe gebaut wurden und über die Flüsse dorthin gebracht wurden. So gab es bis ins 19. Jahrhundert Schiffe, die sowohl auf dem Rhein bis Köln als auch auf der Nordsee und auf der Ostsee fuhren.

Im 14. und 15. Jahrhundert hatten sich *Danzig und Lübeck* als die wichtigsten *Schiffsbauplätze* im Hanseraum entwickeln können. *Entscheidend war* hierbei

- der *Holzreichtum* des Hinterlandes, vor allem für Danzig (so daß man Schiffe, die nicht mehr genutzt werden sollten, lieber in den holzarmen niederländischen Häfen abwrackte als umgekehrt) und
- die *wirtschaftliche Machtstellung*, vor allem für Lübeck, so daß ein Schiffsbau z. B. in dem von Lübecker Kaufleuten beherrsch-

ten Bergen trotz des dortigen Holzreichtums nicht aufkommen konnte.

Die *Flußschiffahrt* war bis ins 12. Jahrhundert noch nicht weit entwickelt, obgleich kleine, flache Boote bereits zahlreich benutzt wurden. Im 12. Jahrhundert begann dann mit dem wachsenden Handel auch eine systematische Entwicklung des Flußschiffbaus und die Regulierung der Flüsse (Uferbefestigungen, Treidelpfade usw.). Nach dem Koblenzer Rheinzoll von 1209 und anderen Quellen unterschied man *auf dem Rhein im 13. und 14. Jahrhundert*:

– Ein *Floß*, d. h. ein Bündel Holz, das sich selbst transportierte, manchmal auch mit geringen Mengen an Gütern beladen. Nicht selten wurden grob gezimmerte Boote hergestellt, die lediglich zum (Getreide-, Kalk-, Salz-)Transport stromabwärts dienten und dann abgewrackt wurden (Bau- oder Brennholz), z. B. Getreide aus dem Rheingau nach Köln.

– Einen *Nachen*, meistens als ein kleines Ruderboot mehr für den Nahverkehr benutzt.

– Sogenannte *Vollschiffe*, die *von Pferden stromaufwärts gezogen* wurden. Hierbei unterschied man nach der Zahl der hierfür erforderlichen Pferde:
  – Einspännige (24 m lang; 1,8 m breit; 25 t Tragfähigkeit).
  – Zweispännige (27 m lang; 2,4 m breit; 50 t).
  – Vierspännige (30 m lang; 3 m breit; 100 t).

Auf anderen Flüssen waren je nach dem möglichen Tiefgang und der Strömungsstärke die Boote kleiner, auch auf dem Rhein sollen aber die kleineren Schiffe bei weitem überwogen haben, so daß man die hier zusammengestellten Angaben als die obere Grenze ansehen kann. Dies muß vor allem auch deshalb angenommen werden, weil meistens das Treideln nicht mit Hilfe von Pferden, sondern von Menschen durchgeführt wurde, vor allem auf dem Oberrhein.

Zur Verbesserung des Binnenschiffsverkehrs begann man im späten Mittelalter auch mit dem *Bau von Kanälen*:

– Versorgung der Salinen in Lüneburg mit Holz über die Elbe und einen *Kanal zwischen Elbe und Ilmenau* nordöstlich von Lüneburg (vermutlich im 13. oder 14. Jahrhundert).

- 1380 Bau eines Kanals *von Neuß an den* durch Versandung nach Osten rückenden *Rhein.*
- 1391 bis 1398 Bau des *Stecknitz-Kanals* von Lübeck zur Elbe (um mit dem Schiffahrtsweg durch den Sund konkurrieren zu können und zur Verbilligung der Transportkosten für Salz aus Lüneburg), 94 km lang. Die Tragfähigkeit der bis 15 m langen Schiffe lag bei etwa 7,5 t. Der Transport von durchschnittlich 12.000 t Salz jährlich auf diesem Kanal in der ersten Hälfte des 16. Jahrhunderts zeigt die Bedeutung dieses Wasserweges.
- Bau eines Kanals von der Elbe zum Schweriner See und nach Wismar. (Dieser Kanal wurde gegen Ende des 16. Jahrhunderts kaum noch benutzt; er verfiel daher nach und nach.)
- Der von Kaiser Karl IV (1346 bis 1378) geplante Bau eines Kanals von der Donau zur Moldau (d. h. auch zur Elbe) kam nicht zur Durchführung.

Problematisch war beim Kanalbau die *Überwindung der Höhenunterschiede.* So mußte beim Bau des Stecknitz-Kanals ein kleiner Höhenrücken zwischen Möllner See und Drevenau durchstochen werden. Am Ausfluß des Möllner Sees wurde eine Art Stauwehr errichtet. Sobald sich etwa 24 bis 30 Schiffe auf dem See gesammelt hatten, wurde diese Schleuse geöffnet und die dabei entstehende Wasserwelle brachte diese Schiffe im allgemeinen bis nach Lübeck. Immerhin wurden mit Hilfe der Flußgefälle überwunden:
- 17 m von Lübeck bis zur Scheitelstelle und
- 12 m von der Elbe bis zur Scheitelstelle bzw. umgekehrt.

Die *Erfindung der Kammerschleuse* durch den Italiener Philippo degli Orani aus Modena im Jahre *1438* bot die erforderliche Technik, um den Kanalbau nun noch wirtschaftlicher durchführen zu können. Zur Anwendung kamen diese Kammerschleusen in Deutschland aber erst später.

Das Gesamtbild des Handels um 1470

Der *Handel* hatte in der *zweiten Hälfte des 15. Jahrhunderts* ein *beachtliches Niveau* erreicht. Fast alle mitteleuropäischen und auch der größte Teil der europäischen Gebiete erzeugten Güter, die in anderen Teilen Europas nachgefragt, d. h. dort

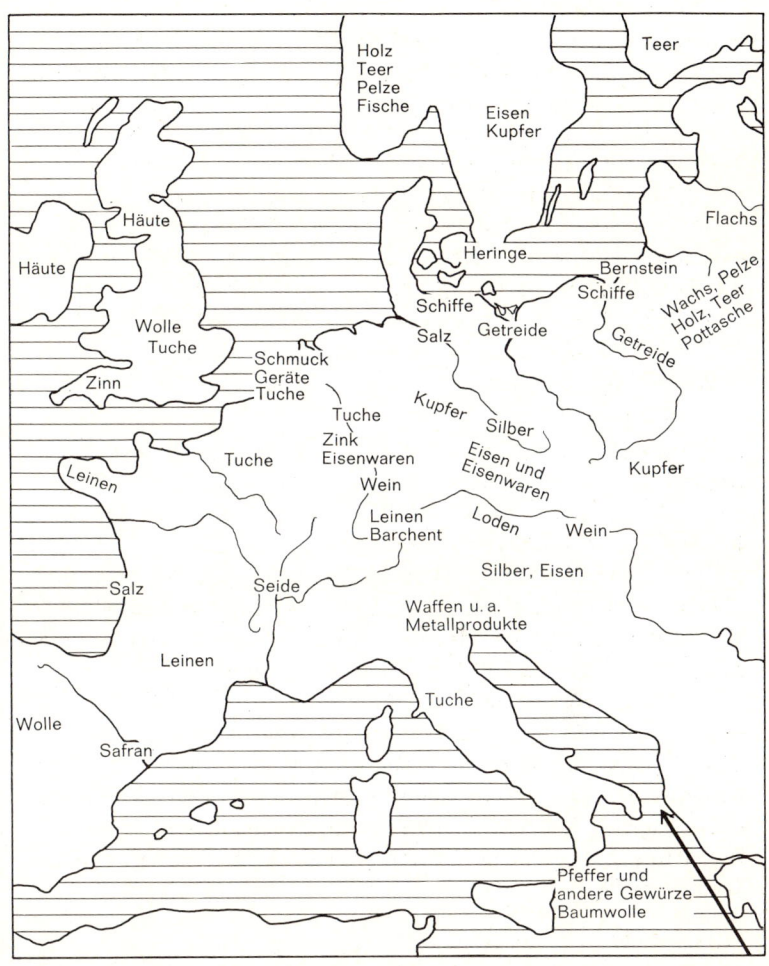

Abb. 15: Herkunft der wichtigsten um 1470 im Fernhandel umgesetzten
Güter

– entweder nicht
– oder nur mit höheren Kosten

produziert werden konnten. Abbildung 15 zeigt die wichtigsten Überschußgebiete für einzelne Waren und Warengruppen.

Die *Nachfrageorte* waren wesentlich *breiter gestreut.* Es gab einige Produkte, die in erster Linie dem Grundbedarf dienten und die daher in allen Gegenden Europas produziert wurden: Grundnahrungsmittel und einfache Kleidung. Beides wurde nur in wenigen Gegenden mit einer weit über dem Durchschnitt liegenden Bevölkerungsdichte so stark nachgefragt, daß es nicht aus der näheren Umgebung beschafft werden konnte. *Man kann* daher in dieser Hinsicht *unterscheiden*:

– den Handel vom Produzenten zum Nachfrager oder über nicht zu große Entfernungen auch den hauptberuflich betriebenen Handel, etwa identisch mit einem *intraregionalen Handel* über kaum mehr als höchstens 100 bis 150 km und

– den *Fernhandel* über größere Entfernungen (in etwa mit den in Abbildung 15 aufgenommenen Produkten und aus den angegebenen Gebieten).

Für die breite Masse der Bauern, der übrigen ländlichen Einwohner und auch für einen großen Teil der städtischen Bevölkerung waren die *Güter des Fernhandels nicht erforderlich* aber auch *nicht erschwinglich.* Ausnahmen hiervon waren:

– Die Nahrungsmittelversorgung in dicht besiedelten Gebieten, beispielsweise um 1470 in Flandern und in Norditalien. Flandern wurde zunächst von seinen Nachbargebieten (Frankreich und Brabant) unterstützt. Im 15. Jahrhundert war aber die *Nahrungsgüterzufuhr aus den Ostseegebieten* schon so weit entwickelt, daß diese Gebiete vom Beginn des 15. bis zum Beginn des 20. Jahrhunderts wesentlich *zur Versorgung der gewerbereichen Länder Westeuropas* beitrugen. Oberitalien bezog einen großen Teil seines Getreides zunächst noch aus Süditalien, einschließlich Sizilien, wo im hohen Mittelalter bereits eine erhebliche Überschußwirtschaft auch zur Versorgung der durch die Kreuzzüge eroberten Gebiete im Orient diente.

– Zur Grundversorgung ist fernerhin die *Ausstattung mit eisernen* und anderen *Geräten* zu rechnen. Im hohen Mittelalter und bis ins 15. Jahrhundert hatten sich die wichtigsten fünf großen Eisenerzeugungs- und verarbeitungsgebiete herausgebildet, die hier als Anbieter auftraten:

Das Rheinland vom Sauerland bis in die Ardennen, Obersachsen, die Oberpfalz, das östliche Alpengebiet und Schweden.

Die überwiegende Menge der überregional gehandelten Produkte *diente dem gehobenen und dem Luxusbedarf.* Der Fernhandel hatte daher in erster Linie die Aufgabe, diejenigen Personen und Institutionen, die über höhere Einkommen verfügten, mit Waren zu versorgen. Der Lebensstandard des größten Teiles der Einwohner Europas wurde durch die Preis- und Lohnbewegungen beeinflußt. Dadurch wurde die Nachfrage nach Waren aus dem Angebot des Fernhandels nur in geringem Maße betroffen. Man kann zwar davon ausgehen, daß der Fernhandel wesentlich mit dazu beigetragen hat, die wirtschaftlichen Verhältnisse weiter zu entwickeln, d. h. wichtige Voraussetzungen dafür zu schaffen, daß später, vor allem in der

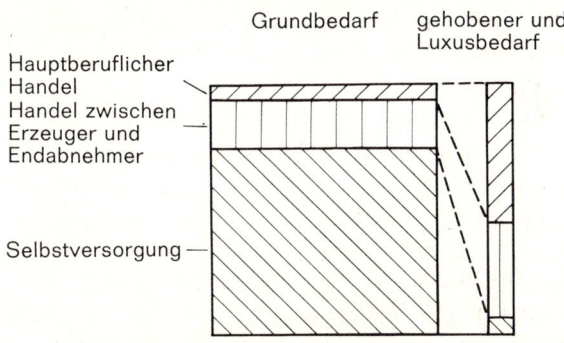

Abb. 16: Anteil der Versorgung der Bevölkerung mit Gütern des Grundbedarfes (90 v.H.) und des gehobenen bzw. Luxusbedarfs (10 v.H.) durch Selbstversorgung (66 v.H.), durch den Handel zwischen Erzeuger und Endabnehmer (23 v.H.) und durch den hauptberuflichen Handel (11 v.H.).

zweiten Hälfte des 19. Jahrhunderts beginnend, auch die niedrigeren Einkommensschichten durch eine erhebliche und dauerhafte Verbesserung der realen Einkommen wesentlich über das Existenzminimum hinauskommen konnten. Das gesamte Volkseinkommen hatte aber im späten Mittelalter noch ein so niedriges Niveau, daß der größte Teil der volkswirtschaftlichen Produktion für die Grundbedürfnisse verwendet werden mußte. Der Anteil der durch den Fernhandel berührten Güter (Teile des Grundbedarfes und des gehobenen Bedarfes) dürfte im ausgehenden Mittelalter bei etwa 11 v.H. gelegen haben, vgl. Abbildung 16.

d) Die soziale und die berufliche Gliederung der städtischen Bevölkerung

Die *Gliederung der Bevölkerung* in den einzelnen Städten war recht unterschiedlich. Sie hing in erster Linie *von der Größe der Städte* ab. Man kann davon ausgehen, daß die 3.000 Städte Deutschlands des späten Mittelalters etwa folgendermaßen aufzuteilen sind:

- 2.450 Städte mit weniger als 500 Einwohnern
- 350 Städte mit 500 bis 1.000 Einwohnern
- 150 Städte mit 1.000 bis 2.000 Einwohnern
- 25 Städte mit 2.000 bis 10.000 Einwohnern
- 12 Städte mit 10.000 bis 20.000 Einwohnern
- 8 Städte (Köln, Danzig, Lübeck, Nürnberg, Straßburg, Ulm, Hamburg, Magdeburg) mit mehr als 20.000 Einwohnern

Köln war mit etwa 40.000 Einwohnern im ausgehenden 15. Jahrhundert *die größte Stadt Deutschlands.*

Die Einwohnerzahlen der einzelnen Städte können allerdings nur geschätzt werden, da für die meisten Städte lediglich die Bürger, d. h. die Inhaber des Bürgerrechts, registriert worden sind, nicht aber die große Anzahl von *Nichtbürgern,* (teilweise *bis zu einem Drittel der Einwohner*). Die für die obige Zusammenstellung verwendeten Zahlen sind bereits unter Berücksichtigung der begrenzten Aussagekraft der Quellen auf die vermutliche Gesamteinwohnerzahl korrigiert.

Die soziale *Schichtung nach Rechtsstellung, nach Beruf, nach*

Vermögen, nach Einkommen hatte sich gegenüber dem hohen Mittelalter nicht grundsätzlich geändert. Die größere Einwohnerzahl der einzelnen Stadt hatte lediglich zu einer breiteren Fächerung geführt.

Während das *hohe Mittelalter* noch sehr stark von den *Auseinandersetzungen zwischen dem Stadtherrn und der städtischen Einwohnerschaft,* repräsentiert durch die Patrizier, gekennzeichnet war, häuften sich im *späten Mittelalter* die *sozialen Auseinandersetzungen innerhalb der Städte.* Gerade in den größeren Städten war der Gegensatz zwischen den Fernkaufleuten und einer großen Gruppe von Handwerkern, die zu ihnen in Abhängigkeit standen, besonders stark. Die Ausdehnung der Tuchproduktion für den überregionalen Bedarf hatte diese Abhängigkeit stark ausgeprägt:

— Die *Fernkaufleute* (als der wichtigste Kern der den *Stadtrat beherrschenden Patrizier)* beschafften die Rohstoffe für die Tuchmacher, Leineweber und Barchentmacher. Sie sorgten zugleich für den Absatz der fertigen Produkte. Auch wenn es Zünfte innerhalb dieses Textilgewerbes gab und damit die direkte Verbindung zwischen Produzenten und Abnehmer nicht bestand, kam es immer wieder über die Qualität der geleisteten Arbeit, aber auch über die Entlohnung zu Streitigkeiten.

— Unabhängig von diesen wirtschaftlichen Berührungspunkten kam es zu Auseinandersetzungen über Steuererhebungen und andere Fragen, die aus der Verfassung und Verwaltung der Stadt erwuchsen.

Als Beispiel seien hier die Kölner Auseinandersetzungen angeführt, die trotz einer seit 1259 bestehenden teilweisen Beteiligung der Kölner Zünfte an der städtischen Regierung recht heftig waren:
— Der Weberaufstand aus dem Jahre 1370 brachte einen Einbruch, der 1371 nur teilweise wieder rückgängig gemacht werden konnte. Äußerer Anlaß der Streitigkeiten war ein etwa 10 Jahre zuvor drohender Zoll am Bayenturm für rheinaufwärts gehende Ware, d. h. auch für Kölner Tuche.
— Streitigkeiten innerhalb der Gruppe der Patrizier führten dazu, daß die gesamte Verfassung der Stadt Köln geändert wurde. Der enge Rat, bisher nur von den Patriziern (Geschlechtern) beschickt, wurde abgeschafft. Er und der weite Rat, der bisher wenige Kompetenzen hatte, wurden durch einen neuen Rat ersetzt, an dessen Bildung die Zünfte und die nicht zu den Geschlechtern zählenden Kaufleute beteiligt waren.

Die meisten größeren Städte Deutschlands hatten im späten Mittelalter solche oder ähnliche Auseinandersetzungen durchzumachen. Nicht selten wurden dabei die Betroffenen, d. h. die abgesetzten Ratsmitglieder, Bürgermeister usw., aber auch die „Rädelsführer" – sofern der Umsturz nicht gelang – sofort hingerichtet, geblendet oder auf andere Weise „bestraft". Alle Seiten gingen dabei mit nach unseren Vorstellungen recht unmenschlichen Mitteln vor. Die physische Vernichtung des Gegners war das wichtigste Ziel.

e) Die sozialpolitischen Einrichtungen

In der Mitte des 15. Jahrhunderts waren die Bevölkerungsverluste durch die Pest in den meisten größeren Städten durch Zuwanderung wieder in etwa ausgeglichen. Aufgrund der sich damit erneut zuspitzenden wirtschaftlichen Situation begann daher wieder eine Verschlechterung der Einkommensmöglichkeiten der unteren Bevölkerungsschichten. Da diese Zustände sehr verbreitet waren, begann man, vorhandene sozialpolitische Einrichtungen in städtische Regie zu übernehmen oder neue zu errichten:

– In Frankfurt/Main wurde 1437 das Amt eines *Armenpflegers* geschaffen.
– In Antwerpen gab es seit 1458 einen *Armenmeester*.
– In Göttingen wurde im 15. Jahrhundert vom Rat ein *Waisenmeister* eingesetzt, eine „Art von Obervormundschaft über die einzelnen Vormünder" (Roeseler).

Mit der allgemeinen Tendenz der Städte, sich auch – mindestens durch Einrichtung einer Aufsicht – um sozialpolitische Institutionen und Einrichtungen zu bemühen, verlor die Kirche erheblich an Einfluß.

Darüber hinaus sorgte man auch dafür, daß die sonstige *Krankenversorgung* verbessert wurde:

– Seit dem 13. Jahrhundert kann man in einzelnen Städten die *Anstellung von Ärzten* nachweisen. Im 14., spätestens im 15. Jahrhundert hatte jede größere Stadt einen oder mehrere Ärzte, die ein Grundgehalt von der Stadt erhielten (etwa zwei Maurer-Jahreslöhnen entsprechend) und dazu einzelne Gebühren bei vermögenden Kranken einnehmen durften.

– Bereits im 12. Jahrhundert begann die *Einrichtung von Apotheken,* die allerdings auch erst im 14. Jahrhundert eine allgemeine Verbreitung fanden. Sie ersetzten die Kräutersammeltätigkeit der Ärzte, die sich bisher noch selbst mit Arzneimitteln versehen hatten.

– Die im späten Mittelalter häufiger erwähnten *Hebammen* scheinen weniger eine medizinische Geburtshilfe gebracht zu haben, als vielmehr durch Zuspruch für die Mutter und durch Baden des Neugeborenen (daher als Bademutter bezeichnet) tätig geworden zu sein.

Die Verbesserung der Einkommen einiger Bevölkerungsschichten in den Städten und die Vielzahl der Erbfälle im Zusammenhang mit den Seuchen des 14. und 15. Jahrhunderts führten über eine Zunahme der Stiftungen und Spenden zu einem *Ausbau des Hospitalwesens* auch in diesen Jahrhunderten.

Im Bergbau, im Handwerk und in anderen Wirtschaftszweigen außerhalb der Landwirtschaft wurden die bereits vorhandenen Unterstützungseinrichtungen im ausgehenden Mittelalter weiter ausgebaut. Im Bergbau wurden vor allem die Krankenversorgung bei Unfällen, die Kosten einer Heilung, die Beerdigungskosten bei tödlichen Unfällen und die Versorgung der Hinterbliebenen geregelt. Lohnabzüge zum Aufbau eines Verfügungsfonds nahmen zu, Umlageverfahren verringerten ihre Bedeutung.

Im Handwerk wurde die Eheschließung ein wichtiges Instrument der Sozialpolitik. Handwerkerwitwen gaben durch Heirat einem bisher nicht selbständigen Handwerker die Möglichkeit zur Verselbständigung. Damit wurde dann aber auch erreicht, daß die Witwe und die möglicherweise vorhandenen Waisen der zünftigen Unterstützungskasse nicht mehr zur Last fielen.

Die Bruderschaften erfaßten einen weiteren Bereich der Unterstützungsbedürftigkeit.

4. Das öffentliche Finanzwesen

Die *Reichsfinanzen* konnten während des späten Mittelalters nicht verbessert werden, insbesondere konnten der König und das Reich nicht an dem allgemeinen Aufschwung der städtischen Wirtschaft teilnehmen, da die Städte – die ihre Lasten vor allem auf ihre jüdischen Einwohner abzuwälzen verstanden – und die Territorialherren mit Recht befürchteten, daß eine Verbesserung der Einnahmen des Reiches

– ihre eigenen Einnahmequellen schmälern müßte.
– Außerdem war zu erwarten, daß die langfristige Sanierung der Reichsfinanzen von einer Festigung der königlichen Gewalt begleitet werden würde.

Die Städtepolitik verschiedener Könige/Kaiser hatte zwar die wirtschaftliche und politische Kraft der Städte verbessert, diese aber nur in Ausnahmefällen auf Dauer zu einer finanziellen und politischen Stütze des Reiches gemacht. Seit 1422 bemühte man sich seitens des Reiches, durch die Einführung eines „gemeinen Pfennigs" eine unabhängige und dauernd fließende Quelle für die Reichsfinanzen zu erschließen. Zunächst waren diese Hoffnungen aber vergeblich, da die Widerstände zu stark waren.

Die wichtigsten Einnahmen des Reiches waren:

– Städtesteuern (vor allem von Juden).
– Zölle.
– Erträge des (sich immer mehr vermindernden) Reichsgutes.
– Gerichtsgebühren.
– Römerzüge, d. h. auf die einzelnen Stände verteilte Finanzierungsanteile für die Italienzüge der Könige.

Der größte Teil der Ausgaben des Reiches mußte aber von den jeweiligen Königen aus den Erträgen ihres Hausgutes bestritten werden, zumal da ein großer Teil der Einnahmen aus Reichsrecht, insbesondere auch aus Italien, nicht geleistet wurde.

In den *Territorien* wie auch in den *Städten* wurden seit dem 14. Jahrhundert die Finanzverwaltungen (Einsetzung von Rentmeistern usw.) systematisch ausgebaut, da man erkannt hatte, daß die Ordnung der öffentlichen Finanzen eine wichtige Voraussetzung der materiellen Absicherung der eigenen Macht war. Allerdings waren die Erfolge bis zum Ende des Mittelalters noch nicht sichtbar. Sowohl die Städte als auch die Territorialherren finanzierten einen großen

Teil ihrer Ausgaben über *Schulden*. Diese für einmalige Zwecke mögliche und gerechtfertigte Finanzierungsmethode wurde allerdings bald mißbraucht, d. h. es wurde leichtfertig auch dann von Krediten Gebrauch gemacht, wenn langfristige Finanzierungen anstanden, so daß die Überschuldung der städtischen und territorialen Finanzen bald die Regel war. Bis zu 40 v.H. und mehr der laufenden Einnahmen wurden denn auch bald von den meisten öffentlichen Einrichtungen für den Schuldendienst verwendet. Dadurch war die finanzielle Beweglichkeit so stark eingeengt, daß Schulden mit neuen Schulden beglichen werden mußten oder daß man zu einer unterwertigen Ausmünzung des Geldes überging. Der Hofrentmeister Ludwig von Eyb gab seinem Kurfürsten Albrecht Achill von Brandenburg den Rat, die Staatsfinanzen in der Weise zu sanieren, daß je ein Drittel der laufenden Einnahmen für die laufenden Ausgaben, für die Schuldentilgung und für einen Reservefonds verwendet werden sollte. Die Staatsschatzbildung (Reservefonds) war in dieser Zeit (um 1470) ein bekanntes, allerdings wenig angewendetes Mittel zur Vorsorge für unerwartete hohe Ausgaben (Kriege). Der Deutsche Orden bildete bis ins 15. Jahrhundert einen umfangreichen Schatz, König Gustav Wasa von Schweden tat dies im 16. Jahrhundert und die preußischen Könige schufen im 18. Jahrhundert damit die Grundlage ihrer Machtstellung. Die geringe Ergiebigkeit des Geld- und Kreditmarktes, insbesondere auch in Kriegs- und anderen Krisenzeiten, und die im Verhältnis zu den normalen ordentlichen Einnahmen sehr hohen Ausgaben für Kriegskosten ließen das Geldbeschaffungsproblem zu einem kriegsentscheidenden Kernaspekt werden.

Im ganzen war das Steuer- und Abgabensystem sehr unsozial:

— Die *Bauern hatten* je nach Rechtsstellung einen *erheblichen Teil* ihrer Wertschöpfung an die Feudalherren *zu leisten* (meistens etwa 20 v.H., teilweise bis zu 40 v.H. des Ertrages).

— Der *Adel* war zwar nicht gänzlich befreit. Er hatte aber wesentlich *geringere Leistungen* zu erbringen und konnte dies mühelos aus den Abgaben der Hintersassen bestreiten, zumal da er im allgemeinen über die ständischen Vertretungen einen Einfluß auf die Hebesätze hatte.

- Die *städtischen Bürger* hatten direkte *Abgaben mit degressiver Quote* zu erbringen. Der Hauptteil der in den Städten aufgebrachten Mittel kam aus indirekten Abgaben, so daß allgemein eine *stärkere Belastung der ärmeren Schichten* gegeben war. Die Erhöhung, im Durchschnitt vieler Städte Verdopplung, der steuerpflichtigen Vermögen – als Folge der wirtschaftlichen Blüte der Städte, z. B. Eßlingen 1362 = 188.000 Gulden, 1447 = 362.000 Gulden – führte keineswegs zur Ausdehnung des von den direkten Steuern getragenen Anteils der städtischen Ausgaben.

Bei den *Ausgaben* aller öffentlichen Haushalte waren zwei Posten bestimmend:

- Die *Militärausgaben* im weitesten Sinne und
- der *Schuldendienst* (meistens im Zusammenhang mit Militärausgaben entstanden)

machten zusammen in der Regel *mehr als 80 v.H. aller Ausgaben* aus.

Im Ergebnis hatte sich damit auch die Auswirkung der öffentlichen Ausgaben auf die wirtschaftliche Entwicklung gegenüber der Zeit bis ins 14. Jahrhundert nicht geändert. Die *Militärausgaben* führten zwar zu einer *Konzentration der Nachfrage* zugunsten einiger Gewerbezweige (Waffen- und andere Ausrüstungsgegenstände), der größte Teil wurde jedoch als Sold ausgegeben, d. h. überwiegend für Agrargüter verwendet. Die von diesen Militärausgaben ausgehenden *positiven Wirkungen* für die wirtschaftliche Entwicklung wurden aber

- *neutralisiert durch* den gleichzeitigen *Ausfall der Nachfrage des zivilen Sektors* in etwa gleicher Höhe (Verwendung der Staatsausgaben für Militär statt für zivile Zwecke) und
- sogar *ins Negative verwandelt durch* die infolge der Kriege (und Fehden) immer wieder vorgenommene *Vernichtung von Produktionskapital* (Gebäude, Geräte, Vieh, eingesäte Felder usw.) *und Menschen.*

Das Zeitalter der Preisrevolution
(1470 bis 1618)

In den letzten Jahrzehnten des 15. Jahrhunderts und im 16. Jahrhundert sich stark fortsetzend begann folgende, für die wirtschaftlichen und sozialen Verhältnisse entscheidend werdende Entwicklung:

- Die *Entdeckungsfahrten* an der Westküste Afrikas und bald auch die Fahrt über den Atlantischen Ozean gen Westen erschlossen die meisten Teile der Erde und fügten sie in den Warenaustausch Europas ein. Man kann daher von dem Beginn der Weltwirtschaft sprechen, auch wenn der Warenstrom teilweise noch recht einseitig (koloniale Ausbeutung) und gemessen am innereuropäischen Handel nicht sehr umfangreich war.
- Die *Bevölkerungsverluste* der Pestjahre waren in den meisten Teilen Europas und so auch in Deutschland in etwa wieder *ausgeglichen*, so daß unter quantitativen Gesichtspunkten eine weitere Entwicklung der Gesamtwirtschaft erforderlich wurde und auch zu beobachten war (Bevölkerungszunahme von 16 bis 18 auf 28 bis 30 Menschen je qkm = von 9 bis 10 auf 15 bis 17 Mill.).
- Das schon vor 1470 sich entwickelnde *Verlagswesen* wurde im 16. Jahrhundert weiter ausgedehnt.
- Die *Erstarkung der Flächenstaaten* brachte die Voraussetzungen für die politische und wirtschaftliche Machtausübung, die schließlich auch zu einer Verfestigung der inneren Machtstellung der Fürsten gegenüber den Ständen im absolutistischen Staat des ausgehenden 17. und des 18. Jahrhunderts führte (Beginn der merkantilistisch-kameralistischen Wirtschaftspolitik).
- Die geringen Investitionsraten im Gewerbe und in der Landwirtschaft führten dazu, daß die Produktion hinter dem Bedarf an Gütern des Grundbedarfs, vor allem an Nahrungsmitteln zurückblieb, so daß eine Preissteigerung eintrat, die man in der Geschichtsschreibung als *Preisrevolution* bezeichnete.

1. Die Preisrevolution des 16. Jahrhunderts

Für die Mehrzahl der in Deutschland im 16. Jahrhundert lebenden Menschen führte die langfristige Zunahme der Preise und Löhne zu einem Rückgang der Realeinkommen, insbesondere weil die Preissteigerungen für einzelne Warengruppen in Edelmetalleinheiten ausgedrückt sehr unterschiedlich waren, vgl. Abbildung 17. Von 1470 bis 1620 war folgende Verschiebung in den Relationen der Preise und Löhne zu verzeichnen (150 Jahre):

– Getreide plus 260 v. H. (= 0,9 v. H./Jahr).
– Tierische Produkte plus 180 v. H. (= 0,7 v. H./Jahr).
– Löhne plus 120 v. H. (= 0,5 v. H./Jahr).
– Gewerbliche Investitionsgüter plus 80 v. H. (= 0,4 v. H./Jahr).
– Gewerbliche Waren des täglichen Bedarfs plus 40 v. H. (= 0,2 v. H./Jahr).

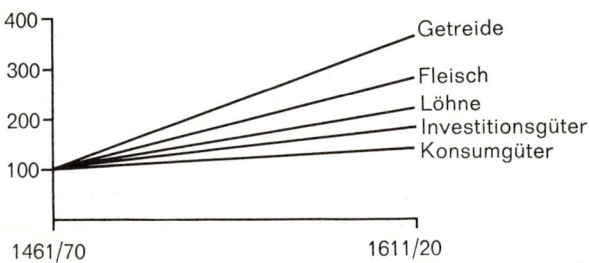

Abb. 17: Entwicklung der Löhne und Preise verschiedener Warengruppen von 1461/70 (= 100) bis 1611/20 in Deutschland

Bedenkt man, daß die *überwiegende Mehrheit* derjenigen, die vom Markt und nicht von der Selbstversorgung in der Beschaffung *von Nahrungsmitteln abhängig* war, 70 v.H. und mehr des (Lohn-)Einkommens dafür, und zwar in erster Linie für Getreideprodukte, ausgeben mußte (vgl. Abbildung 14), dann wird deutlich, daß die einzelnen *Bevölkerungsschichten* von dieser als Preisrevolution bezeichneten Inflation *unterschiedlich betroffen* wurden:

- Diejenigen, die *überwiegend von Lohneinkommen* leben mußten, hatten eine *erhebliche Verminderung der Realeinkommen.*

- Trotz der zunehmenden gewerblichen Produktion war die Produktivitätssteigerung doch nicht so stark, daß für die im Gewerbe Tätigen die (aufgrund der langsamer als die Agrarpreise steigenden Preise für gewerbliche Produkte) sinkenden Einkommenschancen ausgeglichen werden konnten. Beim *Handwerk,* soweit es nicht als Lohnempfänger schon zur ersten hier genannten Gruppe zu zählen ist, gab es *ebenfalls einen erheblichen Rückgang der Einkommen.*

- Die *Bezieher von Agrareinkommen* (Bauern und Feudalherren) waren die eigentlichen Gewinner dieser Inflation, die Bauern allerdings nur soweit nicht die Feudalherren in der Lage waren, die steigenden Agrareinnahmen über eine *Erhöhung der Feudallasten* in ihre Kassen zu lenken. (Eine Erhöhung der bäuerlichen Lasten läßt sich für viele Teile Deutschlands nachweisen.)

- Die *Gruppe*derjenigen, die *mit einer geringen landwirtschaftlichen Nutzfläche* ausgestattet waren und keine Marktquote landwirtschaftlicher Produkte hatten, hatte gegenüber den Lohneinkommensempfängern immerhin den Vorteil, daß sie einen mehr oder weniger großen Teil der benötigten Nahrungsmittel selbst erzeugen konnte. Wegen der fehlenden Marktquote hatten sie keinen Vorteil durch die steigenden Agrarpreise. Erzielten sie ein zusätzliches Lohneinkommen, dann hing die Entwicklung ihrer Realeinkommen davon ab, ob sie mit dem Lohn gewerbliche oder landwirtschaftliche Produkte erwerben mußten und davon, wie sich die Feudallasten entwickelten.

Als *Ursachen für diese Preissteigerungen* kommen in Betracht:

- Eine *Vermehrung des Geldes* (Aufblähen des umlaufenden Geldes = Inflation im eigentlichen Sinn).
- Eine *Zunahme der Nachfrage* aufgrund des starken *Bevölkerungswachstums.*

Als *Quellen der Geldvermehrung* wirkten:

– Die als Geld in Europa umlaufende *Edelmetallmenge* soll sich
  nach verschiedenen Schätzungen von etwa 5.000 t Ag (oder die
  äquivalente Goldmenge) um 1470 auf etwa 20.000 bis 25.000 t
  oder sogar noch mehr um 1618 vermehrt haben. Das Edelmetall
  kam aus den europäischen Bergwerken (etwa 6.000 bis 8.000 t) ˙
  und – vor allem – aus den spanischen Kolonien in Amerika
  (etwa 10.000 t). Bei dieser Zunahme ist bereits berücksichtigt
  worden, daß ein Teil dieses Edelmetalles wieder aus Europa
  abgeflossen ist (z. B. in den Orient). Aufgrund unterwertiger
  Ausmünzungen war die Bargeldvermehrung sogar noch größer,
  was zur Vereinfachung der Darstellung hier und im folgenden
  unberücksichtigt geblieben ist. Die unterwertigen Ausmünzungen werden von manchen (z. B. F. Redlich) als Folge einer
  Silber- (und damit Geld-) Knappheit angesehen, entstanden
  durch eine passive Handelsbilanz Mitteleuropas. Man kann aber
  annehmen, daß sich die je Einwohner verfügbare Edelmetallmenge von 1470 bis 1620 in etwa verdoppelt hatte.
– Eine weitere, überhaupt nicht abschätzbare Vermehrung des
  umlaufenden Geldes fand durch die *Ausdehnung des Buchgeldes*
  statt. Schriftliche Geldzahlungsversprechen in verschiedenen
  Formen ersetzten den Transport von Edelmetallgeld über weite
  Strecken (mit dem Risiko des Raubes) und waren unter den
  Handelspartnern seit dem 15. Jahrhundert immer mehr verbreitet.
  Zahlungsziele (Termine und Orte) waren nicht mehr nur die zu
  bestimmten Zeitpunkten an bestimmten Orten stattfindenden
  Messen, sondern auch immer mehr unabhängig hiervon getroffe-
  ne Vereinbarungen, vor allem auch unter Ausnutzung des Filial-
  netzes großer Handelsunternehmungen (z. B. der Fugger).

Die *Bevölkerungsentwicklung* in Deutschland (in anderen europäischen Ländern verlief die Entwicklung parallel) läßt sich in etwa
folgendermaßen schätzen:

– 1470 = 10 Mill.
– 1560 = 14 Mill.
– 1618 = 17 Mill.

Demnach sind hier zu vergleichen:

- Eine Geldvermehrung um weit mehr als 400 v.H. (einschl. Buch-geld).
- Eine Vermehrung der Bevölkerung um 70 v.H.
- Preis- und Lohnanstiege um 40 bis 260 v.H.

Bei der Abwägung der Ursachen der Preissteigerung ist zu bedenken:

- Das Ansteigen aller Preise und der Löhne, d. h. des gesamten Preis- und Lohnniveaus, spricht für eine teilweise Ausdehnung der Nachfrage aufgrund der Geldvermehrung über das Ausmaß der Bevölkerungszunahme hinaus.
- Das unterschiedliche Ansteigen, die Änderung der Preisstruktur deutet auf eine Änderung der Nachfragestruktur hin, die nur durch die sehr starke Bevölkerungsvermehrung herbeigeführt worden sein kann (Zunahme vor allem der Agrarpreise wegen der geringeren Elastizität der Nachfrage nach Nahrungsmitteln je Einwohner).
- Die Änderung auch der Preisstruktur bei den Agrarprodukten (Getreidepreise stiegen stärker als die Fleischpreise) und das gleichzeitige Zurückbleiben der Löhne weist auf eine Vermin-derung der Realeinkommen und eine stärkere Ausdehnung der Nachfrage nach inferioren Gütern (Getreide, Brot) als nach superioren Gütern (Fleisch, Wein usw.) hin.
- Die Zunahme der Bevölkerung, die aufgrund der Weiterentwick-lung der Arbeitsteilung überproportional steigende Marktquote der Landwirtschaft und das durch steigende Preise infolge zu starker Nachfrage erforderliche zusätzliche Geldvolumen haben einen erheblichen Teil der Geldvermehrung neutralisiert.

Man kann davon ausgehen, daß die *Preisrevolution*

- *zu etwa zwei Dritteln* und mehr auf die *Bevölkerungszunahme* und
- *zu weniger als einem Drittel* auf die *Geldvermehrung* zurück-zuführen ist.

Aufgrund der Geldwertminderungen in den vergangenen zwei Jahrzehnten des 20. Jahrhunderts ist es üblich geworden, die Bezeichnung Preisrevolution für das 16. Jahrhundert in Anführungszeichen zu setzen. Der in den USA und Italien lehrende italienische Wirtschaftshistoriker Cipolla schlug dies bereits 1955 vor. Der deutsche Wirtschaftshistoriker W. Abel (Göttingen), dessen Untersuchungen wir die wichtigsten Erkenntnisse über den äußeren Ablauf und die Ursachen der Preisrevolution zu verdanken haben, äußerte dies in

einer Veröffentlichung 1966, offensichtlich beeindruckt von herabsetzenden Argumenten der Politiker, die die damalige Geldentwertung in der Bundesrepublik (3,1 v.H. für 1965) zu bagatellisieren versuchten. Es ist allerdings fraglich, ob man die – relativ d. h. im Vergleich zu 1965 oder gar zur Gegenwart geringen – Geldentwertungsraten des 16. Jahrhunderts, mit denen der letzten beiden Jahrzehnte in der Bundesrepublik vergleichen kann:
– Die Ursachen der Geldentwertung waren verschieden:
  – Im 16. Jahrhundert war es die Zunahme der Nachfrage aufgrund der Vermehrung der Bevölkerung und des Geldvolumens (Warenknappheit).
  – Heute sind es die Kosten (Preissteigerungen für eingeführte Vorprodukte und Rohstoffe, über das Maß der Produktivitätssteigerung angehobene Löhne, Zunahme der Steuerlast der Wirtschaft) und nur in geringerem Maße die Geldvermehrung.
– Die Erscheinung der Geldentwertung ist ebenfalls eine andere:
  – Im 16. Jahrhundert waren es geringe jährliche Raten und vor allem steigende Nahrungsmittelpreise.
  – Heute sind es höhere Raten und insgesamt zunehmende Preise. Dabei hatten die Nahrungsmittelpreise sogar zeitweise einen unterdurchschnittlichen Zuwachs zu verzeichnen.
– Das Edelmetall ist nicht mehr in gleicher Weise wie in der vorindustriellen Zeit Gradmesser für den Wert von Waren. Die vorherrschende Silberwährung der vorindustriellen Zeit ist seit den 70er Jahren des 19. Jahrhunderts verschwunden, so daß Silber eine Ware wie jedes andere Metall geworden ist. Auch das Gold ist nicht mehr die Grundlage der Währung, wenn teilweise auch noch versucht wird, diese Fiktion aufrechtzuerhalten. Daß auch Gold nicht mehr als Maßstab für einen Vergleich zwischen der vorindustriellen und der industriellen Zeit in Betracht kommt, zeigt folgender Vergleich der Erzeugerpreise für 1 t Roggen:
     1461/1470 =   9 g Au
     1611/1620 = 35 g Au
     1901/1910 = 57 g Au
     1950   = 56 g Au
     1960   = 81 g Au
     1973   = 40 g Au
     1984   = · 12 g Au
Gemessen in Äquivalenten Gold ist das 16. Jahrhundert eine Inflationszeit und sind die letzten Jahrzehnte in der Bundesrepublik eine Deflationszeit gewesen, weil Gold inzwischen ebenfalls eher als Ware betrachtet wird.
– Entscheidend sind die unterschiedlichen Auswirkungen der Inflation des 16. Jahrhunderts und der der letzten Jahrzehnte:
  – Die Inflation des 16. Jahrhunderts benachteiligte die Lohnempfänger und die gewerblichen Produzenten aufgrund des im Vergleich zu den Nahrungsmittelpreisen geringeren Anstiegs der Löhne und der Preise für gewerbliche Produkte. Kapitaleigner wurden nur dann nennenswert benachteiligt, wenn sie das Kapital langfristig angelegt hatten (über mehrere Jahrzehnte).
  – Die Inflation der letzten Jahrzehnte benachteiligt die Eigentümer von Geldvermögen, nicht ganz so sehr aber die Lohneinkommensbezieher, da die Löhne weit stärker stiegen als die Preise, jedenfalls bis 1973.

2. Die Ausweitung des Handels

a) Die Entdeckung der neuen Seewege

Die Bemühungen zur Erforschung bzw. Entdeckung der *Seewege nach Amerika und nach Ostasien* wurde erheblich gefördert durch

- die kriegerischen Auseinandersetzungen zwischen Kaiser Sigismund und Venedig (1412 bis 1433), so daß dadurch der Handelsweg über die Donau und das Gebiet des Schwarzen Meeres für die deutsche Wirtschaft an Bedeutung gewann, und durch
- die Eroberung Konstantinopels durch die Türken im Jahre 1453, denn Konstantinopel war neben Alexandrien und Venedig der wichtigste Umschlagplatz für Orientwaren.

Schon zuvor war der *Handel* mit südasiatischen Waren *nicht ganz reibungslos* erfolgt. Der weite Weg und die zahlreichen politischen Gewalten, die unterwegs den Handel beeinträchtigen konnten, hatten schon immer ein großes Risiko und einen Unsicherheitsfaktor bedeutet. Daher waren die Überlegungen zur Ersetzung dieses Weges bereits seit der Mitte des 15. Jahrhunderts weit fortgeschritten:

- Seit dieser Zeit tasteten sich die Portugiesen langsam an der Westküste Afrikas vor (Erreichen des Golfes von Guinea 1460/70).
- 1486 umsegelte Bartholomäus Diaz als erster das Kap der guten Hoffnung, d. h. die Südspitze Afrikas.
- 1498 erreichte Vasco da Gama Vorderindien bei Calicut (südlich von Bombay).
- 1509/10 wurde Indonesien und bald darauf auch Ostasien in die Handelsbeziehungen einbezogen.

Während die Venezianer das östliche Mittelmeer und den dortigen Handel beherrschten, war man in Genua stärker auf das westliche Mittelmeer ausgerichtet. Es ist daher verständlich, daß Christoph Columbus, ein Genuese, den westlichen Weg nach Indien erforschen wollte. Nachdem die Portugiesen ihre materielle und politische Unterstützung zu diesem Unternehmen abgelehnt hatten, fuhr

Columbus im Auftrage der spanischen Krone gen Westen (1492).
Auch hier gingen bereits Ansätze einer Fahrt nach dem Westen
voraus:

- Diego de Sevilla segelte 1432 bis zu den Azoren.
- Bereits um 1000 hatten Nordgermanen Labrador entdeckt und
  Pining hatte 1472 Neufundland erreicht. Beide Fahrten hatten
  aber nicht die Einbeziehung Amerikas in die europäischen Wirtschaftsbeziehungen zur Folge.

Die Auswirkungen der neuen Handelsbeziehungen werden häufig
überschätzt:

- Der *Orienthandel* über das östliche Mittelmeer *versiegte keineswegs*. Die Transportkosten für den Weg um Südafrika, insbesondere auch die Verluste an Schiffen, waren sehr hoch. Wegen der
  hohen Zollbelastungen auf dem Weg durch den Orient konnten
  beide Handelswege miteinander konkurrieren.
- Die langen und teuren Transportwege erlaubten nicht die Zufuhr
  von Massengütern, etwa von Getreide. (Dies wurde erst unter
  den wirtschaftlichen Bedingungen der zweiten Hälfte des 19. Jahrhunderts möglich.)
- Die zugeführten Waren waren daher je Gewichtseinheit hoch-
  wertig: Gewürze, Edelmetall, Zucker.
- Der Gesamtwert dieser Waren lag jährlich in der zweiten Hälfte
  des 16. Jahrhunderts bei etwa:
  - 200 t Ag aus Amerika und
  - 120 t Ag aus Asien auf der Route um Afrika.
- Vergleicht man diese Schätzung (durchschnittliche Jahreswerte)
  mit dem schon bestehenden innereuropäischen Handel, der bei
  nur einmaligem Umschlag des Geldvolumens in einem Jahr zur
  Jahrhundertmitte etwa bei 15.000 t Ag und am Ende des 16. Jahrhunderts bei mehr als 20.000 t Ag gelegen hat, dann wird deutlich,
  in welch geringem Maß der transozeanische Handel (mit Amerika
  und mit Asien) das gesamte Handelsvolumen Europas beeinflußte.
- Die Beurteilung kann aber auch nach anderen Kriterien erfolgen:
  - Einzelne innereuropäische Warenströme waren weit geringer.

So hatte der jährliche Getreideexport aus dem Ostseegebiet einen Wert von etwa 50 t Ag.

— Die gesamte gewerbliche Produktion der Niederlande ist zur gleichen Zeit auf etwa 350 t Ag zu schätzen (3 Mill. Einwohner; 0,7 Mill. im Gewerbe Tätige; Wert der Produktion je Beschäftigtem etwa 500 g Ag).

— Erst recht ist der Einfluß auf die Schiffahrt groß gewesen. Durch den Sund fuhren jährlich etwa 1500 Schiffe in der Mitte und mehr als 5.000 Schiffe am Ende des 16. Jahrhunderts. Demgegenüber erreichte die Zahl der nach Amerika und nach Ostasien abgehenden Schiffe kaum mehr als 300 jährlich. Die längere Dauer einer Fahrt verschob dieses Zahlenverhältnis jedoch sehr zugunsten der neuen Routen.

— Da der überwiegende Teil der *Einfuhren aus Amerika* aus *Edelmetallen* (vor allem Silber) bestand, wurde dadurch das Warenangebot in Europa nur geringfügig (Herstellung von Silbergeräten) vergrößert. Im allgemeinen brachte dieser Edelmetallzustrom *auch Spanien wenig Vorteil*:

   — Ein großer Teil des *Silbers* wurde *zur Finanzierung der kriegerischen Auseinandersetzungen der Habsburger* in Mitteleuropa (Niederlande) und in Italien wieder ausgegeben, ohne daß damit die Staatsfinanzen des spanischen Königs oder des deutschen Kaisers saniert waren. Die Zahl der Gegner war dazu zu groß (Türkei, Frankreich, Niederlande usw.).

   — Soweit nicht der spanischen Krone die Mittel zuflossen, wurde das Geld *von den Spaniern für gewerbliche Produkte* ausgegeben, die zum überwiegenden Teil aus anderen Gebieten Europas eingeführt wurden. Die spanische Wirtschaft und vor allem auch die gewerbliche Wirtschaft des Landes zeigte, von wenigen Ausnahmen abgesehen (z. B. die Waffenproduktion in Toledo), nach einem kurzfristigen Aufschwung in der ersten Hälfte des 16. Jahrhunderts bald Schrumpfungsmerkmale.

— Die *Einfuhren aus Amerika* bestanden neben Silber vor allem aus Zucker, Gewürze jeglicher Art, Leder usw.

— Die *Ausfuhren nach Amerika* galten verschiedenen Nachfragergruppen:

– *Schiffsbaumaterial* wurde für die Ausbesserung und den Neu-
bau von Schiffen benötigt (einschließlich der Ausrüstungsgegenstände).

– Die umfangreichste *Nachfrage* kam aus der *eingewanderten
spanischen Bevölkerung* (etwa 80.000 bis 100.000 im 16. Jahrhundert). Die Spanier erzielten aufgrund ihres Status als
Kolonialherren ein überdurchschnittliches Einkommen (auf
Kosten der einheimischen Bevölkerung) und fragten daher vor
allem Güter des gehobenen Bedarfs nach.

– *Die einheimische Bevölkerung* hatte zwar ein sehr geringes
Einkommen und war daher zunächst für den Handel aus
Europa relativ unbedeutend. Nach und nach wurde aber mit
der Einordnung in die koloniale Wirtschaft der Spanier auch
hier ein Markt entwickelt, so daß seit dem Ende des 16. Jahrhunderts bis in die Mitte des 19. Jahrhunderts die Leinen-
einfuhr aus Europa einen erheblichen Umfang annahm, was
dort wiederum die Entwicklung der vorindustriellen Gewerbe
(Verlag und Manufaktur) erheblich förderte.

– Wichtig war auch die Einfuhr von *Werkzeug* und anderen Aus-
rüstungsgegenständen, insbesondere *für den Bergwerksbetrieb*
(gefördert durch Einwanderung von Bergleuten aus Europa,
aber nur als Aufseher für die Eingeborenen).

– Ähnlich wie der Handel mit Amerika gestaltete sich auch der
portugiesische *Handel mit Asien*:

– Die *Einfuhr* bestand vor allem *aus Gewürzen, aus Drogen,
Zucker und Baumwolle*. Der Handel war völlig in der Hand der
Portugiesen. Zunächst hatten zwar auch einige italienische und
deutsche Fernhändler Schiffe ausgerüstet und an den Konvoi-
Fahrten teilgenommen. Die Portugiesen bauten aber nach und
nach ihr Monopol aus, und zwar indem der König von Portugal
z. B. den gesamten Gewürzhandel zum Regal erhob. Die Einfuhr nach Europa wurde dadurch verteuert, daß Portugal eine
manchmal weit den Warenwert übertreffende Abgabe auf das
einzelne Gut legte, so daß die portugiesische Krone etwa die
Hälfte des europäischen Großhandelspreises einbehalten
konnte. Diese hohen Gewinne lockten andere Kaufleute ebenfalls nach Indien. Zum Ende des 16. Jahrhunderts waren es die

Niederländer, im 17. Jahrhundert dann die Engländer, die nach und nach den portugiesischen Asienhandel an sich zogen.

— Die *Ausfuhr* nach Asien über Portugal war sehr gering, da der Wert der Gewürze und der anderen Waren in den Produktionsländern nicht hoch lag, so daß nur geringfügige Gegenleistungen erforderlich wurden, sofern man nicht sogar durch Zwangsmaßnahmen einen Teil der Waren beitrieb.

Insgesamt läßt sich damit für die *Auswirkungen* des im 16. Jahrhundert beginnenden *Warenhandels mit Amerika und mit Asien (auf dem Seewege)* feststellen:

— Die Warenzufuhr aus Indien und Südostasien, ferner aus Amerika bereicherte in erster Linie das Angebot von Gütern des gehobenen und des Luxusbedarfs und vermehrte die in Europa umlaufende Geldmenge. Der Lebensstandard der breiten Masse der europäischen Bevölkerung wurde hierdurch nicht verbessert, allenfalls durch die zusätzlichen Impulse für die Verschlechterung des Geldwertes gesenkt.

— Die Warenausfuhr aus Europa nach Übersee begünstigte zwar einige Gewerbezweige in besonderer Weise (Schiffsbau und Schiffsausrüstung, Güter des gehobenen Bedarfes für die neue Herrenschicht in den Kolonien). Sie hatte aber mit einem jährlichen Wert, der kaum über 40 t Ag in der zweiten Hälfte des 16. Jahrhunderts hinausging, auf die gesamte gewerbliche Produktion in Europa und damit auch auf die in Deutschland keinen großen Einfluß.

Entscheidend für diese geringe Bedeutung des neuen Überseehandels im 16. Jahrhundert waren die hohen Transportkosten. Aber auch die freien Schiffskapazitäten auf der Fahrt nach Amerika konnten nicht ausgenutzt werden, da der innere Markt sich in Übersee nur sehr langsam entwickelte. Der Lebensstandard der einheimischen Bevölkerung war und blieb gering, eine breite Nachfrage konnte sich mithin nicht entwickeln.

b) Der Niedergang der Hanse

Der *Niedergang der Hanse* wird allgemein in das *16.* und in das *beginnende 17. Jahrhundert* eingeordnet. Als *Ursachen* für die

geringer werdende Bedeutung des hansischen Handels im Ostsee-
und Nordseegebiet werden meistens genannt: An erster Stelle
- *Politische Gründe:* Durch die Herausbildung oder Erstarkung der
  territorialen Gewalten und deren Handelspolitik wurden
  - die Privilegien der Hansekaufleute gegenstandslos und
  - die Kaufleute selber gegenüber den Konkurrenten aus den
    Niederlanden, aus England oder aus dem eigenen Land be-
    nachteiligt.
  Die Schließung der vier Hansekontore in Antwerpen (2. Hälfte
  16. Jahrhundert), in London (1598), in Bergen (16. Jahrhundert)
  und in Nowgorod (1494) erfolgte zwar nicht sofort. Jedoch wurde
  ihre Bedeutung durch Behinderung der Hanse-Kaufleute nach
  und nach so verringert, daß die Schließung meistens nur noch die
  Besiegelung des schon erfolgten Niedergangs war. Rußland,
  Polen-Litauen, Schweden, England und Frankreich verfolgten
  diese teilweise schon im 15. Jahrhundert beginnende Politik
  (z. B. England ab 1485) der Benachteiligung der Hanse-Kaufleute und der Förderung der eigenen. In England z. B. bis hin
  zur Navigationsakte von 1651 mit späteren Ergänzungen, durch
  die festgelegt wurde, daß Einfuhren nach England nur auf englischen Schiffen oder solchen der europäischen Ursprungsländer
  der Ware erfolgen durften. Diese Akte richtete sich zwar in erster
  Linie gegen die inzwischen die Hanse ablösenden Niederländer.
  Sie spiegelt aber die Grundhaltung der meisten Territorialstaaten
  im 16. und 17. Jahrhundert wider.
- *Entscheidend* wurde aber wohl (da es zunächst zu einer Ausdehnung des niederländischen Handels kam, so daß für die meisten
  Gebiete nach wie vor im 16. Jahrhundert der Handel in fremden
  Händen lag), daß die *Niederländer im 16. Jahrhundert* sich immer
  mehr *von der Hanse abwandten*, zu der sie zeitweise mitgerechnet
  wurden oder mit der sie zusammenarbeiteten. Da die Niederländer aber die wesentlichen Handelsorte und Gewerbezentren
  zwischen Brügge und Amsterdam und auch den Handel auf dem
  Rhein bis Kleve beherrschten, konnten sie die Hansekaufleute
  von den wichtigsten Bezugs- und Absatzgebieten des Westens
  (mit Ausnahme von Salz) abschneiden. Hinzu kamen noch zwei
  weitere Veränderungen:

- In der zweiten Hälfte des 16. Jahrhunderts beeinflußten die niederländischen Glaubensflüchtlinge in den Nordseehäfen (Emden, Hamburg usw.) und in Städten des Rheinlands die Wirtschaftsbeziehungen auch dieser Orte zur Hanse. Der Krieg zwischen den niederländischen und einigen hansischen Städten von 1438 bis 1441 hatte nur zu deutlich die Interessengegensätze gezeigt.

- Die Reduzierung der Macht des Deutschen Ordens, der zeitweise ebenfalls zur Hanse gerechnet wurde (und einen starken Eigenhandel betrieben hatte), beseitigte das Gegengewicht gegen die Hansestädte in dem Gebiet von Danzig bis Reval. Insbesondere Danzig konnte nunmehr seine einzigartige wirtschaftsgeographische Lage an der wichtigen Weichselmündung in der Weise ausnutzen, daß es die bisherigen Konkurrenten, und das waren vor allem die wendischen Städte, behinderte, indem es zugleich die Niederländer bevorzugte. Der umfangreichste Getreidehandel im Ostsee-Nordsee-Gebiet ging von Danzig nach Amsterdam.

- Das *Ausbleiben der Heringsschwärme vor Schonen* vernichtete in der zweiten Hälfte des 16. Jahrhunderts einen wichtigen Zweig des Ostseehandels. Zwar konnte man auf andere Fanggebiete ausweichen (Norwegen, Schottland). Jedoch war Schonen für die wendischen Städte günstiger gelegen. Der Heringsfang wurde durch bis zu 10.000 dänische Fischer betrieben, die Verarbeitung (Konservierung mit Salz) durch bis zu 20.000 Saisonarbeiter, teilweise aus Deutschland. Verpackt wurde die Ware in meistens in den wendischen Städten hergestellten Tonnen. (In der Blütezeit des Heringsfangs vor Schonen in der ersten Hälfte des 15. Jahrhunderts wurden jährlich etwa 100.000 Tonnen mit Heringen gefüllt, und zwar mit etwa 25.000 t Heringen konserviert mit ungefähr 5.000 t Salz). Der Wert dieser Ware belief sich auf etwa 25 t Ag. Es ist nicht sicher, welcher Grund für den Niedergang des Lübecker Handels mit Heringen von Schonen entscheidend gewesen ist:
  - Die Verringerung der Schwärme wird in der Literatur häufig genannt (um 1500 wurde nur noch etwa die Hälfte der Menge von 1400/1450 gefangen).

- Die Verringerung der Nachfrage aufgrund der Konkurrenz des Nordseeherings (von den Niederländern gefördert, da sie durch Lübeck von Schonen ferngehalten wurden) oder durch die Reformation im 16. Jahrhundert.
- *Schiffsbautechnische Gründe* werden schließlich in der Literatur ebenfalls genannt. Die Niederländer haben danach seit dem Ende des 15. Jahrhunderts größere und schnellere Schiffe eingesetzt und damit die Hanse wettbewerbsunfähig gemacht. Ob dieses Argument zutrifft, muß bezweifelt werden. Die Kommunikation zwischen den einzelnen Häfen war recht gut, so daß eine langfristige Überflügelung der Hansekaufleute nicht möglich gewesen wäre. Erst mit der *Fleute* hatten die Niederländer am Ende des 16. Jahrhunderts einen Vorsprung erlangt, der aber auch nach zwei Jahrzehnten ausgeglichen war.

Als *entscheidend für den Niedergang der Hanse* ist wohl anzusehen:

- Die *Erstarkung der Territorialgewalten* (beginnend mit der Niederwerfung der märkischen Städte durch Kurfürst Friedrich II. von Brandenburg im Jahre 1442).
- Das *Sinken der Ordensmacht,* entscheidend mitveranlaßt durch die politische Hinwendung der westpreußischen (Hanse-)Städte (und des Adels) zu Polen.
- *Die Zunahme der Selbständigkeit der niederländischen Städte* (insbesondere der holländischen).
- Das *Zerbröckeln einer nie festgefügten Organisation,* die eigentlich zu fast jeder Zeit genügend innere Differenzen hatte, um durch einen geschickt geführten Stoß von außen, unter Ausnutzung der Zwistigkeiten und Interessengegensätze, auseinanderzufallen.

Das Bild eines einheitlichen und einigen Städtebundes Hanse ist im Grunde durch die Geschichtsschreibung der Zeit vor dem Ersten Weltkrieg überzeichnet. Der letzte Hansetag im Jahre 1669 folgte auf mehrere Jahrzehnte der völligen Inaktivität und konnte auch das nicht mehr beleben, was schon längst verkümmert war.

Im übrigen ging der Handel der Hanse nicht zurück, sondern
- *er stagnierte* im wesentlichen, während sich der gesamte Handel zwischen Ostsee und Nordsee nach der Zahl der Schiffe fast vervierfachte und unter Berücksichtigung der größeren Ladekapazität sogar versechsfachte oder gar noch stärker stieg. Die

Niederländer (und die Engländer) verdrängten also nicht die Hansekaufleute, sondern sie zogen im wesentlichen den Zuwachs des Handelsvolumens an sich. Als Spediteure waren die deutschen Schiffseigner aber immer noch gefragt, so daß der Anteil der deutschen Schiffe an der Sunddurchfahrt nur stagnierte, nicht aber zurückging.

– Aufgrund der Schlechterstellung der Hansekaufleute in zahlreichen Städten, in denen sie „Fremde" gewesen waren (nach Aufhebung der Privilegien, z. B. in Schweden, in Rußland, in Polen und in einigen Nordseeländern), wurde dort tatsächlich der Handel der Hansekaufleute zurückgedrängt. Die übrigen Hansestädte und Hansekaufleute müssen demnach also im 16. Jahrhundert sogar einen – wenn auch geringfügigen und weit hinter dem der Niederländer zurückbleibenden – Aufschwung ihres Handels erreicht haben, vgl. Abbildung 18.

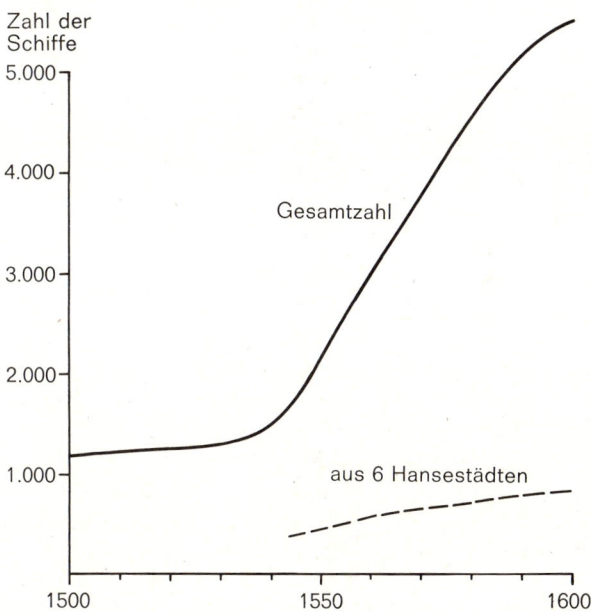

Abb. 18: Zahl der jährlich durch den Sund fahrenden Schiffe im 16. Jahrhundert

Die in Abbildung 18 aufgenommenen Schiffe der sechs Hansestädte waren
beheimatet in Bremen, Hamburg, Rostock, Stralsund, Lübeck und Danzig.
Erheblich zugenommen hatte die Zahl der aus Ostfriesland (insbesondere
Emden) stammenden Schiffe, die von 1547 = 23 auf durchschnittlich 446
Stück 1591/1600 angestiegen war, weil sich in Emden besonders viele
Niederländer, die ihr Land aus Glaubensgründen hatten verlassen müssen,
angesiedelt hatten. Die übrigen Städte hatten
- teils eine Zunahme der den Sund passierenden Schiffe zu verzeichnen
  (Rostock, Stralsund und Lübeck),
- teils eine Verminderung (Bremen und Hamburg),
- teils eine Stagnation (Danzig).
Die Zunahme der Sundfahrten von Schiffen der wendischen Städte hängt nicht
mit einer Umorientierung, etwa Vernachlässigung von Fahrten über den
Stecknitz-Kanal, zusammen. Danzig hatte sich zwar im 16. Jahrhundert zum
größten Getreideexporthafen Europas entwickelt (Zufuhr über die Weichsel
und zahlreiche Nebenflüsse), jedoch keinen aktiven Handel aufgebaut. Vielmehr holten die Niederländer einige hundert Schiffsladungen Getreide jährlich aus den Danziger Speichern, um es von Amsterdam und anderen Handelsplätzen aus in ganz Westeuropa, bei Mißernten bis ins Mittelmeer zu verkaufen. Aus Danzig gingen im 16. und 17. Jahrhundert jährlich 50.000 bis
130.000 t Getreide, zu zwei Dritteln etwa Roggen, nach dem Westen, d. h.
die Grundnahrung von 200.000 bis 520.000 Menschen. Der Zuschußbedarf
der nördlichen Niederlande wurde für das Ende des 16. Jahrhunderts von
G. Schmoller auf jährlich 20.000 t geschätzt. Die starken Abweichungen der
Getreidezufuhr von Jahr zu Jahr
- hingen vom Ernteausfall in den Erzeugergebieten ab.
- Die Niederländer versuchten, mit Hilfe einer Lagerhaltung die Ernteschwankungen teilweise auszugleichen (um in Jahren mit Mißernten und
  hohen Preisen das billige Getreide aus den guten Ernten mit hohem
  Gewinn verkaufen zu können).

c) Das Gesamtbild des mitteleuropäischen Handels

Insgesamt fand mit der wachsenden Bevölkerung und der Ausdehnung der gewerblichen Produktion, ferner mit der Einbeziehung
der überseeischen Gebiete eine *Intensivierung und Ausdehnung des
Handels* statt, wie dies schon durch die steigenden Sundfahrten in
Abbildung 18 für den Warenverkehr zwischen Ostsee und Nordsee
deutlich wurde. Man wird allerdings wohl davon ausgehen können,
daß sich nicht das gesamte Handelsvolumen in der Weise vermehrt
hatte, wie die durch den Sund gefahrene Menge an Handelsgütern,
d. h. nicht auf etwa das Sechsfache. Die *Entwicklung des Handels
hing* zunächst *von zwei Aspekten ab*:

– Der Grad der *wirtschaftlichen Entwicklung* am Anfang einer Periode, insbesondere die Ausnutzung der Selbstversorgungsmöglichkeiten, war ein wichtiger Faktor für die Entwicklung des Handels. Waren die Selbstversorgungsmöglichkeiten weitgehend ausgenutzt, d. h. war bereits eine relativ intensive Marktverflechtung eingetreten, dann wuchs der Handel nicht nur im gleichen Maße wie sich die *Produktionsverhältnisse* entwickelten, sondern überproportional.

– Eine *Bevölkerungsvermehrung* führte ebenfalls zu einer Ausdehnung des Handels, da eine Verdichtung der Bevölkerung je Flächeneinheit die Möglichkeiten der Arbeitsteilung und damit der beruflichen Spezialisierung verbesserte. Dies konnte sowohl intraregional als auch überregional geschehen.

Ein extremes Beispiel dieser beiden Aspekte bieten die nördlichen Niederlande, insbesondere wenn man die Zeit von 1570 an berücksichtigt:
– Die wirtschaftliche Entwicklung dieses seit dem 15. Jahrhundert im verkehrsmäßigen Zentrum des Handels innerhalb Europas gelegene Gebiet war wirtschaftlich bereits soweit entwickelt, daß jede Zunahme der wirtschaftlichen Aktivitäten auch eine gleich große oder fast gleich große Ausdehnung des Handels bedeutete, so daß bei noch bestehenden Selbstversorgungsvorgängen eine überproportionale Zunahme des örtlichen und überörtlichen Handels eintrat.
– Zu dem natürlichen Bevölkerungszuwachs (durch eine die Sterblichkeit übertreffende Geburtenrate) kam eine umfangreiche Einwanderung aus den von den Spaniern durch Kriege überzogenen südlichen Niederlanden (insgesamt sollen etwa 60.000 Menschen aus den südlichen in die nördlichen Niederlande gewandert sein). Da der Boden fast vollständig in Nutzung genommen war, konnte diese Bevölkerung nur noch durch eine (nachweisbare) Intensivierung der landwirtschaftlichen Produktion und durch eine zunehmende Getreideeinfuhr ernährt werden. Man kann davon ausgehen, daß der größte Teil der zunehmenden Bevölkerungszahl fast völlig vom Markt abhängig war und für den Markt arbeitete, so daß hierdurch der Handel überproportional zunahm.

Da die Bevölkerung in allen Teilen Europas im 16. Jahrhundert wuchs, wenn auch teilweise noch von einer wesentlich geringeren Menschenzahl je Flächeneinheit ausgehend, als in den Niederlanden zu finden war, muß angenommen werden, daß aus den beiden genannten Gründen *der Handel* in Europa im Vergleich zum Bevölkerungswachstum überproportional *zunahm*, d. h. *um mehr als 70 v.H.* Damit verbesserten sich auch die Gewinn- und die Einkommenschancen in diesem Wirtschaftszweig. Aufbauend auf der sprunghaften Entwicklung des Handels im späten Mittelalter (bis etwa 1470) konnte jetzt schon auf eine große Zahl von bestehenden Handelsbeziehungen und Einrichtungen zurückgegriffen werden, insbesondere konnten auch die bisherigen Erfahrungen zur Ausdehnung der Handelsaktivitäten ausgenutzt werden. Die *wichtigsten Wandlungen und Intensivierungen im mitteleuropäischen Handel* lassen sich folgendermaßen zusammenfassen:

– Durch die Entdeckung und Ausnutzung der neuen Seewege nach Asien und Amerika *wuchs der Handel Mitteleuropas mit der iberischen Halbinsel.* Der Strom der dort erzeugten Güter wurde ergänzt durch die aus den portugiesischen und spanischen Kolonien herbeigeschafften tropischen Früchte und sonstigen Erzeugnisse bis hin zum Edelmetall. Umgekehrt wurde die Nachfrage nach gewerblichen und auch nach landwirtschaftlichen Gütern durch die hohen Kolonialgewinne stark ausgedehnt. Für die iberische Halbinsel kann man dabei folgende Entwicklung feststellen:

– Zunächst beherrschten die Genuesen die für den spanischen Geldverkehr (und über die Staatsanleihen auch für die Finanzierung der spanischen Macht- und Prachtentfaltung) wichtigen kastilischen Messen (in Medina del Campo, Villalon, Medina del Rioseco). Die Lage dieser Orte (in Altkastilien) weist darauf hin, daß die Genuesen nicht nur den spanischen Mittelmeerhandel (über Barcelona), sondern auch den Handel über Nordspanien beherrschten.

– Bald wurden die beiden Anknüpfungspunkte für den Überseehandel Lissabon (mit der Niederlage für die asiatischen Gewürze) und Sevilla – später Cadiz, der Vorhafen Sevillas – (mit der Casa de Contratation, einer Behörde, die den Handel mit den spanischen Kolonien überwachte) die wichtigsten Stationen auch für den Geldhandel.

– Seit Ende des 16. Jahrhunderts wurde die Schlüsselstellung Portugals und Spaniens nach und nach durch den beginnenden Direkthandel vor allem der Niederlande und Englands aufgehoben, die schon bisher einen großen Teil der Fertigwaren für die Kolonien geliefert hatten.

- Ein Teil des *Handels mit den Überseegebieten* (über Portugal und Spanien) wurde mit Hilfe der *Häfen des Mittelmeers* (Genua, Marseille), der überwiegende Teil (mit Hilfe der Niederländer) *über die Niederlande* in Europa abgewickelt. Die Niederlande wurden die Drehscheibe des Warenaustauschs für die überseeischen und für die Ostseegüter.

- Die kriegerischen Auseinandersetzungen und die Teilung der Niederlande hatten lediglich eine stärkere *Verlagerung des Handels in die nördlichen Niederlande*, vor allem ab 1570, zur Folge. Nach der Erstürmung durch die Truppen des Herzogs Alba 1576 verödete Antwerpen. Die Bedeutung Amsterdams wuchs dadurch noch mehr. Es hatte allerdings auch schon zuvor, seit dem Ende des 15. Jahrhunderts beginnend, seine Position im europäischen Handel erheblich ausbauen können (und behielt diese nur durch London ergänzte einzigartige Stellung bis zum Ende des 18. Jahrhunderts).

- Insgesamt konnten damit die *nördlichen Niederlande in der zweiten Hälfte des 16. Jahrhunderts* einen *erheblichen Aufschwung* ihres Handels verzeichnen, wie er auch schon aus der gestiegenen Zahl der niederländischen Sund-Durchfahrten in Abbildung 18 deutlich wird.

    Der Handel mit Spanien spielte hierbei eine große Rolle:
    - Zwar führten die Niederlande und Spanien gegeneinander Krieg,
    - jedoch waren die Spanier in der zweiten Hälfte des 16. Jahrhunderts von niederländischen Waffen- und Nahrungsmittellieferungen abhängig. Eine Unterbrechung dieses Handelsstromes wurde nicht versucht, weil Spanien erkannte, daß das eigene Land daraus den größeren Schaden genommen hätte.

- Die Zunahme der Bedeutung der nördlichen Niederlande erfolgte nicht auf Kosten der Hanse oder der italienischen und oberdeutschen Städte. Die *Niederlande zogen* lediglich *den Zuwachs des Handels an sich*.

- Während die Bedeutung der Hanse damit relativ zurückging, konnten die *oberdeutschen Städte zunächst ihren Handel noch erheblich verbessern*:
    - Ihre *günstige geographische Lage* zwischen den oberitalienischen und niederländischen Gewerbe- und Handelszentren,

zwischen Rhone-Tal, dem nordöstlichen Frankreich, Osteuropa und Thüringen-Sachsen, vgl. Abbildung 15, gab ihnen Gelegenheit, sich in viele Handelsverbindungen einzuschalten.

- Die Aktivität, die *Bereitschaft,* auch außerhalb des Handels *Produktionszweige in Gang zu setzen* und zu fördern, bot zusätzliche Ansatzpunkte für den Handel (Bergwerke in der Gebirgszone vom Erzgebirge bis zu den Karpaten, in den Alpen, in Spanien und sogar in Übersee; Ausbau des ländlichen Verlagswesens durch Einbeziehung neuer Gebiete: Schlesien, Sachsen, Böhmen und Mähren, schuf hier eine breitere Einkommensbasis und damit zusätzliche Handelsmöglichkeiten; die Metallherstellung in zahlreichen Hüttenbetrieben und die Verarbeitung im Anschluß an die Eisenförderung in der Oberpfalz und im Alpengebiet bereicherte das Güterangebot).

- Die Bereitschaft, den aufgebauten *Fernhandel* mit Waren *durch* einen umfangreichen *Geldhandel zu erweitern* und damit zugleich die Handelsmöglichkeiten zu verbessern, schuf zusätzliche Einkommens- und Gewinnchancen für die Fernhändler, aber auch eine allgemeine Erleichterung des Handelsverkehrs.

Die wichtigsten in der Zeit von 1470 bis 1618 den Handel erweiternden *Warenströme* innerhalb Mitteleuropas waren:
- Nahrungsmittel:
  - *Getreide aus dem Ostseegebiet* in das Nordseegebiet. Allgemein wurde nunmehr mit Hilfe von Speichern versucht, eine kontinuierlichere Versorgung der Menschen in den größeren Orten zu erreichen, z. B. Bau der sog. Kaiserstallung als Kornhaus neben der Nürnberger Burg 1494/95 oder Bau von zwei Getreidespeichern in Zwickau durch den damals reichsten Bürger der Stadt (Martin Römer) und eines dritten durch die Stadt 1580/81.
  - Die Fleischversorgung erfolgte im wesentlichen in drei großen Ochsentrieben:
    (a) Aus Dänemark und Schonen in Richtung Hamburg-Lübeck-Köln und in die Niederlande.
    (b) Aus dem Gebiet zwischen Krakau und Kiew, ferner aus Masowien (nördlich Warschau) über Frankfurt/Oder, Brieg und andere Orte nach Oberdeutschland und Nordhessen, teilweise bis nach Köln.
    (c) Aus Ungarn und der Walachei nach Oberdeutschland und Oberitalien.
- *Gewerbliche Produkte* wurden in wesentlich größerer Vielfalt überregional angeboten, so daß es so eindeutige Warenströme wie bei den Nahrungsmitteln nicht gab. Oberitalien, Oberdeutschland, seit dem Beginn des

16. Jahrhunderts zunehmend auch Sachsen und Thüringen, ferner (in Fortsetzung der seit dem frühen Mittelalter bestehenden überregionalen Produktion) die Niederlande und das deutsche Rheinland waren die wichtigsten Zentren, aus denen Waren in allen Teilen Europas nachgefragt wurden. Besonders bemerkenswert sind folgende Warenströme:

– Aus den Niederlanden und auch über die Niederlande in den Ostseeraum, ein bereits im späten Mittelalter ausgebauter Handel.
– Aus Oberdeutschland kamen seit dem Ende des 15. Jahrhunderts immer mehr Waren in den osteuropäischen Raum. Die wirtschaftliche Entwicklung hatte dort inzwischen ein solches Ausmaß erreicht, daß auch für oberdeutsche gewerbliche Produkte ein immer breiterer Markt entstand, den die oberdeutschen Kaufleute aufgrund ihrer günstigen geographischen Lage und mit Hilfe ihrer Aktivität bald beherrschten, so daß man davon ausgehen kann, daß der für das nördliche Osteuropa (etwa nördlich der Karpaten), d. h. mit einem Zahlungsbilanzüberschuß abschließende Ostseehandel wieder durch die Warenzufuhr aus Oberdeutschland ausgeglichen wurde.

Der gewaltige Aufschwung des Handels im 16. Jahrhundert ist um so erstaunlicher, als in fast allen Teilen Europas und vor allem auch in Mitteleuropa eine Fülle von kriegerischen Auseinandersetzungen immer wieder zu Störungen führten, die nach der Vernichtung von Menschen und Waren zu völligem Neuanfang zwangen. Die politischen und auch teilweise die wirtschaftlichen Kräfte haben durch ihre Machtausübung häufig mehr Schaden gestiftet, als für Sicherheit und Frieden gesorgt. Die kriegerischen Auseinandersetzungen z. B. zwischen den Anrainern der westlichen Ostsee (Schweden, Dänemark, Mecklenburg, Pommern, Lübeck, Holstein) führten dazu, daß die Handelsbeziehungen für lange Zeit völlig unterbrochen wurden. Neben diesen Risiken für den Handel und für Leben und Waren der einzelnen Kaufleute kamen noch die wirtschaftlichen Risiken:

– Die meisten Waren wurden von den Fernhändlern ohne Sicherheit des weiteren Absatzes gekauft und an den Bestimmungsort transportiert. Fraglich war dabei, ob und zu welchem Preis sie verkauft werden konnten.
– Risikoreich war auch die Finanzierung. Viele Geschäfte wurden auf Kredit (oder mit Zahlungszielen) abgewickelt. Notleidend gewordene Schuldner konnten eine ganze Reihe von anderen Kaufleuten in Liquiditätsschwierigkeiten bringen, da die finanzielle Decke des einzelnen meistens nicht groß war.

Wie schnell sich die finanzielle Fundierung von Fernhandelsunternehmen verschlechtern konnte, zeigt Abbildung 19. Da nur Angaben
für einzelne Jahre vorliegen, diese aber sehr abweichende Werte
zeigen, muß auch ein kurzfristig starkes Schwanken angenommen
werden.

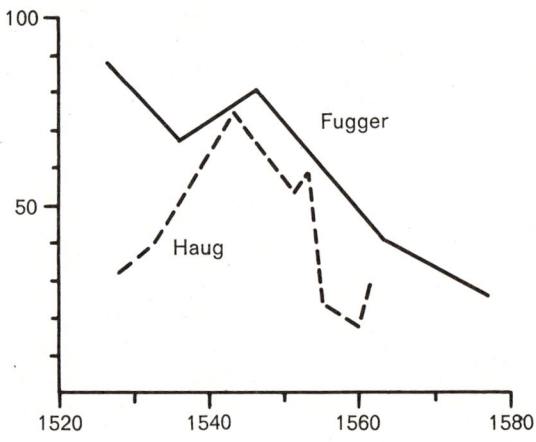

Abb. 19: Eigenkapital in v.H. des Gesamtkapitals bei zwei Handelsunter-
nehmen (Fugger und Haug) aus Augsburg im 16. Jahrhundert
(nach Ehrenberg)

Ein großes Risiko für einzelne Fernkaufleute waren Kredite, die an Fürsten
gewährt worden waren. So hatten Kaufleute die Wahl Karls V. mit 851.000
Gulden (fl.) finanziert (Fugger = 543.000 fl., Welser 143.000 fl., Genueser
und Florentiner Kaufleute = 165.000 fl.). Man tat dies, um durch Privilegien
(Bergwerksregale usw.) zusätzliche Einnahmequellen zu erhalten. Die Fürsten
verwendeten das Geld meistens zur Finanzierung der Kriege (mit denen sie
den Handel aber insgesamt schädigten) oder – im Falle der Wahlgelder
Karls V. – zur Bestechung der Kurfürsten.
Die durch so große Kredite erlangte Labilität der eigenen finanziellen Lage
wurde offensichtlich bewußt in Kauf genommen, denn daß so hohe Kredite

nicht zurückgezahlt werden konnten, muß den Kaufleuten bekannt gewesen sein. Die Fugger hatten z. B. König Philipp II. von Spanien bis 1560 insgesamt 4 Mill. fl. zu einer Verzinsung von 5 % geliehen. Allein die jährliche Zinslast von 200.000 fl. hatte einen Wert von etwa 4.000 bis 5.000 Jahreslöhnen von Maurern der damaligen Zeit.

Zu einem erheblichen Teil ist der *Rückgang der Handelstätigkeit der oberdeutschen Fernkaufleute* und Großunternehmungen darauf zurückzuführen, daß sie

— wie die Hansekaufleute einige Jahrzehnte zuvor in der Ausdehnung der Geschäftstätigkeit aufgrund der *internationalen Konkurrenz* gehemmt wurden. Die fehlende staatliche und damit u. U. auch militärische Absicherung der Handelstätigkeit im Ausland (vor allem nach Übersee) verstärkte dort die Abschirmungsbemühungen der Territorialherren.
— Der *Zwang zur Fremdfinanzierung* wurde – nicht zuletzt aufgrund der umfangreichen Ausgaben für Staatsanleihen – immer größer, so daß damit auch das Risiko bei Geschäftsverlusten durch einen Abruf von fremdem Kapital vergrößert wurde.

Die *Kredit- und Überproduktionskrise am Anfang des 17. Jahrhunderts* traf daher bereits auf einen finanziell nicht mehr stabilen Handel. Gute Ernten in den Jahren 1598, 1599 und 1600 führten zu einem schnellen Preissturz für Getreide, so daß

— die für den Markt produzierenden Großlandwirte (osteuropäische Gutsherren) nicht mehr in der Lage waren, mit den verminderten Einnahmen ihre Schulden (die sie teilweise bei den Fernkaufleuten hatten) zu bedienen.
— Dadurch griff die Krise auch auf den Handel und auf die gewerbliche Wirtschaft über:
  — Die Liquidität der Fernkaufleute wurde eingeengt, soweit sie Darlehen an Großlandwirte gegeben hatten.
  — Die ausfallende Nachfrage der durch sinkende Agrarpreise beeinträchtigten Agrareinkommen wurde nur teilweise durch eine Umschichtung der Nachfrage in den Städten ausgeglichen.

Trotzdem kann man für den Anfang des 17. Jahrhunderts nicht von einer generellen Krise der Wirtschaft sprechen, sondern nur von einer mehrjährigen Anspannung des Geld- und Kapitalmarktes (mit hohen Zinsen), die nachteilig nur für diejenigen war, die sich zuvor in der Hoffnung auf eine dauernde, günstige konjunkturelle Lage (zu) hoch verschuldet hatten.

d) Das Bankwesen und die Anfänge der Versicherungen

Mit der Zunahme des Handels kam es auch zu einer Ausdehnung der Geldvorgänge in der Wirtschaft, wenn auch noch nicht zur Ausbildung eines spezialisierten und von anderen Wirtschaftsunternehmen rechtlich unabhängigen Bankwesens. Jedoch entstand *innerhalb des Fernhandels ein erheblicher Geldhandel*, so daß man diesen Teil schon als *Bankwesen bezeichnen* kann. Die enge Verknüpfung von Waren- und Geldhandel wird bereits aus der *Vorgeschichte* dieses Bankenwesens deutlich. Auch hier boten die *norditalienischen Städte Vorbild* und Anregung:

— *Im 12. Jahrhundert* war in *Venedig* und *Genua* im Zusammenhang mit dem Fernhandel ein *Giroverkehr* entwickelt worden:
  — zunächst zwischen Vertragsparteien am Ort,
  — bald aber auch zwischen verschiedenen Orten.
— Ein wichtiger Anstoß für die Entstehung des *Giroverkehrs* war:
  — die *Gefahr* bei größeren Geldtransporten und
  — die damit verbundene *Unbequemlichkeit,*
  zumal wenn man bedenkt, daß Warentransporte im Werte von mehr als 1 dz Silber(-Münzen) durchaus keine Seltenheit mehr waren.
— Während der Giroverkehr mehr lokal gebunden war, entstand bald auch der *Wechsel.* Der Besucher einer Messe oder einer Handelsstadt zahlte den aus dem Verkauf von Ware erzielten Geldbetrag bei einem *Geldwechsler* oder bei einem Fernhändler ein und erhielt einen Schein, der das Zahlungsversprechen an einem anderen Ort und zu einem späteren Termin enthielt. Dieses System beruhte darauf, daß eine gewisse interlokale Gegenseitigkeit des Handels vermutet werden konnte und für einen interregionalen Zahlungsbilanzausgleich erforderlich war.

— Wichtig waren auch die sog. *Depositenscheine.* Hierin wurde dem Einleger einer Geldsumme (z. B. einem Fernhändler an einem Messeplatz) bestätigt, daß er bei einem dortigen Geldwechsler, Fernhändler usw. einen bestimmten Betrag eingezahlt hat (oder aus einem abgeschlossenen Geschäft einen bestimmten Betrag fordern kann). Diese Depositenscheine (und teilweise auch die Wechsel nach Einführung des Wechselgiros durch die Genuesen) *vermehrten die Menge des umlaufenden Geldes,* sofern

   — diese Scheine gehandelt wurden, d. h. Geldfunktion infolge der Anerkennung ihres Wertes durch die Beteiligten erhielten, und
   — der Geldwechsler oder Fernhändler im Vertrauen darauf, daß das Bargeld nicht sofort und nicht vollständig beansprucht werden würde, einen Teil der Depositen anderweitig verwendete.

— *Die ersten Bankiers* sind die *Fernkaufleute* gewesen, die sich überwiegend mit dem Geldhandel beschäftigten und für die der Warenhandel unbedeutend wurde:

   — Die Familien Crespin und Louchart in Arras sind hier vor allem für das 13. und 14. Jahrhundert zu nennen. Mit dem Niedergang der Champagne-Messen verloren auch sie an Bedeutung.
   — 1401 wurde in Barcelona die „Taula de cambi" (Geldwechsel-Tisch) gegründet. Sie betrieb bereits alle drei genannten wichtigen Bankgeschäfte: Wechsel, Depositen, Giro.
   — 1402 entstand eine Einrichtung des Rates der Stadt Frankfurt/Main mit dem Namen „Wessil", gleich Geldwechsel. Ihre Bedeutung war aber gering.
   — 1408 wurde von den Gläubigern des (überschuldeten) Staates Genua die Casa di S. Giorgio errichtet. Zunächst verwaltete sie die überschuldeten Staatsfinanzen der Stadt im Interesse der Gläubiger, später machte sie auch Bankgeschäfte.

— *Im 16. Jahrhundert* wurde dann vor allem das *Depositengeschäft bei den „Finanziers",* wie die im Geldhandel Tätigen genannt wurden, ausgebaut. Die Fugger erwarben einen Teil ihres Reichtums, indem sie Einlagen von Privatleuten annahmen (und verzinsten), vgl. Abbildung 19, und diese Mittel

   — teilweise zur finanziellen Absicherung des eigenen Handels,

des aufgebauten Verlagswesens im Textilbereich oder auch
der Bergwerksunternehmungen verwendeten oder
– teilweise auch (gegen Zins) ausliehen, z. B. an die Habsburger.
In beiden Fällen bestand für die Fugger und für die sonstigen
Finanziers das *Problem der Kongruenz* der angenommenen und
der investierten oder ausgeliehenen Mittel nach der Menge und
nach den Fälligkeitsterminen. Hier bahnte sich schon in der
zweiten Hälfte des 16. Jahrhunderts eine Entwicklung an, die
schließlich zum Ruin vieler großer Unternehmen führte:
– Die Gelder waren manchmal, vor allem bei einem Kredit an
  die Territorialherren oder gar an den Kaiser, überhaupt nicht
  mehr einzutreiben.
– Der Anteil der Fremdgelder (Depositen) am Gesamtkapital
  hatte immer mehr zugenommen, vgl. Abbildung 19, so daß die
  Anfälligkeit des Unternehmens durch den Abruf von Depositen immer stärker wurde.

Lag der Schwerpunkt des europäischen Kreditwesens um 1470 noch
in Oberitalien (Venedig, Genua und Florenz), so wurde in der ersten
Hälfte des 16. Jahrhunderts vor allem der oberdeutsche Geldhandel
von Bedeutung. Gegen Ende des 16. Jahrhunderts zeichnete sich
eine Entwicklung ab, die sehr stark von der Hinwendung des Fernhandels zum Überseehandel gekennzeichnet war: Die Niederlande,
anfangs noch Antwerpen, bald aber Amsterdam, wurden der zentrale
Geld- und Kapitalmarkt des Kontinents.

Im 16. Jahrhundert sind auch schon die ersten Anfänge *versiche-
rungsähnlicher Einrichtungen* zu finden. Zwei Risiken waren besonders wichtig:
– Die *Seetransportversicherung,* in den Mittelmeerländern entwik-
  kelt, über die Niederlande und England nach Hamburg gekommen, war z. B. mit 16 v. H. Prämie (gemessen am versicherten
  Frachtgutwert) für eine Fahrt zwischen Lissabon und Hamburg
  Ausdruck der hohen Risiken der Seeschiffahrt.
– *Brandgilden* in norddeutschen Städten können als Übergang von
  nachbarschaftlichen Hilfen zu genossenschaftlich organisierter
  Unterstützung angesehen werden.

3. Die gewerbliche Wirtschaft

Die Entwicklung des sekundären Sektors ist *im 16. Jahrhundert* vor allem durch

— die *weitere Ausdehnung der städtischen Gewerbe,*
— die Einbeziehung *neuer Gebiete in das ländliche Verlagswesen* und
— die Bemühungen zur *Erhöhung der Produktion* aus dem Bergbau

gekennzeichnet.

a) Das Handwerk und andere städtische Gewerbe

In der Zeit *um 1470* begann sich die grundsätzliche Situation des städtischen Gewerbes (und der städtischen Wirtschaft überhaupt) zu *ändern.* Ausschlaggebend waren hierfür:

— Der beginnende und sich bis zum Dreißigjährigen Krieg fortsetzende *Bevölkerungsanstieg.*
— Die *Ausdehnung des Exports* aus der gewerblichen Produktion durch den Fernhandel.
— Die Ausbreitung der *verlagsmäßig organisierten Produktion auch bei einigen Handwerken.*
— Die zunehmende *Verbesserung der Produktionstechnik.*

Die städtische Bevölkerung nahm in der Zeit von 1470 bis 1618 nicht so stark zu wie die gesamte *Bevölkerung,* da ein erheblicher Teil des ländlichen Bevölkerungszuwachses durch den Ausbau des Verlagswesens auf dem Lande eine einkommensträchtigere Tätigkeit finden konnte als in den Städten.

Die *Ausdehnung des Exports* betraf vor allem folgende Gewerbezweige:

— Die Herstellung von *Wollgeweben* (Garnherstellung, Gewebeherstellung, Färben, Walken usw.), d. h. vor allem von Tuchen, war im 16. Jahrhundert gerade in den am dichtesten besiedelten Gebieten Mitteleuropas sehr verbreitet: Niederlande, Rheinland (Köln), Süddeutschland, Sachsen (z. B. Zwickau).
— Die *Barchentherstellung* (Flachs und Baumwolle) war in Südwestdeutschland weit verbreitet und wurde vor allem von den Handelszentren in Ulm und Augsburg gefördert.

- Die Produktion von *Flachserzeugnissen* war wegen der engen Verbindung von Flachsproduktion und Verarbeitung weniger in den Städten und mehr auf dem Lande zu finden.
- Neben der Textilherstellung war die *Metallverarbeitung* von großer Bedeutung, bis hin zur Produktion von Kramwaren (Kleineisen- und Kurzwaren).
- Die *übrigen Gewerbezweige* waren vor allem *für den örtlichen Bedarf tätig*: Bauhandwerker, Nahrungshandwerker, Schuhmacher und Schneider, Wagner und andere Gerätehersteller.
- *In manchen Städten* gab es eine zusätzliche *spezielle Ausrichtung* des städtischen Gewerbes aufgrund eines besonderen Bedarfes, z. B. Schiffsbau in Hafenstädten (Danzig usw.) oder Bergbaugeräte in Bergstädten.

Die städtischen Gewerbe hatten sich seit dem späten Mittelalter erheblich aufgefächert. Hans Sachs nennt in seiner „Eygentlichen Beschreibung Aller Stände auff Erden" aus dem Jahre 1568 mehr als 60 Handwerke oder damit vergleichbare Berufe (bis zu Papiermachern und Bildermalern).

Der Anteil dieser einzelnen Handwerkergruppen an der Gesamtzahl der im Gewerbe Tätigen zeigt beispielhaft die Gewerbeexportstadt Zwickau aus dem Jahre 1531:

Tuchgewerbe	53 v.H.
Lederhandwerk usw.	12 v.H.
Metallhandwerk	16 v.H.
Nahrungshandwerk	10 v.H.
Bauhandwerk	4 v.H.
Holzverarbeitungshandwerk	3 v.H.
Sonstiges Handwerk	2 v.H.

Zwickau hatte zu dieser Zeit etwa 8.000 bis 9.000 Einwohner, die Stadt gehörte also zu den größeren Städten Mitteleuropas. Ihre überregionale Bedeutung lag
- vor allem im Textilgewerbe (Tuchmacherei),
- weniger im Metallgewerbe, das sehr stark auf die Versorgung der nahen Bergwerkstädte ausgerichtet war, und
- im Fernhandel, der sich allerdings hauptsächlich auf die Produkte der städtischen Wirtschaft und auf den Silberbergbau in der Nähe (zeitweise Schneeberg) stützte.

Aufgrund der starken Orientierung gerade des *Textilgewerbes auf den Export* kam es in diesem Wirtschaftszweig zu einem weiteren Ausbau des für die Herstellung größerer Mengen günstigen Verlagswesens. Der einzelne Produzent (Spinner, Weber usw.) konnte seine Produkte aus Kostengründen nicht selbst zu den Messen oder gar den letzten Nachfragern in weit entfernt liegenden Städten und Gegenden bringen. Zwei Gruppen von Verlegern bildeten sich nach und nach heraus:

— Der Fernhändler, der sich nicht mit der Produktion befaßte und der die Tuche und andere Erzeugnisse in sein Warensortiment mit aufnahm.
— Ein in der Tuchherstellung Beschäftiger übernahm für andere Tuchmacher den Absatz. Neben einzelnen Tuchmachern kamen hierfür vor allem auch Tuchscherer und sogar die Zünfte selbst in Betracht.

Die zweite Art der Absatzorganisation war im allgemeinen nicht so erfolgreich wie die erste, da der isolierte Handel mit nur einem Gut oder einer Warengruppe den Absatz erheblich verteuerte und wegen der meistens sehr breit gestreuten Absatzgebiete eine zu umfangreiche und damit zu kostspielige Reisetätigkeit erforderte.
Auch in der Metallverarbeitung kam es zur Ausbildung eines städtischen (und häufig auch ländlichen) Verlagswesens, z. B. in der Solinger Messserfabrikation, in der Schwabacher Nadelherstellung, in den Thüringer oder den Siegener Kleineisengewerben.
Eine *Verbesserung der gewerblichen Produktionstechnik* betraf zunächst weniger das Handwerk für den örtlichen Bedarf, sondern war vor allem in den für den Export arbeitenden Gewerben zu finden. Die *Vielzahl von kleineren Verbesserungen* der Produktionsvorgänge und Werkzeuge wurde durch einige wenige besonders deutlich hervortretende technische Neuerungen in den Hintergrund gedrängt:

— Die *Buchdruckerkunst* (mit austauschbaren Buchstaben) und die Buchbinderei verbesserten die Kommunikationsmöglichkeiten entscheidend. Das Bildungswesen erhielt hiervon einen starken Impuls, bis hin zur schnelleren und weiteren Verbreitung von Erkenntnissen über neue Produktionsmethoden und über Organisationsformen des Staates und der einzelnen Betriebe (eine Voraussetzung für die Ausbreitung der für die Landwirtschaft so wichtigen Hausväterliteratur seit dem Ende des 16. Jahrhunderts und für die kameralistischen Gedanken).

– Der *Göpelantrieb* ermöglichte es, auch dort von der Handarbeit (in Grenzen) auf Maschinenarbeit überzugehen, wo bisher Wasserkraft oder Windkraft nicht vorhanden waren oder ihr Einsatz sich nicht rentierte. Die Metallerzeugung und -verarbeitung wurden hiervon am stärksten begünstigt.

– Die Erfindung der *Bohrmaschine* und des *Schraubstockes* kamen vor allem der Geräteproduktion zugute.

– Die Verbreitung des *mit dem Fuß zu bedienenden Spinnrades* hat ebenfalls im 16. Jahrhundert erhebliche Fortschritte gemacht. Die Zahl der je Webstuhl erforderlichen Spinnkräfte verminderte sich von etwa 6 auf wenig mehr als 3 Personen.

– Die Einführung des *Bandstuhles* erleichterte einen weiteren Webvorgang erheblich.

– Seit der Mitte des 16. Jahrhunderts läßt sich für Sachsen die *Anwendung des Eisengusses* nachweisen. Dadurch wurde die Erzeugung von zahlreichen Gebrauchsgegenständen erheblich erleichtert oder gar erst ermöglicht, wenn auch die Herstellung von großen Mengen (z. B. Grabkreuze oder Ofenplatten) erst im 17. und 18. Jahrhundert zu finden war.

In welchem Maße sich durch diese und andere technische Neuerungen die *Produktivität,* d. h. insbesondere die Wertschöpfung *je Arbeitskraft,* des sekundären Sektors *verbessert* hat, läßt sich nur andeutungsweise feststellen:

– Eine Erhöhung der gewerblichen Produktpreise um 40 v.H. bei Verbrauchsgütern und um etwa 80 v.H. bei Investitionsgütern ist zu vergleichen

– mit der Erhöhung der Löhne in der gewerblichen Wirtschaft um etwa 120 v.H. und einer mindestens ebenso großen Zunahme der Gewinne aus der gewerblichen Produktion.

Da der weit überwiegende Teil der gewerblichen Produktion Verbrauchsgüter waren (einschließlich der Textilien), wird man für die gesamte gewerbliche Wirtschaft Preiserhöhungen um etwa 50 v.H. annehmen können, so daß sich die Produktivitätssteigerungen auf *etwa 30 bis 45 v.H. einschätzen* lassen (was sicher teilweise auch auf eine Zunahme der Arbeitszeit zurückzuführen ist).

b) Der Ausbau des ländlichen Verlagswesens

Der Ausbau des ländlichen Verlagswesens umfaßte die beiden schon für die Städte als die wichtigsten für den überregionalen Bedarf bezeichneten Gewerbezweige:

- Das *Textilgewerbe* und
- das *Metallgewerbe.*

Das Metallgewerbe war in den wichtigsten Eisenerzeugungsgebieten zu finden mit einer *engen Verbindung zwischen städtischem und ländlichem Verlagswesen:*

- Das Rheinland zwischen Sauerland und Ardennen.
- Thüringen, Sachsen und Schlesien.
- Böhmen.
- Die Oberpfalz mit der Ausrichtung zur Donau und auf Nürnberg.
- Oberösterreich.
- Steiermark und Kärnten.

Für die genannten Gegenden brachte die weitere Entwicklung des ländlichen Metallgewerbes zusätzliche Einkommensmöglichkeiten, so daß sich die Bevölkerung hier durch Aufnahme des eigenen Zuwachses und des Überschusses anderer Gebiete vermehrte. Dabei war dieses Gewerbe an die Produktionsstätten des Eisens und die Herstellungsorte der Holzkohle (Waldreichtum) gebunden. Hier lag ein wichtiger *Unterschied zu den Produktionsbedingungen im Textilsektor,* für den sich im Grunde alle Gebiete eigneten, da hier der Mensch, nämlich die Arbeitskraft, die wichtigste Voraussetzung der Produktion war, während die Rohstoffe leicht heranzutransportieren waren (geringes Gewicht je Werteinheit) oder auch – jedenfalls bei der Leinenproduktion – auf einer relativ kleinen Fläche erzeugt werden konnten.

Im 16. Jahrhundert wurden zu den vorhandenen Gebieten des ländlichen Verlagswesens in Südwestdeutschland und den Ansätzen im Rheinland (insbesondere im Wuppertal) weitere hinzugefügt:

– Die später im 18. Jahrhundert zur Blüte gelangenden *west-fälischen Leinenerzeugungsgebiete* von Tecklenburg bis Ravensberg und Minden konnten auf einem bereits im hohen Mittelalter bekannten Leinengewerbe aufbauen. Erst im 16. Jahrhundert wurde aber dieses Gebiet in größerem Maße systematisch in die Exportproduktion einbezogen.

– Die Gebirgs- und Vorgebirgszonen von Zwickau bis Reichenberg und Neisse wurden von den oberdeutschen Fernkaufleuten der gewerblichen Produktion erschlossen (Nürnberg), wobei man einen Teil der sich an das Weben anschließenden Arbeitsgänge, insbesondere das Färben oder das Bleichen, in Nürnberg durchführte. Auch hier zeigt sich, daß diese sich anschließenden Arbeitsgänge ein wichtiger Anknüpfungspunkt für die Verlegertätigkeit waren. Man verhinderte oder erschwerte damit, daß die Produzenten sich einem anderen Absatzweg zuwenden konnten, was allerdings mit zunehmender Bevölkerungsdichte im Laufe des 16. Jahrhunderts sowieso immer schwieriger wurde (Überangebot an Arbeitskräften).

Der Absatz fand in starkem Maße nach Übersee statt, da Leinen in tropischen und subtropischen Klimagebieten eine kühlere, angenehmere Kleidung darstellte als Woll- und Baumwollprodukte. Im 16. Jahrhundert wurde der größte Teil der oberdeutschen und der sächsisch-schlesischen Leinwandproduktion aber noch durch die süddeutschen Kaufhäuser im Mittelmeerraum abgesetzt. Der Absatz nach Übersee wurde erst im 18. Jahrhundert und in den letzten Jahrzehnten vor der Industrialisierung im 19. Jahrhundert von grundlegender Bedeutung für die mitteleuropäische Leinenindustrie, wobei dann nach und nach auch die USA als Nachfrager auf dem Markt erschienen.

c) Der Bergbau

Von *1470 bis 1618* war zwar ein weiterer *Anstieg der Preise für gewerbliche Produkte* (Hammer und Meißel) und für Arbeitsleistungen zu verzeichnen, so daß von der Kostenseite der Ausdehnung des Bergbaus weiterhin Hindernisse entgegenstanden. *Aufgrund neuer Techniken* und der Erschließung neuer Gruben wurde aber der *Silberbergbau* wieder *weiter ausgedehnt.* Man kann sagen, daß der Silberbergbau in Mitteleuropa von 1470 bis 1550 seine Blütezeit gehabt hat, und zwar trotz der zunehmenden Einfuhren von Edelmetallen (Münzmetallen) aus Übersee.

Die Angaben über den *mitteleuropäischen Silberbergbau* sind sehr unterschiedlich. Man kann davon ausgehen, daß *etwa folgende Mengen* produziert wurden:

– Etwa *30 t Ag* jährlich aus dem *sächsischen* Gebiet, ab etwa 1540 rückläufig, weil die zugänglichen Vorkommen erschöpft waren (z. B. Schneeberg bei Zwickau).

– Etwa *35 t Ag* jährlich aus *Böhmen, Tirol und Oberungarn* (die Tiroler Silbergewinnung lag hauptsächlich in den Händen der Fugger).

Die *Einfuhren* Europas *aus Amerika* waren vergleichsweise wesentlich höher (jährliche Durchschnitte):

```
1500/1520  =      4 t
1521/1544  =      9 t
1545/1560  =     80 t
1561/1580  =    120 t
1581/1600        270 t
1601/1618  =    250 t
```
Auch die Angaben über die Silbereinfuhren aus Amerika sind recht umstritten. Schmuggel, Unterschlagungen und die Versenkung von Schiffen lassen erhebliche Unsicherheiten als möglich erscheinen.

Als *Gründe für den Rückgang* der Silberproduktion in den genannten europäischen Gebieten, die die wichtigsten in ganz Europa waren, werden meistens genannt:

– Die *zunehmende Konkurrenz aus den amerikanischen Einfuhren* habe zu einer Inflation geführt, so daß die Kaufkraft des Silbers sich verringert hat. Die Produktion in Europa wurde mehr und mehr unrentabel.

– Der *Rückgang der ausnutzbaren Vorkommen* sei entscheidend gewesen. So hatte der um 1460 begonnene Silbererzbergbau in Schneeberg bei Zwickau dazu geführt, daß die Stadt um 1500 immerhin etwa 10.000 Einwohner hatte. Nach der Beendigung des Abbaus in der Zeit um 1540 verminderte sich die Bevölkerungszahl innerhalb weniger Jahre um einige tausend.

Die *Gewinnspannen* (für Unternehmer und Landesherren) lagen bei einigen Gruben *zwischen 10 und 40 v.H.* – nach Abzug der Sach- und der Personalkosten von den Silberwerten. Ein erheblicher Teil hiervon floß in die Kassen der Inhaber des Bergregals, d. h. der Landesherren. Gerade die Tatsache, daß im späten Mittelalter eine Verringerung der Silbererzeugung wegen der sich verringernden Rentabilität eintrat, zeigt, daß die *Gewinnspannen bei einer ganzen Reihe von Gruben sehr niedrig* lagen.

Außer Silber wurden noch *folgende Metalle* im Bergbaubetrieb gewonnen:

– *Eisen* in den im Zusammenhang mit dem Eisengewerbe genannten Gebieten.
– Die *Zinnproduktion* wuchs seit dem Ende des Mittelalters erheblich an. Man schätzt, daß in verschiedenen Gruben Sachsens (Altenberg, Oelsnitz, Lautersbach, Schönbrunn usw.) an der Wende zum 16. Jahrhundert etwa 200 t und mehr im Jahr gewonnen wurden.
– *Zink* wurde vor allem in der Aachener Gegend gefördert (Galmei) und war Grundlage der dort im 16. Jahrhundert sich stark ausdehnenden Messing-Gewerbe.
– *Kupfer* wurde wie schon im ausgehenden Mittelalter am Ostrand des Harzes, in Oberungarn und in Schweden für den deutschen Markt gefördert.

Die *Produktionstechnik* veränderte sich vor allem

– in der *Fördertechnik* (Verbreitung von *Wasserrädern* und *Göpel* als Antrieb für die Erzförderung; Weiterentwicklung der im ausgehenden Mittelalter begonnenen Transporte in *Wagen auf Holzschienen,* und
– der Wasserregulierung (Versuche mit *ersten Pumpen*).

4. Der Frühkapitalismus

Die wirtschaftlichen Erscheinungsformen der beginnenden Neuzeit werden in der Literatur häufig als *Frühkapitalismus* bezeichnet. Man geht dabei im allgemeinen davon aus, daß sich hier *verbunden* haben:

— Eine *Anhäufung von Kapital im Produktionsbereich*
— *mit* einer *erwerbswirtschaftlichen Einstellung*, die W. Sombart als *Wirtschaftsgesinnung* bezeichnet hat.

Die Wirtschaftsgesinnung, auf privat- und individualwirtschaftlicher Basis stehend, sieht als höchstes Ziel die Gewinnmaximierung an, d. h. die Erzielung eines möglichst hohen Ertrages des eingesetzten Kapitals. Nach J. Kulischer löste der *kapitalistische Geist* den *Zunft- und Monopolgeist* ab. Gemeinsam ist beiden, daß sie auf Gewinn ausgerichtet sind:

— der *Zunft- und Monopolgeist* auf einen *genügenden Gewinn*,
— der *kapitalistische Geist* auf einen *möglichst großen*, d. h. auf einen maximalen *Gewinn*.

Es muß jedoch bezweifelt werden, ob die Genügsamkeit des Mittelalters eine freiwillige gewesen ist oder eine aufgrund der geringen Entwicklung der Produktionsverhältnisse erzwungene. Außerdem ist keineswegs ein Übergang

— von der *langsamen Arbeit* und dem *Feiern*
— zu *Fleiß, Sparsamkeit und Rechenhaftigkeit*

vorhanden gewesen, wie Kulischer meint.
Entscheidend war vielmehr:

— Erst mit der *Ausbildung der Stadtwirtschaft* und vor allem mit der parallel verlaufenden *Arbeitsteilung* wurden die Produktionsverhältnisse so weit entwickelt,
— daß sich nunmehr eine *kapitalintensive Wirtschaftsweise* herausbilden konnte.
— Die *Sammlung des Kapitals in der Hand der Fernkaufleute* und Großunternehmer (die erst durch die Kapitalsammlung zu solchen wurden)
    — war bereits Ausfluß der erwerbswirtschaftlichen Gesinnung und

– damit eine wichtige Voraussetzung zur Weiterentwicklung der Wirtschaft (durch die Beschäftigung Kapitalarmer).

Im Gegensatz zu der als Hochkapitalismus bezeichneten Situation im 19. Jahrhundert

– ersetzte das im Zeitalter des Frühkapitalismus gesammelte Kapital nicht Arbeitskräfte, d. h. es verbesserte nicht unmittelbar die Produktivität der Arbeit, wie der Übergang zur Maschinenarbeit im 19. Jahrhundert,

– sondern es wurden zusätzliche, die wirtschaftliche Tätigkeit erweiternde Produktionsbereiche finanziert:

   – Bergbau,

   – Verlagswesen und

   – weiterer Fernhandel.

Auch im 19. Jahrhundert und 20. Jahrhundert wurden zwar zusätzliche Wirtschaftszweige – bis hin zur Automobil- und Elektrobranche – finanziert und aufgebaut. Die Ersetzung der Handarbeit durch Maschinenarbeit und aufgrund dieses produktionstechnischen Fortschrittes die Ersetzung von Arbeitskräften durch Kapital standen am Anfang der sog. industriellen Revolution.

Die *zeitliche Einordnung des Frühkapitalismus* wird *meistens* – im Anschluß an Sombart – für das *16., 17. und 18. Jahrhundert* vorgenommen. Hierbei ist *jedoch* zu bedenken,

– daß das *17. Jahrhundert* zum überwiegenden Teil durch den *Dreißigjährigen Krieg und* die unmittelbar darauf *folgenden Jahre* des Wiederaufbaus so stark gekennzeichnet war, daß man für diese Zeit kaum von einem Kapitalismus sprechen kann, weil die Sammlung von Kapital wieder auf ein sehr niedriges Niveau zurückgeworfen worden war.

– *Das 18. Jahrhundert* ist das Jahrhundert der Blüte des *Kameralismus*, d. h. der staatlichen Aktivitäten, die zwar auch unter dem Gesichtspunkt der Gewinnmöglichkeiten in Gang gesetzt wurden (so achteten die preußischen Könige Friedrich Wilhelm I. und Friedrich II. immer auf eine Verzinsung von mindestens 5 % des investierten Kapitals), jedoch *nicht* von der *Privatinitiative* beherrscht wurden.

Geht man von der hier an den Anfang gesetzten Ausfüllung des

Begriffes Kapitalismus aus, dann wird man von einem *Frühkapitalismus* sprechen können,

– *wenn* ein Unternehmen einen solchen Umfang angenommen hatte, daß das *investierte Kapital langfristig einen weit höheren Gewinn* abwarf *als* die vom *Unternehmer* geleistete *Arbeit* (bei einer seiner Tätigkeit entsprechenden Entlohnung), d. h. wenn das Kapitaleinkommen und nicht mehr die Arbeitsleistung das Einkommen des Unternehmers kennzeichnete. Einen Handwerker, dessen Werkzeug und Werkstatt einen Kapitalwert hatte, der bei einer normalen Verzinsung weit weniger einbrachte als das Einkommen eines Lohnarbeiters, wird man daher nicht als einen Frühkapitalisten bezeichnen können. Nach der marxistischen Terminologie wird man ihn eher als einen kleinen Warenproduzenten einstufen müssen.

– Die *Wirtschaftsgesinnung* ist bei einem Frühkapitalisten *kapitalistisch, wenn* er auf *Gewinnmaximierung und nicht auf Rentendenken* ausgerichtet ist.

Wenn diese beiden Voraussetzungen vorgelegen haben, war die erforderliche Kombination von Kapital (in nennenswertem Umfange) und aktiver Tätigkeit (Unternehmer!) vorhanden.
Die hier umschriebene *Situation hat bei* den einzelnen für den Frühkapitalismus in Betracht kommenden *Wirtschaftszweigen vorgelegen*:

– Beim *Fernhandel* erst, nachdem aus dem Wanderkaufmann, der meistens nur mit wenigen Gehilfen oder gar allein tätig war, ein seßhafter Kaufmann wurde, für den die Disposition (und Spekulation) in den Vordergrund trat und dessen Geschäft eine solche Größe erreicht hatte, daß er sich auf die dispositive Tätigkeit beschränken konnte. Die Anfänge hierfür sind im 12. und 13. Jahrhundert zu finden. In größerer und den Fernhandel damit charakterisierender Weise traten diese Unternehmer jedoch erst im späten Mittelalter auf, d. h. seit der Mitte des 14. Jahrhunderts. Im ausgehenden 15. und im 16. Jahrhundert war der Fernhandel dann in den wichtigsten Handelsströmen fest in der Hand dieser Frühkapitalisten.

– Aufgrund der engen Verbindung von Warenhandel und *Geld-handel* bis weit in die Neuzeit hinein, verlief hier die Entwicklung parallel, so daß in dieser Hinsicht keine Unterscheidung zwischen den beiden Wirtschaftszweigen gemacht zu werden braucht.

– Im *Verlagswesen* zeigte sich die Einbeziehung des sekundären Sektors in die durch den Kapitalismus charakterisierte Organisation der Produktion jedenfalls dann, wenn der Verleger (als Kapitalist) eine Person oder Personengruppe und nicht identisch war mit einem Teil oder allen Produzenten (wie z. B. in dem Fall, daß die Zunft als Verleger fungierte). Auch die Anfänge des Verlagswesens reichen weit ins hohe Mittelalter zurück. Wie im Fernhandel ist aber auch hier erst seit dem 14. Jahrhundert eine so breite Produktionsbasis vorhanden, daß man für das ausgehende 14. und das 15. Jahrhundert von einer kapitalistischen Wirtschaftsweise sprechen kann.

– Für den *Bergbau* gilt ähnliches wie für das Verlagswesen, vielleicht mit dem Unterschied, daß man bereits einige Jahrzehnte früher, im ersten Höhepunkt der Silberproduktion am Anfang des 14. Jahrhunderts, schon von einem Frühkapitalismus sprechen kann, der allerdings ausgeprägter erst im 15. Jahrhundert zu beobachten war.

– In der *Landwirtschaft* ist ein solcher Wesenszug, den man als Frühkapitalismus bezeichnen kann, allenfalls in der Ausdehnung der Gutswirtschaft des 16. Jahrhunderts zu sehen, da auch dies eigentlich ein Abkehren vom Rentendenken des Feudalismus gewesen ist. Allerdings wird man diese Erscheinung nur dann in diese Entwicklung einbeziehen können, wenn man (entsprechend der heutigen Betriebswirtschaftslehre) den Boden als einen Teil des Kapitals ansieht, weil die übrige Kapitalausstattung der Landwirtschaft im 16. Jahrhundert noch zu gering war und die Gutswirtschaft mehr auf der Nutzung der Arbeitskräfte als der des Kapitals beruhte. Die Tatsache, daß gerade auch zahlreiche im Fernhandel reich gewordene Personen einen Teil ihres Kapitals durch den Kauf von Bodenrechten (Eigentum oder Lehen) angelegt haben (z. B. die Fugger, die Welser, aber auch Kaufleute aus Nürnberg, Breslau, Köln und vielen anderen Städten), läßt eine Charakterisierung der Gutswirtschaft des 16. Jahrhunderts – zumal da sie ebenfalls durch eine zielbewußt erhöhte Marktquote der Produktion gekennzeichnet ist – mit gewissen Vorbehalten ebenfalls als eine frühkapitalistische Wirtschaftsweise zu, sofern man dort nach kaufmännischen Gesichtspunkten die Landwirtschaft betrieben hat. Für die Gegend um Breslau wird sogar schon für das 15. Jahrhundert von einer zunehmenden „kapitalistischen" Nutzung (und zwar durch Vieh-

haltung) auf den von Breslauer Bürgern erworbenen Flächen der umliegenden Dörfer gesprochen.

Im ganzen kann man also feststellen,

— daß der Frühkapitalismus mit seiner ersten Phase in das 15. und
  16. Jahrhundert einzuordnen ist.
— Als zweite Phase ist dann die durch die Beeinträchtigungen im
  17. und 18. Jahrhundert geprägte Situation zu bezeichnen.
— Während das ausgehende 18. und das erste Drittel des 19. Jahrhunderts die dritte Phase ist, eine Zeit die man auch bereits als
  die Übergangsphase zum eigentlichen (Hoch-)Kapitalismus anzusehen hat.

Die in der Literatur häufig benutzte Dreiteilung in
— Handelskapitalismus,
— Finanzkapitalismus und
— Industriekapitalismus
läßt sich zwar für einzelne Städte nachweisen, ist aber doch zu wenig mit der
wirklichen Entwicklung in Einklang zu bringen.

Die engen Verflechtungen zwischen den genannten Ansatzpunkten
des Frühkapitalismus ermöglichen eine bildliche Darstellung der
Zusammenhänge zwischen diesen Verbindungen und der Kapitalan-
häufung (Kapitalakkumulation), vgl. Abbildung 20.

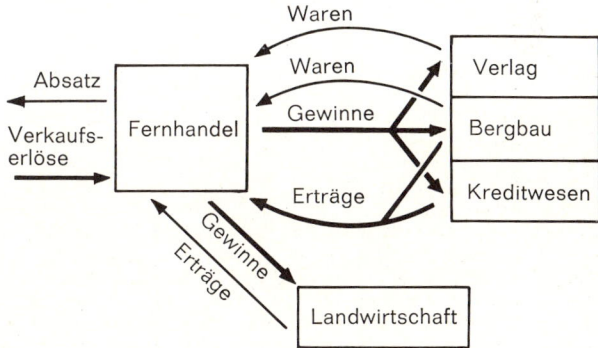

Abb. 20: Waren- und Geldbeziehungen im System der dem Frühkapitalismus
         angehörenden Wirtschaftsbereiche

Abbildung 20 macht deutlich:
- Die aus der Grundrente zur Kapitalakkumulation beitragenden Mittel (der Landwirtschaft) sind nicht sehr umfangreich gewesen. Die Anlage von Handelsgewinnen durch Landkauf in der Landwirtschaft war größer, wobei die Kaufpreise meistens in die Hände von (durch zu starke Ausdehnung des Konsums) verschuldeten Feudalherren floß, genauer gesagt, an deren Kreditgeber. Der Adel war mehr auf den Verbrauch als auf Investitionen ausgerichtet. Die aus Grundrenten und Söldnerführer-Einkommen finanzierten Schlösser der Weser-Renaissance (Hämelschenburg usw.) zeigen dies deutlich.
- Der Fernhandel mit Waren und mit Geld war der eigentlich Gewinne abwerfende Wirtschaftszweig. Dabei ist dieser Fernhandel auch identisch mit der Kapitalsammelstelle für die Gewinne aus dem Verlagswesen und aus den Bergwerken, da der größte Teil dieser Bereiche im Absatz und damit in der Preis- und Gewinngestaltung unmittelbar vom Fernhandel abhing.
- Die Kapitalakkumulation im Fernhandel führte dazu, daß im sekundären Sektor (Gewerbe und Bergbau) neue Produktionen eröffnet wurden, d. h. daß die wirtschaftlichen Aktivitäten erweitert wurden. Der Kapitalismus sorgte für die Ausdehnung der Produktion und damit für die Weiterentwicklung der gesamten Wirtschaft und der Einkommensmöglichkeiten.

Nach Karl Marx ist die erste, „ursprüngliche Akkumulation" des Kapitals durch „Raub" erfolgt. Für den Frühkapitalismus läßt sich dies nicht bestätigen, von Ausnahmen vielleicht abgesehen.

Häufig wird Calvin als einer der großen Initiatoren der kapitalistischen Gesinnung angesehen. Nicht zuletzt aufgrund des hier Dargelegten wird man aber sagen können,
- daß die kapitalistische Gesinnung bereits vor Calvin, und zwar im engen Zusammenhang mit der tatsächlichen Entwicklung entstanden, vorhanden war und
- daß Calvin durch seine theologische Abstützung dieser Wirtschaftsgesinnung ihr erhebliche weitere Impulse gegeben hat. Es kann angenommen werden, daß auch ohne Calvin die bis in die ersten Jahrzehnte des 16. Jahrhunderts in Gang gesetzte Entwicklung ihren Fortgang genommen hätte. Mindestens ist diese Annahme nicht spekulativer als die Einordnung Calvins an den Anfang der frühkapitalistischen Entwicklung.

Der Frühkapitalismus hat jedoch nicht nur positive Aspekte gehabt:

- Die Schaffung von Abhängigkeiten durch die Arbeitsteilung zwischen Verleger und Produzenten (Kapitalist–Arbeiter usw.) war der Kernpunkt, der auch immer wieder zu Streitigkeiten Anlaß gab:
  - Selbst wenn eine Teilung der Tätigkeiten im Verlagswesen von einer Teilung des Kapitals in der Weise ergänzt wurde, daß dem Verlegten die Produktionsmittel (Webstuhl usw., d. h. das Anlagekapital) und dem Verleger die Rohstoffe, Fertigwaren

usw. (d. h. das Umlaufkapital) zuzuordnen waren, befand sich der Produzent in Abhängigkeit, da der Absatz der Produktion nur in seltenen Fällen auf eine andere Weise möglich gewesen wäre und auch die Beschaffung der Rohstoffe (außer bei Flachs) nur unter großen Schwierigkeiten hätte erfolgen können.

— Diese Abhängigkeit bestand erst recht auch dann, wenn die Produktionsmittel dem Verleger gehörten.

— Es ist fraglich, ob ohne solche Abhängigkeiten schaffende Produktionsformen eine solche Blüte der nichtlandwirtschaftlichen Bereiche mit zusätzlichen Einkommensmöglichkeiten im 15. und 16. Jahrhundert hätten entstehen können. Der persönliche Wagemut und das Finden neuer Wege der zu Kapitalisten werdenden Unternehmer sind hier entscheidend gewesen, auch wenn die deutsche Entwicklung auf eine entsprechende, vorhergehende in Oberitalien und in Flandern zurückgreifen konnte, erhebliche Risiken also vermieden werden konnten.

5. Die Landwirtschaft

Die landwirtschaftliche Entwicklung wurde in der Zeit von 1470 bis 1618 beeinflußt und gekennzeichnet durch folgende Faktoren:

— Die *Preisrevolution erhöhte die Agrarpreise* insgesamt und die Getreidepreise in besonderer Weise, so daß die Agrareinkommen generell stiegen (vgl. den einleitenden Abschnitt über „Die Preisrevolution des 16. Jahrhunderts").

— Der infolge der wachsenden Bevölkerung ansteigende Agrarpreis ist Ausdruck der stärkeren Nachfrage nach Agrarprodukten, die zu einer *Ausdehnung der Agrarproduktion* führte.

— In Fortsetzung der bereits im späten Mittelalter in Ostdeutschland begonnenen Entwicklung kam es vollends zur Ausbildung der zweiten Leibeigenschaft als *Änderung der Agrarverfassung*.

a) Die Agrarproduktion

Die Agrarproduktion hatte in der Zeit von 1470 bis 1618 erhebliche *Änderungen* erfahren:

- Die Erweiterung der Produktion geschah vor allem durch eine *Ausdehnung der Flächen.*
- Eine Vermehrung der angebauten Produkte war verbunden mit Verbesserungen auch der Bodenbearbeitung, so daß der *Produktionsprozeß intensiviert* wurde.
- Diese Änderungen führten teilweise zu einer *Umschichtung der Produktion.*

Die *Ausdehnung der Produktionsflächen* erfolgte durch Ausnutzung *verschiedener Quellen*:

- Im späten Mittelalter *wüst gewordene Flächen* wurden wieder in Ackerland verwandelt.
- *Wald- und* teilweise auch *Moorflächen* wurden *urbar* gemacht.
- *An der Nordsee* von Borkum bis Sylt wurde – wie auch in den Niederlanden – versucht, dem Meer *Flächen abzugewinnen.* Nach W. Abel sollen insgesamt etwa 40.000 ha teilweise im späten Mittelalter aufgrund der Vernachlässigung der Deiche (infolge der Knappheit an Arbeitskräften durch die Pest) verlorengegangener Flächen wieder gewonnen worden sein.

Landwirtschaftliche *Nutzfläche war am Ende* der hier betrachteten Periode *knapp* geworden. Dies zeigt insbesondere auch die *Zunahme der unterbäuerlichen Bevölkerung*, d. h. der dörflichen Familien, die nicht mehr mit einer für die Ernährung einer Familie ausreichenden Fläche ausgestattet waren. Man kann davon ausgehen, daß im Durchschnitt ganz Deutschlands diese Bevölkerungsgruppe etwa 20 v.H. der Dorfbewohner umfaßte, und zwar in Westdeutschland mehr und in Ostdeutschland weniger.

Die *Knappheit des Bodens* war teilweise tatsächlich, *teilweise* aber *nur aus rechtlichen Gründen* gegeben. Größere geschlossene Waldgebiete blieben der landesherrlichen oder adligen Jagdleidenschaft vorbehalten, auch wenn sie auf überdurchschnittlich ertragreichen Böden lagen. Darüber hinaus befürchtete man bei einer zu starken

Verminderung des Waldes, daß nicht mehr genügend Brennholz zur Verfügung stehen könnte. Da der Wald häufig mit in die gemeine Weide einbezogen war, ergaben sich auch aus dem Widerstand der Weideberechtigten Grenzen der Ausdehnung des Ackerlandes.

Die *Intensivierung der Bodenproduktion* wurde auf folgende Weise erreicht:

- Eine *Verbesserung der Fruchtfolge* wurde in Teilen des Rheinlandes durchgeführt. Hier ging offensichtlich ein starker *Einfluß von den* schon seit einigen Jahrhunderten dichter besiedelten *Niederlanden* von Arras bis Amsterdam aus. Der Anbau von Blattfrüchten ergänzte die Fruchtfolge, die bisher nur aus Getreide bestand. Angebaut wurden:
  - Leguminosen als Viehfutter und zur menschlichen Ernährung mit günstigen Vorfruchtwirkungen: Erbsen, Bohnen, aber auch schon Luzerne.
  - Rüben und Kohl.
- Die *Nährstoffversorgung des Bodens* wurde durch eine bessere Stalldungpflege, durch eine weitere Verbreitung des Mergelns und schließlich auch durch die Verwendung von Asche verbessert.
- Die innere *Struktur des Bodens* wurde durch die Verwendung von Kompost bereichert. In Nordwestdeutschland ging man sogar dazu über, durch Zufuhr von Erdplaggen oder Erdkompost die Fruchtbarkeit der Böden zu verbessern (Entstehen von Esch- oder Plaggenböden).
- Die *Umwandlung von Ackerland in Gartenflächen* war ein weiteres Mittel zur Erhöhung der Nahrungsmittelernte je Flächeneinheit.
- Neben dem Anbau von Nahrungsmitteln ging man parallel und in Wechselwirkung zur gewerblichen Entwicklung dazu über, *Rohstoffe für die gewerbliche Produktion* zu erzeugen:
  - Textilrohstoffe: Ausdehnung der Flachsanbaufläche zur vermehrten Leinenherstellung. Gerade die enge Verbindung von geringer landwirtschaftlicher Nutzfläche je Familie und verlagsmäßig organisierter Flachsverarbeitung war hierfür sehr wichtig.
  - Rohstoffe zum Färben der Textilien wurden im 15., teilweise auch erst im 16. Jahrhundert immer mehr angebaut: Krapp (rot) in Schlesien

südwestlich von Breslau, am Oberrhein zwischen Straßburg und Speyer und im niederländischen Seeland, Waid (blau) in Thüringen (in der Gegend von Erfurt) und im Rheinland (nordwestlich von Köln).

Änderungen in der Ausrichtung der Produktion, d. h. *Umschichtungen* in der Art der produzierten Güter ergaben sich

— aus der Intensivierung und
— aus der unterschiedlichen Preisentwicklung für landwirtschaftliche Warengruppen.

Durch die *Intensivierung* wurden *Blattfrüchte verstärkt* genutzt, ohne daß aber das Getreide seine beherrschende Stellung als Ackerfrucht verlor. In den meisten Gegenden Deutschlands war aus rechtlichen Gründen (Flurzwang, Weiderechte) das Getreide immer noch die einzige Frucht des Ackerbaus.

Die *Preisverschiebungen*, d. h. die Änderung der Struktur der Agrarpreise führte dazu,

— daß *Getreide stärker angebaut* wurde (Ausdehnung der Ackerflächen auf Kosten der Weiden, auch der gemeinsamen Weiden),
— während die *Viehhaltung nicht im gleichen Maße* stieg, vielleicht sogar in einigen Gegenden abnahm.

Unterstützt wurde die Verbesserung der landwirtschaftlichen Produktion nicht nur *durch*

— die *ökonomischen Bedingungen,* d. h. durch die Preissteigerungen, sondern auch durch
— die in der zweiten Hälfte des 16. Jahrhunderts beginnende *Hausväterliteratur.* Neben Juristen waren es vor allem Pfarrer, die sich publizistisch betätigten, wie überhaupt seit dieser Zeit bis zum Ende des 18. Jahrhunderts die Landgeistlichen, insbesondere der evangelischen Konfessionen, den Neuerungen sehr fortschrittlich zugetan waren:
  — Sie hatten ebenfalls mit dem Pfarr- und dem Kirchenland eine Ackernutzung und bemühten sich, ihre Einnahmen zu verbessern.
  — Vom ausgehenden 16. bis zum Ende des 18. Jahrhunderts würzten sie ihre Predigten mit landwirtschaftlichen Ratschlägen, nicht zuletzt auch um das Schlafbedürfnis der Bauern zu mindern.

Aufgrund der *zunehmenden interregionalen Arbeitsteilung* kam es im 16. Jahrhundert immer stärker zur Herausbildung der *Gewerbeexportgebiete in Westdeutschland* und der *Agrarexportgebiete in Ostdeutschland*. Der *wirtschaftliche Dualismus* wurde durch die bis auf Schlesien fehlende Ingangsetzung gewerblicher Produktion in Ostdeutschland gefördert und soweit entwickelt, daß *im 16. Jahrhundert bereits die Grundlagen für die unterschiedliche Industrialisierung im 19.* und in der ersten Hälfte des 20. Jahrhunderts gelegt wurden.

Eng verbunden wurde mit dieser Agrarexportwirtschaft die ostdeutsche Gutswirtschaft. Sie war eine durch die wirtschaftlichen Verhältnisse herbeigeführte Folge der unterschiedlichen Entwicklung in West und Ost.

b) Die Änderungen in der Agrarverfassung

In der Zeit um 1470/80 begann wieder ein bis zum Dreißigjährigen Krieg währender *Bevölkerungsanstieg*. Die dadurch wachsende Nachfrage nach Nahrungsmitteln *führte zum Ausbau der Gutswirtschaften*. Die Eigenwirtschaften der Grundherren wuchsen

- *durch die Einbeziehung von* durch die Pest *wüst gewordenen Flächen*. Dieser Vorgang setzte in der zweiten Hälfte des 15. Jahrhunderts ein und erreichte seinen Abschluß im ersten Drittel des 16. Jahrhunderts.
- Eine weitere Zunahme der Gutsfläche entstand dann in der Mitte und zum Ende des 16. Jahrhunderts *durch das sog. Bauernlegen,* d. h. durch die Einziehung von landwirtschaftlicher Nutzfläche, die von Bauernhöfen aus bewirtschaftet wurde.

Während die *Freizügigkeit der Bauern* in den meisten ostdeutschen Gebieten bereits *im 15. Jahrhundert beseitigt* worden war (um die Bauern am Entlaufen in die Städte zu hindern), wurde *im 16. Jahrhundert* nun auch das *Besitzrecht verschlechtert*:

– Die meisten ostdeutschen Bauern hatten zur Mitte des 14. Jahrhunderts, d. h. bei Beginn der Pestjahre, ein erbliches Besitzrecht, das die Besitzkontinuität in der Familie sicherte (mit
  Unterschieden im Erbrecht der Söhne und der Töchter).
– In der Zeit nach 1350 war das Erbrecht nicht wichtig gewesen, da
  aufgrund der Knappheit an Menschen jeder Grundherr froh war,
  wenn er Bauern auf seinen Hufen hatte, die das Land bewirtschafteten und Abgaben und Dienste erbringen konnten.
– In der Zeit von etwa 1470 bis 1530 wurde die Nutzfläche der
  Gutswirtschaften auf „wüstes" Land ausgedehnt. Die Bauern
  hatten zusätzliche Dienste auf den vergrößerten Gutsflächen zu
  erbringen. Wichtig war daher auch jetzt die Freizügigkeits-
  beschränkung. Teilweise wurden sogar in dieser Zeit Bauern auf
  noch wüstem Land angesetzt, anfangs, um das Land überhaupt
  in Nutzung zu bringen, später, um die Zahl der Dienstpflichtigen
  zu erhöhen.
– Seit etwa 1530/40 war das verfügbare Land knapp·geworden. Die
  Gutswirtschaften konnten nur noch durch Einziehung von
  Bauernland vergrößert werden. Von den verbleibenden Bauern
  konnten um so mehr Dienste gefordert werden, als diese um den
  Besitz an ihrem Hof bangten und daher auch steigenden Belastungen nachkamen. Die grundherrliche Macht wurde durch eine
  Minderung des bäuerlichen Besitzrechtes (unerbliches Besitzrecht) verstärkt. Im Ergebnis gehörten schließlich etwa zwei
  Drittel der Bauern des Adels zu der Gruppe der nichterblichen
  und nur noch ein Drittel zu der der erblichen Besitzer. Die Frei-
  zügigkeitsbeschränkung wurde mit der steigenden Bevölkerungszahl faktisch unbedeutend, da für den einzelnen Bauern keine
  andere Einkommensmöglichkeit (in den Städten usw.) bestand.

Die *Grenze für das Bauernlegen war der Arbeitsbedarf der wachsenden Gutswirtschaft,* da man nur *selten zur Lohnarbeit* überging.
Immerhin lassen sich schon für die Zeit von 1529 bis 1547 mehr als
tausend polnische Saisonarbeiter (für die Ernte) jährlich in der
Gegend von Breslau nachweisen, ein Gebiet in dem die bürgerlichen
und die adligen Gutsbesitzer bereits zu dieser Zeit viele Bauern
gelegt hatten. Eher griff man auf die gesamte Bauernfamilie zurück,

indem man *vor allem den Gesindezwangsdienst* einführte, die Verpflichtung der Bauernkinder ab 12 oder 14 Jahren, auf Verlangen der Gutsherrschaft als Gesindekräfte in deren Dienste zu treten. *Seltener* galt zunächst der Gesindezwangsdienst als *Vormietrecht,* d. h. daß der Gutsherr die Bauernkinder in seine Dienste nehmen konnte, wenn diese überhaupt einen Dienst außerhalb des Bauernhofes antreten wollten.

In Westdeutschland kam es nicht zu so grundlegenden Änderungen in der Agrarfassung. Trotzdem wurde die Lage der Bauern keineswegs besser, denn auch hier *versuchten die Feudalherren,*

— zunächst die durch die Verringerung der Bevölkerung zurückgegangenen bäuerlichen Leistungen durch eine *Erhöhung der Abgaben und Dienste* je Bauer zu vermehren und,
— nachdem die Bevölkerungszahl im letzten Drittel des 15. Jahrhunderts wieder zunahm, die *eigenen Rechte auszudehnen.*

Die wichtigsten Forderungen der Bauernzusammenschlüsse, die schließlich zu Bauernunruhen und -kriegen führten, zeigen deutlich die sie bedrückenden Punkte:

— Der *Getreidezehnt* sollte nicht mehr dem Feudalherrn, sondern der Kirche zukommen (um so aus den steigenden kirchlichen Mitteln die zunehmende Schicht der Dorfarmen versorgen zu können, die jetzt von der Gemeinde, d. h. zusätzlich von den Bauern mit unterhalten werden mußten).
— Der sog. *Blut- oder Fleischzehnt,* d. h. die auf der Tierhaltung ruhenden Abgaben, sollte gänzlich abgeschafft werden, da offensichtlich die Versorgung der Bauernfamilien selbst — aufgrund der in weiten Teilen Westdeutschlands überwiegenden kleinbäuerlichen Betriebe — in dieser Hinsicht sehr schlecht war, während man sah, in welchem Maße der Herren Tisch durch die Abgaben gedeckt wurde.
— Die *Verminderung der Besitzwechselabgaben* sollte die Belastung der neuen Bauernfamilie ermäßigen und zugleich darauf hinweisen, daß das bäuerliche Besitzrecht zu stärken sei.
— Die Abweisung der Bemühungen der Feudalherren zur *Schmälerung des persönlichen und des Besitzrechtes* (nicht zuletzt unter

dem Einfluß der das römische Recht propagierenden Juristen; Rezeption des römischen Rechts in vielen Teilbereichen). Die Bauern verlangten daher das „alte Recht".

– Die Erhaltung der („alten") bäuerlichen *Rechte an den gemeinsam genutzten Grundstücken* (Weide, Wiese, Wald).

Im Gegensatz zu Ostdeutschland, wo nur wenige Bauernunruhen in dieser Zeit zu verzeichnen waren, kam es in Westdeutschland zu Bauernaufständen seit dem ausgehenden 15. Jahrhundert, die vor allem durch die Verbreitung der Schriften Martin Luthers in der Zeit nach 1517 erheblich zunahmen. Die wichtigsten hiervon betroffenen Gebiete waren Thüringen, Franken, Schwaben und die Alpenländer (Schweiz und Tirol), gegen Ende des 16. Jahrhunderts auch Kroatien (1573) und Oberösterreich (1596).

Die wichtigsten *Triebkräfte der Bauernunruhen* waren:

– Die *Unzufriedenheit mit dem ihre Rechte und wirtschaftliche Beweglichkeit* immer mehr einengenden Feudalsystem, besonders in den Jahrzehnten *um die Wende zum 16. Jahrhundert.*

– *In der zweiten Hälfte des 16. Jahrhunderts* die *Glaubenskämpfe,* in Parallele zu den entsprechenden Auseinandersetzungen auch zwischen den Fürsten und Städten im Reich.

Einen *Erfolg* hatten die *Bauernunruhen* jedoch nur im ersten Punkt. Wenn auch fast 100.000 Personen (Bauern, Familienangehörige, unterbäuerliche Gruppen der Dörfer und Städte) getötet wurden, so wurde doch durch diese Aufstände die Weiterentwicklung zu einer zweiten Leibeigenschaft in Westdeutschland verhindert. Die bäuerlichen Lasten stiegen zwar weiter, teilweise parallel zu den Agrarpreisen. Die bäuerlichen Rechte wurden aber nicht wesentlich verschlechtert, was sicher auch mit auf die zunehmende Bevölkerungszahl zurückzuführen ist, so daß Arbeitskräfte zu niedrigen Löhnen in genügender Zahl zur Verfügung standen.

6. Das öffentliche Finanzwesen

An der Wende zur Neuzeit schien sich für die *Reichsfinanzen* eine günstige Entwicklung anzubahnen:

— Die „Verschreibung und Ordnung des gemeinen Pfenings halben" vom 7. August 1495 brachte die seit dem Anfang des 15. Jahrhunderts (1422) bestehenden Bemühungen um eine ständige Finanzquelle des Reiches zu einem (vorläufig) erfolgreichen Abschluß. Steuerpflichtig waren alle Personen über 15 Jahre. Es wurden vier Steuergruppen nach dem Vermögen des Pflichtigen gebildet:
    — Bei weniger als 500 fl. Vermögen = 1/24 fl./Jahr.
    — Bei 500 fl. Vermögen = 1/2 fl./Jahr.
    — Bei 1.000 fl. Vermögen = 1 fl./Jahr.
    — Juden hatten in jedem Fall 1 fl./Jahr zu entrichten.
— Ab 1507 wurde dann noch der „Kammerzieler" eingeführt, eine von den Reichsständen zu leistende Abgabe zur Finanzierung des Reichskammergerichts.

Während der Kammerzieler bis zum Ende des Heiligen Römischen Reiches relativ regelmäßig erhoben und gezahlt wurde, ergaben sich beim gemeinsamen Pfennig von Anfang an Schwierigkeiten:

— Teilweise wurde von den Territorialherren und Städten die Abgabe überhaupt nicht eingesammelt,
— teilweise wurden die erhobenen Steuern nicht an das Reich abgeführt.

Zudem hatte der König/Kaiser bereits von Anfang an zur Überbrückung seiner Finanzlücken die Einkünfte aus dieser neuen Steuer wie den überwiegenden Teil der vorher bestehenden Einnahmequellen beliehen, verpfändet oder auf anderweitige Weise aus seiner Verfügungsgewalt gegeben.

Im Jahre 1521 ging man daher wieder zur Finanzierung des Reiches durch Matrikularbeträge über, d. h. die einzelnen Fürsten und sonstigen Reichsstände hatten entsprechend den mittelalterlichen Römerzügen einen Anteil eines inzwischen fiktiv gewordenen Ganzen zu entrichten, was aber bei weitem nicht für die Finanzierung der Reichsangelegenheiten, insbesondere die Abwehr der Türken, ausreichte. Als Grundlage für die Berechnung eines Römerzuges wurde ein Heer angenommen mit 4.000 Reitern zu je 12 fl. und mit 20.000 Fußsoldaten zu je 4 fl. Zusammen betrug das Soll also 128.000 fl., was aber keineswegs voll hereinkam. Durch Erlaß wurden diese Einnahmen bis zum Ende des 18. Jahrhunderts nach und nach auf 58.000 fl. ermäßigt. Auch hiervon kam häufig nur etwa ein Viertel zusammen.

Die Bemühungen im Jahre 1522, durch die Einführung eines Reichszolles und durch die allgemeine Besteuerung des Klerus eine kontinuierliche Einnahmequelle zu schaffen, scheiterten ebenfalls am Widerspruch der Reichsstände.

Infolge dieser Situation waren die Könige/Kaiser auch im 16. Jahrhundert weiterhin auf Anleihen angewiesen. Während zunächst noch Territorialherren, Städte und Privatleute (z. B. die Fugger) als Kreditoren auftraten, begann man in der zweiten Hälfte des 16. Jahrhunderts, auch die sich entwickelnden Börsen für Staatsanleihen in Anspruch zu nehmen (im 16. Jahrhundert die Antwerpener und im 17. Jahrhundert die Amsterdamer Börse).

Auch die *Länderfinanzen* waren im 16. Jahrhundert noch nicht langfristig geregelt. Zwar machten sich bei der Durchdringung der Verwaltung mit Juristen, mit der allgemeinen Einführung einer möglichst in allen Landesteilen gleichmäßigen Ämterverwaltung und mit der beginnenden kameralistischen Finanzpolitik die ersten Ansätze einer straffen Finanzverwaltung bemerkbar. Jedoch war der Erfolg noch nicht sehr groß. Die Städte und der Adel konnten noch erreichen, daß nur zu bestimmten Anlässen – etwa bei einem drohenden Krieg, z. B. bei der Verteidigung gegen die Türken – Steuern an den Landesherrn zu entrichten waren. Im 16. Jahrhundert mußte der Territorialherr im allgemeinen noch seine Domänen (Gutswirtschaften und Bauern) als wichtigste Einnahmequellen ansehen. Nur wenige Fürsten hatten aus den Bergwerken so hohe Einnahmen wie der sächsische Kurfürst, dessen Einkünfte 1540 zu mehr als der Hälfte aus diesem Wirtschaftszweig kamen. Ertragreiche Zollstellen gab es nur wenige. Die drei geistlichen Kurfürsten am Rhein bzw. im Rheinland (Köln, Trier, Mainz) hatten einen fast ebenso hohen Anteil aus Zollerhebungen.

Im allgemeinen reichten auch bei den Ländern und bei den Städten die Steuern und die sonstigen ordentlichen Einnahmen nicht aus, um die laufenden Ausgaben finanzieren zu können. Der Widerstand der Steuerschuldner war zu stark, um Steuererhöhungen im erforderlichen Maße durchführen zu können. Daher war bei allen öffentlichen Haushalten im 16. Jahrhundert eine starke Zunahme der Verschuldung festzustellen. Die Städte hatten dazu bereits im späten Mittelalter den Rentenverkauf entwickelt, d. h. gegen den Empfang einer bestimmten Summe Geldes versprachen sie, über eine bestimmte Zeit oder auch „ewig" (= Ewigrente) einen bestimmten Betrag jährlich zu zahlen.

Auch im 16. Jahrhundert wurde vom Reich, von den Territorien und von den Städten der größte Teil der Mittel für Militärausgaben oder für durch Militärausgaben entstandene Schulden aufgewendet.

7. Die sozialpolitischen Einrichtungen

In der Zeit vom Ende des 15. bis zum Anfang des 17. Jahrhunderts wurde die Sozialpolitik vor allem von folgenden Einflüssen berührt:

- Die Reformation brachte eine neue Betrachtung des Armenwesens (Luther in seiner Schrift „An den christlichen Adel Deutscher Nation"): Aus den Armen sollten die arbeitsscheuen Bettler ausgesondert und zur Arbeit angehalten werden. Die verbleibenden Armen sollten von den Städten versorgt werden, und zwar nicht nur sporadisch und zufällig, sondern in geregelter Weise. Die Hilfspflicht der städtischen (und auch der ländlichen) Gemeinden sollte auf diejenigen Armen beschränkt werden, die eine bestimmte Zeit zuvor in der Gemeinde gewohnt haben (eine bis in das 20. Jahrhundert geltende Regel). Die Bedürftigkeit des Armen und nicht die Erringung des Seelenheils des Spenders waren wichtig.

– Mit der Verbreitung der Juristen in der Verwaltung, und zwar in den Städten bereits im 15. Jahrhundert, in den Territorien im 16. Jahrhundert, wurde die Armenpflege gesetzlich geregelt: Die erste nachweisbare Armenordnung wurde für Augsburg am 21. März 1522 erlassen. Innerhalb weniger Jahre wurden ähnliche Regelungen in anderen deutschen Städten eingeführt: Nürnberg 23. Juli 1522, Straßburg und Breslau 1523, Regensburg und Magdeburg 1524, um nur die wichtigsten zu nennen.

– Die Reichspolizeiordnung von 1530 bestimmte in Artikel 34, daß jede Stadt und jede sonstige Gemeinde ihre Armen selbst ernähren und unterhalten sollten. Die Reichspolizeiordnungen von 1548 und 1577 wiederholten dies. Das Subsidiaritätsprinzip stand hinter dieser Regelung: Die Landesherren sollten erst dann zuständig werden, wenn die Gemeinden (einschließlich der Städte) ihre Hilfsmöglichkeiten erschöpft hatten.

– Die im 16. Jahrhundert steigenden Agrarpreise führten dazu, daß die unteren Einkommensschichten in ihrem Lebensunterhalt erheblich eingeengt wurden. Taxordnungen für Brot sollten, wie die Anordnungen Karls des Großen aus den Jahren 794 und 805, die Lebenshaltungskosten auf einem so niedrigen Niveau halten, daß das Armenproblem möglichst klein gehalten werden konnte.

8. Die Grundsituation zum Ende des 16. Jahrhunderts

Insgesamt hatten diese sozialpolitischen Maßnahmen aber nur einen geringen Erfolg. Die ständig wachsende Gruppe der hilfsbedürftigen Personen, der einkommensschwachen Bevölkerungsgruppen in den Städten und auf dem Lande, bedeutete bei den steigenden Agrarpreisen, daß eine zunehmende Verelendung eintrat, die in einem erheblichen Kontrast zu den immer wohlhabender werdenden Grundrentenbeziehern stand.

Die zunehmende Verschlechterung der Einkommenssituation war aber nur das Erscheinungsbild. Die Ursachen sind im wesentlichen in folgendem zu sehen:

- Der Entfaltung der landwirtschaftlichen Produktion waren rechtliche Schranken gesetzt, da es nicht möglich war, neue Produktionsrichtungen (verstärkter Blattfruchtanbau) und neue Produktionsmethoden (Änderung der Fruchtfolge) in der erforderlichen Breite zu verwirklichen. Dies hatte bei einer ständig wachsenden Bevölkerungszahl eine Verschlechterung der Ernährung zur Folge. Die malthusianische Falle (Zuwachs der Nahrungsgüterproduktion in arithmetischer Reihe, Zunahme der Bevölkerung in geometrischer Reihe) wurde nicht erst Ende des 18. Jahrhunderts sichtbar.
- Die mit den steigenden Agrarpreisen wachsenden Agrareinkommen flossen zum weit überwiegenden Teil den Feudalherren zu. Diese Mittel wurden weitgehend konsumiert und nicht investiert, d. h. es kam nicht zu einer Verbesserung und Ausdehnung der landwirtschaftlichen Produktion über den traditionellen Rahmen (Flächenausdehnung) hinaus. Der Anreiz der hohen Preise wirkte sich mithin nur zum Teil auf die landwirtschaftliche Produktion aus.
- Die Entwicklung des sekundären und des tertiären Sektors stand in Abhängigkeit von Änderungen der Produktionstechnik zur Senkung der Produktionskosten, von der Entwicklung der Einkommen der verschiedenen Nachfragergruppen (inländische Nachfrage) und den Exportmöglichkeiten (ausländische Nachfrage): Entscheidende technische Fortschritte waren nicht angewendet worden. Die steigenden feudalherrlichen Einkommen konnten die Einengung der Einkommen breiter Bevölkerungsschichten nicht ausgleichen. Der Export stagnierte zwar nicht. Er wuchs aber zu langsam, um mehr als ein Abbremsen des wirtschaftlichen Abstiegs (Verringerung der Wertschöpfung und damit der durchschnittlichen Einkommen je Einwohner) zu bewirken.

Die geringen Einkommen der unteren Bevölkerungsschicht, d. h. eigentlich der breiten Masse allgemein, da auch Handwerker und Bauern kaum mehr als das Existenzminimum hatten, haben sicher mit dazu beigetragen, daß der Ausdehnung des Fernhandels Grenzen gesetzt waren. Lediglich dort, wo der Export oder die Nachfrage der Feudalherren die gewerbliche Produktion absicherten, war auch am Ende des 16. Jahrhunderts noch eine Blüte des Fernhandels vorhanden. Die Blüte der städtischen Wirtschaft war mit dem ausgehenden 16. Jahrhundert zu Ende. Die weitere wirtschaftliche Entwicklung am Vorabend des Dreißigjährigen Krieges war in eine Krise geraten, die vergleichbar ist mit der des ausgehenden 18. und des beginnenden 19. Jahrhunderts und die dann durch die Industrialisierung, verbunden mit einer Entwicklung des inneren Marktes durch eine allgemeine Verbesserung der Realeinkommen im letzten Drittel des 19. Jahrhunderts und einer Ausdehnung der internationalen Handelsverflechtungen, überwunden wurde. Die technischen und die wirtschaftlichen Möglichkeiten des ausgehenden 16. und des beginnenden 17. Jahrhunderts waren offensichtlich trotz einer Fülle von Entwicklungsansätzen noch zu gering, um auch schon jetzt die Wandlungen des 19. Jahrhunderts in Gang zu setzen.

Die Blütezeit des Kameralismus

Das *17. und das 18. Jahrhundert* wurden entscheidend durch zwei Dinge geprägt:

- Der *Dreißigjährige Krieg* hinterließ ein von Menschen und Produktionsgütern weitgehend entblößtes Land,
- das mit Hilfe einer *aktiven Wirtschaftspolitik* der Territorialstaaten (kameralistische Wirtschaftspolitik) entscheidend neu gestaltet wurde (Ausgleich der Kriegsschäden und -verluste, bald ergänzt um neue Entwicklungen).

1. Der Dreißigjährige Krieg und seine Folgen

Der Dreißigjährige Krieg mit

- den erheblichen Bevölkerungsverlusten,
- der Vernichtung von Produktionskapital und
- der Verwüstung ganzer Landstriche (Beseitigung des Kulturzustandes der landwirtschaftlichen Nutzflächen)

schob die an der Wende zum 17. Jahrhundert immer deutlicher werdende Notwendigkeit einer grundlegenden Änderung der Wirtschaftsverfassung und der Produktionsprozesse um mehr als ein Jahrhundert hinaus.

Die *Beeinträchtigungen der Wirtschaft* durch die Kriegsereignisse waren *räumlich sehr unterschiedlich*:

- Hauptträger der kriegerischen Auseinandersetzungen waren auf seiten der Protestanten die dänischen und die schwedischen Truppen (die allerdings bis zum Kriegsende zum überwiegenden Teil mit deutschen Söldnern aufgefüllt waren). Die Kriegsschauplätze und die Gebiete mit schweren Zerstörungen waren in etwa: Von Pommern und Mecklenburg ein diagonaler Streifen bis in die Pfalz und in die Region um Augsburg, mit einer Verengung in Mitteldeutschland zwischen Leipzig und Magdeburg, ferner Niederschlesien.

– Weniger betroffen waren Bayern, Böhmen, Oberschlesien, Sachsen, Nordhessen und der rheinisch-westfälische Raum östlich einer Linie von Neuß bis Osnabrück.

– Nur geringfügig oder überhaupt nicht beeinträchtigt wurden Schleswig-Holstein, der größte Teil des heutigen Niedersachsen (bis auf das Leinetal und das Harzrandgebiet), ferner Westfalen und das rheinische Gebiet westlich der Linie Osnabrück-Neuß-Köln-Trier.

Wegen der langen Dauer des Krieges kann man auch erhebliche *zeitliche Unterschiede* feststellen:

– Von 1618 bis 1630: Kriegszüge der (katholischen) Liga von Böhmen zur Pfalz und nach Westfalen; Krieg zwischen Kaiser und Dänemark: Südniedersachsen, Mecklenburg und die Gebiete bis Jütland wurden mit Krieg überzogen. Wallenstein stellte ab 1625 für den mittellosen Kaiser ein Heer auf. Im wesentlichen sollte die Finanzierung durch Beute aus den mit Krieg überzogenen Ländern erfolgen. Konsequenterweise wurde damit ein sehr starkes Heer erforderlich (zeitweise bis zu 100.000 Mann), das sich in den fremden Gebieten halten konnte. Das Ergebnis waren Menschen und Sachkapital vernichtende Plünderungen in den eroberten Gebieten.

– 1630 bis 1635: Die bisher mit Polen (um den Einfluß im Ostseegebiet) Krieg führenden Schweden befürchteten das politische und wirtschaftliche Übergewicht der sich in Mecklenburg festsetzenden kaiserlichen Truppen und den Plan des Kaisers, mit Hilfe des zum „Admiral des ozeanischen und baltischen Meeres" ernannten Wallenstein die Seemacht der Niederländer zu brechen. Die kriegerischen Auseinandersetzungen ergriffen jetzt den breiten Streifen von Mecklenburg-Pommern bis Saarbrücken-Augsburg.

– Ab 1635 trat Frankreich in den Krieg ein und begann mit der Plünderung der westdeutschen Gebiete. Im allgemeinen waren aber die (finanziellen) Kräfte und die Heere erschöpft. Es begann die Zeit der Marodeure, der kleinen plündernden Soldatengruppen. Die Unsicherheit, vor allem außerhalb der Städte, war so groß, daß weite Landstriche fast gänzlich unbebaut blieben.

Während in den ersten beiden Perioden einzelne Gebiete Deutschlands mit kurzfristigen, jedoch auch kräftigen Schädigungen bei den einzelnen Kriegszügen der großen Heere heimgesucht wurden, kam es in dieser dritten Periode zu Kämpfen und Plünderungen in fast allen Gegenden Deutschlands. Dies wirkte sich um so schlimmer aus, als

— gerade das flache Land keinen Schutz bot und
— die jährlich mehrmalige Wiederkehr der Schädigungen auch jeden Aufbau unmöglich machte.

Eine Äußerung des in dänischen und französischen Diensten stehenden (1626 verstorbenen) Heerführers Ernst Graf von Mansfeld aus Luxemburg zeigt die schon in den Anfangsjahren des Krieges herrschende Lage: „Es ist unwidersprechlich, daß, wenn den Soldaten der Sold nicht (gezahlt) wird, sie in keiner Kriegsdisziplin zu erhalten sind. Sie und ihre Pferde können nicht von der Luft leben. Alles, was sie an sich tragen, Waffen oder Kleidung, verzehrt sich und zerbricht. Sollen sie es wieder kaufen oder machen lassen, so gehört Geld dazu. Hält man ihnen damit nicht inne, so nehmen sie, wo man es findet, und zwar nicht auf Rechnung dessen, was man ihnen schuldig. Denn sie zählen und wiegen nicht. Und wenn man ihnen also einmal das Tor öffnet, so rennen sie auf den Plan ihrer Unbändigkeit immer fort. Sie nehmen alles, sie zwingen alles, schlagen und erschlagen alles, was ihnen Widerstand tun will. In Summa, da ist kein Unwesen zu erdenken, das sie nicht anstiften. Da schonen sie keiner Person, sie sei wes Standes oder Würden sie wolle. Es ist ihnen kein Ort frei noch heilig: die Kirchen, die Altäre, die Gräber, ja die toten Körper sind vor ihren dieb- und räuberischen Gewalttaten nicht sicher".

Im übrigen waren es nicht nur die Soldaten, die mittels Raub ernährt und ausgestattet werden mußten. Viele Soldaten führten ihre Familien, ihre Geliebten, Marketenderinnen usw. mit. So umfaßte die Armee der Liga in den letzten Kriegsjahren neben etwa 40.000 Soldaten noch 140.000 weitere Personen. Diese große Menschenzahl konnte schon in normalen Jahren nicht zusätzlich aus einem Gebiet versorgt werden. Erst recht war daher unter Berücksichtigung des niedrigen Produktionsniveaus, vor allem der Landwirtschaft, ein fortwährendes Aufsuchen neuer Länder mit Nahrungsmöglichkeiten erforderlich. Die Gesamtzahl der auf diese Weise durch Deutschland Ziehenden kann auf fast 1 Mill. Menschen, d. h. auf 5 bis 10 v.H. der gesamten Einwohnerzahl geschätzt werden.

Aber *nicht nur* die unmittelbaren *Kriegsauswirkungen* vernichteten die Menschen, *sondern auch*

- der Hunger infolge der *Ernteausfälle,* der Vernichtung oder des Abtransportes von Nahrungsmitteln (hier gab es keine kontinuierliche Entwicklung, d. h. Überangebot und Mangel wechselten in manchen Gegenden schnell ab; bald überwog aber der allgemeine Mangel) und

- die *Seuchen* (z. B. die Pest, die Anlaß für den Beginn der Oberammergauer Passionsspiele im Jahre 1633 war).

Besonders hohe Menschenverluste brachten einmalige Ereignisse, z. B.:
- 1631: Bei der Eroberung Magdeburgs durch Tilly wurden etwa zwei Drittel (20.000) der in der Stadt lebenden Menschen (Bewohner und Flüchtlinge vom Lande) niedergemacht, die Stadt durch Plünderungen und Brand fast völlig vernichtet.
- 1634: Bei der Belagerung Augsburgs durch die Kaiserlichen starben etwa 60.000 Menschen in der Stadt, die sich zum überwiegenden Teil vom Land in die Stadt geflüchtet hatten, an Hunger, Seuchen und bei Kampfhandlungen.

Durch die immer wiederkehrenden Kämpfe, Plünderungen und den Durchzug kleinerer Soldatengruppen wurde die Bevölkerungszahl immer mehr reduziert:

- So soll z. B. das Herzogtum Württemberg 1618 etwa 400.000 Einwohner gehabt haben, 1648 jedoch nur noch 50.000.

- In der Grafschaft Henneberg sank die Menschenzahl von 60.000 auf 16.000.

- Im pfälzischen Frankenthal lebten von 18.000 Einwohnern nur noch 324.

- In der schlesischen Stadt Löwenberg (am Bober) war die Einwohnerzahl von 6.500 auf 40 abgesunken. (Die Stadt erreichte erst im 20. Jahrhundert wieder die Bevölkerungszahl von 1618.)

Ganze Ortschaften waren menschenleer. Zwar waren Stadt und Land im allgemeinen unterschiedlich betroffen:

- Die mit einer Mauer versehenen Städte konnten sich vor allem vor kleinen Soldatenhaufen schützen.

- Die Landbevölkerung wurde von sämtlichen Soldatengruppen heimgesucht.

Jedoch waren auch die Wanderungen zwischen Land und Stadt sehr groß, so daß man nur ein sehr grobes Bild der gesamten Menschenverluste hat. Die Verluste auf dem Lande werden im allgemeinen auf etwa 35 bis 40 v.H. geschätzt, die der Städte auf 25 bis 30 v.H., wobei die Städte immer relativ schnell einen Teil der Verluste durch Flüchtlinge vom Lande ausgleichen konnten (insgesamt Rückgang der Bevölkerung in Deutschland von etwa 16 Mill. auf 10 bis 11 Mill. Einwohner).

Die Sachgüter des Landes, vor allem das Vieh waren noch stärker betroffen. Einzelne Ämter der am stärksten heimgesuchten Gegenden in Thüringen, Mecklenburg und Württemberg hatten nicht einmal mehr 10 v.H. des Vorkriegsbestandes an Vieh.

Aber nicht nur die landwirtschaftliche Produktion und das ländliche Gewerbe wurden beeinträchtigt, sondern auch die gewerbliche Produktion in den Städten:

— Die meisten kleineren Städte wurden ebenso zerstört wie die Dörfer.

— Das für den überregionalen Absatz produzierende Gewerbe (auf dem Lande und in den Städten) wurde zum überwiegenden Teil von den Rohstoff- und von den Absatzgebieten abgeschnitten.

Selbst von Kampfhandlungen nicht unmittelbar betroffene Städte wie Köln hatten einen erheblichen Rückgang ihres Handels und ihrer gewerblichen Produktion zu verzeichnen, was auch nicht durch die zunehmende Waffenproduktion ausgeglichen wurde. Als äußeres Zeichen dieser schlechten wirtschaftlichen Situation auch in den nicht eroberten Städten ist die *zunehmende Zahl von Konkursen* anzusehen.

Die schon im 16. Jahrhundert durch den niederländischen und englischen Handel bedrängten norddeutschen größeren Städte (vor allem die ehemaligen hansischen Küstenstädte) verloren noch mehr an Bedeutung, vor allem weil die Beziehungen zum Hinterland gestört waren.

Neben der *Vernichtung der Produktionsstätten*, der *Beeinträchtigung des Handels* und der *Zerstörung des Sachvermögens* brachten noch die mit den Plünderungen durch die Truppen verbundenen *Beutezüge der Heerführer* große Verluste:

— Der aus Deutschland stammende schwedische General Johann Christian Graf von Königsmarck begann seine Laufbahn in völliger Mittellosigkeit. Am Ende des Krieges besaß er ein Vermögen von fast 1 Mill. Taler und ein

Einkommen von etwa 130.000 Talern (in Schweden). Sein letzter Beute-
zug, noch während der Friedensverhandlungen in Münster und Osnabrück
im Juli 1648, mit der Eroberung der „Kleinseite" von Prag (mit dem
Hradschin) erbrachte etwa 12 Mill. fl., teilweise darunter unersetzliche
Kostbarkeiten aus der kaiserlichen Burg wie z. B. die seither in Uppsala
aufbewahrte Bibelübersetzung des Wulfila.

– Der schwedische Feldherr Carl Gustaf Graf von Wrangel (aus einer
  aus Estland nach Schweden eingewanderten Adelsfamilie) baute mit Hilfe
  seiner Beute aus Deutschland an die Stelle des säkularisierten Klosters
  Skokloster ein Schloß von riesigen Ausmaßen (etwa 4.000 qm „Wohn-
  fläche"). Der Bankettsaal mit 325 qm Grundfläche erstreckte sich
  über zwei der drei Geschosse und war als einziger Raum im Todesjahr
  Wrangels 1676 noch nicht vollendet. Das heute dem Tourismus geöffnete
  Schloß birgt eine Fülle von Beutestücken des Grafen. Ein kleineres Schloß
  errichtete Wrangel in Spycker auf der Insel Rügen, als Aufenthaltsort
  während seines Dienstes in der schwedischen Armee nach 1648 im
  schwedisch gewordenen Pommern. 1674/75, vor der Schlacht bei Fehr-
  bellin, hatte Wrangel erneut mit 20.000 Schweden mehrere Monate lang
  die Kurmark ausgeplündert.

Die Truppen der einzelnen kriegführenden Parteien des Dreißigjährigen Krieges begnügten sich aber nicht „nur" mit Plünderungen,
sondern sie forderten auch noch umfangreiche Kontributionen:

– Tilly ließ in Südniedersachsen innerhalb von drei Jahren 2 Mill.
  Taler eintreiben.

– Allein Goslar mußte innerhalb eines Jahres 544.000 Taler auf-
  bringen.

Manche Städte und Gebiete versuchten, sich durch solche Kontributionen von Plünderungen freizukaufen:

– Der Graf von Oldenburg lieferte sogar zusätzlich (Schlacht-)
  Ochsen und Pferde.

– Süd- und westdeutsche Städte und Ämter verschuldeten sich im
  benachbarten Ausland oder bei größeren Städten und wurden
  dann doch geplündert, so daß sie (nun nicht mehr bedienbare)
  Schulden und umfangreiche Schäden und Menschenverluste
  hatten.

Insgesamt hinterließ der Dreißigjährige Krieg ein verwüstetes Land
mit einer völlig heruntergekommenen Wirtschaft, ein idealer Ansatzpunkt für eine aktive Wirtschaftspolitik des Staates oder des ihn
repräsentierenden Fürsten. Zugleich war – z. B. nach Ansicht von
J. Schumpeter – damit die Weiterentwicklung der Wirtschaft durch

freie Unternehmer im Gegensatz zu England und Frankreich unterbunden oder wenigstens behindert worden. Schumpeter übersieht hierbei jedoch, daß diese Entwicklung – die zum Rückstand Deutschlands im späteren Industrialisierungsprozeß mit beigetragen hat – bereits zum Ende des 16. Jahrhunderts einsetzte, u. a. gerade weil eine machtmäßige Absicherung der Handelsverbindungen nicht gegeben war, der Staat also den Frühkapitalismus nicht oder nicht genügend unterstützte.

2. Die kameralistische Wirtschaftspolitik

Eine staatliche Wirtschaftspolitik hat es zu fast jeder Zeit gegeben. Im Prinzip war auch das Fehlen einer staatlichen Aktivität als eine besondere Art der Wirtschaftspolitik anzusehen. Der Merkantilismus und seine deutsche Variante, der Kameralismus, sind jedoch *Systeme der Wirtschaftspolitik* gewesen, die erstmals *recht umfassend* waren:

— Die *Förderung der Wirtschaft im eigenen Land* sollte *mit Hilfe*
  — *der Zollpolitik* (Beeinflussung des Außenhandels) und
  — durch die *Verbesserung der Wirtschaftsstruktur* (Förderung einzelner Wirtschaftszweige und teilweise systematische Verbesserung der Wirtschaftsstruktur)
  geschehen.
— *Zugleich* sollte damit die *Wirtschaft der anderen Länder beeinträchtigt* werden.

Leitgedanke war bei den meisten Personen, die bewußt gestaltend an dieser Wirtschaftspolitik beteiligt waren, die *Verbesserung der eigenen Staatseinnahmen zur Ausdehnung* und Festigung *der eigenen Machtposition*. Im Grunde war dies ein Gedanke, der z. B. bereits bei den slawischen Fürsten verbreitet war, die deutsche Bauern und Stadtbewohner systematisch in ihrem Land ansiedelten, um so die Wirtschaftskraft ihres Landes und damit die naturalen und monetären Staatseinnahmen zu stärken (Ostkolonisation).

Der *Begriff Merkantilismus* ist von *Adam Smith* (1723 bis 1790) geprägt worden. Er bezeichnete so die von ihm abgelehnte Wirtschaftspolitik, die als Handels- oder Merkantilsystem bezeichnet wurde und in deren Mittelpunkt die Lehre vom Geld stand. *Danach war ein Land mit viel Geld* (Edelmetall) *ein reiches Land* (so wie ein Privatmann mit viel Geld als reich gilt). Der Reichtum, d. h. die Geldmenge im Inland sollte *durch einen Ausfuhrüberschuß* an Waren *erreicht* werden, d. h. durch eine Geldverminderung in anderen Ländern aufgrund einer *aktiven Handelsbilanz*.

Gustav Schmoller (1838 bis 1917) und Eli F. Heckscher (1879 bis 1952) hoben bei der Interpretation der merkantilistischen Lehre zwei andere Gesichtspunkte als Adam Smith hervor:
- Das Geld ist nicht als solches Reichtum, sondern es repräsentiert den Reichtum, d. h. Arbeit und Waren bzw. den Anspruch darauf.
- Die merkantilistische Wirtschaftspolitik war in erster Linie eine Politik, die auf die Schaffung einer geschlossenen Volkswirtschaft abzielte, auch wenn die Beseitigung der Zersplitterung der Zölle, der Maße, Gewichte und Münzen innerhalb der einzelnen Territorialstaaten nur angestrebt, nicht aber verwirklicht werden konnte (so insbesondere Heckscher).

Da mit der Nahrungsmittelknappheit im letzten Drittel des 18. Jahrhunderts ein neuer Anreiz für die Ausdehnung der landwirtschaftlichen Produktion entstand und gegen Ende des 18. Jahrhunderts auch (in England) die Industrialisierung begann, kann man hinsichtlich der staatlichen Wirtschaftspolitik im 17. und 18. Jahrhundert (jedenfalls nach Adam Smith für England) unterscheiden:

- Das *Merkantilsystem* förderte den Handel und die gewerbliche Wirtschaft (unter vorindustriellen Produktionsbedingungen), *aktive Handelsbilanz*.
- Das *Agrarsystem* (Physiokraten als wichtigste Vertreter dieser Wirtschaftspolitik) förderte die Landwirtschaft zum Zwecke der Steigerung der Nahrungsmittelproduktion. (Der *Boden* galt z. B. nach Ansicht des französischen Physiokraten François Quesnay, 1694 bis 1774, als der einzige wertschaffende Produktionsfaktor.)
- Das *Industriesystem* förderte den Übergang von der vorindustriellen zur industriellen Produktionsweise in der gewerblichen Wirtschaft. (Die *Arbeit* schafft neue Werte – Mehrwert im Sinne von Karl Marx – und begründet damit den Wohlstand.)

Zwischen diesen Systemen gab es erhebliche Überlappungen und in den einzelnen Ländern Europas wurde die *merkantilistische Wirtschaftspolitik in sehr unterschiedlicher Weise* und mit verschiedenen Zielrichtungen und Mitteln betrieben:

- *England und die Niederlande* waren die Länder, die am stärksten in den Überseehandel (mit den Kolonien) eingespannt waren. Ihr Reichtum beruhte auf einem intensiven Handel, in dem sie aufgrund ihrer Meereslage, der Organisation ihres Handels und der politischen Macht in den überseeischen Gebieten (Kolonien) eine günstigere Ausgangsposition hatten als die anderen europäischen Länder. Sie propagierten daher den *Freihandel* (Merkantil- = Freihandelssystem), weil sie sich hiervon den größten Reichtum versprachen. (Die Handelsplätze London und Amsterdam blieben bis zum Ersten Weltkrieg die wichtigsten Geldumschlags- und Warenbörsenplätze der Welt.)

- *Frankreich* versuchte vergeblich, und vor allem durch England gehindert, ebenfalls eine gleichrangige Position in diesem Handelswettbewerb einzunehmen. Da dies nicht gelang, versuchte man, die eigenen *Gewerbe* auf ein mit dem der Niederlande vergleichbares Niveau *anzuheben.*

Der französische Minister Jean Baptiste Colbert (1619 bis 1683) förderte das inländische Gewerbe durch folgende Maßnahmen:
- Zollentlastung für Rohstoffeinfuhren und Zollbelastung für Fertigwareneinfuhr (Schutzzollpolitik).
  Verminderung der inländischen Zollschranken (Aufhebung fast aller Zollschranken in Nordfrankreich).
  Bau von Straßen und Kanälen zur Verbesserung der inneren Verkehrsmöglichkeiten.
  Reorganisation der Verwaltung, um die Staatsmacht effektiver ausüben (und die Staatseinnahmen verbessern) zu können.
  Zollsenkung für die Einfuhr von Agrarprodukten, um die Nahrungsmittelpreise und damit die Löhne im gewerblichen Sektor niedrig zu halten, d. h. Förderung der gewerblichen Wirtschaft (als Hoflieferant und als Exportgewerbe) und Benachteiligung der Landwirtschaft.

Hinter dieser Wirtschaftspolitik stand vor allem die materielle Absicherung der europäischen Machtpolitik Frankreichs im 17. Jahrhundert und die Bemühungen zur Ausdehnung des Kolonialreiches. Während die Gewerbe, vor allem auch das Manufakturwesen, aufblühten, insbesondere Luxusgüter für die wichtigsten europäischen Höfe hergestellt wurden, verfiel die Landwirtschaft. Von dieser Vernachlässigung hat sich die Landwirtschaft bis weit ins 19. Jahrhundert nicht mehr erholen können, zumal da mit den napoleonischen Jahren und der Industrialisierung neue Beanspruchungen auf diesen Wirtschaftszweig zukamen.

- Da *Deutschland* in zahlreiche territoriale Gewalten zerfallen war, war hier die *Wirtschaftspolitik nicht sehr einheitlich:*

- Die *Städte,* vor allem die unabhängig von Territorien existie-
  renden Reichsstädte, bevorzugten ebenfalls den Freihandel
  (ohne aber auf die eigenen Privilegien wie Stapelrechte usw.
  verzichten zu wollen), da ihre wirtschaftliche (und damit auch
  ihre politische) Macht auf einem *intensiven Handel* begründet
  war. Dies geschah jedoch ohne Erfolg. Lediglich die Hansestädte und Frankfurt/Main konnten sich als Handelsplätze
  eine gewisse Selbständigkeit und Bedeutung bewahren. Leipzig, das im 18. Jahrhundert zum wichtigsten Handelsplatz für
  den Handel zwischen West- und Osteuropa wurde, lag innerhalb des gewerbereichen sächsischen Territoriums. Leipzig
  hatte zunächst in Frankfurt/Oder noch eine starke Konkurrenz. Die im 18. Jahrhundert weitgehende Personalunion
  zwischen dem Kurfürsten von Sachsen und dem König von
  Polen begünstigte die Einbindung Leipzigs in den Handel mit
  Osteuropa.
- Die Politik des *Reiches* (Reichstages) wurde aus den genannten Gründen vor allem von den Städten beeinflußt. Die
  Aufhebung von Zollschranken im Inneren des Reiches, die
  Unterhaltung der Verkehrswege, aber auch die *Abschirmung*
  der westdeutschen Gebiete *gegen die französischen gewerblichen Produkte* sind Teile einer Politik, die im ganzen recht
  unwirksam blieb, da die Territorialherren der größeren
  deutschen Länder mehr auf ihren eigenen Vorteil als auf den
  des gesamten Reiches bedacht waren. Der Reichstag befaßte
  sich vom 16. Jahrhundert bis zum 18. Jahrhundert vor allem
  mit folgenden wirtschaftspolitischen Sachgebieten: Ordnung
  des Geldwesens, Außenhandelspolitik, Ordnung der Märkte,
  Förderung von Verkehr und Handel, Lenkung des Konsums
  (F. Blaich).
- In den meisten deutschen *Ländern* ist das Hauptziel der Wirtschaftspolitik im ausgehenden 17. und im 18. Jahrhundert die
  Weiterentwicklung der schon im 16. Jahrhundert einsetzenden
  Bestrebungen zur Stärkung der eigenen Einnahmen und damit
  der eigenen Macht. Der Dreißigjährige Krieg hat mit seinen
  Zerstörungen und Menschenverlusten ein weites Betätigungs-
  feld hierfür zurückgelassen:

(a) Die Aufnahme von Einwanderern stand an erster Stelle. Die katholischen Länder, insbesondere der Erzbischof von Salzburg, aber auch die Habsburger sorgten aus konfessionellen Gründen dafür, daß die aufnahmewilligen Länder einen reichen Zustrom an Glaubensflüchtlingen erhielten (ergänzt um die Zuwanderung aus Frankreich – Hugenotten –).

(b) Die Ausdehnung der landwirtschaftlich genutzten Flächen erhöhte nach und nach die Domäneneinkünfte.

(c) Die Einwanderer aus Frankreich waren in erster Linie Stadtbewohner gewesen. Sie bereicherten die einheimischen Gewerbe.

(d) Die Zollpolitik sollte, wie in den schon vorher genannten Ländern, auch hier die einheimische Wirtschaft schützen und damit die inländischen Einkommensmöglichkeiten als die wichtigste Grundlage einer Ausdehnung der Bevölkerung verbessern.

Diese spezielle Variante der *Wirtschaftspolitik* in den meisten deutschen Territorien wurde als *Kameralismus* bezeichnet:

– Die *Verbesserung der Einnahmen der fürstlichen „Rechenkammer"* war der eigentliche Beweggrund dieser Politik.

– Die *Verwaltung der fürstlichen Vermögen*, insbesondere der Liegenschaften, aber auch der Regalien usw., hieß bereits seit dem Ende des Mittelalters *Kammerverwaltung*. Sie wurde durch die Anstellung von Juristen im 16. Jahrhundert (Rezeption des römischen Rechtes) erheblich verbessert.

– Seit dem Beginn des 18. Jahrhunderts bezeichnete man in Deutschland *die Lehre von der Organisation und Gestaltung der fürstlichen Vermögens- und Einnahmeverwaltung als Kameralismus.* 1727 wurden in Deutschland die ersten beiden kameralistischen Lehrstühle an deutschen Universitäten eingerichtet, und zwar durch den preußischen König Friedrich Wilhelm I. in Halle (Saale) und in Frankfurt (Oder).

Die kameralwissenschaftlichen Bemühungen richteten sich aber nicht nur auf die Lehre, sondern waren durch die Ausbildung der künftigen Staatsbeamten sehr stark auf die Praxis bezogen (Staatswissenschaftler, die ökonomisch und juristisch geschult waren. Im 19. Jahrhundert wurde die ökonomische Komponente vernachlässigt, so daß es zum sog. Juristenmonopol in den staatlichen Verwaltungen kam). Es gab im Grunde auch in den Veröffentlichungen der Kameralisten zwei Richtungen mit unterschiedlichen Schwerpunkten:

– Allgemeine Lehrbücher, wie die von den beiden ersten Lehrstuhlinhabern in Halle (Gasser) und in Frankfurt (Dithmar) herausgegebenen, sollten über die Ziele der Kameralwissenschaften unterrichten. Aus einem Werk von Zincke aus dem Jahre 1755 z. B.: Alle Nahrungsgeschäfte gründlich erkennen, kraft dieser Erkenntnis gute Polizei (Staatsverwaltung) einführen, die Nahrungsmöglichkeiten immer günstiger gestalten, um so das Vermögen des Regenten und des Landes zu vermehren und mittels kluger Einnahmen und Ausgaben wohl zu verwalten.

– Spezielle Beschreibungen einzelner Länder und Gebiete sollten eine Anschauung von den Zuständen und ihren Gestaltungsmöglichkeiten geben. Die älteste entsprechende Beschreibung ist die von J. J. Winkelmann: Gründliche und wahrhafte Beschreibung der Fürstenthümer Hessen und Hersfeld, Bremen 1697. Zum Ende des 18. Jahrhunderts nahmen die Veröffentlichungen dieser Art sprunghaft zu. Sie sind heute eine wichtige wirtschaftshistorische Quelle.

Die enge Verbindung der kameralistischen Wirtschaftspolitik mit der Peuplierungspolitik (Erhöhung der Bevölkerungszahl) zeigt, daß man – ohne dies immer ausdrücklich zu sagen – den Menschen als den wichtigsten Produktionsfaktor ansah, als die Grundlage des Reichtums eines Herrschers und damit als Grundlage seiner Macht. Die Verbindung der kameralistischen Wirtschaftspolitik mit der teilweise sehr weit entwickelten absolutistischen Staatsordnung brachte zugleich den letzten Höhepunkt des Ancien régime.

3. Landesausbau und landwirtschaftliche Produktion

Für die Landwirtschaft und für die Landwirtschaftspolitik der Kameralisten ergaben sich *in der zweiten Hälfte des 17. Jahrhunderts und im 18. Jahrhundert folgende Probleme*:

– Die durch den Dreißigjährigen Krieg verwüsteten Flächen waren wieder in Kultur zu nehmen und die Viehbestände aufzubauen. Die ersten durch eine im Verhältnis zu der Zeit vor dem Dreißigjährigen Krieg stark verminderte Bevölkerung geprägten Jahr-

zehnte wurden bald nach Kriegsschluß durch eine zu hohe Agrarproduktion und zu niedrige Agrarpreise beeinflußt.

— Nachdem etwa um 1720/50 — in einzelnen Teilen Deutschlands zu
recht verschiedenen Zeitpunkten — wieder der alte Bevölkerungs-
stand von 15 bis 17 Mill. erreicht war, ergaben sich mit dem
weiteren Bevölkerungswachstum neue Probleme:

  — Die landwirtschaftliche Produktion mußte weiter ausgebaut
  werden — die steigenden Agrarpreise boten den erforderlichen
  Anreiz ebenso wie die Zunahme der unterbäuerlichen Stätten
  auf dem Lande.

  — Die zunehmende Menschenzahl mußte nicht nur mit Nahrungsmitteln, sondern auch mit den für den Erwerb von Nahrungsmitteln erforderlichen Einkommen versehen werden.

— Die Bevölkerung wuchs in Deutschland schließlich bis zum Ende
des 18. Jahrhunderts auf 23 Mill. Gegen Ende dieser Zeit wurde
daher deutlich, daß unter den vorherrschenden Möglichkeiten in
der Landwirtschaft eine weitere Ausdehnung der Nahrungsmittelproduktion als Absicherung einer weiteren Bevölkerungszunahme
nur sehr langsam, zu langsam möglich sein würde. Die entscheidenden *Probleme der zweiten Hälfte des 18. Jahrhunderts* waren
daher:

— Die *Ausdehnung der* landwirtschaftlichen *Produktion*

— und der *Übergang zu neuen Produktionsverhältnissen* als
Voraussetzung für eine weitere Ausdehnung der Bevölkerung
(Beginn der Agrarreformen).

a) Die Entwicklung der landwirtschaftlichen Produktion

In der Entwicklung der Agrarproduktion der Zeit von 1648 bis 1800
kann man zwei Perioden unterscheiden:

— Von 1648 *bis 1740 erfolgte der Aufbau der Landwirtschaft* entsprechend dem Bevölkerungswachstum ohne wesentliche Neuerungen, jedenfalls ohne Neuerungen, die die gesamte Landwirtschaft betrafen:

– Zunächst mußten unmittelbar nach Kriegsende die *liegen-gelassenen Böden* – soweit bei der reduzierten Menschenzahl erforderlich und bebaubar – wieder *in Nutzung* genommen und die *Viehbestände wieder aufgefüllt* werden, was bereits nach etwa zwei Jahrzehnten abgeschlossen war. Dies zeigte sich z. B. am Rückgang der Ochseneinfuhren aus Dänemark bis Ende der 60er Jahre, registriert an den schleswig-holsteinischen Zollstellen. Der Ackerbau war im allgemeinen bereits nach zwei Jahren wieder so ausgedehnt worden (trotz der fehlenden Zugtiere, so daß sich die Menschen häufig selbst vor den Pflug spannten), daß ein ausreichendes Nahrungsmittelangebot vorhanden war.

– In den folgenden Jahrzehnten kam es zu einem *langsamen Ausbau* in etwa auf der Grundlage der 1648 *wüst gewordenen Gemarkungen*, so daß 1740 – in einigen Gebieten bereits früher, z. B. in Ostpreußen aufgrund der Kriege und Seuchen am Anfang des 18. Jahrhunderts erst später – ungefähr wieder die Zahl der Bauernhöfe der Zeit vor 1618 erreicht war.

– *Von 1740 bis 1800* erfolgte eine *weitere Ausdehnung der Agrarproduktion* durch
   – Urbarmachung neuer Flächen und
   – Intensivierung der Nutzung auf den vorhandenen,
   so daß sich im wesentlichen die Entwicklung fortsetzte, die am Anfang des 17. Jahrhunderts unterbrochen war und die bereits vor dem Dreißigjährigen Krieg in den Niederlanden (mit teilweisen Ausläufern im Rheinland) zu einer Intensivierung der landwirtschaftlichen Produktion geführt hatte.

Die Erschließung neuer Flächen war vor allem in Ostdeutschland unter den preußischen Königen zu finden, jedoch auch in anderen Teilen Deutschlands:
– In den preußischen Gebieten vom Herzogtum Magdeburg bis Ostpreußen wurden auf Initiative der Landesverwaltung insgesamt fast 200.000 ha kultiviert. Am bekanntesten wurde die Urbarmachung des Oderbruches mit etwa 60.000 ha und das sog. Retablissement Litauens (des östlichen Teiles von Ostpreußen) mit etwa 50.000 ha (nach manchen Angaben sogar bis zu 100.000 ha).
– In Nordwestdeutschland und in Bayern waren es insgesamt 20.000 bis 25.000 ha.
– Hinzu kamen zahlreiche kleinere Maßnahmen einzelner adliger Grundherren oder auch in den Domänenbereichen.

Diese Ausdehnung der landwirtschaftlichen Nutzflächen war verbunden mit der Ansiedlung von Zuwanderern und des einheimischen Bevölkerungsüberschusses:

– Zum Teil wurden die vorhandenen Dörfer ausgebaut, d. h. durch weitere Höfe ergänzt.

– Teilweise kam es aber auch zur Anlage neuer Bauerndörfer, sofern größere geschlossene Flächen urbar gemacht wurden.

– Da eine ganze Anzahl der Zuwanderer, insbesondere der Hugenotten in der zweiten Hälfte des 17. Jahrhunderts und der Salzburger in den ersten Jahrzehnten des 18. Jahrhunderts, gewerbliche Berufe hatte, wurden diese in den vorhandenen Städten oder in neu angelegten Kleinstädten angesiedelt.

Insgesamt wurde gerade in Ostdeutschland die gesamte Wirtschaftsstruktur durch die Siedlungsmaßnahmen verbessert. Die Mark Brandenburg mit Berlin, Teile Schlesiens und der Neumark wurden zu gewerbereichen Gebieten. Das östliche Ostpreußen wurde mit einer zwar weiterhin hauptsächlich landwirtschaftlich orientierten Wirtschaft überzogen. Es hatte aber gerade durch die umfangreiche Gründung zahlreicher Kleinstädte eine erhebliche Verbesserung der Wirtschaftsstruktur erfahren.

Neben dem Bevölkerungswachstum infolge des inländischen Geburtenüberschusses (Sterberate etwa 28, Geburtenrate bei 40 je 1000, aber aufgrund von Hunger, Seuchen usw. geringerer Bevölkerungsüberschuß) kann man im wesentlichen folgende Einwandererströme unterscheiden:

– Glaubensflüchtlinge aus Frankreich kamen bereits in großer Zahl unter dem Großen Kurfürsten, d. h. im 17. Jahrhundert nach Deutschland, aber auch noch im 18. Jahrhundert. Berlin hatte zeitweise im 18. Jahrhundert etwa ein Drittel französisch sprechende Einwohner. Neben Preußen-Brandenburg waren aber auch die westdeutschen nichtkatholischen Landesherren der Zuwanderung sehr zugetan. Karlshafen an der Weser und einige in der Nähe liegende Dörfer sind zugleich ein Zeugnis für die mit der Flüchtlingsansiedlung verbundene Wirtschaftspolitik (des hessischen Landgrafen Karl).

– Glaubensflüchtlinge aus deutschen Gebieten kamen vor allem aus der Pfalz und aus dem Erzbistum Salzburg. Das 17. und das 18. Jahrhundert sind durch Intoleranz geprägt. Eine der wenigen Ausnahmen sind die Hohenzollern, da sie so verschiedene Gebiete zusammengefaßt hatten, daß sie nur mit einer in konfessionellen Fragen toleranten Haltung erfolgreich regieren konnten. Sie profitierten damit zugleich von der Intoleranz der anderen. Man schätzt, daß insgesamt etwa 1 Mill. Menschen aus Glaubensgründen im ausgehenden 17. und im 18. Jahrhundert innerhalb Deutschlands die Heimat verlassen mußten, nicht mit eingerechnet die etwa 100.000 bis 150.000 Auswanderer nach Übersee und die etwa 200.000 Auswanderer nach Osteuropa (Donaugebiet und Rußland).

– Nach 1770 gingen wieder zahlreiche Menschen in Deutschland auf Wanderschaft: Eine Mißernte hatte in den dicht besiedelten Gebieten vor allem Sachsens und Böhmens zu einer Hungersnot geführt. Preußen war hiervon kaum betroffen,

  – weil die ausgebaute Magazinverwaltung Getreide zur Überbrückung von Notjahren (zunächst vor allem zur Absicherung der Ernährung der Armee in Kriegszeiten gedacht) gelagert hatte und

  – weil man außerdem den Getreideexport Polens zum Teil (ab 1772 vollständig) kontrollieren konnte.

Insgesamt sollen 40.000 und mehr Personen aus Sachsen, Böhmen und Mähren in die preußischen Gebiete ausgewandert sein. Diese hauptsächlich aus den landarmen Schichten stammenden, mit gewerblichen Fertigkeiten ausgestatteten Menschen brachten eine weitere Bereicherung der Wirtschaftsstruktur Preußens. Ihre Ansiedlung erfolgte innerhalb der vorhandenen oder in neu errichteten Dörfern, häufig mit einer nur kleinen Feldmark, da die gewerbliche Tätigkeit die wichtigste Einkommensquelle bleiben sollte, eine kleine Besitzstelle auf dem Lande niedrigere Lebenshaltungskosten verursachte als eine Ansiedlung in der Stadt. So entstanden in der Nähe von Berlin in der zweiten Hälfte des 18. Jahrhunderts die böhmischen Weberkolonien in Neu-Schöneberg, Rixdorf und Nowawes, ferner Spinner-Ansiedlungen in Friedrichshagen, Neu-Zittau, Gosen, Schönwalde, Stahnsdorf und Sachsenhausen.

Die *Intensivierung der Bodennutzung* wurde vor allem durch *zwei Faktoren* in Gang gesetzt:

– Das *Bevölkerungswachstum* bei knapper werdendem Boden (deutlich sichtbar an den in den letzten Jahrzehnten des 18. Jahrhunderts steigenden Agrarpreisen).

– Die *staatliche Wirtschaftspolitik* (Peuplierungspolitik), die in den letzten Jahrzehnten des 18. Jahrhunderts immer mehr die Landwirtschaft zu fördern versuchte (Physiokratismus oder Agrarsystem; vgl. die Ausführungen über Adam Smith in dem Abschnitt „Die kameralistische Wirtschaftspolitik").

Unterstützt wurden diese Faktoren durch

– die *wissenschaftlichen Anregungen* naturwissenschaftlich-kameralistischer Art (z. B. die Preisfragen der wissenschaftlichen Akademien, landwirtschaftlichen Gesellschaften usw.) und

– durch zahlreiche Anregungen aus England und aus den Niederlanden, wo die Entwicklung der landwirtschaftlichen Produktion
   bereits wesentlich weiter fortgeschritten war.

Die Zahl der Englandreisenden und der sich mit landwirtschaftlichen
Fragen beschäftigenden Literatur nahm fast sprunghaft zu.

Nicht immer waren gerade die kameralistischen wissenschaftlichen Überlegungen positiv zu beurteilen. So wurde auf Veranlassung der Kameralisten
der Universität Greifswald dazu übergegangen, den Grundbesitz der Universität (die wichtigste Einnahmequelle) durch Bauernlegen ertragreicher zu
nutzen. Der Adel Vorpommerns (und Mecklenburgs) folgte diesem schlechten
Beispiel bald. Es gab allerdings auch gegen solche Überlegungen Stimmen, die
das ökonomische Prinzip nur relativiert gelten lassen wollten. Hierzu gehört
als einer der bekanntesten Kameralisten J. H. G. von Justi, der in einer „Abhandlung, von dem sogenannten Plusmachen, oder der schädlichen Art, die
Einkünfte des Staates zu vermehren" aus dem Jahre 1764 meinte: „Ein Plus-
macher ist ein unächter Cameraliste, welcher sich bemühet, die Einkünfte des
Staates zu vermehren, und vor den Fürsten Geld aufzubringen, ohne auf die
Wohlfahrt des gemeinen Wesens und der Untertanen, oder auf den gemachten
Ertrag und Nutzungen der Gegenstände, so Einkünfte abwerfen, Betracht
zu machen".

Die Propagierung verschiedener Maßnahmen durch den Staat oder
die direkte staatliche Aktivität trugen wesentlich zur *Intensivierung
des Landbaues* bei:

– In Preußen wurden Domänen an englische und schottische
   Pächter übergeben.
– Der Anbau neuer Früchte (Kartoffeln, Klee usw.) wurde den
   Bauern empfohlen.
– Die Viehzucht wurde durch die Einführung von Merinoschafen
   (vor allem in dem an der Tuchproduktion interessierten Sachsen)
   gefördert und allgemein die Tierhaltung und -fütterung verbessert
   (z. B. Verpachtung der „Kuhhaltereien" auf den preußischen
   Domänen an Holländer: „Holländereien").

Auch ein Teil der adligen Güter wurde in diesen Modernisierungs-
prozeß einbezogen:

– Auf eine Ausdehnung der Produktion bedachte Gutsherren
   intensivierten selbst oder durch Pächter und Verwalter die Bodennutzung.

– Pächter versuchten, auch unabhängig von den Gutseigentümern die Erträge zu erhöhen.
– Der überwiegende Teil der adligen Gutsherren (und auch der adligen Grundherren in Westdeutschland) war jedoch zu sehr noch auf das Rentendenken ausgerichtet, so daß hier die Impulse zur Verbesserung der landwirtschaftlichen Produktion im 18. Jahrhundert noch gering blieben.

Die bäuerlichen und unterbäuerlichen Gruppen waren in der Anwendung neuer Produktionsmethoden erheblich *behindert*:

– Auf den *kleinen Gartenflächen*, die nicht mit in die durch Flurzwang und allgemeines Weiderecht gekennzeichnete Feldmark einbezogen waren, konnten vor allem Kohl und Rüben, Leguminosen und andere Gemüsepflanzen *in verstärktem Maße* angebaut werden. Besonders den Inhabern kleinerer Landflächen war hier die einzige Möglichkeit zur Verbesserung der Ernährung gegeben, so daß die tatsächlichen Verhältnisse (Verringerung der sonstigen Einkommensmöglichkeiten) sogar dazu zwangen.
– *In der Feldmark* bestand eine Behinderung durch den *Flurzwang* und die *Weiderechte*, so daß Blattfrüchte auf dem Brachfeld kaum und auf dem Winter- und Sommerfeld überhaupt nicht angebaut werden konnten.

Die teilweise in der Landwirtschaft *eingeführten Neuerungen* waren:

– Eine *Verbesserung der Bodennutzungssysteme*:
    – Der Übergang von der einfachen zur *verbesserten Dreifelderwirtschaft* durch die Bebauung des Brachfeldes mit Blattfrüchten.
    – Teilweise war auch bereits ein Übergang zur *Koppelwirtschaft* eingetreten: Einige Jahre der Weidenutzung wurden durch einige Jahre der Ackernutzung abgelöst (Feldgraswirtschaft). Dieser in Holstein besonders verbreiteten Nutzungsform sind die zahlreichen, meistens schon im 18. Jahrhundert als Zaunersatz entstandenen Knicks zu verdanken.
    – Die *Fruchtwechselwirtschaft*, d. h. der abwechselnde Anbau von Blatt- und Halmfrüchten, war zwar auch schon zu finden,

diese intensivste Fruchtfolge war aber noch seltener als die beiden vorhergenannten.

– *Neue Pflanzen* waren:

  – Die im 16. Jahrhundert nach Europa aus Amerika eingeführte *Kartoffel* wurde in Deutschland seit dem 17. Jahrhundert über den Mittelmeerraum (nach Südwestdeutschland als Tartüffeln, oder über die Schweiz als Cartuffeli), über die Niederlande (ins Rheinland als Ardappel) und über England (nach Norddeutschland als Potaten) gebracht (in Brandenburg z. B. seit 1651). Die langsame Verbreitung dieser Frucht wurde seit den Hungerjahren nach 1770 erheblich beschleunigt, so daß um 1800 bereits etwa 300.000 ha Kartoffeln (meistens noch in Gärten) angebaut wurden (Ernte je Einwohner etwa 1 dz).

  – Kohl, Rüben, Erbsen, Linsen und andere *Gemüse* waren in den Gärten, aber teilweise auch schon im Brachfeld zu finden.

  – Klee, Luzerne und andere *Futterpflanzen*, im Brachfeld angebaut, brachten die wichtigste Voraussetzung für den späteren Übergang zur Stallhaltung des Viehs auch im Sommer, so daß die gemeinsamen Weideflächen der individuellen Nutzung zugeführt werden konnten (meistens als Ackerland).

  – Die Zunahme des *Flachsanbaus* erfolgte in Wechselwirkung zur Ausdehnung des ländlichen Verlagswesens im Leinengewerbe.

  – Der *Obstanbau* in den Bauerngärten wurde teilweise unter Einschaltung der in Preußen eingesetzten Dorfschullehrer (meistens ausgediente Korporale der Armee, die den Dorfkindern Schreiben und Lesen, insbesondere aber den Katechismus beizubringen hatten) gefördert.

Diese Anfänge einer Verbesserung der landwirtschaftlichen Produktion wurden zusätzlich durch die *geringe Entwicklung der landwirtschaftlichen Geräte* gehemmt. Die wichtigsten Geräte waren:

– Zur Bodenbearbeitung: Pflug oder Haken, Eggen, wobei die Straucheggen nach und nach ebenso verschwanden wie der Haken mehr und mehr durch den den Boden wendenden Pflug ersetzt wurde.

– Für *Transporte* gab es einfache Wagen, im Rheinland meistens zweirädrige.
– *Handarbeitsgeräte*: Sensen, Sicheln, Harken, Forken, Dreschflegel, Spaten.

Die Ausstattung der Bauernhöfe und der Gutsbetriebe mit Geräten war ausgesprochen ärmlich. In dieser Hinsicht hatte sich bis zum Ende des 18. Jahrhunderts noch keine Änderung angebahnt, auch wenn es z. B. noch nicht sehr leistungsfähige Sämaschinen bereits in einigen Exemplaren gab. Produktivitätsfortschritte waren daher

– eher je Flächeneinheit als
– je Arbeitskraft zu finden.

Insgesamt *stieg die landwirtschaftliche Produktion* von 1648 bis 1800 fast im gleichen Maße wie die Bevölkerungszahl, d. h. *auf etwa das Doppelte.* Den einzelnen Faktoren ist dabei etwa folgender Anteil zuzuordnen:

– Ausdehnung der bebauten Fläche von etwa 13 bis 14 auf 22 Mill. ha, d. h. um 60 v.H.
– Erhöhung der Produktion je Flächeneinheit um etwa 20 v.H.

Dabei ist aber zu beachten:

– Die Erhöhung der Flächenproduktivität ist nur in geringfügigem Maße einer Erhöhung des Getreideertrages je Hektar zu verdanken. Die zunehmende Nutzung von schlechteren Böden hat die Durchschnittserträge nicht steigen lassen.
– Sie hing vielmehr mit einer Änderung der Struktur der landwirtschaftlichen Produkte zusammen:
    – Kalorienärmere Früchte wie Getreide (2.000 kcal/10 qm) wurden ergänzt oder ersetzt durch kalorienreichere Früchte wie Kartoffeln (7.200 kcal/10 qm) oder Kohl (6.300 kcal/10 qm).
    – Die Viehhaltung wurde nicht im gleichen Maße ausgedehnt wie die Bevölkerungszahl, so daß ähnlich der Zeit bis 1350 und dann wieder bis 1618 eine „Depekoration" eintrat, d. h. eine Verringerung der Rindviehzahl je 100 Einwohner.
    – Die Schafhaltung wurde dagegen wegen der Versorgung der Tuchgewerbe mit Wolle systematisch verstärkt.

In der *Ernährung der Bevölkerung* vollzog sich demnach eine *Wandlung*, vor allem im 18. Jahrhundert:

— Der Übergang *vom Getreidestandard zum Kohlstandard, später* ergänzt vom *Kartoffelstandard,* bewirkte zwar, daß die Sättigungsmöglichkeiten nicht zu stark sanken; die Qualität der Ernährung verschlechterte sich jedoch damit erheblich.

— Der Rückgang der Viehhaltung je Einwohner führte zu einer *Verminderung der Versorgung mit tierischen Produkten.* Der durchschnittliche Fleischverzehr sank von mehr als 50 kg je Person und Jahr nach dem Aufbau der durch den Dreißigjährigen Krieg reduzierten Viehbestände in den letzten Jahrzehnten des 17. Jahrhunderts auf 20 bis 25 kg um 1800. Da die wohlhabenderen Bauern und die Bezieher höherer Einkommen auch jetzt noch reichlich mit Fleisch versorgt waren, verminderte sich der Verzehr der übrigen Bevölkerung noch mehr.

Die Produktion von Ernährungsgütern war im 18. Jahrhundert daher offensichtlich nicht im erforderlichen Maße ausgedehnt worden. Die Produktionssteigerungen im 19. Jahrhundert bis in die 60er Jahre hinein ohne Anwendung von landwirtschaftsfremden Düngemitteln zeigen, in welchem Maße die in knappen Ansätzen am Ende des 18. Jahrhunderts in Gang gesetzten Änderungen zu einer Verbesserung der Nahrungssituation hätten führen können. Die wichtigsten Hindernisse lagen in dem noch vorherrschenden Feudalsystem, d. h. in der ländlichen Agrarverfassung.

b) Die letzte Phase des Feudalismus

Das ausgehende 17. und das 18. Jahrhundert sind im wesentlichen als die letzte Phase des Feudalismus in Deutschland zu bezeichnen. Es beginnen *schon die ersten Ansätze* zur Aufhebung der bäuerlichen Abhängigkeit, zur Beseitigung der Einordnung in das Feudalsystem. Im allgemeinen geht man davon aus, daß die Entwicklung seit dem Mittelalter bis ins 18. Jahrhundert in den einzelnen Teilen Deutschlands unterschiedliche *Typen der Grundherrschaft* und damit der feudalherrlichen Abhängigkeit hatte entstehen lassen. Neben der grundsätzlichen Unterscheidung von

— Grundherrschaft in Westelbien und
— Gutsherrschaft, als einer besonders qualifizierten Form der Grundherrschaft, in Ostelbien

werden noch folgende westelbische Grundherrschaftstypen genannt:

— Die mitteldeutsche Grundherrschaft.
— Die nordwestdeutsche Grundherrschaft (mit dem Meierrecht).
— Die westdeutsche Grundherrschaft (des Rheinlandes mit einem starken Anteil frei verpachteter Flächen).
— Die südwestdeutsche Grundherrschaft, auch als versteinerte Grundherrschaft bezeichnet, weil hier, wohl aufgrund der starken Aufsplitterung der Rechte, seit dem 16. Jahrhundert eine Erstarrung in der Entwicklung eingetreten war.
— Die hessische Grundherrschaft.
— Die fränkische Grundherrschaft.
— Die südostdeutsche oder bayerische Grundherrschaft.

Die *Unterscheidungskriterien* für diese einzelnen Typen sind meistens *nicht sehr präzise* angeführt. Im übrigen ist die Differenzierung zwischen diesen Typen geringer als die Differenzierung innerhalb der einzelnen Gebiete. Im wesentlichen kann man davon ausgehen, daß *in Westelbien* in der letzten Phase des Feudalismus folgende *Grundstruktur der bäuerlichen Abhängigkeit* bestand:

— Die *Grundherrschaft* war nach wie vor die wichtigste Komponente der Abhängigkeit, zumal da inzwischen das starke Bevölkerungswachstum dazu geführt hatte, daß der Boden knapper wurde, so daß die grundherrliche Stellung damit gestärkt wurde.
— Im allgemeinen waren die Bauern und ebenfalls die kleineren Landbesitzer zwar mit einem *Erbrecht* ausgestattet. *Freie Eigentümer*, d. h. Bauern ohne grundherrliche Abhängigkeiten, gab es aber nur wenige.
— Die *persönliche Rechtsstellung* war die von Freien. Zwar gab es gerade in Süddeutschland noch die Bezeichnungen Leibeigene und Leibeigenschaft. Eine über eine Abgabeverpflichtung hinausgehende persönliche Abhängigkeit bestand aber nicht mehr.

– Die von den Bauern und unterbäuerlichen Schichten zu erbringenden *Leistungen* sind *Dienste und Abgaben* gewesen. Aufgrund der meistens geringen Eigenwirtschaften der Feudalherren waren die Dienstleistungen wesentlich niedriger als in Ostdeutschland.

– Gutswirtschaften gab es sowohl in Mitteldeutschland als auch in Nordwestdeutschland. Sie waren aber nicht so umfangreich, daß die bäuerlichen Leistungen deswegen erheblich ausgedehnt werden mußten. Auch die in den bayerischen Hofmarchen vorhandenen, relativ großen Eigenbetriebe der Feudalherren konnten auf einen großen Kreis von Leistungspflichtigen zurückgreifen, so daß auch hier erhöhte Dienstleistungen entfielen, obgleich der bayerische Graf Leiblfing 1785 noch die ungemessenen Dienste als „die schönste Perle der adeligen Güter" bezeichnete.

Für die Abhängigen war neben der rechtlichen die aus ihr begründete wirtschaftliche Einschränkung entscheidend für die Gestaltung des Lebens. Die Vielfalt der bäuerlichen Leistungspflichten in ganz Deutschland zeigt Abbildung 21. Auch wenn der einzelne Bauer nicht sämtliche Abgaben und Dienste zu erbringen hatte, so blieben doch erhebliche Belastungen. Immerhin mußten in manchen Gegenden Mitteleuropas bis 40 v.H. des Ertrages an den Feudalherrn übertragen werden. Das Feudalsystem bedeutete also *in zweierlei Hinsicht eine Benachteiligung der ländlichen Einwohner*:

– Die Beschränkungen in der Entwicklung der Produktionsverhältnisse verringerten im 18. Jahrhundert zusehends die Ausdehnung der landwirtschaftlichen Erzeugung und damit der bäuerlichen Einkommen.

– Die hohen Belastungen verringerten die den Bauern aus ihren eigenen Betrieben als Einkommen verbleibenden naturalen und monetären Mittel. Sie engten damit ihre Eigeninitiative ein.

Die ersten Maßnahmen zur Aufhebung des Feudalsystems kamen dementsprechend von verschiedenen Seiten:

– *Die Bauern* leisteten unlustiger denn je ihre Dienste und Abgaben, so daß in einzelnen Jahren sogar Militär zur Erzwingung der Leistungen eingesetzt werden mußte.

– Soweit die *Gutsherren* erkannten, daß durch die Aufrechterhal-

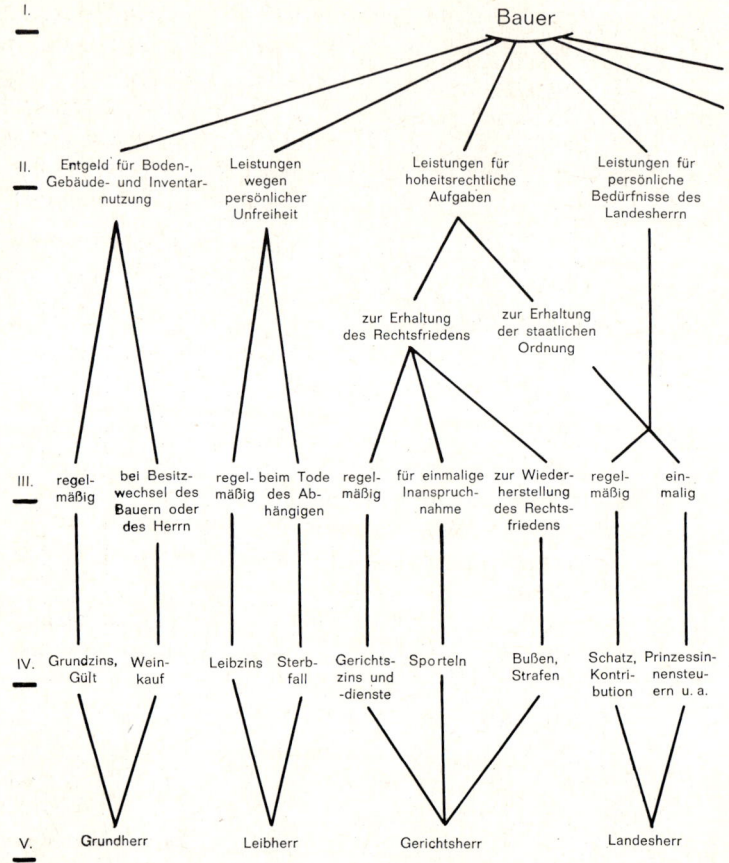

Abb. 21: Leistungen der Bauern und Leistungsempfänger vor den Bauern-
befreiungen

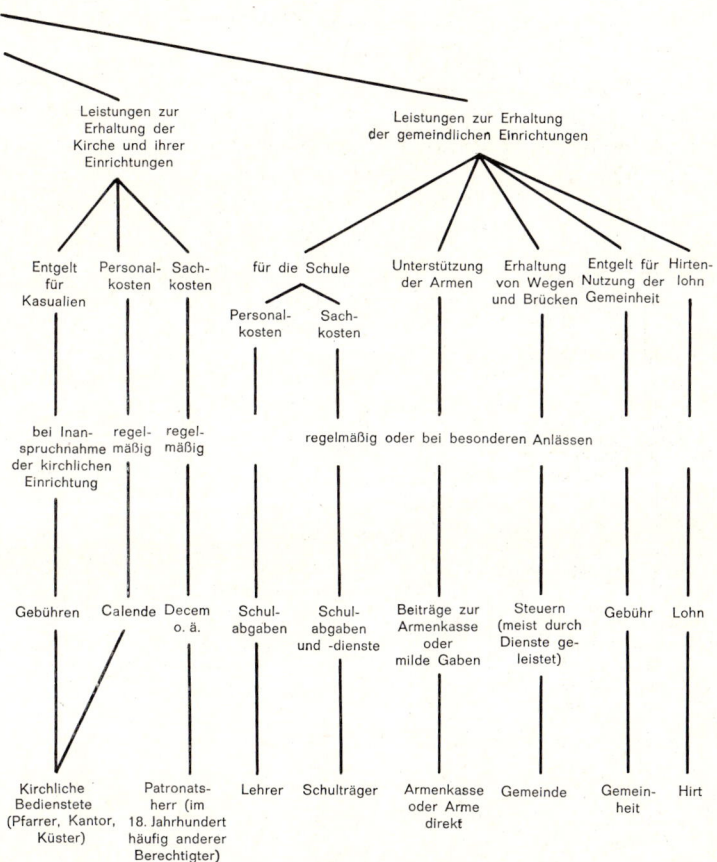

Leistungen zur Erhaltung der Kirche und ihrer Einrichtungen

Leistungen zur Erhaltung der gemeindlichen Einrichtungen

| Entgelt für Kasualien | Personal-kosten | Sach-kosten | für die Schule | Unterstützung der Armen | Erhaltung von Wegen und Brücken | Entgelt für Nutzung der Gemeinheit | Hirten-lohn |

Personal-kosten   Sach-kosten

bei Inanspruchnahme der kirchlichen Einrichtung — regelmäßig — regelmäßig

regelmäßig oder bei besonderen Anlässen

Gebühren — Calende — Decem o. ä. — Schulabgaben — Schulabgaben und -dienste — Beiträge zur Armenkasse oder milde Gaben — Steuern (meist durch Dienste geleistet) — Gebühr — Lohn

Kirchliche Bedienstete (Pfarrer, Kantor, Küster) — Patronatsherr (im 18. Jahrhundert häufig anderer Berechtigter) — Lehrer — Schulträger — Armenkasse oder Arme direkt — Gemeinde — Gemeinheit — Hirt

Erklärung: I. Belasteter
II. Rechtsgrund oder Zweck der Belastung
III. Leistungszeitpunkt
IV. Allgemeine Bezeichnung der Leistung
V. Empfänger der Leistung

tung der bestehenden Agrarverfassung auch ihre eigenen Einnahmen niedriger gehalten wurden, waren sie selbst Initiatoren von Dienstbefreiungen usw.
- Der *Staat* war an einem gesunden Bauernstand interessiert, im 18. Jahrhundert zunächst noch aus Peuplierungsgründen und um möglichst hohe Staatseinnahmen zu erhalten, später, um eine Einordnung in die sich entwickelnde bürgerliche Gesellschaft zu ermöglichen.

Die ersten noch im 18. Jahrhundert einsetzenden Maßnahmen sind sehr vielfältig gewesen. Eine Breitenwirkung hat es aber bis zum Ende des 18. Jahrhunderts noch nicht gegeben:

- Der Bauernschutz, d. h. das Verbot des Bauernlegens, verhinderte in den preußischen Gebieten eine entsprechende Reduzierung der Bauernzahl wie im Herzogtum Mecklenburg und in Schwedisch-Vorpommern.
- Die Bemühungen zur Einführung der persönlichen Freiheit sind teilweise bereits am Anfang des 18. Jahrhunderts zu finden. Die starke Bevölkerungszunahme im letzten Drittel des 18. Jahrhunderts wirkte hier aber stärker, so daß in den meisten deutschen Ländern die Aufhebung der persönlichen Unfreiheit mehr deklaratorischen Charakter hatte.
- Die Umwandlung der Dienste in Abgaben und damit die Entflechtung von bäuerlichen und grundherrlichen Betrieben setzte ebenfalls im 18. Jahrhundert ein.
- Die Eigentumsverleihung an den Grundflächen und am Hof erfolgte erst im 19. Jahrhundert (gegen eine Ablösungssumme oder gegen Abtretung eines Teiles der Nutzfläche).
- Die Separation, d. h. die Aufhebung der Gemengelage der bäuerlichen (und häufig auch der herrschaftlichen) Grundstücke, begann im 18. Jahrhundert (meistens um 1770). Bis zum Ende des 18. Jahrhunderts waren die ersten Erfahrungen an Einzelfällen gesammelt, so daß es bald zu einer Fülle von generellen, die Separation fördernden Gesetzen kam.
- Die manchmal gleichzeitig durchgeführte Aufteilung der Gemeinheiten, d. h. der gemeinsam (als Weide) genutzten Flächen

erfolgte ebenfalls in einigen Fällen bereits im 18. Jahrhundert, verstärkt aber erst im 19. Jahrhundert.

Im wesentlichen kann man also davon ausgehen,

– daß die feudale Agrarverfassung am Ende des 18. Jahrhunderts noch bestand,
– daß aber bereits zahlreiche Änderungen soweit in Gang gesetzt worden waren, daß im 19. Jahrhundert in relativ kurzer Zeit, d. h. in wenigen Jahrzehnten, die völlige Umgestaltung der landwirtschaftlichen Produktionsverhältnisse durchgeführt werden konnte.

4. Gewerbliche Wirtschaft und Gewerbepolitik

Drei Probleme sind für die Beurteilung der gewerblichen Wirtschaft im ausgehenden 17. und im 18. Jahrhundert *von Bedeutung*:

– Der Kameralismus hat sich im Zusammenhang mit der *Wirtschaftspolitik* auch *auf die gewerbliche Entwicklung ausgewirkt*.
– Die *Produktionsbedingungen* in der letzten Phase vor dem langsamen Übergang zur Industrialisierung sind in Deutschland trotz dieser aktiven Gewerbepolitik wesentlich schlechter als in England gewesen.
– Die *Struktur des Gewerbes*, des sekundären Sektors, *um 1800* war das Ergebnis der kameralistischen Periode und zugleich die Ausgangsbasis für das Überwechseln in das Zeitalter der Industrialisierung. Diese Struktur dient damit sowohl der Beurteilung der Entwicklung im 18. Jahrhundert als auch der Ausgangsbedingungen für den Industrialisierungsprozeß im 19. Jahrhundert.

a) Die staatliche Gewerbepolitik

Die gewerbliche Wirtschaft erfuhr im ausgehenden 17. und im 18. Jahrhundert eine *intensive Unterstützung durch die Territorialstaaten*. Die auf die Schaffung von Arbeitsplätzen im Inland als einer wichtigen Voraussetzung zur weiteren Zunahme der Bevölkerungszahl ausgerichtete kameralistische Politik versuchte, gerade diejenigen Gewerbezweige zu fördern,

– die im Inland bisher nicht oder wenig vertreten waren,
– für die aber ein umfangreicher innerer Markt vorhanden war,
– so daß man die entsprechenden Fertigwareneinfuhren vermeiden konnte (Importsubstitution),
– um so die Zahlungsbilanz positiv zu beeinflussen, d. h. um eine aktive Zahlungsbilanz zu erlangen.

Da das *Handwerk* im allgemeinen, sofern es nicht über Zünfte oder andere Einrichtungen oder Personen auf den Fernabsatz ausgerichtet war,

– den örtlichen Markt bediente und
– meistens in ausreichendem Maße für die Versorgung der Bevölkerung mit den Gütern des Grundbedarfs vorhanden war,

galt die Förderung neben der Ansiedlung von Handwerkern in neuen Städten und Dörfern denjenigen Gewerbezweigen und Organisationsformen,

– die für den überregionalen Markt produzierten oder
– die für einen größeren Abnehmer arbeiteten, für den die Produktionsstruktur des Handwerks nicht leistungsfähig genug war (insbesondere die Nachfrage der Armee) oder
– die solche Waren herstellen konnten, die an wenigen Orten des Landes konzentriert, im übrigen aber nur in sehr geringem Maße nachgefragt wurden (vor allem der Bedarf an Luxusgütern für die Schicht der Feudalherren).

Die Gewerbepolitik des Staates ging dazu verschiedene Wege:

– Die *Förderung neuer Gewerbezweige*: Hier konnte man in Deutschland an die entsprechenden Vorgänge in Frankreich in der Mitte des 17. Jahrhunderts anknüpfen, als Colbert mit Erfolg versucht hatte, die Versorgung des französischen Hofes und der Feudalherrenschicht durch die Einrichtung eigener Gewerbe von niederländischen, englischen und italienischen Einfuhren relativ unabhängig zu machen. Die Glaubensflüchtlinge aus Frankreich gehörten mit einem überdurchschnittlich hohen Anteil zu solchen Gewerbetreibenden, so daß mit ihrer gezielten Ansiedlung die meisten Fertigkeiten auch in vielen deutschen Residenzstädten zu finden waren: Strümpfe (aus Seide und anderen Garnen),

Teppiche (nach der Art der berühmt gewordenen, von Colbert eingerichteten Manufaktur in Beauvais), Hüte, Handschuhe, Seidenwaren verschiedener Art, Tapeten, Seifen, Porzellan und zahlreiche andere Produkte brauchten jetzt nicht mehr aus Frankreich und anderen Ländern eingeführt zu werden. Die Produktion von Waffen war nicht nur in Preußen für die Ausrüstung einer starken Armee erforderlich. Gerade die Eisen- und Waffengewerbe wurden z. B. auch in Rußland sehr stark (z. T. mit deutschen Einwanderern aus dem bergischen und aus dem Siegerland) betrieben.

– Die *Förderung vorhandener Gewerbezweige*: Hierbei handelte es sich vor allem um solche Waren, die für den überregionalen Markt produziert wurden oder für die Armee: Textilien und andere Bekleidungsstücke (Schuhe, Gürtel usw.) kamen vor allem dem Verlagswesen zugute.

Die Förderung dieser Gewerbezweige erfolgte auf verschiedene Weise:

– Aus den staatlichen Forsten wurde kostenlos Bauholz geliefert.
– Teilweise wurden auch fertige Gebäude den Gewerbetreibenden zur Verfügung gestellt.
– Geldmittel als Starthilfe oder Betriebskapital sollten den Anfang der Produktion erleichtern. Später gezahlte Summen sollten einen Konkurs der Unternehmer verhindern.

Im Jahre 1740 wurde von Friedrich II. ein Departement für „Manufactur- und Commerciensachen" eingerichtet. Der Zweck dieser besonderen Verwaltung war:

– Die Verbesserung der Produktion in den bestehenden Manufakturen.
– Die Förderung der Errichtung neuer Manufakturen.
– Die Heranziehung von Manufakturen aus anderen Ländern.

Die Blüte des Manufakturwesens ist im 18. Jahrhundert gewesen. Diese Form der zentralisierten Produktion in der vorindustriellen Zeit wird allerdings häufig überschätzt, da die Ausgabenzusammenstellungen der kameralistischen Staaten gerade für die Förderung dieser Einrichtungen relativ hohe Summen aufweisen. Der Erfolg des Manufakturwesens war aus verschiedenen Gründen begrenzt:

- Eine Verdrängung des für den örtlichen Bedarf produzierenden Handwerks kam aus Konkurrenzgründen nur in engem Rahmen in Betracht, da die größere Produktionsserie eine enge Kontaktaufnahme mit der Kundschaft nicht wie beim Handwerk erlaubte.

- Die in größeren Serien produzierten Güter zählten zum überwiegenden Teil zum Textilsektor (1802 gehörten in Preußen von 174.288 Manufakturarbeitern 85 v.H. zum Textil-, 5 v.H. zum Metall- und 10 v.H. zu sonstigen Bereichen). Hier war aber unter vorindustriellen Produktionsbedingungen meistens die Heimarbeit, d. h. das Verlagswesen, im Vorteil. Daher war auch bei vielen im Textilgewerbe tätigen Manufakturen die Verbindung mit dem Verlagswesen, als dezentralisierte Manufaktur bezeichnet, verbreitet.

- Die Manufaktur war häufig auf zwei Gebiete konzentriert, die beide erhebliche Risiken bargen:
  - Neue Produktionszweige, wie z. B. die Porzellanherstellung, standen noch unter erheblichen Anlaufschwierigkeiten.
  - Die Erzeugung für den Markt des gehobenen und des Luxusbedarfs (z. B. Teppichmanufaktur) war in starker Weise von konjunkturellen Entwicklungen abhängig.

- Für Bayern hat E. Schremmer nachgewiesen, daß von 1740 bis 1799 bei 75 Gründungen von Manufakturen 28 Konkurse zu verzeichnen waren. Die Liquiditätsschwierigkeiten lassen sich auf viele Gründe zurückführen. Sie lassen sich aber auch auf einen Kern konzentrieren: Erträge und Aufwendungen standen im Mißverhältnis, weil Markt und Produktmenge bzw. -qualität nicht übereinstimmten.

In Bayern wie auch in Preußen und anderen mitteleuropäischen Ländern erreichte die Zahl der Manufakturarbeiter selten mehr als 8 v.H. aller im sekundären Sektor Beschäftigten. Die staatliche Gewerbepolitik war vom Ergebnis her daher erfolgreicher bei den anderen gewerbefördernden Maßnahmen, insbesondere bei der Verbesserung der gesamten Gewerbestruktur durch die Ansiedlung von bisher nicht oder in nur zu geringer Zahl vertretenen Berufen.

Ebenfalls der Gewerbepolitik ist die Frage zuzuordnen, wie sich der Staat zur *Organisation der Handwerke in den Zünften* verhalten hat. Die Bemühungen zur Aufhebung des Zunftzwanges waren in vielen Teilen Deutschlands vorhanden. Auch unter den Kameralisten gab es Befürworter und Gegner. Im allgemeinen kann man sagen:

— Die Bemühungen zur Abschaffung oder wenigstens Linderung des Zunftzwanges lassen sich bereits bis in das 16. Jahrhundert zurückverfolgen.

— Eine große Bedeutung wird häufig der sog. Reichszunftordnung von 1731 beigemessen, d. h. einem Beschluß des Reichstages zu Regensburg, der zwar gewisse Erleichterungen für den Zugang zum Handwerk bringen sollte, der jedoch ohne Bedeutung blieb, da er nur bei Befolgung seitens der Reichsstände, d. h. bei Aufnahme in deren Gesetzeswerk, zur Anwendung gekommen wäre.

— Im Grunde blieb daher der Zunftzwang bis zum Ende des 18. Jahrhunderts in den meisten Ländern und Städten Deutschlands bestehen. Jedoch brachte die Erweiterung des sekundären Sektors durch den Ausbau des Verlagswesens und der Manufakturen eine teilweise recht scharfe Konkurrenz, so daß in einigen Gewerbezweigen die Grenzen der Zünfte nur noch auf dem Papier bestanden (z. B. Tuchmacher).

b) Die Produktionsbedingungen

Die *Produktionsbedingungen* des gewerblichen Sektors wurden im ausgehenden 17. und im 18. Jahrhundert im wesentlichen bestimmt durch

— das *niedrige Niveau der Einkommen* des größten Teiles der Bevölkerung, so daß außer für Kleidung und Wohnung *keine breite Nachfrage im Inland* gegeben war. Auch der Absatz ins europäische Ausland und nach Übersee traf auf keine ausgedehnten Märkte, so daß die gewerbliche Produktion insgesamt kaum mehr als 20 v.H. der Gesamtzahl der Beschäftigten in Deutschland in Nahrung setzen konnte.

- Die *Produktionstechnik* war noch auf niedrigem, dem *vor-industriellen Niveau*, obgleich bereits erhebliche technische Neuerungen bekannt und erprobt waren (in England jedoch wesentlich stärker).
- Es erhebt sich damit die Frage, ob
  - die geringere technische Entwicklung in Deutschland (im Vergleich zu England) und
  - der geringe Erfolg des Manufakturwesens

  damit zusammenhängen, daß in Deutschland – durch die staat-liche Wirtschaftspolitik oder aus anderen Gründen – erst gegen Ende des 18. Jahrhunderts eine breitere Unternehmerschicht aufkam, so daß nunmehr versucht wurde, den Anschluß an die englische Entwicklung zu erreichen. Bezeichnend ist, daß diese Unternehmerschaft mehr in dem nicht so stark von einer kamera-listischen Wirtschaftspolitik geprägten und teilweise in Anleh-nung an Köln (Organisation des Absatzes) sich entwickelnden Herzogtum Berg entstand.

Insgesamt läßt sich sagen, daß

- sich zwar bereits im ganzen 18. Jahrhundert genügend Kapital, Arbeitskräfte und auch technischer Fortschritt für eine Weiter-entwicklung des sekundären Sektors anboten,
- daß aber erst gegen Ende des 18. Jahrhunderts die ersten Ansätze zum Verlassen der vorindustriellen Produktionsweise zu sehen waren, parallel zur Entstehung einer Unternehmerschaft, die sich im ersten Drittel des 19. Jahrhunderts dann auch in anderen Teilen Deutschlands entwickelte.

c) Die Struktur des Gewerbes um 1800

Eine Gesamtbilanz der gewerblichen Entwicklung in Deutschland bis zum Ende des 18. Jahrhunderts gibt es bisher noch nicht. Die Gewer-bestatistik hat für die vorindustrielle Zeit mit vielen Ungenauig-keiten in den Statistiken zu ringen und teilweise überhaupt ohne statistische Angaben zu analysieren. Unter diesen Vorbehalten läßt sich aus einer ganzen Reihe von Einzelangaben folgende Verteilung der im sekundären Sektor Beschäftigten auf die einzelnen Gewerbezweige und auf die verschiedenen Organisationsformen der gewerblichen Produktion vornehmen, vgl. Tabelle 2.

Tabelle 2: Struktur des sekundären Sektors in Deutschland um 1800 nach Erwerbstätigen

Zweig	Handwerk in v.H.	Verlag in v.H.	Manufaktur in v.H.	Zusammen in v.H.	absolut
Metall	5,6	1,0	1,0	7,6	170.000
Bau	10,4	0,0	0,0	10,4	240.000
Steine, Erden	2,9	0,0	0,2	3,1	70.000
Feinmechanik	0,7	0,1	0,1	0,9	20.000
Textil, Bekl.	8,3	41,0	3,2	52,5	1.170.000
Holz, Papier	8,6	1,0	0,7	10,3	230.000
Nahrung	13,4	0,0	0,0	13,4	300.000
Bergbau	0,0	0,0	1,8	1,8	40.000
Insgesamt	49,9	43,1	7,0	100,0	2.240.000

Zu den Manufakturen sind hier als zentralisierte Produktionsstätten auch der Bergbau und wie in vielen preußischen und sonstigen Statistiken Tabaksfabriken, Öl-, Graupen-, Schneidemühlen, Papiermühlen, Glashütten usw. gezählt, die man im allgemeinen nicht zu den eigentlichen Manufakturen rechnen würde. Daher ist der tatsächliche Anteil der Manufakturen bei 4 bis 5 v.H. einzuordnen. Insgesamt zeigt sich aber noch die *Ausrichtung des Gewerbes auf*

– *Verbrauchsgüter* (z. B. Textilien, Nahrung usw.) und
– Güter, die unmittelbar vom letzten Käufer nachgefragt werden (Baugewerbe, ein Teil des Metallgewerbes mit den Grobschmieden usw.).

Die Investitionsgütergewerbe entwickelten sich erst mit der Industrialisierung im 19. Jahrhundert, als die Einführung der neuen, der industriellen Produktionstechnik auch für die Wirtschaft selbst eine immer stärker wachsende Nachfrage nach Maschinen und Geräten, d. h. nach Anlagekapital entstehen ließ. Die schon vorhandenen metallerzeugenden und metallverarbeitenden Gewerbezweige außerhalb des Handwerks konnten den Übergang zum Industrialisierungsprozeß erleichtern. Sie waren aber ebenso wie die gleichfalls in den ersten Jahrzehnten der Industrialisierung wichtigen Textilgewerbe vor der kameralistischen Periode entstanden, hatten jedoch in dieser Zeit besonders günstige Entwicklungsbedingungen gefunden.

Der Maschinenbau, d. h. der wichtigste Teil der Industrialisierung, erhielt aber die entscheidenden Impulse in den sich industrialisierenden Zentren der Textilherstellung, d. h. in unmittelbarer Wechselwirkung zur tatsächlichen Verwendung (und der dabei gesammelten Erfahrungen) der Maschinen: Chemnitz, Bielefeld, Elberfeld und Augsburg sind hier nur einige Beispiele.

Insgesamt war vor allem die starke Stellung des vorindustriellen auf den überregionalen Absatz, insbesondere auf den Export ausgerichteten Gewerbes für die industrielle Entfaltung wichtig, und zwar sowohl für die Produktionssphäre wie für den Absatz, teilweise auch für die Finanzierung. Sachliche (Gewerbezweige) und regionale Schwerpunkte der vorindustriellen Gewerbe sorgten damit für ein stark differenziertes Bild der Industrialisierung in Deutschland im 19. Jahrhundert.

5. Die Entwicklung des Dienstleistungssektors

a) Handel und Handelspolitik

Der Außenhandel

In der Zeit nach dem Dreißigjährigen Krieg und im 18. Jahrhundert kam es bald wieder zu einer erheblichen Ausdehnung des Außenhandels, auch wenn das Niveau der Vorkriegszeit erst am Anfang des 18. Jahrhunderts wieder erreicht wurde. Die städtische Wirtschaft erholte sich aufgrund des Zuzugs der Landbevölkerung schnell. Die *niedrigen Agrarpreise* in den ersten Jahrzehnten nach dem Dreißigjährigen Krieg *erleichterten die Konkurrenzfähigkeit* des Exportgewerbes. Der Handel wurde jetzt allerdings nicht mehr

- von den süddeutschen Handels- und Gewerbestädten getragen, sondern
- von den Küstenstädten der Nordsee (Bremen und Hamburg) und von den Niederländern und Engländern.

Da die Niederlande und England inzwischen den größten Teil der überseeischen Gebiete kontrollierten, war der Überseehandel nur mit der Einwilligung dieser Länder oder von deren Handelsorganisationen (Handelskompagnien) in Gang zu halten. Die *Portugiesen* und die *Spanier* waren an der Wende zum 17. Jahrhundert von den *Niederländern* und den *Engländern* nach und nach immer mehr aus ihren monopolartigen Handelspositionen zurückgedrängt worden. Äußeres Zeichen dieser Entwicklung waren die *Gründungen zweier Handelsgesellschaften*, die den entscheidenden Einfluß auf den europäischen Überseehandel über mehr als ein Jahrhundert erlangen sollten:

- 1600 : Ostindische Kompagnie in England.
- 1602 : Niederländisch-Ostindische Kompagnie.

In drei Kriegen zwischen den Niederlanden und England (1652 bis 1654; 1664 bis 1667; 1672 bis 1674) gelang es zwar England, das Übergewicht der Niederländer zu beseitigen. Jedoch konnten die Niederländer – auch aufgrund ihrer günstigen Lage an der Rheinmündung – noch einige Zeit ein hohes Niveau des Überseehandels aufrechterhalten. Die Engländer überrundeten in der Schiffskapazität und damit vermutlich auch im Handelsvolumen die Niederländer erst in der Mitte des 18. Jahrhunderts (vgl. Abbildung 24). Erst die koloniale Ausdehnung Englands im 18. und 19. Jahrhundert brachte dann eine erhebliche Verschiebung des Gleichgewichts.

Für die *Entwicklung des deutschen Außenhandels* bot sich eine große Zahl von Anknüpfungspunkten an:

- Die *Exportgewerbe* in dem Gürtel von Oberschlesien bis Aachen, um und in Berlin, ferner in Süddeutschland. Dabei wurden sowohl Waren für den außereuropäischen Markt als auch für die europäischen Nachfrager hergestellt.
- Die *wichtigsten Handelsplätze* waren bald:
  - *Leipzig* mit seinen vor allem für den Absatz westeuropäischer Waren in Osteuropa (Rußland, Polen) wichtigen *Messen*.

– *Hamburg* durch seine guten Transportmöglichkeiten über die Elbe und das brandenburgische Kanalsystem auch über die Oder (Schlesien, Böhmen, Sachsen und Thüringen, ferner mit fortschreitendem 18. Jahrhundert auch Berlin-Brandenburg). Damit konnte Hamburg von den wichtigsten Gewerbezentren Mitteleuropas Waren beziehen.

Offensichtlich wurde dieser Handel durch die kameralistisch-merkantilistische Wirtschaftspolitik, insbesondere durch die allgemein übliche Zollpolitik (= Schutzzollpolitik) der wichtigsten europäischen Staaten, wenig beeinträchtigt. Im übrigen hatten sich die Bemühungen eben dieser Staaten, sich gegenseitig durch die Erlangung einer aktiven Zahlungsbilanz zu benachteiligen, weitgehend neutralisiert. Die allgemeine Exportförderung hatte dem Handel erhebliche neue Impulse gegeben. Lediglich Preußen hatte eine größere Geld- oder Edelmetallzufuhr zu verzeichnen, die auf eine aktive Handelsbilanz hindeutet. Die 55 Mill. Taler Staatsschatz Preußens im Jahre 1786 entsprachen immerhin etwa 30 bis 45 v.H. des jährlichen Volkseinkommens Preußens zu dieser Zeit, und bei einer Exportquote von etwa 4 bis 5 v.H. (des Nettosozialproduktes zu Marktpreisen) waren diese Mittel offensichtlich in erster Linie durch Exportüberschüsse beschafft worden. Allerdings ist auch eine Verminderung der umlaufenden Edelmetallgeldmenge denkbar, etwa durch Ausweichen auf andere Zahlungsmittel (Scheidemünzen, Wechsel, Buchgeld, Banknoten).

Eine Knappheit an Geld oder Edelmetall läßt sich für Preußen für diese Zeit nicht nachweisen, so daß offensichtlich genügend Edelmetall auch über die Grenzen herein geflossen ist. Allerdings ist auch noch zu bedenken, daß etwa 10 bis 15 Mill. Taler nicht als Edelmetall, sondern als Getreide und Ausrüstungsgegenstände vor allem in den Festungen Magdeburg und Breslau lagen.

In welchem Maße sich der Außenhandel der deutschen Territorien entwickelt hat, läßt sich nur vermuten, da genaue Angaben fehlen:

– In der Zeit von der Mitte des 17. Jahrhunderts *bis zum Anfang des 18. Jahrhunderts* hat der *Außenhandel* offensichtlich auf einem *niedrigen Niveau* gelegen.

– *Danach* scheint die fortwährende Wirtschaftsförderung in fast

allen Staaten Europas die nachteiligen Wirkungen der Merkantilpolitik neutralisiert zu haben, so daß mit zunehmender Bevölkerungszahl und mit zunehmender Ausdehnung des Gewerbes auch
ein stark *zunehmender interregionaler und* (vielleicht kann
man jetzt auch schon sagen) *internationaler Warenaustausch*
eingetreten ist.

Über den Umfang des deutschen Außenhandels am Ende dieses
Zeitraumes kann man auch aufgrund zahlreicher Berechnungen und
Schätzungen nur größenordnungsmäßige Angaben machen, vgl.
Abbildung 22. Danach lagen die Ausfuhr und die Einfuhr jeweils bei
einem Wert von etwa 360 Mill. Mark im Jahr, d. h. bei einem Betrag
von 15 bis 16 Mark je Einwohner. Gemessen am Sozialprodukt
(Nettosozialprodukt zu Marktpreisen) lag die Exportquote damit
bei etwa 8 bis 9 v.H.

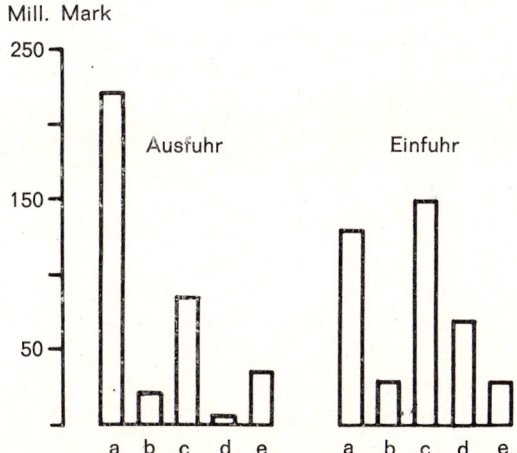

Abb. 22: Der Außenhandel Deutschlands um 1800 in Mill. Mark
        (1 Mark = 5,56 g Ag)

Abbildung 22 zeigt aber auch,

– daß Deutschland *am Ende des 18. Jahrhunderts* bereits eine
  beachtliche Ausfuhr an Fertigwaren aufzuweisen hatte, eine

wichtige Voraussetzung zur Beschaffung von Devisen für Einfuhren (Rohstoffe, Investitionsgüter) zur Beschleunigung des
späteren Industrialisierungsprozesses.

– Die *große Bedeutung des Textilbereiches* für die deutsche Wirtschaft wird ebenfalls aus Abbildung 22 deutlich, da der größte
Teil der Fertigwarenausfuhr aus dem Textilsektor kam.

– Die Landwirtschaft hatte bereits um 1800 ihre führende Rolle
im Außenhandel (Getreideexport) verloren, obgleich der Ostseehandel noch stark durch die Ausfuhr von Getreide geprägt
wurde. Nicht nach der Menge, jedoch nach dem Wert überwogen
aber die über Hamburg, Bremen und niederländische Häfen oder
über den Landweg nach Osteuropa gehenden Fertigwarenaus-
fuhren.

Abbildung 23 zeigt die engen Beziehungen zwischen der Struktur
der gewerblichen Wirtschaft und der Struktur des Außenhandels.

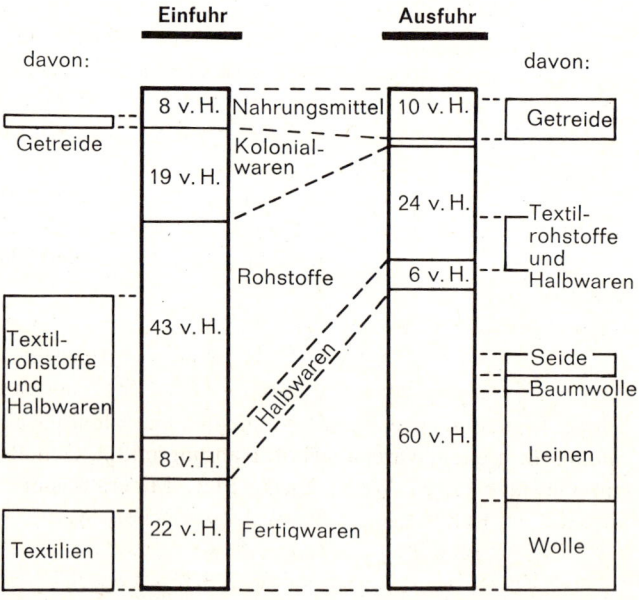

Abb. 23: Die Struktur des deutschen Außenhandels um 1800

Im Gewerbe und im Export war jeweils etwa die Hälfte der wirtschaftlichen Vorgänge durch den Textilbereich bestimmt.

Der Binnenhandel

Im Binnenhandel ist zu unterscheiden zwischen

– dem örtlichen Handel und
– dem über größere Entfernungen (und deshalb meistens auch mit größeren Mengen) betriebenen Handel.

Der *Großhandel* über weite Strecken wurde im allgemeinen von denselben Kaufleuten betrieben, die *auch im Außenhandel* tätig waren. Dies war auch schon deshalb der Fall, weil ein großer Teil des innerhalb Deutschlands abgewickelten Handels als Außenhandel zu bezeichnen war, weil Staatsgrenzen (der zahlreichen deutschen Staaten) überschritten wurden.

Der *örtliche Binnenhandel* wurde sehr stark *zwischen Produzenten und letzten Nachfragern* abgewickelt:

– Nahrungsmittel beanspruchten noch den größten Teil der Einkommen der breiten Bevölkerungsschichten. Naturale (d. h. Selbstversorgungs-) Vorgänge waren daher noch weit verbreitet. Auch sonst wurden die meisten Nahrungsmittel nicht über einen hauptberuflich tätigen Handel abgesetzt.
– Die Grundversorgung der Bevölkerung und der Betriebe mit gewerblichen Produkten erfolgte durch das ortsansässige Handwerk, so daß auch hier kein Betätigungsfeld für den Handel bestand.

Obgleich damit (gemessen am gesamten Verbrauch der Bevölkerung) das Volumen des Binnenhandels nicht sehr groß war, hatte sich der hauptberufliche Handel doch schon sehr weit spezialisiert:

– „Höker", „Materialisten" und „Kaufleute" handelten jeweils mit einem sehr breiten Warenangebot: Nahrungsmittel, Genußmittel und Gewürze (z. B. Wein, Essig, Bier, Mineralwasser, Salz, Tee, Kaffee, Kakaobohnen, Schokolade, Zucker, Syrup, Granaten, Zitronen, Apfelsinen, Pfeffer, Ingwer), Farbwaren, Tabak, Kramwaren, d. h. Kleineisenwaren und Kurzwaren. Dabei waren die Höker mehr auf die Nahrungsmittel, die Materialisten

auf die übrigen Waren (ohne Eisen- und Kurzwaren) speziali-
siert.
- Daneben gab es aber eine ganze Reihe von Spezialhändlern. In
  einer größeren Zusammenstellung für die Mark Brandenburg um
  1800 werden folgende, jeweils von Spezialhändlern vertriebene
  Waren genannt: Butter, Hopfen, Korn, Mehl, Milch, Obst, Wild,
  Wein, Vieh, Pferde, Federvieh, Tabak, Eisen, Stein, Brenn- und
  Bauholz, Bilder, Musikalien, Tabulett, Galanteriewaren, Kanten,
  Papier, Glas, Leder, Kleider. Hinzu kamen noch die Trödler,
  ferner die Messer- und Packträger, d. h. Händler, die über Land
  zogen und dort vor allem Messer, aber auch andere Kleinwaren
  verkauften.

Im allgemeinen kann man davon ausgehen, daß in Deutschland um
1800 je 1.000 Einwohner vorhanden waren:
- 2 bis 2,5 Höker, Materialhändler, Kaufleute und andere Händler
  mit einem breiten Sortiment.
- 1,5 bis 2,5 auf einzelne Waren oder Warengruppen spezialisierte
  Händler.

Die Händlerdichte stand dabei in enger Beziehung zur Bevölkerungsdichte: Je größer die Bevölkerungszahl je Flächeneinheit,
um so größer war auch die Händlerzahl je 1.000 Einwohner, d. h. der
Handel hatte offensichtlich eine mit der Bevölkerungsdichte steigende Tätigkeits- und Einkommenschance (vergleichbar mit der über-
proportionalen Zunahme des Außenhandels trotz der Behinderungen durch die Merkantilpolitik). Der Selbstversorgungsanteil an den
wirtschaftlichen Vorgängen ging immer mehr zurück. Die Einfügung
in das Marktgeschehen nahm immer mehr zu.

b) Das Verkehrswesen

Das gesamte Verkehrswesen stand im 18. Jahrhundert noch auf einer
sehr niedrigen Stufe. Für den Transport von Massengütern (die je
Gewichtseinheit einen geringen Wert hatten) war über weitere
Strecken lediglich der Schiffahrtsweg geeignet. Der Umfang der
Ladekapazität der deutschen Seeschiffe bis 1800 ergibt sich aus

Abbildung 24. In diese Abbildung wurden die wichtigsten Schiff-
fahrtsländer der vorindustriellen Zeit in Nord- und Westeuropa mit
aufgenommen. Es zeigt sich,

- daß die deutsche Seeschiffahrt hinsichtlich ihrer Kapazität
  *bereits am Ende des 15. Jahrhunderts von den Niederländern über-
  rundet* wurde,
- daß *England,* die *Niederlande* und *Frankreich* die großen *Konkurrenten im 17. und 18. Jahrhundert* gewesen sind und
- daß der *Aufschwung der englischen Handelsflotte* (und Seemacht)
  im 18. Jahrhundert fast schlagartig innerhalb weniger Jahrzehnte
  erfolgte. England wurde der Spediteur der sich immer weiter entwickelnden europäischen Wirtschaft.

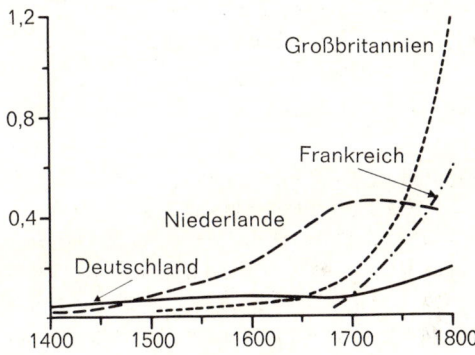

Abb. 24: Entwicklung der Tragfähigkeit der Handelsflotten Großbritanniens,
         Frankreichs, Deutschlands und der Niederlande von 1400 bis 1800
         (in Mill. NRT)

Nicht mit aufgenommen wurden in Abbildung 24 die für die vorindustrielle
Zeit ebenfalls wichtigen Handelsflotten Süd- und Südwesteuropas:
- Die Genuesen und die Venezianer haben mit zahlreichen Schiffen
  gerade in der Zeit bis ins 17. Jahrhundert den Mittelmeerhandel beherrscht
  und eine Flotte gehabt, die mindestens der der deutschen Hansestädte
  entsprochen hat.
- Die Spanier und die Portugiesen haben im 16. Jahrhundert und teilweise
  noch danach im Zusammenhang mit dem Handel mit ihren überseeischen
  Kolonien ebenfalls eine sehr starke Flotte aufgebaut, die kaum geringer
  gewesen sein dürfte als die niederländische.

Die Ausdehnung der deutschen Handelsflotte war in erster Linie
den beiden ehemaligen Hansestädten Bremen und Hamburg zu
verdanken, während die übrigen Häfen nur in geringem Maße dazu
beitrugen.

Die *Binnenschiffahrt* war für die wirtschaftliche Entwicklung in
vorindustrieller Zeit eine notwendige Voraussetzung, um ein hauptsächlich landwirtschaftlich orientiertes und dünn besiedeltes Gebiet
mit starken Gewerbezweigen zu durchsetzen, d. h. um die Wirtschaftsstruktur zu verbessern. Erst die Binnenschiffahrt schuf die
Voraussetzungen, um die benötigten Nahrungsmittel und Rohstoffe
kostengünstig heranzuschaffen und um die Fertigprodukte (als
Exportgüter) zu den Absatzplätzen oder zu den Überseehäfen zu
bringen. Hierfür wurden benutzt:

— Das System der *schiffbaren Flüsse* umfaßte etwa 6.000 km. Die
  Abgrenzung ist nicht immer ganz unproblematisch, da gerade die
  zahlreichen kleinen Flüsse nur sporadisch (bei hohem Wasser-
  stand) und nur mit kleinen Schiffen befahren wurden.
— Teilweise angeregt durch die unter Colbert begonnenen umfangreichen Kanalbauten zur Erschließung fast ganz Nordfrankreichs
  für die gewerbliche Entwicklung und auch durch die gute innere
  Verkehrslage in den Niederlanden (aufgrund des ausgebauten
  Kanalnetzes) wurden auch in Deutschland im ausgehenden 17.
  und im 18. Jahrhundert zahlreiche *Kanäle gebaut* (bis 1800 seit
  dem Mittelalter etwa 2.500 km) *bzw. Flüsse kanalisiert.*

Der wichtigste Kanal für Norddeutschland war der von 1662 bis
1668 gebaute Müllroser Kanal, der die Spree mit der Oder verband
und damit Schlesien ebenfalls an Hamburg anschloß. Zugleich wurde
die Versorgung Berlins erheblich verbessert und eine wichtige
Voraussetzung dafür geschaffen, daß Berlin (obgleich es in einem
nicht sehr fruchtbaren Gebiet lag) im 18. Jahrhundert zur Großstadt
werden konnte. Die gewerbliche Entwicklung Berlins und der Mark
Brandenburg hat auch von den weiteren, bis zum Ende des 18. Jahrhunderts gebauten Kanälen profitiert:

— Finow-Kanal (Verbindung von Oder und Havel)
— Plauescher Kanal (Verbindung von Havel und Elbe)

— Ruppiner Kanal (Verbindung von Havel und Rhin)
— Templiner Kanal (Verbindung von Havel und Lebauischer See)
— Storkow-Kanal (Verbindung von Spree und Dolgensee)
— Werbelliner Kanal (Verbindung von Finow-Kanal und Werbellin-
  see)

Die letzten vier dieser Kanäle wurden hauptsächlich zur Versorgung
Berlins mit Getreide, Bau- und Brennmaterial angelegt.
Auch in anderen Teilen Deutschlands wurde das Binnenschiffahrts-
netz durch Kanalbauten ergänzt. In keinem Gebiet wurde das Ver-
kehrsnetz aber so eng ausgebaut wie gerade in der Mark Brandenburg. Von Bedeutung war vor allem noch der die Netze mit der
Weichsel verbindende Kanal bei Bromberg, der nach der Einver-
leibung Westpreußens in den preußischen Staat (1772) gebaut
wurde und der eine durchgehende Binnenschiffahrtsverbindung von
der Weichsel bis zur Elbe schuf.
Hinsichtlich der Schiffahrtstechnik hatte sich im Grunde nichts geändert. Menschen und Pferde zogen nach wie vor auf den Lein- oder
Treidelpfaden die Schiffe auf der Bergfahrt. Die Ladekapazität erreichte nur auf den größeren Flüssen und Kanälen 100 t und mehr.
Eine Ergänzung der Schiffahrtswege durch den Ausbau des Straßennetzes war bis zum Ende des 18. Jahrhunderts erst in den Anfängen
vorhanden. Der Chausseebau, d. h. der Bau auch im Untergrund
befestigter und mit einer relativ glatten Oberfläche versehener
Straßen, begann zunächt

— in Westdeutschland, und zwar besonders in den gewerbereichen
  Gebieten zwischen Düsseldorf, Soest und Köln, d. h. im bergisch-
  märkischen Eisen- und Textilbereich.
— In Süddeutschland war es der bayerische Kurfürst Maximilian III.
  Josef, der mit dem Ausbau des Straßennetzes beginnen ließ.

In beiden Fällen handelte es sich um Gebiete, die für einen Kanalbau
kein geeignetes Gelände hatten, so daß man annehmen kann, daß
hier ein stärkerer Anreiz für den Chausseebau bestand als in der
norddeutschen Tiefebene mit den besseren Möglichkeiten der Fluß-
und Kanalschiffahrt. In Ostdeutschland begann man in den letzten
Jahren des 18. Jahrhunderts, systematisch von Berlin ausgehend, ein

Chausseenetz in alle Teile der preußischen Provinzen führend zu
errichten. Um 1800 waren hiervon aber erst Anfänge vorhanden.
Das eigentliche Jahrhundert des Chausseebaus in Deutschland wurde
das 19. Jahrhundert.

c) Das Bank- und Geldwesen

Im Bankenwesen zeichnete sich im ausgehenden 17. Jahrhundert
parallel zur Entwicklung des europäischen Fernhandels der wachsende englische Einfluß ab. *Neben Amsterdam* wurde *nunmehr auch
London ein wichtiger Bankplatz* für internationale Geldgeschäfte:

- Bis zum Ende des 17. Jahrhunderts hatten die englischen Goldschmiede gegen Hergabe von Depositenscheinen bei Gold-
  einlagen nach und nach ein umfangreiches Bankgeschäft aufgebaut, das aber den gestiegenen Erfordernissen des sich stetig
  ausdehnenden englischen Handels (und des zur Absicherung
  dieses Handels notwendigen Staatsbedarfs) nicht mehr genügte.
- Die Gründung der Bank von England im Jahre 1694 war das
  äußere Zeichen der Wende in dieser Entwicklung. Die Finanzierung des Staates hatte dabei zunächst eine zentrale Bedeutung.

Damit war die erste Staatsbank entstanden, die bereits in etwa die
Funktionen einer zentralen Notenbank übernahm, auch wenn die
Gründung von weiteren privaten Notenbanken (sog. Zettelbanken)
außerhalb einer Art Bannmeile um London zugelassen wurde. Die
Bank von England zeichnete sich vor allem durch folgendes aus:

- Geldgeber (1,2 Mill. £) waren Privatleute. Das Grundkapital
  galt als ein Darlehen an den Staat.
- Die Bank durfte sämtliche Bankgeschäfte betreiben, einschließ-
  lich der Ausgabe von Banknoten.
- Die Bank sollte sich nicht über das Grundkapital hinaus verschul-
  den (Banknoten und sonstige Papiere).
- Die Bank durfte keinen Warenhandel betreiben.
- Es brauchte keine volle Deckung der ausgegebenen Banknoten in
  Form von Gold und Silber zu bestehen.

In Schwierigkeiten konnte die Bank nur kommen, sofern sie ihre
Forderungen (insbesondere gegen den Staat im Rahmen des Staats-

kredites) nicht in ausreichendem Maße realisieren konnte, wenn der Andrang auf die Depositen (Abruf von Einlagen) zu stark wurde. Dieser Fall trat Ende des 18. Jahrhunderts ein, war allerdings nur vorübergehender Natur, da sich der Kredit des englischen Staates bald wieder festigte.

Ein entscheidendes Problem des Bankenwesens wurde aber allgemein noch nicht im Europa des 18. Jahrhunderts gemeistert:

– Die Einrichtung von Notenbanken wurde als ein günstiges Mittel zur Beschaffung von Geld für den Staat angesehen.
– Man beachtete jedoch noch nicht oder nicht genügend, daß Papiergeld nur in begrenztem Umfang ausgegeben werden konnte, wenn sein Wert und damit die Funktionsfähigkeit dieses Geldes nicht sinken sollte.

Das wichtigste Beispiel in dieser Hinsicht ist die „Banque Générale", die im Jahre 1716 von John Law in Frankreich gegründet wurde. Innerhalb weniger Jahre hatte man in so großem Umfange Banknoten ausgegeben, daß dieses Geld keine Geldfunktion mehr hatte, d. h. von der Bevölkerung nicht mehr als Zahlungsmittel angenommen wurde. Aufgrund dieser schlechten Erfahrungen hat sich auch in Deutschland das in Ansätzen vorhandene Notenbanksystem nicht durchsetzen können (z. B. 1765 Gründung einer „Königlichen Giro- und LehnBanco" in Berlin durch Friedrich II. von Preußen).

Die vorhandenen Banken hatten drei große Geschäftsbereiche:

– Das Wechselgeschäft diente der Finanzierung des Gewerbes und vor allem des Handel aber auch der Abwicklung der Zahlungsvorgänge. Wechsel hatten damit Geld- und Kreditfunktionen.
– Der Staatskredit. Hier lag die stärkste Quelle für eine Verschlechterung der Situationen der Banken, weil bei der in einigen Ländern durchaus üblichen sehr hohen Staatsverschuldung diese Forderungen häufig nicht mehr realisiert werden konnten.
– Das Grundpfandgeschäft, d. h. die Kreditvergabe gegen Sicherheiten durch Hypotheken oder andere Grundpfandrechte

Dementsprechend gab es *in den letzten Jahrzehnten des 18. Jahrhunderts folgende Kreditinstitute*:

– *Notenbanken*, entsprechend der schon genannten Königlichen

Giro- und LehnBanco in Berlin, mit einer Vielfalt an Geschäfts-
arten: Notenausgabe, Wechselgeschäfte, Staatskredit und Lom-
bardkredit.

— Privatbanken, die im wesentlichen mit den Krediteinrichtungen
des 16. Jahrhunderts zu vergleichen sind und häufig auch zunächst
noch mit dem Warenhandel verbunden waren. Die wichtigsten
Plätze für diese Banken waren Köln, Frankfurt/Main, Hamburg.

— *Kreditanstalten für die Landwirtschaft*, jedenfalls für die Rittergutsbesitzer, d. h. die sog. Landschaften: Zusammenschluß der
Rittergutsbesitzer zu einer Haftungsgemeinschaft. Die Aufgabe
dieser Anstalten war die Verschaffung von Krediten (über die
Ausgabe von Pfandbriefen), die an den einzelnen Rittergutsbesitzer weitergegeben wurden. Ursprünglich als Weg zur Beschaffung von Investitionskrediten gedacht, wurden diese Mittel
bald für Konsumzwecke oder – unter Anheizung der Güter-
spekulation – als Restkaufgeldhypotheken verwendet.

— *Hilfskassen*, die als Leihhäuser vor allem für die ärmeren Bevölkerungsschichten Kredite vermittelten: Waisenkasse Salem 1749.
Aber auch die Sammlung von Spargeld und die Verleihung dieses
Geldes gegen Sicherheiten an Private oder auch an den Staat:
Fürstliche Leihkasse Braunschweig 1765. Diese Einrichtungen
waren Vorbild der seit dem Ende des 18. Jahrhunderts mehr und
mehr entstehenden (kommunalen) Sparkassen: Kiel 1796, Altona
1801, Göttingen 1801.

Trotz dieser insgesamt zu beobachtenden Ausdehnung des Bankwesens in Deutschland blieben die wichtigsten Bankplätze Europas
London und Amsterdam, ein wichtiger Hinweis auf die weiterhin
enge Verbindung zwischen Fernhandel und Kreditwesen.

Das *Geld- und Währungswesen* ist mit dem Hinweis auf die Notenbanken bereits angesprochen worden. Kern des Währungssystems
blieb in der gesamten vorindustriellen Zeit das Edelmetall (Gold
und Silber), d. h. das Geld hatte Warenwert. Währungsprobleme
konnten – jedenfalls solange Edelmetall nicht in zu reichlichem Maße
vorhanden war – nur dadurch entstehen, daß die Ausmünzung des
Geldes unter dem Wert erfolgte, d. h. mit Untergewicht. Da dies
immer wieder vorkam, und zwar nicht nur durch Fälschungen,
sondern von den Münzherren (Fürsten, selbständige Städte usw.)

legalisiert, half man sich mit Recheneinheiten, die mit einer bestimmten Edelmetallmenge identisch sein sollten:

– Die genuesische *Casa di S. Giorgio* des 16. Jahrhunderts rechnete im Giroverkehr mit einem Banco-Pfund (= 12 g Au). Diese Rechnungseinheit verbreitete sich dann auch bald im Barverkehr zur Umrechnung der Münzen auf ein stabiles System.

– Die *Hamburger Bank* führte dementsprechend 1619 die Bancomark ein, und zwar zu 8,33 g Ag. Die Kipper und Wipperzeit (1618 bis 1623) hatte die Ausmünzungen völlig unübersichtlich gemacht. Die Bancomark galt bis 1873 unverändert.

– Aber auch *Einnahmen des Staates* wurden *nach einem* festgesetzten *Schlüssel* berechnet. Dazu wurden umfangreiche Übersichten über den Wert einzelner umlaufender Münzen veröffentlicht und der Kurs, zu dem diese angenommen wurden, bestimmt.

Da die Münzherren (Territorialherren und Städte) fast immer in Geldschwierigkeiten waren, benutzten sie im wesentlichen zwei Finanzierungsquellen:

– Die unterwertige Ausmünzung des Geldes brachte jedenfalls kurzfristig eine Auffüllung der Kassen. Man kann in der Zeit von 1618 bis 1800 drei Perioden mit besonders starken Münzverschlechterungen verzeichnen:

  – Die eigentliche Kipper- und Wipperzeit von 1618 bis 1623 (Kippen = abschneiden; wippen = die Waage in Bewegung bringen, so daß das Untergewicht nicht bemerkt wird). Sie war eigentlich nur der Höhepunkt einer bereits in der Mitte des 16. Jahrhunderts begonnenen systematischen Minderausprägung.

  – Die sog. kleine Kipperzeit von 1680 bis 1710 wurde vor allem durch die Kriege in Westeuropa und den dadurch schnell steigenden Staatsbedarf hervorgerufen.

  – Die unterwertige Ausmünzung im Siebenjährigen Krieg brachte zwar Friedrich II. Einnahmen von etwa 29 Mill. Taler. Nach dem Kriege zog er aber diese Münzen ein und verwendete das Edelmetall zu einer entsprechend geringeren Menge vollwertiger Münzen, so daß der Gewinn durch einen entsprechenden Verlust wieder ausgeglichen wurde.

– Der zweite Weg zur schnellen Staatsfinanzierung über die Einnahmen hinaus war die Geldvermehrung durch den Druck von Noten, ein Weg, der vor allem am Anfang des 18. Jahrhunderts in Frankreich gegangen wurde und der eng mit dem Namen des schon genannten schottischen Geldtheoretikers John Law verbunden ist.

Gerade durch diese Unzuverlässigkeit der Staaten im Geldwesen wurde die Entwicklung des Geld- und Kreditmarktes erheblich gehemmt, auch wenn eine ganze Reihe von Einrichtungen den Gläubigern genügend Sicherheit bot (vgl. die schon genannten Landschaften).

d) Das Versicherungswesen

In der zweiten Hälfte des 17. Jahrhunderts erhielt das Versicherungswesen zusätzliche Impulse

- aus der allgemeinen wirtschaftlichen Entwicklung mit dem wachsenden Bedarf nach Absicherung gegen Risiken und
- aus der landesherrlichen (kameralistischen) Politik zur Verminderung von Schäden, um so die Leistungsfähigkeit der Einwohner als Basis der staatlichen Einnahmen zu erhalten.

Auch jetzt waren die größten Risiken, die abgesichert wurden, wie im 16. Jahrhundert Feuer und Seeverluste. Für die Seetransportversicherung wurde London vorbildlich. Hier hatte sich nach dem großen Brand von 1666 als börsenmäßiger Treffpunkt der Versicherer das Kaffeehaus von Edward Lloyd herausgebildet, erstmals für 1688 genannt, vielleicht aber schon vorher vorhanden. In der zweiten Hälfte des 17. Jahrhunderts und auch noch im 18. Jahrhundert waren vor allem englische und niederländische Kaufleute am Aufbau eines entsprechenden Versicherungsmarktes in norddeutschen Küstenstädten, insbesondere in Hamburg führend beteiligt. Die Gründung einer eigenständigen und durch die Zusammenfassung mehrerer wirtschaftlicher Interessen auch leistungsfähigeren Versicherungsgesellschaft scheiterte in Hamburg am Widerspruch des Rates der Stadt, und zwar unter Berufung auf die Schwindelunternehmen John Laws in Frankreich. Es hieß 1720, „daß keine Privati sich unterstehen sollten, unter dem Prätext einer Assecuranzcompagnie Handel zu treiben". Das Versicherungsgeschäft blieb mithin Einzelkaufleuten überlassen, die es neben anderen Handelsgeschäften betrieben. Daß diese Geschäftssparte aber zu dieser Zeit bereits eine gewisse Bedeutung hatte, ergibt sich daraus, daß 1731 in Hamburg eine „Assekuranz- und Havarey-Ordnung" auf der Basis der bestehenden Usancen erlassen wurde. Erst 1765 kam es dann in Hamburg und 1768/69 in Bremen zur Gründung der ersten Seetransportversicherungsgesellschaften. Teilweise wurde dabei auch die Binnenschiffahrt mit einbezogen. In Berlin entstand 1792 sogar eine spezialisierte Assekuranzcompagnie für „See- und Stromversicherung".

Der zweite wichtige Versicherungsbereich war die Feuerversicherung. Es handelte sich zunächst meistens um Versicherungen auf Gegenseitigkeit, und zwar für einen überschaubaren Teilnehmerkreis. Hier sind z. B. die Feuerordnung für das Stüblauer Werder im Weichsel-Nogat-Gebiet aus dem Jahre 1605 und die Brandkonvention der Kaufleute und Mälzer von Königsberg aus dem Jahre 1627 zu nennen. Im 18. Jahrhundert bemühten sich die preußischen Könige allgemein um die Gründung von Feuersozietäten auf Gegenseitigkeitsbasis. Nicht immer hatten diese Bemühungen Erfolg. Das „warme" Abreißen, d. h. der Versicherungsbetrug war offensichtlich zu weit verbreitet. In der zweiten Hälfte des 18. Jahrhunderts hatte sich der neue Versicherungsgedanke aber allgemein durchgesetzt. Außerhalb Preußens entstanden z. B. solche Einrichtungen 1750 im Kurfürstentum Hannover und 1773 im Herzogtum Württemberg.

Darüber hinaus waren die ersten Ansätze einer Viehseuchenversicherung und einer Versicherung gegen Hagelschäden vorhanden, so daß insgesamt gerade dieser Wirtschaftsbereich weit entwickelt war.

6. Das öffentliche Finanzwesen

Am Anfang dieser Periode standen zwei die öffentlichen Finanzen stark beeinflussende Ereignisse:

– Die sog. Kipper- und Wipperzeit, in der sich die Inhaber der Münzrechte durch Münzverschlechterungen zu bereichern versuchten, was sich aber infolge des Wertverlustes ihrer Münzen langfristig zu ihrem eigenen Nachteil auswirkte.
– Die Kriegsereignisse schwächten mit der Vernichtung von Menschen und Kapital die Steuerkraft des Landes. Kontributionen konnten häufig nur im Wege der Neuverschuldung der Einwohner und der Stände aufgebracht werden, so daß nach Beendigung des Krieges noch ein erheblicher Schuldenberg bei allen staatlichen Gewalten und Gemeinden vorhanden war.

Mit Hilfe der *kameralistischen Politik* versuchte man nunmehr

– die staatlichen Einnahmen zu mehren. In Fortsetzung der bereits an der Wende zur Neuzeit begonnenen Verwaltungsorganisation strebte man nach einer möglichst gleichmäßig hohen Belastung aller Landbewohner (mit Ausnahme des Adels).

– Darüber hinaus wurden nach und nach die bis in die Mitte des 17. Jahrhunderts verpfändeten landesherrlichen Domänen wieder zurückerworben und so die Basis der eigenen Einnahmen verbreitert.

– Eine umfassende Ansiedlungspolitik sollte nicht nur die durch den Dreißigjährigen Krieg eingetretenen Bevölkerungsverluste ausgleichen, sondern auch die Wirtschaftsstruktur verbessern, so daß möglichst sämtliche im Inland nachgefragten Güter auch im Inland produziert wurden. Die dadurch bewirkte Stärkung der inländischen Wirtschaft verbesserte auch die Besteuerungsmöglichkeiten.

Durch diese Politik wurden zwar die Domäneneinnahmen erheblich ausgedehnt, zugleich stiegen aber die übrigen Einnahmen der Territorialstaaten noch stärker, so daß am Ende dieser Periode, die in ihrer letzten Phase durch eine Verstärkung der Verbrauchssteuern gekennzeichnet war (Akzise), die *Staatseinnahmen* im allgemeinen aus folgenden fünf großen Gruppen bestanden:

– 30 v.H. von Domänen und Forsten, einschließlich der landesherrlichen Bauern.

– 12 v.H. von staatlichen Gewerbeanstalten und Regalien (Tabakmonopol, Porzellan-Manufakturen, Münzprägung usw.).

– 25 v.H. direkte Steuern, vor allem aus dem nichtlandesherrlichen Grundbereich.

– 30 v.H. Zölle und andere indirekte Abgaben, insbesondere Akzise, die wichtigste Steuer der Städte. (Die Akzise wurde an den Stadttoren erhoben und stammte teilweise zu 90 v.H. aus der Belastung der in die Städte eingeführten Nahrungsmittel.)

– 3 v.H. aus Neuverschuldung, wobei in einigen Ländern sogar bis zu 20 v.H. der jährlichen Ausgaben mit Hilfe von Krediten finanziert wurden (Österreich, Bayern in einzelnen Jahren), während andere Länder, wenigstens zeitweise sogar einen Staatsschatz anlegen konnten (Preußen).

Die *Ausgaben* der Länder bestanden schließlich am Ende dieser Periode in etwa aus folgenden Positionen:

- 38 v.H. Militärausgaben, zuvor häufig bis zu 80 v.H.; in kleineren Staaten meistens wegen der höheren Kosten des fürstlichen Hofes geringer.
- 23 v.H. Ausgaben für den fürstlichen Hof, in größeren Ländern geringer (z. B. Preußen, Sachsen), in kleineren Ländern höher (z. B. und vor allem in den thüringischen Staaten und in Südwestdeutschland).
- 25 v.H. Zivilausgaben (allgemeine Verwaltung, Bildungswesen, Gerichtsbarkeit usw.).
- 14 v.H. Schuldendienst (in einigen Ländern, z. B. Bayern und Österreich, besonders hoch).

An der Finanzverfassung des Reiches änderte sich im 18. Jahrhundert nichts mehr. Der Kammerzieler wurde zwar nunmehr nicht mehr zu zwei, sondern zu sieben Terminen im Jahr gefordert. Die Römermonate oder Römerzüge waren als Matrikularbeiträge der Länder nach wie vor die wichtigste Reichseinnahme. Das Reich wurde überwiegend von Österreich, d. h. aus den Einnahmen der Habsburger in ihren eigenen Gebieten, mitfinanziert.

Die Gemeindefinanzen, insbesondere die städtischen Finanzen, waren auch im 18. Jahrhundert noch sehr ungeordnet. Die sinkende Bedeutung der Städte, auch der Reichsstädte, bei gleichzeitiger Zunahme der politischen Bedeutung der Territorien führte dazu, daß die meisten Städte im ausgehenden 17. und im 18. Jahrhundert einen sinkenden Anteil ihrer Ausgaben für Verteidigungszwecke aufwenden mußten. Die Versorgung ihrer ärmeren Bevölkerungsschichten stand im Mittelpunkt der Ausgaben vieler Städte.

Das Einnahmewesen der Städte war durch ein unsystematisches Steuerwesen gekennzeichnet. Überkommene Steuern wurden erhoben, obgleich sie unsozial waren (Verbrauchssteuern) und teilweise mit den (landesherrlichen) Akzisen zu einer erheblichen Belastung gerade der unteren Bevölkerungsschichten kumulierten. Eine Bereinigung und damit Vereinfachung des Steuersystems wurde nicht durchgeführt.

Die Auswirkungen der staatlichen Finanzpolitik waren im 18. Jahrhundert aufgrund des steigenden Anteils der öffentlichen Kassen an den volkswirtschaftlichen Vorgängen erheblich. Gerade die Militärausgaben mit der Nachfrage nach größeren Partien an Waffen, Kleidung und sonstiger Ausrüstung (z. B. Sattelzeug usw.) förderten die Gewerbearten, die für eine Massenproduktion geeignet und Vorläufer der industriellen Gewerbezweige des 19. Jahrhunders waren: Verlag und Manufaktur.

Da das Militär aber selbst in Preußen nicht mehr als 2 v. H. der Bevölkerung ausmachte, waren die von der Nachfrage für die Ausrüstung der Armee ausgehenden Impulse für die gewerbliche Entwicklung insgesamt nicht sehr groß. Die Konzentration auf einzelne Produkte (Gewerbezweige) und Produktionsorte konnte aber starke Auswirkungen im Einzelfall haben. Dabei ist auch noch zu berücksichtigen, daß der überwiegende Teil der ländlichen Bevölkerung sich noch in einem erheblichen Maß selbst mit Textilien versorgte, so daß z. B. die Nachfrage nach Uniformen durchaus eine große Bedeutung für das auf den Markt ausgerichtete Textilgewerbe haben konnte.

7. Die sozialen Verhältnisse

Die *sozialen Verhältnisse* waren im ausgehenden 17. und im 18. Jahrhundert im wesentlichen geprägt

- durch die *Einkommensentwicklung,*
- durch die Änderungen in den *sozialen Schichtungen* und
- durch die *sozialpolitischen Einrichtungen*, die bestanden oder neu geschaffen wurden, um die soziale Not zu mildern.

a) Einkommen und soziale Schichten

Die Einkommensentwicklung stand wie in der Zeit von 1400 bis 1618 unter dem Einfluß folgender Faktoren:

– Anfangs war aufgrund der Reduzierung der Bevölkerungszahl ein Überangebot an Nahrungsmitteln vorhanden, das bereits zwei Jahre nach dem Ende des Dreißigjährigen Krieges so groß war, daß die Agrarpreise allgemein und die Getreidepreise im besonderen stark zurückgingen. Die Jahrzehnte bis zum Ende des 17. Jahrhunderts waren daher im wesentlichen durch niedrige Agrareinkommen und hohe Reallöhne gekennzeichnet. Der Menschenmangel führte im übrigen dazu, daß eine Arbeitslosigkeit oder auch nur Unterbeschäftigung nicht vorhanden war.

– An der Wende zum 18. Jahrhundert kam es zu einer erheblichen Störung von Angebot und Nachfrage auf dem Markt für Nahrungsmittel. Kriege, Mißernten und Seuchen (letztere vor allem in dem wichtigen Überschußgebiet an der Weichsel) brachten einen Anstieg der Agrarpreise und damit eine Verschlechterung der Reallöhne.

– Von etwa 1710 bis 1755 lagen die Agrarpreise auf einem relativ niedrigen Niveau, auch wenn sich bereits langsam mit dem Auffüllen der Bevölkerungslücken die Situation anbahnte, die dann für fast ein Jahrhundert die sozialen und die Einkommensverhältnisse in Deutschland und auch in den anderen Ländern Europas prägte:

– Von etwa 1756 an, offensichtlich beschleunigt durch den Ausbruch des Siebenjährigen Krieges, bis zur Mitte des 19. Jahrhunderts herrschte in Deutschland der Pauperismus. Die Nahrungsmittelpreise waren allgemein auf einem so hohen Niveau, daß die Reallöhne sich nur an der Schwelle zum Existenzminimum bewegten, in vielen Jahren rein rechnerisch sogar darunter lagen, so daß die Armut weit verbreitet war und viele Menschen an Hunger und Unterernährung starben.

– Im 19. Jahrhundert kam es nach den napoleonischen Jahren aufgrund der rückläufigen Agrarpreise zu einer Erhöhung der Reallöhne. Die geringen Beschäftigungsmöglichkeiten, d. h. die

Arbeitslosigkeit trafen hier bald wieder mit steigenden Agrarpreisen zusammen.

Abbildung 25 zeigt die Grundtendenz dieser Entwicklung von 1648
bis 1850. Man kann von 1750 bis 1850 also zwei Phasen des Pauperismus unterscheiden:

— Von 1750 bis 1805 eine Knappheits- und Armutssituation auf-
  grund der hinter dem Bevölkerungswachstum nachhinkenden
  Agrarproduktion und dadurch bedingter hoher Agrarpreise.
— Von 1820 bis 1850 eine Knappheits- und Armutssituation auf-
  grund zu geringer Einkommensmöglichkeiten (was durch die
  Industrialisierung überwunden wurde).

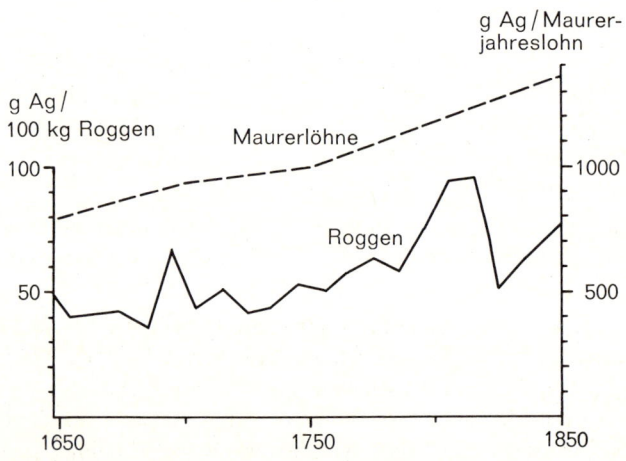

Abb. 25: Entwicklung des Getreidepreises (g Ag je 100 kg Roggen) und der
Löhne (g Ag je Maurerjahreslohn) von 1648 bis 1850

Zu ergänzen ist diese Darstellung noch durch einen Hinweis auf
die zahlreichen Kriege, die immer wieder kurzfristig zu einer Vernichtung von Hab und Gut auch der unteren Bevölkerungsschichten

führten. Die Basis der sozialen Pyramide wurde immer breiter; die zunehmenden Agrarpreise verbesserten aber auch die Einkommen der Feudalherren, so daß sich die Pyramide erheblich vertikal auseinanderzog. Die zeitgenössischen Berichte über Diskussions-Salons, Kultur an den Fürstenhöfen (Theater, Musik, Blüte der Oper und der Dichtkunst), Barockbauwerke der Kirche und der Feudalherren lassen leicht vergessen, daß dies mit der zunehmenden Verarmung breiter Bevölkerungskreise erkauft wurde.

Die Landarmut nahm vor allem seit etwa 1740 immer mehr zu, nachdem die letzten Vollbauernstellen, die durch den Dreißigjährigen Krieg frei geworden waren, wieder besetzt wurden. Am Ende des 18. Jahrhunderts kann man die Schichten des Landes etwa folgendermaßen gliedern:

— Adelsfamilien
— Amtleute, Pfarrer, Bauern mit geringer Belastung
— Bauern mit stärkerer Belastung, aber ausreichend großen Höfen
— Kleinbauern, Handwerker, Schulmeister
— Unterbäuerliche Landbesitzer (Kleinkötter, Häusler, Gärtner usw.)
— Gesindekräfte, Familien ohne Landnutzung

Seit der Mitte des 18. Jahrhunderts ist vor allem die Schicht der unterbäuerlichen Landbesitzer und der Familien ohne Landnutzung immer mehr angewachsen:

— Boden stand nicht mehr für Vollbauernhöfe ausreichend zur Verfügung. Aus den Gutsbetrieben wurde allenfalls noch Land zur Errichtung kleiner landarmer Besitzstellen abgegeben.
— Man versuchte mit Hilfe zusätzlicher Einkommen die geringen Erträge der kleinen Flächen zu ergänzen. Die Bedingungen für den Aufbau eines Verlagswesens waren in dieser Situation sehr günstig. Jedoch war ein so umfangreicher Bedarf an gewerblichen Produkten nicht vorhanden, so daß weite Teile Deutschlands auch jetzt gewerbearm blieben.

Man kann davon ausgehen, daß am Ende des 18. Jahrhunderts etwa zwei Drittel der ländlichen Bevölkerung nicht mehr eine ausreichende Absicherung der Nahrungsmittelversorgung aus den selbst bewirtschafteten Flächen erzielten. Zu einem großen Teil konnte man sich auch nicht mehr mit einem zusätzlichen Einkommen versehen, so daß diese Familien über den Stand der Armut nicht hinausgehoben wurden.

Auch in den Städten hatte sich die Gesamtsituation entsprechend entwickelt. Die Städte wuchsen zwar ständig, und zwar weniger durch einen Geburtenüberschuß als durch Zuwanderung vom Lande. Zusätzliche Einkommensmöglichkeiten konnten aber kaum noch geschaffen werden, so daß am Ende des 18. Jahrhunderts in den Städten fast bis zu ein Viertel der Einwohner in irgendeiner Weise eine Unterstützung erhielt. Der an die öffentlichen Einrichtungen fließende Teil der Feudalrente und die indirekten Abgaben an den Staat verteuerten die Lebenshaltungskosten. Diese Mittel wurden teilweise zugleich zum Ausgleich dieser Lebenshaltungskosten-erhöhungen verwendet.

b) Die sozialpolitischen Einrichtungen

Weil die Einkommensverhältnisse immer schlechter wurden, nahmen in der zweiten Hälfte des 18. Jahrhunderts die sozial-politischen Einrichtungen immer mehr zu.

Man kann daher bis zum Ende des 18. Jahrhunderts *drei Wege der Sozialpolitik* erkennen:

- Die bereits im Mittelalter eingerichteten *Hospitäler* für Arme, Kranke und Alte wurden weiterentwickelt.
- *Gemeindliche Einrichtungen für die Versorgung* und Unterstützung allein *der Armen* wurden geschaffen.
- *Arbeitshäuser, Gewerbeschulen, Spinnschulen* und ähnliche Einrichtungen sollten die *Selbsthilfemöglichkeiten verbessern*, d. h. die Beanspruchung der städtischen Kassen verringern.

Einige Beispiele mögen diese Maßnahmen illustrieren:

- Zum Ende des 18. Jahrhunderts sorgte der englische Graf von Rumford in Bayern für die Einrichtung von Ernährungshilfen (Rumford-Suppen).
- In Hamburg kam es 1788 zur Einrichtung der „Armen-Anstalten".

— In Berlin gab es bei 170.000 Einwohnern am Ende des 18. Jahr-
  hunderts 35 Einrichtungen und Hilfsmaßnahmen, einschließlich
  Brennholzlieferungen an die Armen. Hinzu kamen private
  Stiftungen usw. zur Versorgung von Waisen und Witwen, ferner
  Legate zur Finanzierung von Stipendien für Studenten.
— Die märkische Stadt Prenzlau hatte bei 9.000 Einwohnern 5
  Hospitäler „welche sehr gut dotiert sind und zum Teil Ländereien
  und Grundstücke besitzen". Ferner eine „ansehnliche Armen-
  kasse ... welche von freiwilligen Beiträgen unterstützt wird"
  (F. W. A. Bratring).
— Die märkische Kleinstadt Alt-Landsberg hatte bei 1.000 Ein-
  wohnern ein Waisenhaus (12 Kinder), ein Hospital (für einen
  Mann und 12 „alte, arme Frauen"), eine Apotheke und eine
  Stiftung für die Versorgung der drei Stadt- und sieben Land-
  prediger, aus der eine Witwe jährlich 100 Taler und ein studieren-
  der Sohn 120 Taler erhalten sollte.
— Auch auf dem Lande gab es Armeneinrichtungen. In Ostpreußen
  war es üblich, daß in den Dörfern
    — entweder die Armen von Hof zu Hof gingen und Nahrung
      bekamen
    — oder es wurde eine Armenkasse eingerichtet, deren Mittel von
      den Gesindekräften aufgebracht wurden (Zahlung bei Wechsel
      des Dienstes oder jährlich ohne Dienstwechsel).
— Auf einigen Gütern gab es auch Armenhäuser. So hatte der
  Eigentümer (v. Ahlefeldt) des Gutes Damp, nordöstlich von
  Eckernförde gelegen, 1742 ein aus einem Haupthaus und drei
  Nebenhäusern bestehendes Armenstift eingerichtet (Versorgung
  der Armen und Alten der Gutsherrschaft).
— Die ersten in Richtung auf eine Kranken- und Altersversicherung
  abzielenden Überlegungen konnten sicher an entsprechende
  Einrichtungen im Bergbau aus dem Mittelalter anknüpfen.
  Besonders bemerkenswert, wegen seiner relativ genauen Berech-
  nungen, ist der Vorschlag des Flottbeker Gutsbesitzers und
  Hamburger Kaufmanns Caspar Voght aus dem Jahre 1796, der
  immerhin schon eine am Lohn orientierte (6 v.H.) Beitrags-
  leistung vorsah. Die Leistungen sollten bei Krankheit und ab

dem 60. Lebensjahr beansprucht werden können, aber es war auch die gleitende Altersgrenze (60, 65, 70 und 75 Jahre) vorgesehen und es wurden Arbeitgeberbeiträge erwogen.

Ein nur schwer zu lösendes Problem blieben nach wie vor die nicht einer bestimmten Gemeinde zuzuordnenden Armen. In Preußen versuchte man – jede Gemeinde war darauf bedacht ihre Unzuständigkeit nachzuweisen –, mit Hilfe eines „Vagabundenfonds" das Problem der Unterstützung der umherziehenden Armen zu lösen. Damit war der erste Schritt zur Schaffung von überörtlichen Fürsorgeverbänden getan.

Schluß: Die letzte Krise der vorindustriellen Wirtschaft

Betrachtet man die Entwicklung vom frühen Mittelalter bis zum *Ende des 18. Jahrhunderts,* dann kann man feststellen, daß am Ende des 18. Jahrhunderts wieder ein Zustand erreicht wurde, der *wie im 14. und im 16. Jahrhundert* eine Häufung der Versorgungsprobleme mit sich brachte. Die Bevölkerung war zu allen drei Zeitpunkten durch ein langfristiges Wachstum an die *Grenze* im Hinblick auf die Absicherung *des Lebensunterhaltes,* insbesondere der Ernährung gekommen. Der *Unterschied* zu den jeweils vorhergehenden Engpässen lag in folgendem:

— Die wirtschaftliche und soziale *Entwicklung* (Produktionsmethoden, Arbeitsteilung, Gesellschaftsstruktur, Bildungsgrad, naturwissenschaftliche Erkenntnisse usw.) hatte um 1800 eine *bessere Qualität,* ein höheres Niveau erreicht als am Ende des 16. und erst recht als in der Mitte des 14. Jahrhunderts.

— Die Napoleonischen Kriege brachten *nicht die Bevölkerungsverluste* wie die Pestjahre seit der Mitte des 14. Jahrhunderts oder wie der Dreißigjährige Krieg, so daß die Zwangslage nicht durch eine erhebliche Bevölkerungsverminderung beseitigt wurde.

— Da aber immer noch, wie im 14. und im 16. Jahrhundert, der größte Teil der Einkommen für *Nahrungsmittel* verwendet wurde, ja — aufgrund des auch jetzt noch niedrigen Produktivitätsstandes in der Landwirtschaft — verwendet werden mußte, waren Massenarmut und *Unterversorgung* (W. Abel) weit verbreitet.

— Unter diesem Eindruck und im Widerspruch zu den fast als euphorisch zu bezeichnenden Prognosen des Engländers William Godwin aus dem Jahre 1793 wies Thomas Robert *Malthus 1798* auf die *beginnenden Versorgungsschwierigkeiten* der im Verhältnis zur Produktionsausdehnung zu schnell wachsenden Bevölkerung hin.

Die sich so anbahnende „*malthusianische Situation*" (Ernährungs-krise) wurde *im 19. Jahrhundert verhindert* durch

- die *Industrialisierung* mit erheblichen Produktivitätssteigerun-gen im sekundären (und auch im tertiären) Sektor, so daß die dort Tätigen *reichlicher* mit *Einkommen* versehen wurden, und durch
- die *Ertragssteigerungen* je Arbeitskraft und Flächeneinheit *in der Landwirtschaft*, die stärker waren als das Bevölkerungswachstum.

Bd. 2 dieser Wirtschafts- und Sozialgeschichte (= Bd. 145 der UTB-Reihe) stellt die wichtigsten Probleme dieser Entwicklung im 19. Jahrhundert dar.

LITERATURVERZEICHNIS

Die nachstehende Literatur stellt nur eine Auswahl der dem Buch zugrund-
gelegten Untersuchungen und Darstellungen dar. Sie soll zugleich dem
Interessierten einen Hinweis für die weitere Beschäftigung mit speziellen
Fragen geben. Die vor allem in den „Allgemeinen und übergreifenden Darstellungen" vorhandenen Literaturübersichten führen hier weiter.
Neuere, in Zukunft erscheinende Literatur läßt sich aus den am Ende
des Literaturverzeichnisses aufgenommenen Zeitschriften (jeweiliger Be-
sprechungsteil) entnehmen.
Bei einigen Veröffentlichungen wurde versucht, mit wenigen Stichworten in
Klammern einen Hinweis auf den Inhalt oder den Charakter des Inhalts zu
geben, wenn der Titel des Buches dies nicht deutlich genug zum Ausdruck
brachte.

ALLGEMEINE UND ÜBERGREIFENDE DARSTELLUNGEN

Bechtel, Heinrich: Wirtschafts- und Sozialgeschichte Deutschlands, Wirt-
    schaftsstile und Lebensformen von der Vorzeit bis zu Gegenwart, München
    1967 (Betrachtung unter besonderer Berücksichtigung des Wirtschafts-
    stils, d. h. des Verhaltens der Menschen in der wirtschaftlichen und
    sozialen Entwicklung).

Benekendorf, Carl Friedrich Frhr. v.: Oeconomia forensis, Bd. 1 bis 8, Berlin
    1775 bis 1784 (Darstellung zahlreicher Einzelfragen der Landwirtschaft
    und des ländlichen Gewerbes in der letzten von der Industrialisierung noch
    nicht berührten Epoche).

Borchardt, Knut und *Cipolla, Carlo M. (Hg.)*: Europäische Wirtschafts-
    geschichte, Bd. 1: Mittelalter, Stuttgart und New York 1978; Bd. 2: Sech-
    zehntes und siebzehntes Jahrhundert, 1979; Bd. 3: Die industrielle Revolu-
    tion, 1976.

Bratring, Friedrich Wilhelm August: Statistisch-topographische Beschreibung
    der gesamten Mark Brandenburg, 3 Bde., Berlin 1804, 1805 und 1809;
    Neudruck in einem Bande Berlin 1968 (Relativ genaue und umfassende
    Beschreibung der Wirtschaft, der sozialen Verhältnisse und der Verfassung
    der Mark Brandenburg um 1800).

Dopsch, Alfons: Die Wirtschaftsentwicklung der Karolingerzeit, 2 Bde., 2.
    Aufl., Weimar 1921/1922 (Erste gründliche und auch heute noch wichtig-
    ste Untersuchung der deutschen Wirtschaft im 8. und 9. Jahrhundert).

Ebel, Wilhelm: Lübisches Recht, Bd. 1, Lübeck 1971 (Wichtige Quelle für
    die Erkenntnisse von Stadt und Handel im Ostseegebiet).

Engelsing, Rolf: Sozial- und Wirtschaftsgeschichte Deutschlands, 2. Aufl., Göttingen 1976 (Kurze und übersichtliche Einführung für die Zeit vom frühen Mittelalter bis zum 20. Jahrhundert; gut geeignet als erste Einführung in die Wirtschafts- und Sozialgeschichte).

Henning, Friedrich-Wilhelm: Handbuch der Wirtschafts- und Sozialgeschichte Deutschlands, Bd. 1: Deutsche Wirtschafts- und Sozialgeschichte im Mittelalter und in der frühen Neuzeit, Paderborn 1991.

Kellenbenz, Hermann: Deutsche Wirtschaftsgeschichte, Bd. 1, Von den Anfängen bis zum Ende des 18. Jahrhunderts, München 1977.

Kellenbenz, Hermann: Grundlagen des Studiums der Wirtschaftsgeschichte, (Neubearbeitung der 1. Aufl. von Ludwig Beutin) Köln-Wien 1973 (Übersichtliche Darstellung der Methoden und der Systematik der Wirtschaftsgeschichte).

Kirchgässner, Bernhard: Einführung in die Wirtschaftsgeschichte, Grundriß der deutschen Wirtschafts- und Sozialgeschichte bis zum Ende des Alten Reiches, Düsseldorf 1979.

Kötzschke, Rudolf: Allgemeine Wirtschaftsgeschichte des Mittelalters, Jena 1924.

Kroeschell, Karl: Deutsche Rechtsgeschichte, Bd. 1 (bis 1250), Reinbek 1972, 8. Aufl. 1987; Bd. 2 (1250–1650), 1973, 6. Aufl. 1986; Bd. 3 (1650–1900), Opladen 1989 (Unter starker Berücksichtigung auch der sozialgeschichtlichen und wirtschaftsrechtlichen Gesichtspunkte vorgenommene Darstellung mit umfangreichen Literaturhinweisen).

Kuczynski, Jürgen: Allgemeine Wirtschaftsgeschichte; Von der Urzeit bis zur sozialistischen Gesellschaft, Berlin 1951 (Kurzer Überblick der deutschen Wirtschaftsgeschichte von den Anfängen bis nach dem Zweiten Weltkrieg, unter marxistischer Fragestellung).

Kulischer, Josef: Allgemeine Wirtschaftsgeschichte des Mittelalters und der Neuzeit, 2 Bde., 3. Aufl., München 1965 (Neudruck der 2. Aufl. von 1929, faktenreiche Darstellung der wirtschafts- und der sozialgeschichtlichen Verhältnisse in den wichtigsten europäischen Ländern).

Kuske, Bruno: Köln, der Rhein und das Reich, Köln-Graz 1956 (Hervorhebung der Bedeutung Kölns für die Wirtschaft Deutschlands über Jahrhunderte hin).

Lamprecht, Karl: Deutsches Wirtschaftsleben im Mittelalter, Leipzig 1886 (Noch nicht veraltete Untersuchung für eine der wichtigsten Landschaften Deutschlands im Mittelalter).

Le Goff, Jacques: Das Hochmittelalter, Frankfurt/Main – Hamburg 1965 (Bd. 11 der Fischer Weltgeschichte).

Lütge, Friedrich: Deutsche Sozial- und Wirtschaftsgeschichte, 3. Aufl., Berlin u. a. 1966, Nachdruck 1979.

Lütge, Friedrich (als Herausgeber): Die wirtschaftliche Situation in Deutschland und Österreich um die Wende vom 18. zum 19. Jahrhundert, Stuttgart 1964 (Enthält Aufsätze über den Außenhandel, soziale Fragen u.a. Probleme für die im Buchtitel angegebene Zeit; wichtige Hinweise für die Situation am Ende des 18. Jahrhunderts).

Mottek, Hans: Wirtschaftsgeschichte Deutschlands, Bd. 1, Von den Anfängen bis zur Zeit der Französischen Revolution, 5. Aufl., Berlin 1968 (Betrachtung der Probleme aus marxistischer Sicht).

Pirenne, Henri: Sozial- und Wirtschaftsgeschichte Europas im Mittelalter, München 1972 (Verdeutlichen der Entwicklung vom fast ausschließlich durch die Landwirtschaft bestimmten Feudalismus zur Entstehung der Stadtwirtschaft).

Die Produktivkräfte in der Geschichte, Bd. 1, Von den Anfängen in der Urgemeinschaft bis zum Beginn der Industriellen Revolution, hgg. von Wolfgang Jonas, Berlin 1969 (Unter marxistischem Gesichtspunkt vorgenommene Darstellung der Entwicklung der Produktionsmittel, insbesondere der Technik, und der Beziehungen der Menschen hierzu).

Sombart, Werner: Der moderne Kapitalismus, 3 Bde., München-Leipzig 1928ff. (Mit zahlreichen Einzelheiten versehene Auseinandersetzung mit dem Kapitalismus unter nichtmarxistischem Ansatz).

Sprandel, Rolf: Verfassung und Gesellschaft im Mittelalter, 5. Aufl., Paderborn 1994.

Weber, Alfred: Kulturgeschichte als Kultursoziologie, 2. Aufl., Stuttgart-Hamburg 1950 (Starke Betonung der soziologischen Aspekte der wirtschaftlichen und der allgemeinen kulturellen Entwicklung).

Wunder, Heide: Die bäuerliche Gemeinde in Deutschland, Göttingen, 1986.

Zorn, Wolfgang: Einführung in die Wirtschafts- und Sozialgeschichte, 2. Aufl., München 1974 (Darstellung der Wege, Methoden und Hilfsmittel der wirtschafts- und sozialgeschichtlichen Forschung).

Zorn, Wolfgang (als Herausgeber): Handbuch der deutschen Wirtschafts- und Sozialgeschichte, Bd. 1, Von der Frühzeit bis zum Ende des 18. Jahrhunderts, Stuttgart 1971 (Unter Beteiligung von zehn Autoren erfolgende Darstellung; dadurch nicht immer einheitliche Betrachtungsweise und Interpretation; die Literaturangaben sind für weiterführende Studien sehr hilfreich).

LANDWIRTSCHAFT UND ERNÄHRUNGSFRAGEN

Abel, Wilhelm: Agrarkrisen und Agrarkonjunktur; Eine Geschichte der Land- und Ernährungswirtschaft Mitteleuropas seit dem hohen Mittelalter, 3. Aufl., Hamburg-Berlin 1978 (Hervorhebung der von der Bevölkerungsbewegung und der Nahrungsmittelproduktion auf die Reallöhne und die landwirtschaftlichen Produktpreise ausgehenden Einflüsse).

Abel, Wilhelm: Die Wüstungen des ausgehenden Mittelalters, 3. Aufl., Stuttgart 1976 (Darstellung der wirtschaftlichen Auswirkungen der spätmittelalterlichen Pestjahre, insbesondere auf die Landwirtschaft und die landwirtschaftliche Bevölkerung, auf die Ernährungsprobleme und die Reallohnentwicklung).

Abel, Wilhelm: Geschichte der deutschen Landwirtschaft vom frühen Mittelalter bis zum 19. Jahrhundert, 3. Aufl., Stuttgart 1978 (Grundlegende Übersicht der vorindustriellen Entwicklung der Agrarwirtschaft; wichtigste Quelle für die landwirtschaftlichen Teile dieses Taschenbuches).

Abel, Wilhelm: Massenarmut und Hungerkrisen im vorindustriellen Europa; Versuch einer Synopsis, Hamburg-Berlin 1974 (Herausarbeitung der Ursachen und Erscheinungen der Armutssituation in den letzten Jahrhunderten vor der Industrialisierung in den wichtigsten europäischen Ländern).

Bassermann-Jordan, Friedrich v.: Geschichte des Weinbaus, 3 Bde., 2. Aufl., Frankfurt/Main 1923 (Wichtigstes Werk über die Geschichte des Weinbaus).

Below, Georg v.: Geschichte der deutschen Landwirtschaft des Mittelalters in ihren Grundzügen, 2. Aufl., Stuttgart 1966 (Auch heute noch, insbesondere für die Karolingerzeit wichtige Quelle, wenn auch teilweise von der Forschung erheblich ergänzt).

Devroey, Jean-Pierre (Hg.): Etudes sur le Grand Domaine Carolingien, Aldershot 1993.

Dopsch, Alfons: Herrschaft und Bauer in der deutschen Kaiserzeit, 2. Aufl., Stuttgart 1964.

Franz, Günther: Der deutsche Bauernkrieg, 2 Bde., München-Berlin, 1933 und 1935 (Textband und Aktenband), Neudruck als 3. Aufl., Darmstadt 1972 (Standardwerk über den Bauernkrieg).

Franz, Günther: Geschichte des deutschen Bauernstandes vom frühen Mittelalter bis zum 19. Jahrhundert, Stuttgart 1970.

Ganshof, François Louis: Was ist das Lehnswesen?, 4. Aufl., Darmstadt 1975 (Kurzes Standardwerk zur Entwicklung und Struktur des mittelalterlichen Lehnswesen).

Harnisch, Hartmut: Die Herrschaft Boitzenburg; Untersuchungen zur Entwicklung der sozialökonomischen Struktur ländlicher Gebiete in der Mark Brandenburg vom 14. bis zum 19. Jahrhundert, Weimar 1968.

Henning, Friedrich-Wilhelm: Dienste und Abgaben der Bauern im 18. Jahrhundert, Stuttgart 1969 (Darstellung der Bedeutung der bäuerlichen Lasten für die bäuerlichen Einkommen und für die Einnahmen der Feudalherren).

Higounet, Charles: Die deutsche Ostsiedlung im Mittelalter, Berlin 1986.

Inama-Sternegg, Karl Theodor v.: Deutsche Wirtschaftsgeschichte, Bd. 1, 2. Aufl., Leipzig 1901 (Veraltete, aber interessante Aspekte enthaltende Darstellung).

Jankuhn, Herbert: Vorgeschichte und Frühgeschichte (der Agrargeschichte), Stuttgart 1969.

Kuhn, Walter: Geschichte der deutschen Ostsiedlung in der Neuzeit, 2 Textbände, 1 Kartenband, Köln-Graz 1955 und 1957 (Ausführlichste Darstellung der Ostkolonisation; umfangreiche Quellennachweise).

Lütge, Friedrich: Die bayerische Grundherrschaft, Stuttgart 1949.

Lütge, Friedrich: Die mitteldeutsche Grundherrschaft, 2. Aufl., Stuttgart 1957. (Interessante Darstellung der Agrarverfassung im Grenzgebiet zwischen Grund- und Gutsherrschaft).

Lütge, Friedrich: Geschichte der deutschen Agrarverfassung vom frühen Mittelalter bis zum 19. Jahrhundert, 2. Aufl., Stuttgart 1967.

Radig, Werner: Die Siedlungstypen in Deutschland und ihre frühgeschichtlichen Wurzeln, Berlin 1955.

Rösener, Werner: Agrarwirtschaft, Agrarverfassung und ländliche Gesellschaft im Mittelalter, München 1992.

Rösener, Werner: Bauern im Mittelalter, 4. Aufl., München 1987.

Rösener, Werner: Grundherrschaft im Wandel. Untersuchungen zur Entwicklung geistlicher Grundherrschaften im südwestdeutschen Raum vom 9. bis 14. Jahrundert, Göttingen 1991.

Saalfeld, Diedrich: Bauernwirtschaft und Gutsbetrieb in der vorindustriellen Zeit, Stuttgart 1960 (Herausarbeitung der durch die Verflechtung von Bauernbetrieben und Gutsbetrieben in der vorindustriellen Zeit bestehenden Probleme; Berücksichtigung der Verhältnisse im Herzogtum Braunschweig).

Sanfacon, Roland: Défrechements, Peuplement et Institutions Seigneuriales en Haut-Poitou du Xe au XIIIe Siècle, Québec 1967 (Aufzeigen der Zusammenhänge zwischen Ausdehnung der Siedlung, Bevölkerungswachstum und Entwicklung der herrschaftlichen Beziehungen in einem Teil Frankreichs im hohen Mittelalter).

Seeliger, Gerhard: Die soziale und politische Bedeutung der Grundherrschaft im frühen Mittelalter, Leipzig 1903 (Herausarbeitung der Bedeutung des Feudalwesens für die Organisation der Gesellschaft im Mittelalter).

Slicher van Bath, B.H.: Yield ratios, 810 − 1820, Wageningen 1963 (Zusammenstellung der Ertragsverhältnisse für eine ganze Reihe von landwirtschaftlichen Produkten in mehreren europäischen Ländern. Die hieran anknüpfende Periodisierung ist nicht unproblematisch).

Weibels, Franz: Die Großgrundherrschaft Xanten im Mittelalter, Krefeld 1959 (Als Beispiel einer vom Villikationssystem ausgehenden Organisation des ländlichen Besitzes interessant).

Wittich, Werner: Die Grundherrschaft in Nordwestdeutschland, Leipzig 1896.

Wunder, Heide: Siedlungs- und Bevölkerungsgeschichte der Komturei Christburg (13. − 16. Jahrhundert), Wiesbaden 1968 (Sehr detaillierte Darstellung der Ostkolonisation in einem relativ kleinen Teil Ostpreußens).

GEWERBLICHE WIRTSCHAFT UND STADTENTWICKLUNG

Adler, Georg: Über die Epochen der deutschen Handwerkerpolitik, Jena 1903.

Aubin, Gustav und *Kunze, Arno*: Leinenerzeugung und Leinenabsatz im östlichen Mitteldeutschland zur Zeit der Zunftkäufe, Stuttgart 1940.

Deutsches Städtebuch, Handbuch städtischer Geschichte, hgg. von Erich Keyser, 4 Bde., Stuttgart-Berlin 1939 ff. (Wichtigste Quelle für Probleme der Entwicklung der Städte mit zahlreicher weiterführender Literatur).

Duncker, Hermann: Das mittelalterliche Dorfgewerbe mit Ausschluß der Nahrungsmittel-Industrie nach den Weistumsüberlieferungen, Diss. Leipzig 1903 (Gute Übersicht des ländlichen Handwerks im 13. Jahrhundert, d. h. für den nach den Quellen frühest möglichen Zeitpunkt).

Ennen, Edith: Die europäische Stadt des Mittelalters, 2. Aufl., Göttingen 1975 (Hervorhebung der Gemeinsamkeiten und der Besonderheiten der Städte).

Forberger, Rudolf: Die Manufaktur in Sachsen vom Ende des 16. bis zum Anfang des 19. Jahrhunderts, Berlin 1958 (Subtile Darstellung der Manufakturen in einem gewerbereichsten Gebiete der vorindustriellen Zeit).

Haase, Carl: Die Entstehung der westfälischen Städte, 2. Aufl., Münster 1965 (Systematische Untersuchung der Stadtentwicklung; in der Periodisierung nicht unproblematisch).

Haase, Carl (als Herausgeber): Die Stadt des Mittelalters, 3 Bde., Darmstadt 1969 (Beiträge unterschiedlicher Richtung; teilweise zufällige Auswahl).

Heimpel, Hermann: Das Gewerbe der Stadt Regensburg im Mittelalter, Stuttgart 1926 (Immer noch beispielhafte und beste Monographie für die wirtschaftlichen Verhältnisse einer oberdeutschen Stadt im Mittelalter).

Isenmann, Eberhard: Die deutsche Stadt im Spätmittelalter, Stuttgart 1988.

Kaufhold, Karl Heinrich: Das Gewerbe in Preußen um 1800 (= Göttinger Beiträge zur Wirtschafts- und Sozialgeschichte, Bd. 2), Göttingen 1978.

Keyser, Erich: Bibliographie zur Städtegeschichte Deutschlands, Köln 1969 (Ein wichtiger Schlüssel für weitere Arbeiten im Bereich der Städte- und Gewerbegeschichte).

Klaiber, Ludwig: Beiträge zur Wirtschaftspolitik der schwäbischen Reichsstädte im ausgehenden Mittelalter, Stuttgart 1927 (Systematische Untersuchung eines städtereichen Gebietes).

Kriedte, Peter u. a.: Industrialisierung vor der Industrialisierung; Gewerbliche Warenproduktion auf dem Land in der Formationsperiode des Kapitalismus, Göttingen 1978 (Versuch einer theoretischen Durchdringung des vorindustriellen ländlichen Gewerbes, das auf den überörtlichen Markt ausgerichtet war. Wichtigster Beitrag zu dem Problemkreis der sog. Protoindustrialisierung).

Kroeschell, Karl: Weichbild; Untersuchungen zur Struktur und Entstehung der mittelalterlichen Stadtgemeinde in Westfalen, Köln-Graz 1960 (Grundlegende Untersuchung eines Teilproblems an Hand einer Landschaft).

Krüger, Horst: Zur Geschichte der Manufakturen und Manufakturarbeiter in Preußen, Berlin 1958 (Produktionsprozeß und Produktionsverhältnisse in der letzten vorindustriellen Phase werden gut herausgearbeitet).

Mauersberg, Hans: Wirtschafts- und Sozialgeschichte zentraleuropäischer Städte in neuerer Zeit, Göttingen 1960 (Eine Vielfalt von Problemen der Stadt in der Zeit seit dem 16. Jahrhundert wird angesprochen).

Philippi, Friedrich: Die erste Industrialisierung Deutschlands (im Mittelalter), Münster 1909 (Systematische Untersuchung der wichtigsten Aspekte der Entstehung der Stadtwirtschaft im Mittelalter).

Planitz, Hans: Die deutsche Stadt im Mittelalter, 3. Aufl., Wien u. a. 1973 (Unter besonderer Berücksichtigung der Stadtverfassung vorgenommene Darstellung).

Proesler, Hans: Das gesamtdeutsche Handwerk im Spiegel der Reichsgesetzgebung von 1530 – 1806, Berlin 1954 (Beeinflussung der Zunft und anderer Verfassungsfragen durch die Reichsgesetzgebung in der Neuzeit).

Ress, Franz Michael: Geschichte und wirtschaftliche Bedeutung der oberpfälzischen Eisenindustrie von den Anfängen bis zur Zeit des 30jährigen Krieges, Regensburg 1950 (Untersuchung der wichtigsten Probleme und Einflüsse für die gesamte Wirtschaft in einem der wichtigsten Eisengewerbegebiete der vorindustriellen Zeit).

Reuter, Ortulf: Die Manufaktur im fränkischen Raum, Stuttgart 1961 (Mehr darstellende als analysierende Arbeit).

Rörig, Fritz: Wirtschaftskräfte im Mittelalter, 2. Aufl., Wien-Köln-Graz 1971 (Unter besonderer Berücksichtigung des hansischen Raumes vorgenommene Erörterung der wichtigsten die wirtschaftliche Entwicklung beeinflussenden Faktoren).

Schmoller, Gustav: Die Straßburger Tucher- und Weberzunft, Straßburg 1879 (Mit Hilfe von 209 Urkunden vorgenommene Darstellung der Straßburger Tuchmacherei; anschließend grundsätzliche Erörterungen über das Textilgewerbe im Mittelalter).

Schremmer, Eckart: Die Wirtschaft Bayerns vom hohen Mittelalter bis zum Beginn der Industrialisierung, München 1970 (Unter Berücksichtigung der gesamten nichtlandwirtschaftlichen Wirtschaft vorgenommene Darstellung vom Mittelalter bis zum Ende des 18. Jahrhunderts).

Schwarz, Klaus: Untersuchungen zur Geschichte der deutschen Bergleute im späten Mittelalter, Berlin 1958.

Slawinger, Gerhard: Die Manufaktur in Kurbayern, Stuttgart 1966 (Verdeutlichung der Entwicklung des Manufakturwesens in Bayern und der staatlichen Wirtschaftspolitik).

Stoob, Heinz: Forschungen zum Städtewesen in Europa, Bd. 1, Köln-Wien 1970 (Mehrere Aufsätze zu einzelnen Problemen der städtischen Siedlung und Wirtschaft).

HANDEL MIT WAREN UND GELD; VERKEHRSWESEN

Bauer, Clemens: Unternehmung und Unternehmungsformen im Spätmittelalter und in der beginnenden Neuzeit, Jena 1936 (Untersuchung der Organisation, Arbeitsweise und Wirkungsmöglichkeiten der Unternehmer in der entscheidenden Entwicklungsphase zum Frühkapitalismus).

Beutin, Ludwig: Der deutsche Seehandel im Mittelmeergebiet bis zu den Napoleonischen Kriegen, Neumünster 1933.

Chroust, Anton und *Proesler, Hans*: Das Handlungsbuch der Holzschuher in Nürnberg von 1304 – 1307. Erlangen 1934 (Eine der ältesten Quellen für den Handel eines Fernhändlers).

Dietz, Alexander: Frankfurter Handelsgeschichte, 4 Bde., FrankfurtMain 1910ff., Nachdruck Glashütten 1970. (Instruktive Übersicht der Entwicklung des Handels in einer der wichtigsten Städte des vorindustriellen Deutschland).

Dollinger, Philippe: Die Hanse, 2. Aufl., Stuttgart 1976 (Beste Übersicht der hansischen Geschichte unter Berücksichtigung der neuesten Forschung).

Ebel, Wilhelm: Die Hamburger Feuerkontrakte und die Anfänge des deutschen Feuerversicherungsrechts, Weimar 1936.

Ehrenberg, Richard: Das Zeitalter der Fugger, Bd. 2, 3. Aufl., Jena 1922 (Inzwischen veraltete, aber immer noch instruktive Darstellung einer der wichtigsten Handelsperioden Deutschlands)

Friedensburg, Ferdinand: Münzkunde und Geldgeschichte der Einzelstaaten des Mittelalters und der neueren Zeit, München-Berlin 1926.

Hasse, Ernst: Geschichte der Leipziger Messen, Leipzig 1885 (Verdeutlichung der Wandlungen in der Struktur und der Richtung des Handels über Jahrhunderte hin).

Kellenbenz, Hermann: Unternehmerkräfte im Hamburger Portugal- und Spanienhandel 1590 bis 1625, Hamburg 1954 (Änderungen in den Handelsbedingungen unter dem Einfluß der Rivalität zwischen England, den Niederlanden und den iberischen Mächten um den Überseehandel).

Klein, Ernst: Deutsche Bankengeschichte, Bd. 1, Von den Anfängen bis zum Ende des Alten Reiches (1806), Frankfurt 1982.

Köhler, Erich: Einzelhandel im Mittelalter, Stuttgart-Berlin 1938 (Übersichtliche Darstellung eines sonst häufig vernachlässigten Teiles des Handels).

Kresse, Walter: Materialien zur Entwicklungsgeschichte der Hamburger Handelsflotte 1765 – 1823, Hamburg 1966.

Müller, Karl Otto: Welthandelsbräuche, 1480–1540, Stuttgart-Berlin 1934, Nachdruck 1962 (Aufzeigen grundlegender Wandlungen an der Wende zur Neuzeit, unter dem Einfluß der Einbeziehung Südasiens und Amerikas in den europäischen Handel).

Pölnitz, Götz Frhr. v.: Die Fugger, Frankfurt/Main 1959, 3. Aufl., Tübingen 1970 (Standardwerk über das bekannteste Handelshaus Oberdeutschlands an der Schwelle zur Neuzeit).

Pohl, Hans: Die Beziehungen Hamburgs zu Spanien und dem spanischen Amerika 1740 bis 1806, Wiesbaden 1963 (Hervorhebung der Bedeutung dieses Handels für die Entwicklung des Hamburger Handels und Seeverkehrs überhaupt).

Redlich, Fritz: Die deutsche Inflation des frühen 17. Jahrhunderts in der zeitgenössischen Literatur: Die Kipper und Wipper, Köln-Wien 1972 (Darstellung dieser bisher in der wirtschaftsgeschichtlichen Literatur recht abweichend dargestellten Erscheinung unter Benutzung neuer Quellen).

Rittmann, Herbert: Deutsche Geldgeschichte 1484–1914, München 1975.

Rörig, Fritz: Vom Werden und Wesen der Hanse, Leipzig 1940 (Inzwischen teilweise veraltetes, aber mit zahlreichen interessanten Denkansätzen ausgestattetes Buch).

Samsonowicz, Henryk: Untersuchungen über das Danziger Bürgerkapital in der zweiten Hälfte des 15. Jahrhunderts, Weimar 1969 (Der Übergang zur frühkapitalistischen Wirtschaft in der Danziger Patrizierschicht wird herausgearbeitet).

Schulte, Aloys: Geschichte der Großen Ravensburger Gesellschaft, 3 Bde., Stuttgart 1923 (Die große Ravensburger Handelsgesellschaft ist eine der bekanntesten Gesellschaften in Oberdeutschland vor der Zeit der Fugger gewesen).

Schulte, Aloys: Geschichte des mittelalterlichen Handels und Verkehrs zwischen Westdeutschland und Italien mit Ausschluß von Venedig, Berlin 1966 (Neudruck der 1. Aufl., von 1900. Teilweise veraltete, aber immer noch beste Übersicht für den angesprochenen Handelsstrom).

Stromer von Reichenbach, Wolfgang: Oberdeutsche Hochfinanz 1350 – 1450. 3 Teile. Wiesbaden 1970 (Eine der besten, weil vor allem auf einem umfangreichen bisher nicht erschlossenen Material aufbauende Untersuchung der Verflechtung von Waren- und Geldhandel in einer Zeit der häufig nicht viel Beachtung geschenkt wurde).

Suhle, Arthur: Deutsche Münz- und Geldgeschichte von den Anfängen bis zum 15. Jahrhundert, 6. Aufl., Berlin 1973.

Vogel, Walther: Zur Größe der europäischen Handelsflotten im 15., 16. und 17. Jahrhundert, in: Forschungen und Versuche zur Geschichte des Mittelalters und der Neuzeit, Festschrift Dietrich Schäfer, Jena 1915 (Zwar schon recht alte, aber immer noch beste Übersicht des Umfangs der wichtigsten Handelsflotten Europas).

Vogel, Walther: Geschichte der deutschen Seeschiffahrt, Bd. 1, Berlin 1915 (Noch wichtigste Quelle für die mittelalterliche Seeschiffahrt).

ÖFFENTLICHES FINANZWESEN

Brunner, Otto: Die Finanzen der Stadt Wien von den Anfängen bis ins 16. Jahrhundert, Wien 1929 (Übersichtliche Darstellung der städtischen Finanzen für eine sonst in den Quellen nicht gut belegbare Zeit).

Darmstädter, Paul: Das Reichsgut in der Lombardei und Piemont (568 bis 1250), Straßburg 1896 (Gute Übersicht der Grundzüge des Abgaben- und Dienstwesens im frühen und hohen Mittelalter).

Dittmar, Claus: Die Einnahmerechnungen der freien Reichsstadt Schweinfurt (1554 – 1802), Schweinfurt 1961 (Wichtiges Beispiel für die Entwicklung der städtischen Finanzen in einer Mittelstadt).

Handbuch der Finanzwissenschaft, 2. Aufl., Tübingen 1952ff., 3. Aufl. 1977ff. (Standardwerk für Finanzgeschichte und Finanzwissenschaft).

Klein, Ernst: Geschichte der öffentlichen Finanzen in Deutschland (1500–1870), Wiesbaden 1974 (Erste übersichtliche Darstellung eines bisher von der Forschung vernachlässigten wirtschaftlichen Themenkreises).

Landwehr, Götz: Die Verpfändung der deutschen Reichsstädte im Mittelalter, Köln-Graz 1967 (Vom rechtsgeschichtlichen Standpunkt ausgehende Untersuchung einer wichtigen Finanzierungsquelle des Reiches).

Mensi, Franz Frhr. v.: Die Finanzen Österreichs 1701 bis 1740, Wien 1890 (Weit über die eigentlichen Staatsfinanzen hinausgehende Untersuchung).

Metz, Wolfgang: Das karolingische Reichsgut, Berlin 1960 (Kritische Erörterung der wichtigsten Quellen für die Wirtschaft im Karolinger Reich und die materielle Absicherung der Herrschaft der Karolinger).

Moll, Bruno: Zur Geschichte der Vermögenssteuer, Leipzig 1911 (Inzwischen teilweise überholte Darstellung der Entwicklung der Vermögenssteuer).

Nuglisch, Adolf: Das Finanzwesen des Deutschen Reiches unter Kaiser Karl V., Diss. Straßburg 1899 (Aufgrund der schlechten Quellenlage nicht immer zuverlässige Angaben).

Puff, Alexander: Die Finanzen Albrechts des Beherzten, Leipzig 1911 (Interessante Darstellung der sächsischen Finanzwirtschaft im ausgehenden Mittelalter, insbesondere auch unter dem Einfluß der im Vergleich zu anderen deutschen Territorien großen Silberfunde).

Riedel, Adolph Friedrich: Der brandenburgisch-preußische Staatshaushalt in den beiden letzten Jahrhunderten, Berlin 1866 (Trotz aller Kritik immer noch die beste Arbeit über einen territorialen Staatshaushalt der Zeit des Kameralismus).

Schmelzle, Hans: Der Staatshaushalt des Herzogtums Bayern im 18. Jahrhundert, Stuttgart 1900 (Sehr lückenhafte, aber aufgrund fehlender weiterer Untersuchungen immer noch beste Übersicht über den angesprochenen Gegenstand).

Schönberg, Gustav: Finanzverhältnisse der Stadt Basel im 14. und 15. Jahrhundert, Tübingen 1879.

Taeuber, Walter: Geld und Kredit im Mittelalter, Berlin 1933 (Verdeutlichung der engen Verbindung zwischen Geldordnung, Kreditwesen und staatlichen Finanzen).

Teicke, Alfred: Reichssteuerbestrebungen unter Karl V., Leipzig 1910 (Aufzeigen der vergeblichen Bemühungen über die Verbesserung der Reichsfinanzen auch die zentrale Machtposition abzusichern).

SOZIALE VERHÄLTNISSE

Abel, Wilhelm: Siehe die verschiedenen Werke in dem Abschnitt Landwirtschaft und Ernährungsfragen.

Billerbeck, Paul: Sozialpolitische Ideen in der deutschen kameralistischen und pädagogischen Literatur des 18. Jahrhunderts, Diss. Köln 1938 (Gute Übersicht der wichtigsten, schon vor der Industrialisierung bestehenden Denkansätze für die Sozialpolitik).

Blickle, Peter: Die Revolution von 1525, 3. Aufl., München-Wien 1993. (Wichtiger Beitrag zur Bauernkriegsforschung).

Blickle, Peter: Unruhen in der ständischen Gesellschaft 1300–1800, München 1988.

Bosl, Karl: Mensch und Gesellschaft in der Geschichte Europas, München 1972.

Büchsel, Hans-Wilhelm: Rechts- und Sozialgeschichte des oberschlesischen Berg- und Hüttenwesens 1740 bis 1806, Breslau-Kattowitz 1941 (Umfassende Darstellung der sozialen Einrichtungen im Bergbau des 18. Jahrhunderts)

Buszello, Horst, Blickle, Peter und *Endres, Rudolf (Hg.)*: Der deutsche Bauernkrieg, 2. Aufl., Paderborn 1991.

Ebel, Wilhelm: Quellen zur Geschichte des deutschen Arbeitsrechts (bis 1849), Göttingen u. a. 1964 (Wiedergabe zahlreicher Ordnungen usw. seit dem hohen Mittelalter).

Franz, Günther: Der Dreißigjährige Krieg und das deutsche Volk, 3. Aufl., Stuttgart 1961 (Unter besonderer Berücksichtigung auch der Not für den einzelnen konzipierte Darstellung des Dreißigjährigen Krieges).

Fröhlich, Sigrid: Die soziale Sicherung bei Zünften und Gesellenverbänden, Diss. rer. pol. Köln 1974.

Hue, Otto: Der Bergarbeiter; Historische Darstellung der Bergarbeiter-Verhältnisse von der ältesten bis in die neueste Zeit, 2 Bde., Stuttgart 1910 und 1913 (Aufgrund des weit gespannten Titels nicht immer sehr umfassend in der Darstellung).

Kroel, Franz L.: Die Entwicklung der Waisenhäuser in Deutschland seit der Reformation, Heidelberg 1921 (Verf. hebt zu wenig hervor, daß die Waisenhäuser nur eine Form der Unterbringung, nicht aber der Erziehung und Förderung der jungen Menschen darstellte).

Landau, Johann: Die Arbeiterfrage in Deutschland im 17. und 18. Jahrhundert und ihre Behandlung in der deutschen Kameralwissenschaft, Zürich 1915 (Verdeutlichung, daß bereits lange vor dem Ende des 18. Jahrhunderts die Arbeiterfrage vorhanden gewesen ist, auch wenn sie noch nicht so formuliert wurde).

Laufer, Wolfgang: Die Sozialstruktur der Stadt Trier in der frühen Neuzeit, Saarbrücken 1971.

Lennhoff, Ernst: Das ländliche Gesindewesen in der Kurmark Brandenburg vom 16. – 19. Jahrhundert, Breslau 1906 (Mit dem ländlichen Gesinde wird eine teilweise mehr als ein Zehntel der Gesamtbevölkerung umfassende Gruppe der Einwohner dargestellt).

Martiny, Fritz: Die Adelsfrage in Preußen von 1806 als politisches und soziales Problem, Stuttgart-Berlin 1938.

Roeseler, Hans: Die Wohlfahrtspflege der Stadt Göttingen im 14. und 15. Jahrhundert, Berlin 1917 (Verdeutlichung der Vielfalt der Wohlfahrtseinrichtungen in einer relativ kleinen Stadt).

Sachße, Christoph und *Tennstedt, Florian*: Geschichte der Armenfürsorge in Deutschland vom Spätmittelalter bis zum Ersten Weltkrieg, Stuttgart u. a. 1980.

Schulze, Winfried: Bäuerlicher Widerstand und feudale Herrschaft in der frühen Neuzeit, Stuttgart 1980 (Ländliche Konflikte, insbesondere bäuerlicher Widerstand zwischen Bauernkrieg und Französischer Revolution).

Steynitz, Jesko von: Mittelalterliche Hospitäler der Orden und Städte als Einrichtungen der sozialen Sicherung, Berlin 1970.

Ven, Frans van der: Sozialgeschichte der Arbeit, 3 Bde., München 1972 (Aus dem Niederländischen übersetzte und daher hauptsächlich niederländische Aspekte berücksichtigende kurze Darstellung zahlreicher Probleme aus dem Arbeitsleben; nicht immer systematisch genug).

Wellschmied, Karl: Die Hospitäler der Stadt Göttingen, Göttingen 1963 (Umfassende Beschreibung der Entstehung und Entwicklung, der Finanzierung und Organisation der Göttinger Hospitäler).

Zincke, Georg Heinrich: Abhandlung von der Wirtschaftskunst der Armen und Dürftigen, Düsseldorf 1759 (Interessante zeitgenössische Meinungsäußerung zur Beurteilung des Armenwesens und der Hilfsmöglichkeiten).

WIRTSCHAFTLICHE WECHSELLAGEN

Abel, Wilhelm: Agrarkrisen und Agrarkonjunktur, 3. Aufl., Hamburg-Berlin 1978 (Standardwerk für die Entwicklung der Agrarpreise und der Reallöhne).

Abel, Wilhelm: Strukturen und Krisen der spätmittelalterlichen Wirtschaft, Stuttgart 1980.

Ciriacy-Wantrup, Siegfried v.: Agrarkrisen und Stockungsspannen; zur Frage der langen „Welle" in der wirtschaftlichen Entwicklung, Berlin 1936 (Hervorhebung der für die langen Wellen der Konjunktur entscheidenden Faktoren; hinsichtlich der Einschätzung der vom sekundären und tertiären Sektor ausgehenden Wirkungen nicht ganz unproblematisch).

Elsas, Moritz John: Umriß einer Geschichte der Preise und Löhne in Deutschland vom ausgehenden Mittelalter bis zum Beginn des 19. Jahrhunderts, Bd. 1, Leiden 1936; Bd. 2 A, 1940; Bd. 2 B, 1949 (Standardwerk; allerdings unter Berücksichtigung allein der Zusammenstellung von Löhnen und Preisen, daher für den Anfänger nur schwer verwendbar).

Scholliers, E.: Loonarbeid en Honger; De levensstandaard in de XVe en XVIe eeuw te Antwerpen, Antwerpen 1960 (Darstellung der Reallohnentwicklung und der Lebensverhältnisse in zwei der wichtigsten Jahrhunderte der vorindustriellen Zeit).

Waschinski, Emil: Währung, Preisentwicklung und Kaufkraft des Geldes in Schleswig-Holstein von 1226 – 1864, Neumünster 1959.

Wiebe, Georg: Zur Geschichte der Preisrevolution des 16. und 17. Jahrhunderts, Leipzig 1895 (Zwar etwas veraltete, aber immer noch instruktive Darstellung der Inflation des 16. Jahrhunderts).

KAMERALISMUS

Blaich, Fritz: Die Wirtschaftspolitik des Reichstages im Heiligen Römischen Reich, Stuttgart 1970 (Sehr ins einzelne gehende, manchmal aber die wirklichen Auswirkungen der Reichsgesetzgebung überschätzende Untersuchung eines bisher sehr vernachlässigten Gegenstandes).

Dreissig, Wilhelmine: Die Geld- und Kreditlehre des deutschen Merkantilismus, Berlin 1939 (Hervorhebung eines Teilaspektes des Merkantilismus).

Heckscher, Eli Filip: Der Merkantilismus, 2 Bde., Jena 1932f. (Grundlegendes Werk über den Merkantilismus).

Hinrichs, Carl: Die Wollindustrie in Preußen unter Friedrich Wilhelm I., Berlin 1933 (Herausarbeitung der Probleme und der Bedeutung eines der wichtigsten Wirtschaftszweige in Deutschland im 18. Jahrhundert).

Höffner, Joseph: Wirtschaftsethik und Monopole im 15. und 16. Jahrhundert, Jena 1941 (2. unveränd. Aufl., Darmstadt 1969).

Jahn, Georg: Zur Gewerbepolitik der deutschen Landesfürsten vom 16. bis zum 18. Jahrhundert, Leipzig 1909 (Herausarbeitung der in den einzelnen Territorialstaaten Deutschlands unterschiedlichen Ansatzpunkte der kameralistischen Wirtschaftspolitik).

Sée, Henri: Die Ursprünge des modernen Kapitalismus, Bern 1948 (Herausarbeitung der Wechselbeziehungen zwischen Frühkapitalismus und Merkantilismus-Kameralismus in den Anfangsstadien).

Söll, Wilhelm: Die staatliche Wirtschaftspolitik in Württemberg im 17. und im 18. Jahrhundert, Tübingen 1934 (Umfassende Darstellung des Kameralismus für ein sonst wenig beachtetes Gebiet).

Strieder, Jakob: Zur Genesis des modernen Kapitalismus, München-Leipzig 1935 (Enthält interessante Einzelaspekte).

ZEITSCHRIFTEN

„Vierteljahrschrift für Sozial- und Wirtschaftsgeschichte"

„Jahrbuch für Wirtschaftsgeschichte"

„Zeitschrift für Agrargeschichte und Agrarsoziologie"

„Hansische Geschichtsblätter"

„Scripta Mercaturae"

„Annales" (Zeitschrift der französischen Wirtschafts- und Sozialgeschichte)

"The Journal of Economic History" (USA) mit Aufsätzen über die USA und andere Länder der Welt, vor allem wichtig für den Übergang zur Industrialisierung.

"The Economic History Review" (England), mit international breit gestreutem Aufsatzteil und Literaturübersichten

PERSONENVERZEICHNIS

SACHVERZEICHNIS
(einschließlich Begriffserklärungen)

Marktquote: Anteil der über den Markt veräußerten Produkte an der Gesamtproduktion eines Betriebes oder eines Wirtschaftszweiges: 181, 183, 216.
Marxismus (marxistisch, marxistische Terminologie, Marxisten): 29, 36, 43, 126, 139, 215.
Maschinen: 208, 265f.
Maschinenarbeit: 208, 214.
Materialisten (Materialhändler): 271f.
Matrikularbeiträge: Nach einer Matrikel, d. h. einem Einwohnerverzeichnis erhobene Abgaben: 227, 283.
Mehrfelderwirtschaft: 46.
Merinoschafe: 249.
Merkantilismus (→ Kameralismus): 17, 179, 239ff., 268f., 272.
Messe (-wesen): 155, 157, 182, 196, 202, 207, 267f.
Messinggewerbe: 212.
Metall (-be- u. -verarbeitung, -erzeugung, -gewerbe, -waren): 51f., 56, 58, 81, 85, 149f., 180, 198, 206ff., 212, 262, 265.
Metallhandwerk (-e, -er, -verarbeiter): 80, 153.
Militärausgaben: 121, 178, 229, 283f.
Mißernten: Sehr niedrig ausgefallene Ernten: 30, 36, 285.
Monopol: 163f., 188, 267.
Mühlen: 49, 109, 265.
Münze (Münzherren, -metalle, -prägungen, -rechte, -stätten): Münzen → Geld 120, 211, 278ff.

Nachfrage(r) (→ Markt): 170, 219, 230f., 260, 263, 266f., 271, 283f.
Nahhandel: Handel im näheren Bereich (des Produzenten, des Händlers): 15, 55.
Nahrung (-sangebot, -sgüter, -sknappheit, -slieferung, -smittelgeschäfte, -smittelkosten, -smittelversorgung, -smittel, -ssituation, -sverbesserung): 16, 19, 23ff., 29, 43, 51ff., 56, 67, 75f., 82f., 89, 97, 102f., 115, 125, 129f., 132f., 135, 144, 153f., 170, 179f., 183f., 197, 221, 223, 235f., 240f., 244f., 248, 250, 253, 263, 265, 269ff., 274, 282f., 285, 287ff., 291.
Nahrungshandwerke(r): 51, 81, 206.
Nahverkehr: 167.
Naturalien (Naturalabgaben, naturale Leistungen): 40f., 255.
Naturprodukte: 97f.
Nettosozialprodukt: Identisch mit → Volkseinkommen = Summe der Wertschöpfung in einer Volkswirtschaft in einem Jahr: 268f.

Obst (-anbau): 47, 251, 271.
Ochsen: 198, 238, 246.
Ofenplatten: 208.
Öffentliches Finanzwesen: → Finanzwesen, öff.
Ölmühlen: 265.
Orientwaren: 185.
Ostkolonisation: 15, 20, 67, 97, 103, 106, 110ff., 116, 126, 239.

Pächter: → Verpachtung.
Papier: 265, 272.

Wirtschafts- und Sozialgeschichte

Friedrich-Wilhelm Henning
Handbuch der Wirtschafts- und Sozialgeschichte Deutschlands
In drei Bänden · Band 1: **Deutsche Wirtschafts- und Sozialgeschichte im Mittelalter und in der frühen Neuzeit** · 1991. 1090 Seiten, 180 Abbildungen, Graphiken und Tabellen, gebunden, ISBN 3-506-73861-5
„Ein Monumentalwerk, für das es bisher kein vergleichbares Vorbild gibt."
         – Hans-Ulrich Wehler in: DIE ZEIT

In Vorbereitung:

Band 2: **Deutsche Wirtschafts- und Sozialgeschichte im 19. Jahrhundert**

Band 3: **Deutsche Wirtschafts- und Sozialgeschichte im 20. Jahrhundert**

Das Gesamtwerk steht zur Subskription.

Bernd Sprenger
Das Geld der Deutschen
Geldgeschichte Deutschlands von den Anfängen bis zur Gegenwart
Mit einem Geleitwort von Friedrich-Wilhelm Henning
1991. 300 Seiten + XVI Seiten Abbildungen, zahlreiche Tabellen und Graphiken, Leinen mit farbigem Schutzumschlag, ISBN 3-506-78619-9
„Ein zuverlässiger Leitfaden durch die Geldgeschichte Deutschlands."
         – HANDELSBLATT
„Erfüllt alle Voraussetzungen, ein Standardwerk der deutschen Geldgeschichte zu werden."
         – DIE BANK
„Besonderer Vorzug des Streifzugs durch die Geldgeschichte: Ihn können nicht nur Profis mitmachen, denn Sprenger schreibt anschaulich und stellt Bezüge zur großen Politik, aber auch zum kleinen Mann her. Doch auch der Fachmann kann dank vieler Quellenhinweise als Wissenschaftler oder Münzsammler gut mit dem Buch arbeiten."
         – CAPITAL

Jochen Hoock und Pierre Jeannin (Hrsg.)
Ars Mercatoria
Handbücher und Traktate für den Gebrauch des Kaufmanns, 1470–1820
Eine analytische Bibliographie in sechs Bänden
Band 1: **1470–1600** · 1991. 466 Seiten, 80 Abbildungen, Graphiken und Tabellen, gebunden, ISBN 3-506-74401-1
Band 2: **1600–1700** · 1993. 797 Seiten, 109 Abbildungen, Graphiken und Tabellen, gebunden, ISBN 3-506-74402-X
In Vorbereitung: Band 3: **Analysen für Band 1 und Band 2**
Das Gesamtwerk steht zur Subskription. Fordern Sie den Sonderprospekt an.

Schöningh
Verlag Ferdinand Schöningh GmbH